현대 독일어 통사론

울리히 엥엘 지음
이 점 출 옮김

한국문화사

Ulrich Engel

Syntax der deutschen Gegenwartssprache

3., völlig neu bearbeitete Auflage 1994

© Erich Schmidt Verlag GmbH & Co., Berlin 1977

고인이 된 다음 친구들에게

János Juhász
Kalevi Tarvainen
Ludwik Zabrocki

감사하는 마음으로
이 책을 바칩니다.

역자 서문

이 책은 Ulrich Engel의 『Syntax der deutschen Gegenwartssprache』([3]1994, Erich Schmidt Verlag)를 완역한 것이다. 제목으로 알 수 있듯이 이 책은 독일어 통사론의 전반적인 내용을 다루고 있다. 전체적인 내용을 살펴보면 동사를 문장의 구조적인 중심으로 여기는 의존문법/결합가 이론을 바탕으로 독일어 현상을 기술하고 있는 책이어서 실제로 '결합가 통사론' 혹은 '의존 통사론'이라고 말해도 좋을 듯하다.

이 책은 Ulrich Engel이 독일의 만하임에 있는 독일어 연구소(Institut für deutsche Sprache : IdS)에서 발전시킨 동사 중심의 의존문법/결합가 이론의 결정체로 간주될 수 있다. 다시 말해 이 책은 그가 1988년에 저술한 『독일어 문법』(Deutsche Grammatik)과 더불어 그의 결합가 사상이 집약된 필생의 역작이라고 할 수 있다.

결합가 이론을 연구하는 독일어 연구소의 구성원들은 그 동안 Engel/Schumacher(1976, 1978)의 『독일어 동사 결합가 소사전』(Kleines Valenzlexikon deutscher Verben : KVL), Schumacher(1986)의 『동사장. 독일어 동사의 통사 및 의미를 위한 결합가 사전』(Verben in Feldern. Valenzwörterbuch zur Syntax und Semantik deutscher Verben), Engel/Savin(1983)의 독일어-루마니아어 결합가 사전 및 일련의 대조문법서(예를 들어 Engel/Mrazovič(1986)의 독일어-세르보크로아티아어 대조문법)를 저술하였다. 그 중에서 특히 Engel(1988)의 『독일어 문법』과 더불어 이 책은 다른 언어와의 대조연구(특히 동사 보충어 비교와 그에 따른 문형 비교, 동사 결합가 대조사전 편찬)에 근간이 되고 있다. 또한 이러한 일련의 대조문법서들은 대부분 Engel의 의존문법적 기술방법을 토대로 기술되었으며, 독일의 학자들과 해당 국가의 학자들이 일정 기간 동안 공동으로 연구한 결실이다. 이처럼 외국의 많은 학자들이 자신의 모국어를 독일어와 대조적으로 기술하기 위하여 Engel의 결합가 사상을 그대로 수용하거나, 혹은 부분적으로 수정하여 사용하고 있다.

의존문법/결합가 이론은 독일은 물론, 유럽권의 국가들에서 독일어를 자국어와 대조적으로 기술하는 데 많은 역할을 해 왔다. 독일의 대표적인 문법학자인 Ulrich Engel이나 Gerhard Helbig 등이 저술한 독일어 문법서는 결합가 이론에 대한 기본지식 없이는 이해하기 힘들다. 왜냐하면 이들의 문법서가 전반적으로 결합가 이론의 필수적인 용어 및 개념들을 수단으로 독일어 현상을 기술하고 있기 때문이다.

우리는 결합가 이론의 발전경향을 크게 두 단계로 구분하여 생각할 수 있다. 첫 번째 단계는 결합가 개념의 의미화 경향이다. 통사론 중심에서 의미론 중심으로 언어학의 관심이 이동하였으며, 또한 동사에만 한정되었던 결합가 기술이 다른 품사들에도 확대·적용되었다. 두 번째 단계는 결합가 개념의 화용화 경향이다. 결합가 개념이 논리·의미적 측면으로부터 의사소통적·화용적 측면으로 확대되었다. 좀 더 구체적으로 말하면 결합가 개념은 최근 수 십년 동안 다양한 측면으로 확대되었나. 설합가 개념이 60년대에는 무로 통사적 층위에 한정되어 연구되었으나, 70년대에는 논리·의미적 층위로 그리고 80년대에는 다시 의사소통적·화용적 및 인지적 층위로 확대되었다. 이러한 결합가 이론의 발전은 소위 '의사소통적·화용적 전환'의 영향으로 생겨났다고 볼 수 있다. '의사소통적·화용적 전환'이란 체계 중심의 언어학으로부터 의사소통 중심의 언어학으로의 방향전환을 의미한다. 이러한 경향은 대략 1970년 이후부터 관찰될 수 있다.

결합가 이론은 70년대에 일차적으로 수정·보완되었는데, 이 시기에 두 가지 기본 경향이 나타났다. 즉 결합가 개념이 통사적 층위로부터 논리·의미적 층위로 확대되고 또한 결합가 기술이 동사로부터 형용사나 명사와 같은 다른 품사들로 확대되었다. 다시 말해 언어연구의 관심이 통사론에서 의미론으로 옮겨졌다. 70년대 이러한 언어학의 발전으로 인해, 즉 의미 중심으로 관심이 전환됨으로써 결합가를 순수 통사적으로 파악하던 것이 점차 의미·통사적 현상으로, 심지어 순수 의미적인 현상으로 이해하기 시작했다. 이처럼 결합가의 통사적 측면이 논리·의미적 측면에 의해 보충된 것은 필연적인 결과로 여겨졌다.

80년대부터 결합가 이론의 연구가 통사론에서 의미론을 거쳐 화용론으로 발전되고 있는 것을 인식할 수 있다. 이를 통해 통사적 층위에서 비롯된 결합가 개념이 의미적 층위로의 확대를 거쳐서 의사소통적·화용적 층위로 확대되는 경향을 보이고 있다. 그리하여 결합가 개념이 이처럼 의미적 및 화용적 개념으로 확대됨으로써 결합가 이론은 인지심리학과 더욱 밀접한 관계를 갖게 되었다.

다른 한편으로 의존문법/결합가 이론은 오늘날 결합가 사전과 밀접한 관련이 있다. 결합가 사전은 외국어로서의 독일어를 배우는 이들이 올바른 문장을 생성해낼 수 있게 해 주는 중요한 수단이 된다. 결합가 사전은 최초의 결합가 사전이라고 할 수 있는 Helbig/Schenkel(1969)의 『독일어 동사의 결합가와 분포에 관한 사전』, Engel/Schumacher(1976)의 『독일어 동사의 결합가 소사전』(=KVL) 그리고 통사론 중심의 KVL과는 달리 의미론 중심으로 구성된 가장 방대한 Schumacher(1986)의 『동사장』(Verben in Feldern)이 대표적인 결합가 사전이라고 말할 수 있다.

Engel(1988)이 자신의 『독일어 문법』에서 제시한 동사 결합가 모형은 Helbig(1983)의 독일어 동사 기술을 위한 6단계 모형과 더불어 독일어의 동사를 다른 언어의 동사와 대조적으로 분석하는 데 가장 많이 응용되고

8

있다. 우리는 Engel이 이 책에서 제시한 동사 보충어 체계를 바탕으로 독일어와 한국어의 동사 보충어를 비교함으로써 문형을 서로 비교할 수 있을 것이며, 독·한 동사 결합가 사전 편찬 및 독·한 대조문법을 기술하는 데 있어서도 유용한 이론적 토대로 삼을 수 있을 것이라고 생각한다.

우리는 이 책이 외국어로서의 독일어를 배우는 한국인들이 독일어 문장을 보다 쉽게 이해할 수 있는 방법론을 제시해 줄 것이며, 또한 한국어 현상을 체계적으로 기술하고자 하는 국어학자들에게도 언어분석의 새로운 가능성을 제시해 줄 것으로 확신한다.

역자가 1999년 6~8월에 독일학술교류처(DAAD)의 지원으로 독일 체류시 조언자(Betreuer)였던 저자에게 이 책을 한국어로 번역하고 싶다는 의사를 전했을 때 흔쾌히 허락해 주신 Engel 교수님께 진심으로 감사드리며, 또한 Erich Schmidt 출판사에도 감사한다. 그리고 이 책의 번역에서 나타나는 많은 어려운 부분들을 함께 토론하며 해결책을 찾는 데 도와준 중앙대학교 김수남 선생에게도 진심으로 고마움을 전한다. 아울러 어려움 속에서도 이 책의 출판을 허락해 주신 한국문화사 김진수 사장님과 편집부원들에게도 고마움을 전하고 싶다.

끝으로 독일어에 익숙하지 못한 독자들을 위해 예문과 설명에 사용된 모든 어휘들을 한국어로 번역하여 독자들이 이해하는 데 도움을 주고자 노력하였다. 일부의 예문은 역자가 신 독일어 맞춤법 규칙에 따라 수정하였음을 밝혀둔다. 역자가 평소에 관심을 가져온 분야라서 오랜 시간에 걸쳐 번역을 시도해 보았으나 역자의 능력부족으로 미흡한 점이 많으리라고 본다. 잘못된 부분은 앞으로 수정·보완해 나갈 것이므로 독자 여러분의 아낌없는 조언과 충고를 바란다.

2002년 2월 2일 역자 씀

저자 서문

이 책은 시리즈인 "독어독문학의 토대"(Grundlagen der Germanistik)의 목표설정에 따라서 1차적으로 독어독문학을 공부하는 대학생들과 교사들을 대상으로 한다. 이 책은 그들이 현대 독일어 통사론에 접근할수 있도록 도와주며 또한 학문적으로 심사숙고하도록 자극할 것이다.

접근방법은 저자의 성향과 연구중점을 반영한다. 이 책에서 유일한 "올바른" 통사론이 소개된다고 주장하지는 않는다. 어느 누구도 이런 역할을 훌륭히 해낼 수 없을 것이다. 이 책에서는 25년 전부터 모국어 수업과 외국어 수업에서 명백히 입증되고, 기계적인 언어분석에서도 그 적합성이 여러모로 증명되었으며, 끝으로 여러 언어학파들과의 논쟁에서 수정되었지만 근본적으로 최종목표에 도달할 수 없었던 하나의 통사론 모형을 새로운 형식으로 소개한다. 1977년에 『현대 독일어 통사론』초판이 나왔을 때 의존-동사-문법(Dependenz-Verb-Grammatik)은 많은 사람들에게 생소하게 느껴졌다. 그것은 특히 그 당시 독자들에게 아주 편리하지만은 않은 표기법과 관계가 있을 것이다. 그 동안에 이 표기법은 "정착"되었으며 많은 입문과정에서 자명한 규범이 되었으므로 공격의 대상이 되지는 않았다. 그것이 이 표기법의 발전에 항상 도움이 되지는 않았을 것이다. 이를테면 의존-동사-문법의 옹호자인 우리들에게는 우리를 무시하거나 성급한 판단으로 깔보려는 다른 생각을 가진 사람들이 별로 중요하지 않은 만큼, 비록 다른 길을 가지만 문제해결에서 우리를 도와주기 위해 우리를 비판하는 학자들에게 우리는 그만큼 더 많은 관심을 가지고 있다. 이러한 의미에서 이 개정판 역시 논의에 대한 기고이며 또한 자극제이다.

초판의 텍스트는 20년 전에 형성되었다. 이 기간 동안에 언어학이 이룩한 발전을 개정판에서 반영하지 않을 수 없었다. 우선 외부 형식이 변화하였다. 즉 표기법과 용어가 독자의 편의를 위하여 많은 영역에서 필자의 『독일어 문법』(하이델베르크 ^{2}1991)에 따르거나 또는 이를 넘어서서 근본적으로 바뀌었다. 물론 내용면에서도 많은 변화가 있었다. 필자가 할 수 있는 한, 필자는 의존-동사-문법 내에서나 일반 언어학 내에서 갱신된 것을 인지하고 필자 자신의 개념을 위해 그것을 유익하게 이용하도록 노력하였다. 필자는 많은 것을 다른 사람으로부터 전수 받았으나 이 책의 개론서 성격에 비추어 이러한 결정을 밝힌 경우는 드물다. 비판적인 독자는 필자의 결정을 좋게 또는 나쁘게 생각할 것이다. 특정한 구상을 언급하지 않은 사실로부터 필자가 해당 문헌을 읽지 않았으리라고 간단히 추론하지 않기를 요청하는 바이다. 솔직히 말해서 필자가 물론 "모든 것을 다 읽지는" 않았다. 그러나 필자는 연구풍토를 어느 정도는 충분하게 파악하려고 노력하였으며, 필자가 보기에 중요하거나 유익한 것은 다 읽었다. 동시에 독일어 연구소(Institut für deutsche Sprache : IdS)에 있는 친구들과 (거의) 전 세계에 있는 친구들이 필자에게 귀중한 조언을 해주었다. 이러한 방식으로 새 책이 나오게 되었다. 거의 모든 문장들이 새로이 작성되고 많은 예들이 바뀌었다. 남아 있는 것은 이전 책의 1/4에 지나지 않는다.

읽을만한 책을 쓰는 것이 필자의 목표였다. 필자가 지난번보다는 더 많은 성공을 거두었음에 틀림없다. 왜냐하면 필자는 학습자로부터도 배우기 때문이다. 이 책을 이용하는 사람들은 곧 판단을 내릴 것이다.

필자는 대상언어의 문구 - 예 - 에서 양 쪽 성에 동일한 비중을 두려고 노력하였다. 상위언어의 문구 - 기술된 텍스트 - 에서는 곳곳에서 남성을 공통의 성으로 사용하였다. 따라서 필자가 "화자", "청자", "상대방" 등을 말할 때 남성만을 염두에 두지 않았다는 사실을 이해해주기 바란다.

오늘날의 책, 특히 학문적인 책은 이전과는 다르게 생겨난다. 즉 "식자공(植字工)은 죽고, 저자는 만세!" 필자가 이런 방법을 선택한 것은 아니지만 판매가가 적정하게 유지되려면 필자가 이 방법을 따르지 않을 수 없었다. 구체적으로 말하자면, 한 줄 한 줄이 필자에 의해 기술되었으며 그것에 대해 필자가 책임을 진다. 필자가 좋은 조언자를 두었지만 구체적인 작업은 필자에 의해 이루어졌다. 따라서 오자뿐만 아니라 구성의 결함과 기타의 결함에 대해서도 필자가 책임을 진다. 이런 관점에서 이 책에 제시된 것이 최선의 것이 될 수는 없지만 필자는 최선을 다 했다. 이와 비교할 수 있는 경우에서 2000년 전에는 다음과 같이 말했다: Ultra posse nemo obligatur(다른 사람은 아무런 책임이 없다). 필자가 생각하기에는 현대의 유럽은 이전보다도 수준이 훨씬 높아졌다.

필자는 많은 사람들에게 감사하지 않을 수 없다. 만하임의 독일어 연구소, 특히 "문법부"에 있는 친구들을 첫 번째로 꼽을 수 있다. 그 다음에 국내외에 있는 수많은 동료들을 꼽을 수 있다. 본에 있는 많은 남녀 학생들이 까다로운 질문을 통해서 필자를 각성시켰다. Paula Peretti는 아주 세심하게 교정본을 읽어 주었으며 잘못된 부분과 문체적인 오류도 고쳐주었다. Octavian Nicolae는 완전한 절망상태에서 나를 두 번이나 구해주었다. 이분의 도움이 없었더라면 이 책을 기한 내에 완성할 수 없었을 것이다. 끝으로 장기간 세심한 배려를 해준 부인과 다른 가족들에게도 감사한다. 후세대의 미성년 세 아이들이 필자에게 잠정적으로 그들의 정당한 요구를 할 수 없었던 사실에 대해 - 후에 - 그들이 필자를 이해해주기 바란다.

1994년 8월 함바하에서

울리히 엥엘

차 례

1. 서론 : 이론과 방법론

1.1. 언어와 문법

이 책에서는 독일어가 단편적으로 기술된다. 따라서 서론에서는 언어 일반에 관해 언급되고 더 나아가 언어에 관한 학문으로서의 문법 및 언어와 문법 간의 상호관계에 관해 언급되어야 한다.

우리가 언어(Sprache)에 관해 이야기할 경우에 많은 오해가 생겨나게 된다. 이는 언어 개념이 결코 명확하지 않음에도 불구하고 우리가 동일한 문제에 관해 말하고 있다고 생각하기 때문이다. 모든 사람들이 최소한 하나의 언어 - 모국어 - 를 구사하며, 비록 숙달정도에서는 차이가 있지만 모든 사람들이 모국어를 사용할 수 있다는 사실이 분명하다면 이런 종류의 편견은 이해할 수 있다. 모든 사람들이 언어를 자유로이 구사할 수 있다는 사실은 누구나 언어에 관해 알고 있고, 언어에 관해 말하고 또 판단을 내릴 수 있다는 사실에 대한 충분조건이 된다. 이와 같은 방식으로 외관상의 당연성이 나타났는데 이 당연성이 논의에 손해가 된다. 학문이란 우선 의문을 제기하고 의심을 품어야 한다. 학문에서는 손해가 되는 "당연성"을 버리는 것이 중요하다.

따라서 우리는 언어를 어떻게 이해해야 하는가?

첫째, 우리는 (현존하거나 또는 가능한) 언어를 그 생성(Entstehung) 방식에 따라 구별해야 한다. 한편으로는 사람에 의해 만들어지고 계획적으로 고안된 소위 인공언어(Kunstsprache)가 있다. 논리계산 체계, 최근 수십 년 동안에 형성된 프로그래밍 언어, 에스페란토어(Esperanto), 폴

라푀어(Volapük) 등이 인공언어에 속한다. 다른 한편으로는 인간이 의사소통에서 사용하고 역사적으로 성장한 영어, 독일어, 러시아어, 스와힐리어, 호피어 등과 같은 자연언어(natürliche Sprache)가 있다. 인공언어는 대체로 자연언어보다 경제적이고 정확하지만, 화자와 청자에게 더 많은 부담을 준다. 왜냐하면 인공언어에서는 사소한 모든 것도 중요하며, 그리고 인공언어에서는 자연언어를 - 많은 불충분함에도 불구하고 - 사용할 수 있게 해주고 또 어느 정도 감내할 수 있게 해주는 잉여성(Redundanz)이 배제되어 있기 때문이다.

이 책에서는 자연언어 - 즉 독일어 - 를 연구하지만 부분적으로는 기술을 위해 인공언어도 사용된다.

둘째, 우리는 언어를 그 기능(Funktion)에 따라 평가해야 한다. 언어는 인간의 의사소통의 도구일 뿐 아니라 미학적 표상의 표현에도 사용되며, 또 사고방식을 형성하여 인간의 여론조작을 위해서도 사용되고, 사회집단의 형성과 결속에도 영향을 미친다. 전문가들뿐만 아니라 문외한들 각자의 기호와 관심에 따라 때로는 이런 기능이, 또 때로는 저런 기능이 강조된다. 다음에서는 언어가 본질적으로 인간들 사이의 의사소통의 도구로 간주되어 기술된다. 또한 이 의사소통 수단의 남용을 고찰하는 것도 중요하다.

셋째, 언어는 의사소통 도구로서의 주기능 자체 내에서도 다양하게 형성(Ausprägung)된다. 모든 것을 포괄할 수 있는 인간 언어도 없고 또 모든 개별 언어가 유도된 조어(祖語, Ursprache)도 없기 때문에, 우선 개개의 민족어(Nationalsprache)들을 구분해야 한다. 대부분의 민족어 내에서도 다수의 변이형을 고려해야 한다. 통시적(diachronisch) 차원에서 우리는 여러 가지 발전단계, 즉 고고지(古高地) 독일어(Althochdeutsch), 중고지(中高地) 독일어(Mittelhochdeutsch), 초기 신고지(新高地) 독일어(Frühneuhochdeutsch) 및 신고지(新高地) 독일어(Neuhochdeutsch)를 구분한다. 또 다시 하위구분하는 것이 일반적이다. 지리적(diatopisch) 차원에서 우리는 지역적으로 구분할 수 있는 형태, 예컨대 슈바벤어(Schwäbisch), 니더작센어(Niedersächsisch), 남부 라인프랑크어(Süd-rheinfränkisch) 등을 구분한다. 이에 대해 우리는 대체로 방언(Dialekt, Mundart)이라는 말을 사용하고 있다. 오래 전부터 광역의 "일상어"(Umgangssprache)에 대한 연구에 많은 관심을 기울이고 있는데, 머지 않아서 이 말이 방언을 대신하게 될 것이다. 끝으로 계층적(diastratisch) 차원에서 우리는 특정한 사회계층에 결부되어 있거나 또는 특정한 의사소통 기능에도 결부되어 있는 언어를 구분한다. 여기서는 일반적으로 개념상 아주 명확하지는 않지만 "문체적인" 차이로 표현되는 것이 주로 문제된다. 예컨대 우리는 이미 1900년경에 슈바벤어에서 농민방언과 "지식층 언어"를 알고 있었다. 그 동안에 그 구분은 아주 세분화되었다. 어느 특정한 말씨의 선택은 각각의 대화상대방이 대화대상 또는 감정상태에 달려있다. 일반적으로 "교양있는 사람"은 노동자나 농부들보다 많은 어휘목록을 사용할 수 있다는 사실을 우리는 알고 있다. 그러나 바로 이 분야가 아직도 광범위하게 연구되지 않은 분야이다.

　그러나 모든 이러한 변이형(Variante)들에도 불구하고 민족어의 범위 내에서 모든 이가 이해하는 (비록 모든 이가 능동적으로 구사하지는, 즉 사용하지는 못하는) 하나의 통일적인 **표준어**(Standardsprache)에서 출발할 수 있다. 이 표준어는 단순한 이론적인 구성체(Konstrukt)가 아니라 대부분의 독일어 언어공동체가 사용하는 실용언어이다. 이 책에서는 이 초지역적이고 사회적으로 중립적인 현대 독일어가 다루어진다.

　넷째, 우리는 생성과정(Erzeugungsprozess)에서 언어에 어떤 역할이 부여되느냐에 따라 언어를 구분하는데, 이것이 특히 중요하다. 우리는 언어를 이 생성과정의 최종 산물인 텍스트(Text)로 - 구어 텍스트이든 또는 문어 텍스트이든 - 이해할 수 있다. 그러나 우리는 또한 언어를 범주와 규칙의 상호작용 속에서 그러한 텍스트를 생성해낼 수 있는 기구, 즉 텍스트를 위한 생성기관(Generator)이나 생성체계(Erzeugungssystem)로 이해할 수도 있다. 외국어 수업은 이러한 생성기구인 "언어"를 중재하려고 하며, 언어보호론자들과 언어비평가들도 근본적으로 생성기구에 관심이 많다. 수업에서는 텍스트의 순수한 속성이 아니라 텍스트가 어떻게 생성되었으며 또 어떻게 생성될 수 있는지, 그리고 텍스트가 어떻게 이해되어야 하는지 하는 문제가 중요하다. 언어보호론자들과 언어비평가들은 구체적인 텍스트가 어떻게 형성되었으며 또 어떻게 형성되어야 하는지를 (또는 형성되어서는 안 되는지를) 제시하기 위하여 다만 계기(걸개 Aufhänger)로서나 교수의 예로서만 구체적인 텍스트를 사용한다. 다음에서는 주로 생성체계로서의 언어에 관해서 언급할 것이다.

생성기구와 생성과정의 산물 간의 구별은 Chomsky가 정의한 언어능력(Kompetenz)과 언어수행(Performanz) 간의 구별과는 부분적으로만 일치한다. 언어능력은 단지 텍스트를 (언어에 적용되는 범주와 규칙의 체계에 따라서) 생성해 내는 화자의 능력(Vermögen)이고, 언어수행은 과정상의 관점에서 볼 때 텍스트 생성에 대한 응용방법(angewandtes Verfahren)이다. 이 책에서 언어로 표현되는 것은 언어능력과 언어수행을 다 포함한다. 이 때 언어능력이 언어수행보다 더 넓은 범위를 차지한다는 사실은 1990년대 전반기의 연구상태를 반영한다.

생성기구와 산물에 대한 우리의 구별은 오히려 Saussure의 구별인 랑그(langue)와 빠롤(parole)의 구별에 일치하는데, 이 때 후자의 구별은 일반적으로 생각하는 것보다 덜 정적(statisch)인 것으로 보아야 한다. 빠롤은 분석을 위한 재료, 즉 텍스트로 흘러 들어 간 발화욕구와 기술욕

구가 아니라, 하나의 텍스트를 발화내용(Gemeintes)에 알맞은 방식으로 만들어 내려는 노력으로서의 이 욕구 자체를 말한다.

이렇게 보는 언어생성은 구체적인 발화행위에 적용되는 외부적인 조건, 즉 참여자들과 이들의 상호관계, 언어적인 의사소통 상황 및 기타 많은 것들을 포함한다. 이러한 조건들이 구체적인 텍스트가 생성되는 규칙들을 형성한다. 우리는 비언어적이지만 언어에 연관적인 이러한 조건들을 언어학의 화용론적(pragmatisch) 부분영역으로 간주하기도 하며, 이따금 이로부터 "화용언어학(Pragmalinguistik)"을 언어학의 독립적인 학문분야로 구성하는 단계에까지 간다. 이렇게 하는 것이 도움이 되는지 또는 그렇지 않은지가 이 책에서는 증명되지 않을지 모른다. 언어학에서 화용론의 범위는 다음과 같은 간단한 텍스트 분절에서 나타난다.

> Die Suppe kocht. (국이 끓는다)

전통적인 언어학 - 흔히 말하는 "체계언어학"(Systemlinguistik) - 은 이 텍스트를 두 가지 주요성분인 "주어"(Subjekt)와 "술어"(Prädikat)로 구성된 독일어의 올바른 문장으로 간주한다. 많은 사람들은 이것이 서술문(Aussagesatz)이라고 첨부해서 말할 것이다. 화용언어학은 이 문장이 결코 단순한 서술만을 제시하는 것이 아니라, 이 문장은 예컨대 강한 증기발생에 대한 설명이나 비난으로(Ich glaube, du hast die Suppe vergessen! 너는 국이 끓는 것도 모르고 있었군 그래!), 경고로(Sie wird gleich überkochen! 국이 곧 끓어 넘치겠어!), 또는 냄비를 레인지에서 치우라는 요청으로 이해되어야 한다는 것을 제시한다. 화용언어학은 방에 있는 어떤 사람에게 요리냄비를 레인지에서 치우라는 요구가 Die Suppe kocht.라는 형식으로 표현될 수 있는 규칙들도 제공한다. 누군가가 정확한 문장을 형성하여 그가 그 문장을 언제, 무슨 목적으로 사용해도 되는 지에 대해 우리는 아무것도 모르기 때문에 화용론은 원래 모든 문법에서 중요한 역할을 함에 틀림없다. 그러나 독립적인 "화용언어학"을 구성하는 것은 불필요할 뿐만 아니라 혼란을 야기하는 것으로 증명된다. 물론 화용적 범주와 규칙은 아직 충분히 연구되지 않았으며, 다른 한편 말하고, 글쓰고, 듣고, 읽을 때 문장중심의 전통문법이 아직도 여전히 중요한 역할을 한다. 누군가가 옳은 것, 아마도 좋은 것을 말한다는 것은 그가 그것을 또한 적절하게 표현할 수 있다는 데 대한 보장은 될 수 없다. 자신의 의견을 다른 사람들에게 제시하려는 이는 자신의 언어를 구사해야 하며, 그리고 언어를 통한 유혹에서 자신을 보호하려는 이도 자신의 언어를 올바로 구사해야 한다. 따라서 이 책에서는 정확한 말하기와 글쓰기에 대한 문법적인 지시사항에 대하여 많이 언급될 것이다.

문법(Grammatik)이 무엇을 의미하는지가 자명한 것은 물론 아니다. 문법에서는 언어의 여러 가지 분야가 문제될 뿐만 아니라 문법의 여러 가지 종류와 범위도 문제가 된다. 문법에 대해서는 많은 견해가 통용되고 있다. 특히 이전에 네 가지 격, 시제의 일치(consecutio temporum) 및 접속법에 대해 약간 배운 사람은 누구나 문법이 무엇인지를 알고 있다고 믿고 있으며, 교사들도 여러 가지 문법개념들을 가지고 있기 때문이다. 용어에 관해서 뿐만 아니라 지칭된 명칭들, 즉 범주, 기능 및 규칙에 관해서는 더더욱 큰 혼란이 일어났다. 많은 사람들은 동일한 것을 말하면서 아주 상이한 것을 의미하고, 그리고 다른 사람들은 동일한 사실을 상이한 용어로 말미암아 놓쳐버리고 만다. 개념에 대한 사전 설명이 없이는 의사소통이 더 이상 불가능하다.

문법 "그 자체"는 존재하지 않으며 문법은 문법학자들에 의해 만들어진 것이다. 만일 문법이 일반적으로 수용된다면 근본적으로 진부한 이러한 확정은 여기서 논의할 필요가 없을 것이다. 우리는 언어학자들이 다양한 성공을 거두면서 "발견"하기 위해 노력하는, "올바른", 마치 자연발생적인 것 같은 그러한 문법에 대한 생각에서 벗어나야 한다. 특정한 관점에 따라 여러 학자들에 의해 다양한 문법들이 구상되는 것이 사실이다. 우리가 이들을 비교하여 평가하려면 무모순성(Widerspruchsfreiheit), 완전성(Vollständigkeit), 경제성(Wirtschaftlichkeit)에 대해 질문해야 한다. 문법학자들의 논쟁에서는 타당성(Richtigkeit)이 아니라 거의 언제나 더 좋은 문법(bessere Grammatik)이 문제된다. 문법은 인간이 만든 것이며 또 언어학자들이 만든 것이다. Quot linguistici, tot grammaticae (=How many linguistics, so many Grammars. 언어학의 수만큼 많은 문법의 수가 있다) - 악몽이냐 또는 꿈같은 소망이냐? 논쟁의 결과로서 결국 더 좋은 문법이 생겨날 수도 있다. 그래서 이 책 역시 시장바닥에서의 한 목소리, 즉 관심을 가지고 있는 이들을 위한 하나의 제안에 지나지 않는다. 이 책은 또한 무관심한 사람들에게 관심을 불러일으키려고 노려하고, 유권자들에게 환심을 사려고 노력하며 그리고 투표의 기권에 대한 위험을 감수한다. 과일을 팔려고 자신의 과일가게 앞에 앉아 있는 것은 모든 사람의 모험은 아니지만 아마도 모든 서술자의 모험은 될 것이다.

　모든 문법에서 한 가지 공통점은 이들이 대체로 언어를 부분적으로 기술하고 있다는 점이다. 많은 사람들은 개별적 단어가 아니라 단어의 결합, 문장 및 어순에 관련되는 모든 것을 "문법"이라고 말하는데, 이것이 이 책에서는 "통사론"(Syntax)이라고 일컬어진다. 또 일부 사람들은 동사, 명사, 대명사, 형용사의 변화와 관련되는 것만을 "문법적"(grammatisch)이라고 말하는데, 이것이 이 책에서는 거의 일반화되어 있는 바와 같이 굴절(Flexion) 또는 굴절소론(Flexematik)이란 말로 표현된다. 그밖에 형태의 의미는 고려하지 않고 표층에서 인식되고 구별될 수

있는 것만을 - 4개의 격, 능동과 수동, 과거와 현재완료 등 - "문법적"이라
고 말하는 사람들도 있다. 이 책에서는 언어의 표현면(Ausdrucksseite)을
연구하는 것을 문법의 일부로 간주한다. 그러나 이 책에서의 문법은 모
든 부분적인 측면까지도 포함하여 언어에 대한 포괄적인 기술로 이해된
다. 문법은 다음 두 문장 사이에 있는 표현과 내용을 포괄한다.

> Müller führte sozialverträgliche Reformen durch.
> (뮐러는 사회계약적인 개혁을 실행했다)
> Von Müller wurden sozialverträgliche Reformen durchgeführt.
> (사회계약적인 개혁이 뮐러에 의해서 실행되었다)

위의 두 문장 사이에는 (쉽게 확정될 수 있고 수없이 기술된) 표현에
서의 차이뿐만 아니라, (확정하기 아주 어렵고 지금까지 별로 기술되지
않은) 의미에서의 차이도 있다. 이 두 가지 차이가 문법의 대상이다.
문법은 언어이론이다(Grammatik ist Theorie der Sprache).

1.2. 기술문법과 규범문법

문법을 특징 지어 분류하려는 사람들은 맨 먼저 문법의 가장 중요한
목표에 대해 질문하는 것이 보통이다. 즉 문법이 기술되는지 또는 추천되
는지, 구성되는지 또는 도출되는지? 그 차이는 실제로 근본적이며 세부적
인 사항에서뿐만 아니라 전체적으로도 영향을 미친다. 기술문법은 - 그것
이 설정하는 범위 내에서 - 비교적 완전해야 한다. 기술문법(deskriptive
Grammatik)은 언어적인 사실을 다만 기술만 해야지 평가해서는 안 된
다. 이와 반대로 추천문법 또는 규범문법(normative Grammatik)은 불확

실한 영역, 언어사용에서 문제되는 부분들을 끌어낼 수도 있으며, 또 언어사용자에게 특정한 변이형을 제시하여 그에게 다른 변이형에 대해서는 경고해도 상관없다. 물론 모든 규범문법이 기술문법의 결과에 근거하며 근본적으로 모든 기술문법은 그것이 인지되어 문외한들에게 전달되는 점에서는 어느 정도 규범적인 작용을 전혀 피할 수가 없을 것이다.

오늘날 시장에 나와 있는 대부분의 문법들은 의도와 기능에서는 기술적인 성질을 띄고 있다. 차이점은 규범적인 잔재의 범위와 위치에 있다. 교수용으로 기술되고 개별 교재에 직접 첨부된 문법들은 우선 그 대상을 기술하고 단지 부수적으로만 규범도 설정하려고 한다. 언어비평적인 책, 문체론, 가끔 교재 안에 있는 문법은 주로 규범적이다.

이 책은 기술적인 표현에 속할 수 있겠으나 광범위한 기술적 요구조건을 충족시키지 못하기 때문에 협의의 "문법"에 포함시킬 수 없다. 우선 이 책에서는 독일어가 어떤 특성을 가지고 있으며 또 어떻게 사용되는지를 제시하고 경우에 따라서는 본보기로서 기술하고자 한다.

1.3. 하향문법과 상향문법

문법의 구성은 선택적으로 두 가지 대조적인 기술원칙에 따를 수 있다. 문법은 기술되는 언어의 가장 작은 요소, 즉 음성, 음절 및 단어에서 시작하여 점점 큰 단위로 올라가거나, 또는 역으로 가장 큰 단위인 문장이나 텍스트에서 시작하여 가장 작은 요소로 내려갈 수 있다. 첫 번째의 경우를 상향문법(aszendente Grammatik), 두 번째의 경우를 하향문법(deszendente Grammatik)이라 부른다.

오늘날 존재하는 대부분의 문법들은 상향문법으로 보아야 한다. 이들 중 대부분은 특히 단어들을 개별 부류에 따라 분류하여 기술하고, 단어를 가지고 우리가 무엇을 할 수 있는가를 제시한다. 대부분의 문법들은 문장을 가장 높은 층위로 간주하고, 단지 일부의 문법만이 최종의 기술 층위로서 텍스트까지 포함시킨다. 더 높은 층위를 주제로 삼지 않고 순수한 품사만 다루는 문법도 있다.

특히 소위 구조주의 문법과 "생성문법" 또는 "변형생성문법"(generativ-transformationelle Grammatik)이라는 명칭에 포함될 수 있는 모든 문법은 하향문법이다. 이들은 문장에서, 부분적으로는 발화(Äußerung)에서 시작하여 "형태소"(Morphem)에서 끝난다. 형태소란 어간뿐만 아니라 굴절요소와 그밖에 몇 가지 다른 것을 의미한다. 생성의미론이라는 이름으로 기술되는 것과 격 이론적인 기술 역시 하향문법에 속한다. 이 범위를 벗어나서는 극소수의 하향문법만이 존재한다. 이들은 모두 텍스트에서 시작하여 단어 내지는 "형태소"(Monem)에서 끝난다.

이 책은 상향문법에 포함시킬 수 있다. 이 책의 양 극단으로서 형태소가 최소단위이고, 텍스트가 기술의 최상위 대상이다.

1.4. 생산문법과 확인문법

이 개념 쌍은 언뜻 보기에 1.3의 개념 쌍과 밀접한 관계가 있다. 그러나 물론 보다 자세히 관찰해 보면 이 일치가 우연적이라는 사실이 분명해진다.

우리가 집, 공산품, 경치를 기술하는 것처럼 우리는 문법을 어느 정도 대상으로, 즉 기술할 수 있는 비교적 불변적인 구조물로 간주할 수 있다. 그러나 우리는 또한 문법을 말하기와 글쓰기의 조건, 도구, 규칙체계, 즉 언어와 관련하여 사용할 수 있는 범주와 규칙의 올바른 사용에 대한 지시로 간주할 수도 있다. 이러한 지시의 대상은 항상 복합적 구조를 가지며, 보통 생성될 수 있거나 분석될 수 있는 의사소통 단위들이다. 그것은 문법의 "방향"과는 별 관계가 없다. 예컨대 텍스트에서 시작하는 하향문법처럼 단어에서 시작하는 상향문법 역시 생성이나 분석에 전념할 수 있다.

우리는 생성문법(erzeugende Grammatik)을 생산문법(Produktions-grammatik)이라 칭한다. 우리는 생산문법을 당연히 "생성문법"(generativ)이라고도 칭할 수 있겠다. 그러나 이 용어는 다의적이며 대부분의 언어학자들에 의해 오늘날 오직 Chomsky에 의해서 창설된 언어학파의 명칭에서만 사용된다.

생산문법(Produktionsgrammatik)과 확인문법(Identifikationsgramma-tik) 간의 차이는 흔히들 생각하는 것보다는 경미하다. 이론적으로는 모든 생산문법이 확인문법으로 전환될 수 있어야 하며 또한 그 역도 성립해야 한다. 그러나 실제적으로는 그러한 전환에서 기술상의 결함이 나타난다. 어떤 문법이 그 범주와 규칙을 보다 정확하고 완전하게 제시하면 할수록, 즉 문법이 명시적이 되면 될수록, 그 문법은 더욱 쉽고 또 오류 없이 다른 목표설정을 갖는 문법으로 전환될 수 있다. 고도의 형식문법, 특히 컴퓨터로 판독할 수 있거나 접근할 수 있는 문법은 - 오늘날 많은 연구방향에서 그러한 문법이 주로 자동언어분석을 위해서 사용되는데 - 고도의 명시성을 나타내기 때문에 자연언어 문법보다도 더욱 쉽게 전환될 수 있다.

이 책은 문법책이 아니다. 이 책은 문법기술 및 문법평가에 대한 안내서로서 이해하는 것이 가장 좋을 것이다. 이 때 물론 몇 가지 원칙들에 우선권이 주어진다. 전체적으로 이 책은 생산문법의 방법에 따르는데,

이 결정은 부분적으로는 교수법적인 고려에서 설명될 수 있다. 언어수업, 즉 모든 언어습득 과정에서는 분석보다는 생산이 우선한다. 텍스트만을 이해하려는 사람 역시 그가 이러한 텍스트를 스스로 생산할 수 있을 경우에만 - 단지 "생각 속에서" 만이라도 - 비로소 만족스러운 방법으로 텍스트를 이해할 수 있다. 작업상의 경제적인 고려도 이에 영향을 주었다. 오늘날까지 기술된 거의 모든 문법은 1차적으로 생산문법이다. 단지 극소수의 독일어 분석문법만이 존재한다. 생산문법을 지향하는 사람은 광범위한 문맥을 고려하고, 많은 것을 끌어오거나 전제할 수 있다. 그러면 우리는 아마도 문맥을 보다 쉽게 이해할 수 있을 것이다. 발상의 선택에서는 물론 위에서 약술한 확신도 중요한 역할을 했기 때문에, 생산문법과 확인문법에서는 결국 동일한 규칙체계의 두 가지 측면이 문제된다. 그렇게 함으로써 결정하는 데 있어서 영향과 충격이 감소될 수 있을 것이다.

1.5. 형태론과 통사론

문법은 목표, 방향 및 기술방법과는 상관없이 항상 언어요소들과 요소들의 결합과 관계가 있다.

이러한 2중적 측면은 여러 가지 층위, 예를 들어 음성적인 측면(음성적 내지는 음운적 측면)에서도 적용된다. 독일어에는 어떤 모음과 자음이 있는가를 아는 것만으로는 충분하지 않고, 이들이 어떻게 결합될 수 있는가를 아는 것도 중요하다. 따라서 우리는 독일어에서 단어 flink(민첩한)는 있으나 단어 *frink는 존재하지 않으며, 오늘날의 규칙은 단어의 초음에서 자음연쇄 fn을 배제하기 때문에 *fnilk 및 *fnirk와 같은 단어들은 허용될 수 없다는 것을 알아야 하며 혹시 모른다면 배워야 한다.

보다 높은 층위에서도 이와 동일한 것이 적용된다. 즉 단어는 단어군으로, 문장성분은 문장으로, 발화는 텍스트로 결합된다. 여기서 언급된 몇 가지 요소들은 다른 요소들에서 도출될 수도 있는데, 예컨대 문장성분은 보다 작은 요소들로부터 도출될 수 있다.

결국 우리는 언제나 다시 "단어"(Wort), 보다 정확히 말해서 어근(Wortstamm), 학문적인 문헌이나 일상어에서 대부분 "단어"로 표현되는 다른 단위 및 굴절요소에 도달한다. 이러한 초음소적 (즉, 음소보다 더 상위의) 영역의 기본요소를 이 책에서는 형태소(Monem)라고 표현한다. 따라서 Bild(그림)와 같은 단어나 wohn-과 같은 어간뿐만 아니라 be-, er-, mit-, zu-와 같은 동사 접두사, -heit, -schaft, -ung과 같은 명사 접미사, 복수 어미 및 과거형 표시 (즉, 어미 -te나 모음교체(Ablaut)) 등과 같은 비자립적인 요소들까지도 형태소에 속한다. 이 때 형태소가 최소의 의미단위인가, 혹은 형태소가 기술할만한 어떤 의미를 지니는가 지니지 않는가 하는 것은 아무런 역할도 하지 않는다. 이런 점에서 이 책에서 사용된 형태소 개념은 후에 다른 사람들과 유사하게 형태소를 최소의 의미단위로 파악하는 Martinet의 형태소 개념과는 다르다.

초음소적(supraphonematisch) 영역에 있는 이러한 요소들의 결합방법을 통사론(Syntax)이라고 칭한다. 이로써 통사론이란 오직 결합방법만을 의미하지는 않는다. 즉, 음성영역의 요소들 - 음, 음소 등 - 은 독자적인 결합방법을 가지고 있으나 여기서는 통사론이라고 일컬어지지는 않는다. 통사론에 대한 영역은 다층적이다. 통사론은 단어들이 보다 큰 단위 - 단어군 - 로 결합하는 것뿐만 아니라, 이 차상위 단위들이 다시 더욱 큰 단위로, 결국 텍스트로 결합하는 것까지 포함한다. 임시방편적으로 어군 통사론, 문장 통사론 및 텍스트 통사론이라고 말할 수 있겠다. 나중에 상론하는 과정에서 우리는 이 3분법을 통해서 실제로 사실들을 아주 개략적으로만 표현할 수 있다는 것을 다양하게 제시할 것이다.

이 책에서 사용되는 통사론 개념은 오늘날 많은 언어학자들에 의해 사용되는 통사론 개념보다 넓다. 이를테면 현대의 많은 언어학자들은 통사론과 의미론을 서로 배타적인 것으로 대립시킨다. 필자가 보기에는 이와 같은 구별은 불필요하며 중요한 통찰을 오히려 방해한다. 필자가 어쨌든 다음 문장 안에 있는 접속법과 직설법 간의 "형식적인" 차이점은 고려하지만, 이와 관련한 내용적인 차이점을 고려하지 않는 것은 - 이들이 통사론에 속하지 않고 의미론, 즉 문법의 아주 다른 영역에 속하며 통사론자들이 전혀 접근할 수 없는 어쩌면 비난받아 마땅한 문법의 영역에 속하기 때문에 - 아무런 의미도 없다고 본다.

> Er berichtete, dass Karl mitkomme.
> Er berichtete, dass Karl mitkommt.
> Er berichtete, Karl komme mit.
> Er berichtete, Karl kommt mit.
> (그는 카알이 같이 올 것이라고 보고하였다)

그리고 필자는 이와 반대되는 입장, 즉 의미론자들이 "통사적인 것"을 멸시하고, 통사적인 것은 전혀 연구할 가치가 없으며 기껏해야 다른 사람들에게 맡겨야 하는 것으로 생각하는 입장 역시 이해할 수 없다. 악마가 성수를 회피하는 것처럼 많은 통사론자들은 의미적인 것을 회피하고 의미론을 일종의 적색지역과 동일시하는 것처럼 보인다. 그리고 많은 의미론자들 역시 "오직 통사적인 것만"에 대해서는 강한 거부감을 느낀다.

아주 밀접하게 결합되어 있는 두 영역을 이렇게 인위적으로 불필요하게 나누는 것이 규칙이 되어서는 안 된다. 이 책에서는 통사론이 표현영역뿐 아니라 내용영역에도 관련되는 초음운적 영역의 결합방법으로 이해된다. 형태소는 대체로 결합될 수 있는 의미를 갖는다. 의미결합은 내용통사론(Inhaltssyntax)에 의해 규정되며, 이 때 우리는 내용통사론을 표현통사론(Ausdruckssyntax)과 완전히 분리된 것으로 생각해서는 안 된다. 표현형식의 결합방법은 표현통사론의 대상이다. 따라서 의미통사론(Semantosyntax, 내용통사론)과 형태통사론(Morphosyntax, 표현통사론)의 두 가지 통사론이 다 함께 한 언어의 통사론을 형성한다.

1.6. 연결과 위치

두 개의 언어요소들 중에서 이들이 함께 등장할 수 있는지, 함께 등장해야 하는지 또는 함께 등장할 수 없는지를 제시할 수 있다. 그래서 형용사 blond(금발의)는 사람의 머리카락을 말할 때에는 명사 Haar(머리카락)에서 등장할 수 있으며, 또한 그러한 머리카락을 가진 사람에 대한 지칭으로서도 사용할 수 있다: ein blonder Junge(금발의 소년), eine blonde Bestie(금발의 거치른 여자) 등. 은유적인 사용에서는 - 은유적인 사용이란 한 단어가 비전형적인 환경에서 사용되는 것을 말하는데, 이 때 보통 중요한 의미자질들 중에서 적어도 하나가 이 단어에서 결여되어 있다 - 예컨대 blond가 명사 Bier에서도 등장할 수 있다. 동사 bellen(개가 짓다)의 직접적인 환경에서는 명사 Hund(개)나 'Hund'에 대한 이름이 와야 한다. 은유적인 사용에서는 그 대신에 사람이나 기관총 및 다른 것들도 올 수 있다. 다른 한편 Hemd(속옷)의 직접적인 환경에서는 형용사 jung(젊은)이 바로 등장할 수는 없다. 우리는 neues Hemd(새 속옷)나 frisches Hemd(깨끗한 속옷)에 관해서는 말할 수 있다. 이렇듯 모든 단어는 자신의 환경에 제약을 가하며 아주 자유롭게 결합될 수는 없다. 즉 모든 단어는 특정한 다른 요소들을 요구하거나, 최소한 허용하거나 또는 배제한다. 우리는 이러한 공기제약을 Tesnière가 - 비록 특정한 기술방법의 좁은 틀 내에서이긴 하지만 - 언어학에 도입한 연결(Konnexion)이라는 개념으로 총괄한다.

   Alfred chante. 'Alfred singt.' (알프레드가 노래한다)

   떼니에르(Tesnière)가 위의 문장이 두 성분이 아니라 세 성분, 즉 요소 Alfred, chante 및 이들 간의 구조적 결합(이것이 바로 공기관계이다)으로 구성되어 있다고 말할 때, 그는 근본적으로 바로 이 연결을 의미한다. 이 공기관계로부터 필요한 결론을 유도하기까지는 비록 오랜 시간이 소요되었지만 많은 연구자들이 이미 일찍부터 이 공기관계에 대하여 관심을 가져왔었다. Porzig가 1934년에 "본질적인 의미관계"에 관해서 말했는데, 이 때 그는 주로 개별 단어를 염두에 두었다. 문법은 개별적인 언어요소들보다는 이 요소들의 부류에 관심을 갖기 때문에 - 그럴 경우에만 일반적인 유형의 진술이 형식화될 수 있기 때문이다 - 후에는 이러한 부류들에 커다란 관심이 집중되었다. 특히 Coseriu의 "어휘적 연대성"이 이러한 방향을 추구한다. 그밖에 최근의 결합가 이론이 획득한 모든 것은 연결의 영역에 속한다. 왜냐하면 결합가 이론은 - 앞으로 제시되는 바와 같이 - 단지 특정한 종류의 연결만을 구성하기 때문이다.

   따라서 연결이란 부류에 따라 배열된 요소들의 상호공기(Miteinandervorkommen)를 의미한다. 그러나 연결은 말할 때나 글쓸 때에 나타나는 요소들의 순서(Anordnung)는 포함하지 않는다. Hund와 bellen이 특정한 조건하에서 동시에 등장하는 점에서 이들 간에는 연결이 존재한다.

Der Hund bellt. (개가 짓는다)
(Es) bellt der Hund. (개가 짓는다)
Bellt der Hund? (개가 짓느냐?)
der Hund, der bellt (짓는 개)

위의 문장들이 어떠한 어순을 취하더라도 연결의 층위에서는 동일하다. 언어연쇄에서 요소들의 배열을 규정하는 하나의 추가적 기구, 즉 규칙체계가 첨부되어야 한다. 이를 통해서도 요소들 간의 관계가 구성되는데, 여기서 이 관계는 "비직선적"인 연결관계와는 반대로 위치(Position)의 개념으로 총괄된다.

연결과 위치 사이에는 종속관계가 존재하여 종종 특정한 연결은 그 결과로서 특정한 위치를 갖는다는 사실이 제시될 것이다. 물론 우리는 역으로 기술하여 특정 위치로부터 특정 연결을 유도할 수도 있다. 그러나 필자로서는 문법을 통해 우선 위치 중립적인 등장구조가 생성되도록 한 후에, 이 구조가 "직선화"되도록 하는 것이 더 실용적인 것처럼 보인다. 이러한 전제조건 하에서 그리고 언어생성과정은 밑에서 위로, 즉 심층의 발화내용(Gemeintes)으로부터 물리적으로 인지 가능한 표층의 발화(Rede)로 진행된다는 보편화된 사상을 수용한다면, 위치보다는 연결에 더욱 깊은 층위를 할당하는 것이 타당하다.

그러나 존재하는 모든 상관관계에도 불구하고 연결과 위치를 이론에서뿐만 아니라 특히 언어생성과정의 기술에서도 신중하게 서로 분리하는 것이 타당하다. 이미 개별 언어 이전의 의미단계에서 개별 요소들의 위치를 확정하려는 방법이 모색되었다. 그러나 이 방법은 연결을 통한 위치의 제약 - 제약의 설정에도 불구하고 모든 경우에 존재한다 - 을 체계적으로 포함시킬 수 있는 가능성을 포기하고 있다. 몇몇 언어학파와

많은 교재에도 영향을 주었던 하나의 방법이 연결과 위치를 성분구조의
기호와 결합함으로써, 이 방법이 예컨대 연결에만 한정하는 의존문법보
다는 더 많은 것을 수행할 수 있다고 주장하면서 자신을 선전한다면, 그
것은 명백한 단견임을 증명하는 것이다. 그 이유는, 첫째 의존문법은 연
결만을 기술하기 위해서는 기술이 아주 간편하고, 둘째 (의존문법적으로
파악된) 연결에서는 많은 위치자질들에 대한 제약이 있으며, 셋째 오래
전부터 의존문법에서는 Hays와 Robinson에 의해 개발된 연쇄를 생성하
는 의존문법이 있기 때문이다. 의존문법에 관한 후자의 표현방법이 선택
되지 않은 이유에 대해서는 앞으로의 논의과정에서 언급될 것이다. 여기
서는 다만 Hays에 따른 의존문법은 독일어에서는 수많은 불연속적인
요소들(주문장에서 동사 복합체의 분열, 형용사와 명사에 대한 부가어의
이동 가능성 등)과 연관된 해결할 수 없는 문제점들을 동반한다는 사실
만을 언급하고자 한다. 많은 비판자들이 위치현상을 다룰 때 의존문법에
돌리는 "결점"에 대해서 우리는 이들이 학문적 원칙을 학파와 혼동하고
있는 순간에서의 연구비판이 의심스럽다는 사실을 확인할 수 있을 것이
다.

1.7. 성분구조, 상호공기 및 의존

　문법은 무엇보다도 연결부가 문법에서 어떻게 구성되어 있는가에 따
라서 구분될 수 있다. 이 때 서로 경쟁관계에 있는 가장 중요한 두 가지
원리가 성분구조(Konstituenz)와 상호공기(Konkomitanz)이다. 이들이
다음에서 기술될 것이다. 성분구조 원리가 훨씬 널리 보급되어 있으며

또한 긴 역사도 가지고 있다. 상호공기 원리는 특히 몇몇 현대 문법학자들이 언어기술을 위해 사용하고 있다.

성분구조(Konstituenz)는 부분-전체 관계를 가지고 연결을 기술한다. 최소한 두 개 이상의 명사(Term) 사이에는 관계 "~로 구성된다(besteht aus)"가 존재한다. 아리스토텔레스 이후로 오늘날의 구성성분문법에 이르기까지 전수된 하나의 규칙에 따르면, 문장은 오늘날 보통 "주어"와 "술어"로 일컬어지는 두 가지 주성분으로 구성되어 있다. Chomsky 학파의 "변형생성문법" 안에 있는 첫 번째 규칙들 중의 하나인 다음 규칙이 바로 이것을 의미한다.

S → NP + VP

이 규칙은 다음과 같이 해석될 수 있다.

"구조 S(=문장)는 하나의 명사구(NP="주어")와 하나의 동사구(VP="술어")로 구성되어 있다." 또는 "S 범주를 NP 범주와 VP 범주로 대치하라."

또 다른 규칙들에 따르면 술어는 동사와 목적어로, 명사구는 관사, 형용사 및 명사로 구성된다. 이 때 연결은 각각 관계의 후항에서 명시된다. 이러한 방법으로 규칙연쇄나 혹은 도식적 기술에서는 수많은 기호들 - 이들 중 다수는 동일한 것을 표현하다 - 을 지닌 수형도(Baumdiagramm)가 생겨난다. 따라서 "S"는 "NP + VP"와 정확히 동일한 것, 즉 동사문장을 의미한다. 성분구조 원리는 동일한 구성물의 연속적이며 명시적인 다시 쓰기 규칙(Wiederschreiben, rewrite rule)에 있다.

Ein fallender Ast hat meinem jüngeren Bruder das linke Bein
abgeschlagen.
(떨어지는 나무 가지가 내 동생의 왼쪽 다리를 쳐서 부러뜨렸다)

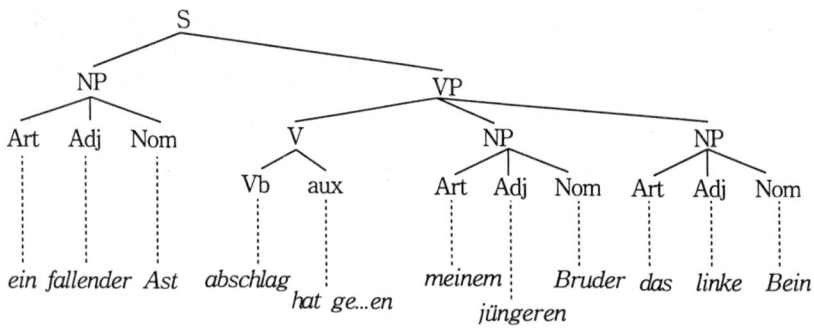

S	= Satz(문장)	
VP	= Verbalphrase(동사구)	
Adj	= Adjektiv(형용사)	
V	= Verbalkomplex(동사 복합체)	
aux	= Auxiliarkomplex(조동사 복합체)	

NP	= Nominalphrase(명사구)
Art	= Artikel(관사)
Nom	= Nomen(명사)
Vb	= Verb(동사)

우리가 이러한 구조기술(구절표지)에서 기술된 문장의 직접적인 표현
을 얻고자 하면 단순히 기호부분을 합산만 하면 된다. 합산되는 기호의
선택은 규정되어 있지만 기술의 상이한 "층위"에서 나온 기호들도 합산
할 수 있다. 이 때 수직방향의 성분구조 가지로부터 단지 하나의 요소만
이 선택되어야 하며, 이 요소가 동시에 다른 가지의 요소일 경우(그것은
분지의 경우에서 나타난다)에도 이 요소가 단지 한 번만 선택되어야 한
다는 제약이 있다. 따라서 위의 문장은 다음 세 가지 기호집합체로 표현
될 수 있다.

S

또는 NP + VP

또는 Art + Adj + Nom + V + NP + NP

das linke Bein을 *NP + Art + Adj + Nom의 형식으로 표현할 수는 없다. 그렇게 되면 수직적으로 결합된 요소들이 동시에 등장하게 되는데, 그것은 두 개의 명사구가 존재한다는 것을 의미하기 때문이다.

성분구조(Konstituenz) 개념을 너무 일방적으로 구성성분(Konstituente) 개념과 연관시켜서는 안 된다. 구성체의 일부로서의 구성성분은 구성성분적으로 형성된 문법에서뿐만 아니라 상호 공기적으로 형성된 문법에서도 등장한다. 물론 구성성분문법은 우선적으로 부분–전체 관계에 토대를 두고 있기 때문에 특수한 관계가 존재한다.

상호공기(Konkomitanz)는 완전히 다른 방식으로 연결을 기술한다. 여기서도 상이한 "층위"에서 나온 기호들이 선택될 수 있어서, das linke Bein(왼쪽 다리)이 NP로나 혹은 Art + Adj + Nom으로 표현될 수 있다. 수형도에서도 역시 상이한 층위의 기호들이 혼합되어 등장할 수 있다. 그러나 아주 특이한 것은 상호 공기적 도식(또는 규칙연쇄)에서는 모든 요소가 단지 한 번만 표현된다는 점이다. 즉 상호공기 도식은 동시에 등장하는 요소들만을 포함한다. 위의 문장은 상호공기 도식으로는 다음과 같이 기술할 수 있다.

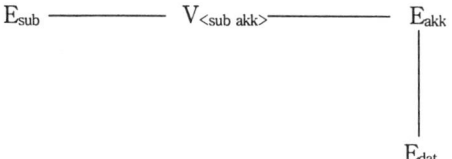

이 도식은 대략 다음과 같이 해석될 수 있겠다: Ein fallender Ast(떨어지는 나무 가지) (E_{sub} = 주어)는 결합가 <sub>(주격 요소)를 나타내는 abschlagen(쳐서 부러뜨리다)과 같은 동사(V)에 상호 공기적으로 결합되어 있다. 그러나 동사 abschlagen은 추가적인 결합가 <akk>를 가지고 있다. 즉 이 동사는 E_{akk}(4격 보충어), 여기서는 das linke Bein(왼쪽 다리)을 요구한다. E_{akk}가 신체의 일부나 또는 이와 유사한 것을 표현한다는 조건하에서는 (여기서는 이 조건이 충족되어 있다) 일반적으로 이 신체의 일부가 속하는 생명체가 3격의 형태(E_{dat} = 3격 보충어)로 함께 지칭되어야 한다. 예컨대 떨어지는 가지가 추녀의 모서리를 부러뜨렸다면 해당 3격은 첨가될 수 없을 것이다(소위 "소유의 3격"(Pertinenzdativ)에 대해 자세한 것은 5.4에서 논의된다). 다음의 설명은 문장의 개개 성분(구성성분)들이 상호 공기할 경우에 이들이 어떻게 상호 의존하는가를 보여줄 것이다. 우리가 개략적인 기호 E_{sub} 대신에 이 기호와 관련된 성분들을 제시함으로써, 예컨대 ein fallender Ast 대신에 Art - Adj - Nom을 제시함으로써, 위에서 제시한 기술과 같이 다양한 방법으로 세분하여 기술할 수 있다. 이러한 배열은 어순을 반영하지는 않지만 공기관계를 표현하기 위해 역시 고려할 수 있는 Adj - Art - Nom의 배열보다는 더 일반적이다. 왜냐하면 관사와 형용사 간에는 보다 밀접한 관계가 있고 이들과 명사 간에는 보다 넓은 관계가 있기 때문이다(모든 명사는 관사나 또는 이와 유사한 단어를 동반하며 형용사를 취할 수 있다). 물론 두 번째 형식이 암시하는 관사와 형용사 간의 종속은 파악하기 어렵고 또 기술하기도 힘들다.

마지막에 제시한 종류의 형식을 직접 도식에 삽입할 수 있는데, 그러면 이 도식은 하나의 주중심(Hauptzentrum)과 몇 개의 부중심(Nebenzentrum)을 나타낸다.

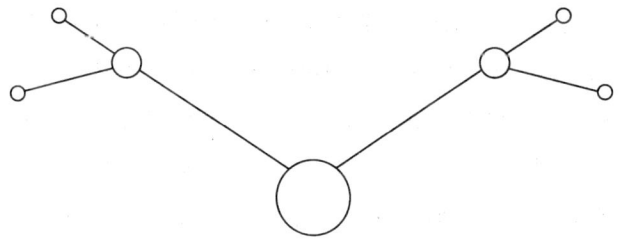

이 도식은 다시금 위의 문장을 표현할 수 있다. 여기서도 항상 도식에 포함된 성분의 총계가 기술되는 구성체를 정확히 나타낸다.

상호공기는 성분구조에 비해 간결성과 명료성의 장점을 지닌다. 이와 반대로 "중간범주"(Zwischenkategorie)가 표현되지 않는다는 단점도 있다. 도식에서 기호 Art, Adj, Nom(이를테면 ein fallender Ast 대신에)이 나타나면 종합적인 기호 NP는 더 이상 등장할 수 없다. 성분수형도에서는 각각의 가지를 따라가 보면 중간범주를 쉽게 조사할 수 있다. 즉 위에 제시된 성분수형도에서 시작기호 S 다음에 중간범주인 NP(명사구)와 Art(관사), 그리고 마침내 종단요소 ein을 발견한다. 이에 반해 상호공기적 도식은 종종 (비록 필수적인 것은 아니지만) "종단전"(prä-terminal) 범주만을 갖는다. 이 때 모든 범주기호에 대해 오직 종단요소(대개 단어)만이 삽입될 수 있다. 그러나 중간범주는 상호공기 도식에서도 함축적으로 포함되어 있기 때문에 분명히 가려낼 수 있다. 예를 들어 모든 Nom은 그 의존소와 함께 NP를 형성하고, 모든 Adj는 그 의존소와 함께 AP를 형성한다.

마지막에 제시된 것과 같은 상호 공기적 기술은 구성성분(공기관계에 있는 명사)의 배열에 대한 문제를 제기한다. 우리가 무엇을 가지고 시작하며 또 무엇을 가지고 끝맺는가? 위로는 무엇이 설정되고 그리고 아래로는 무엇이 설정되는가? 후자의 도식에서 E_{sub}은 동사의 좌측에, E_{akk}는 동사의 우측에, 그리고 E_{dat}는 중심교점으로서의 동사 밑에 배치함으로 써 우리는 배열을 사전에 이미 결정하였다. 우리가 여기서 이러한 사전 결정을 계속해서 규명할 필요는 없다. 이 도식을 60도, 90도 또는 180도 로 돌림으로써 배열이 즉시 변화될 수 있기 때문이다.

그러나 배열을 수직방향이 되도록 규정하는, 상호 공기적 도식을 위한 하나의 방법이 많은 연구자들에 의해 개발되었다. 이에 따르면 특정 기 호에 최상위(혹은 차상위)의 위치가 할당되고 다른 기호에는 차하위의 위치가 할당된다. 차상위의 범주를 "지배" 범주, 차하위의 범주를 "피지 배" 범주 혹은 "종속" 범주로 표현한다. 상호공기 관계의 이러한 수직적 배열이 의존(Dependenz)의 원리를 끌어들이는데, 이 원리는 학교에서 실습을 한 많은 선구자를 거쳐서 특히 Lucien Tesnière에 의해 현대문 법에 도입되었다. 우리는 위의 상호공기 수형도를 의존 수형도로 변형시 킴으로써 의존적 기술방법을 구체적으로 도식화 할 수 있다.

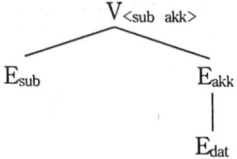

이 단순 도식에서 동사(abschlagen)가 최상위의 요소 혹은 지배소 (Regens)이고 그 직접 의존소(Dependens)는 보충어 E_{sub}(주어: ein fallender Ast)와 E_{akk}(4격 보충어, 4격 목적어: das linke Bein)이다. E_{akk} 의 핵어인 명사 Bein은 그 자체가 지배소이다. 이 핵어는 인간의 신체의 일부를 표현하며, E_{dat}(meinem jüngeren Bruder 내 동생의)가 이 핵어에 종속하기 때문이다.

우리는 마지막 문장을 진지하게 생각해야 한다. E_{akk}가 아니라 명사 Bein이 이 보충어의 핵어로서 E_{dat} meinem Bruder를 지배한다. 보충어는 총체적인 범주로서 항상 모든 종속요소들을 포함하므로 혼자 힘으로는 다른 어떤 요소들도 지배할 수 없다(이에 대해 보다 자세한 것은 1.10 참조).

후자의 도식은 널리 보급되어 있지만 규명되지 않은 견해들을 확실히 할 수 있다. 즉 우리가 종종 문장을 가지고 의존문법을 논의하기 때문에 의존문법은 항상 "문장문법" 혹은 "동사문법"이라고 오해를 받고 있다. 여기서 두 가지 오류가 발생한다. 첫째, 문장의 틀 내에서 동사가 아니라 다른 요소에 최상위 지배소의 지위를 할당하는 의존문법을 생각하여 구성할 수도 있다는 점이다. 둘째, 의존의 원리는 결코 (독일어) 동사문장에만 관계되는 것이 아니라 다양한 종류의 어군이나 텍스트에 대해서도 적용될 수 있다. 그 동안에 제시된 바와 같이 의존의 원리는 가끔 동사 없는 문장의 언어에서도 적합하다.

다음 사실을 명심해야 한다. 즉 상호공기가 특정한(도식에서: 수직적인) 방향(Richtung)을 취할 때 의존이 나타난다. 의존은 방향지워진 상호공기이다(Dependenz ist gerichtete Konkomitanz). 그러나 이러한 방향설정은 결코 자연발생적이거나 또는 "언어"를 통해 어떤 방식으로 사전에 주어진 것이 아니라, 문법학자들의 자의적인 결정에서 생겨난 인공물이다. 여기서 "의존"의 동의어로 사용되는 종속(Abhängigkeit)이란 말은 우리가 의심할 수는 없으나 기껏해야 논의할 수 있는 어떤 자연발생적인 개념이라는 생각이 널리 보급되어 있는 사실에 비추어 볼 때 이러한 사실은 항상 강조되어야 한다. 이러한 부류의 생각들이 학교문법에서만 발견되는 것은 아니다. 더 나아가 문법학자는 의존의 방향을 확정하는 방법을 숙고해야 하며, 또 이에 대한 증거를 제시해야 하는 것은 자명하다. 그러나 여전히 의존방향의 자의성에 대해 회의를 품고 있는 사람은 ein Ast와 같은 명사구에서 명사가 관사를 지배하는지, 또는 관사가 명사를 지배하는지를 한 번쯤 숙고해 보기 바란다. 그런 사람은 특히 자신의 견해에 대한 증거를 제시하기 바란다. 그러면 그는 아마도 두 견해에 대하여 동일하게 좋은 논증이 발견될 수 있다는 사실을 인식하게 될 것이다.

1.8. 계열소와 통합소

문법은 여러 종류와 크기의 언어요소들을 여러 종류와 크기의 보다 광범위한 단위들로 결합시키는, 결국 텍스트, 우선 개별 언어의 텍스트를 생성할 수 있는 가능성에 대한 기술로 이해할 수 있다. 텍스트는 하나의 시간적 틀 안에 내포되어 있기 때문에 - 문어 텍스트에서는 우리가 전체 텍스트를 관통하여 계속되는 것으로 상상해야 하는 행(Zeile)이 시간선에 해당한다 - 이 시간적으로 배열된 복합체를 기술하는 것만이 외관상 문제된다. 어군 dieser eitle Geck(이 자만심이 강한 사람)은 요소들 dieser + eitle + Geck로 구성된다. 이와 같이 시간상 내지는 좌측에서 우측으로 배열된 결합체를 **통합소**(결합소, Syntagma)라고 칭한다. 통합소는 여러 층위, 예컨대 어군, 단순 동사문 및 복합문에서 나타난다.

> auf einem Bein (한 쪽 다리로)
> alle großen Frauen (모든 키 큰 부인들)
> du Dummerchen (바보같은 너)
>
> Hanna kommt morgen. (한나는 내일 올 것이다)

Der Hang gibt nach. (언덕이 무너진다)

Ein mit der modernen Forschung nur oberflächlich vertrauter, jedoch von Eitelkeit triefender Jüngling hielt das vorletzte Referat. (현대적인 연구를 피상적으로만 알고 있으며 공명심에 **빠져있는** 한 젊은이가 끝에서 두 번째로 연구보고를 했다)

Kunisch, der kein Neuling war, wusste, was er davon zu halten hatte. (신참자가 아니었던 쿠니쉬는 그것에 대해 어떻게 생각해야 하 는지를 알고 있었다)

그러나 우리가 병행하는 것만을 고려하여 다차원의 언어현상을 충분 히 기술할 수 있으리라고 믿는다면 그것은 오류가 될 것이다. 즉 통합적 인 차원 이외에 완전히 다른 차원을 고려할 수 있다. 요소 a가 요소 b와 결합된다(또는 결합될 수 있다)는 사실은 도대체 어떤 다른 요소들이 b 와 결합될 수 있는가를 우리가 알 경우에만 비로소 올바르게 해석될 수 있다. 이것을 확정하기 위하여 우리는 예를 들어 다음과 같은 목록을 구 성할 수 있다.

Hanna (한나가)
Tante Ida (이다 아주머니가)
Die Chefin (여사장이) ⎫ kommt morgen.
Der Mann, der Birnen verkauft, ⎬ (내일 온다)
(배를 팔고 있는 그 남자가) ⎭

원칙적으로 한 통합소의 모든 요소들에 대해 이러한 목록이 존재한다.

Hanna kommt ⎧ morgen. (한나는 내일 온다)
⎨ am ersten Tag. (첫째 날)
⎪ um drei Uhr. (세 시에)
⎪ nachher. (나중에)
⎪ bald. (곧)
⎩ usw.

Hanna 〔 kommt morgen. (한나는 내일 온다)
         geht
         wartet
         schreibt
         rührt sich
         usw.

 교환할 수 있는 요소들의 이러한 목록을 우리는 계열소(Paradigma)라고 부른다. 이러한 계열소 개념은 이전의 학교문법에서 일상적이었으며 대개 굴절요소의 목록에만 연관되었던 그 개념보다는 범위가 넓다. 그러나 엄밀히 말해서 학교문법적인 계열소 역시 현대 언어학의 의미에서는 계열소가 된다.

Haus 〔 Ø   lach- 〔 e
         es   st
         (e)   t
         Ø   en
                                 t
                                 en

 그러나 정확히 관찰해 보면 학교문법에서의 계열소 역시 현대 언어학적인 의미에서 계열소가 된다. 왜냐하면 그것은 동일한 환경(어간)에서 교환할 수 있는 요소들(굴절어미)의 목록으로 구성되어 있기 때문이다.
 언어기술에서는 언제나 통합소와 계열소의 두 가지 차원을 고려하는 것이 중요하다. 텍스트 안으로 포함되는 모든 언어요소는 이중적 관계에 놓여 있다. 즉 언어요소가 통합적 관계에서는 결합되고, 계열적 관계에서는 배제된다. 통합적 관계에서는 "~뿐만 아니라 ~도(sowohl - als

auch)"가 적용되고, 계열적 관계에서는 "~나 혹은 ~ (entweder -
oder)"가 적용된다. 어떤 요소 - 예컨대 단어 - 는 그것의 통합관계와 계
열관계가 표현되는 경우에만 충분하게 기술될 수 있다.

　다음에서는 계열소에 관해 가장 중요한 것만을 언급한다. 이미 여기서
계열소에 대해 몇 가지 중요한 사항들을 확정할 수 있다.

　첫째, 계열소의 형태, 내용 및 범위는 고정되어 있지 않으며, 선택된
문맥의 구체성 정도에 달려 있다. 만일 우리가 문맥 Hans kommt
＿＿＿＿＿를 선택한다면, 비어 있는 자리에서 수많은 시간 규정어는 가
능하지만(bald (곧), nächste Woche (다음 주에), am 13. April (4월 13
일에) 등), lange(오랫동안), sehr(매우), ziemlich(상당히) 등과 같은 "양
태적"(modal) 요소는 불가능하다. 그러나 만일 단어 kommt를 범주 "자
동사"(V_{intr})로 대치하여 - 이렇게 함으로써 여기서는 단순히 "4격 보충어
가 없는 동사"를 의미한다(동사를 타동사와 자동사로 나누는 것은 이 책
에서는 앞으로 아무런 역할도 하지 않으며 이것은 나중에 자세히 규명
될 것이다) - Hans V_{intr} ＿＿＿＿＿와 같은 문맥을 제시한다면, 대치할
수 있는 요소들에 관한 계열소는 - 비록 임의의 이런 단어들 모두가 모
든 "자동사"에서 등장할 수 있는 것은 아니지만 - 위에서 언급된 것과 같
은 "양태적" 요소들도 포함한다. 따라서 다음과 같은 문장들이 가능하
다: Hans schläft lange(한스는 오랫동안 잔다). (*Hans schläft ziemlich.
는 불가능). Hans hat sich sehr weh getan(한스는 마음에 큰 상처를 입
었다). (*Hans hat sich lange weh getan.은 불가능). 끝으로 우리가 문
맥을 Hans V ＿＿＿＿＿와 같이 일반화하면(이 때 V는 임의의 동사 대신에
온다), 계열소는 또한 4격 목적어(Hans füttert seinen kleinen Bruder.
(한스는 자기 동생에게 음식을 먹여준다)에서의 seinen kleinen Bruder),
전치사 목적어(Hans passt auf seinen kleinen Bruder.(한스는 자기 동생

을 돌본다)에서의 auf seinen kleinen Bruder), 방향 목적어(Hans geht nach Bonn.(한스는 본으로 간다)에서의 nach Bonn)도 포함한다.

둘째, 계열소는 부류로서 정의될 수 있다. 즉 계열소는 모든 부류와 마찬가지로 외연적으로나 (열거를 통해서나 목록의 형태로) 또는 내포적으로 (공통적인 자질을 근거로 특징화함으로써) 정의될 수 있다. 첫번째 종류의 정의(위의 정의)는 언뜻 보기에는 유용한 정의인 것 같지만 완전한 목록을 얻을 수 없기 때문에 아주 제한적으로만 사용될 수 있다. 두 번째 종류의 정의는 비록 오늘날 아직도 많은 경우에서 적용될 수는 없지만 문법적인 기술에서는 엄격히 요구되어야 한다. 바로 불완전한 그 목록들이 하나의 중요한 불확실한 요인을 포함하는데, 이 요인은 계열소에 속하는 요소가 어떤 자질들을 나타내야 하는지가 정확히 제시되는 경우에만 배제될 수 있다. 예를 들어 schälen(껍질을 벗기다)과 같은 비교적 간단한 "4격 동사"는 내포적인 정의들이 문법학자들에게 어떤 문제점을 제시하는가를 보여준다. 문맥 _____ schält _____에서 앞부분에는 주격 요소("주어")가, 뒷부분에는 4격 요소가 와야 한다는 것을 암시하는 것처럼 보인다. 이 때 우리는 편의상 Der Affe schält eine Banane (원숭이가 바나나 껍질을 벗긴다) 안에서와 같은 기본 어순에서 출발한다. 따라서 Eine Banane schält der Affe.와 같은 치환된 어순(이에 대해서는 특히 5.8에서)은 고려하지 않는다. 모든 경우에서 명시화가 요구된다. 뒷부분에서는 명시화가 비교적 간단하다. 분명히 Apfel(사과), Banane(바나나), Wurst(소시지) 등과 같이 "벗길 수 있는" 껍질이 있는 대상들이 문제된다. 그러나 앞부분에는 무엇이 오는가? 누가 껍질을 벗길 수 있는가? 사람 외에 원숭이도 있기 때문에 우리는 분명히 "손을 가진 것"이라고 정의하고 싶은 강한 충동을 느낄 것이다. 우리는 또한 칼이 어쨌든 껍질을 벗길 수 있으므로 칼에 대해서도 말할 수 있으며, 끝으로 특히 껍질을 벗길 목적으로 만들어진 기계들도 존재한다. 이제 유일한 공통자질은 "무엇이 껍질을 벗길 수 있느냐"인 것처럼 보인다. 이로써 - 이러한 의미자질의 우연성과 임시성은 그만 두고라도 - 고전적인 순환논법이 존재한다. 어쨌든 우리가 형태·통사적인 영역을 벗어나는 즉시 계열소에 관한 정의는 지금까지의 연구가 해결할 수 있었던 것보다 더 많은 문제점들을 제공한다.

셋째, 언제나 다시 제기되었던 계열소의 최소범위에 대한 질문(우리가 계열소에 관해 말하기 위해서는 몇 개의 요소들이 존재해야 하느냐?)에 대해 쉽게 대답할 수 있다. 왜냐하면 계열소와 비계열소 간에 어떤 연속적인 추이가 존재하는 것이 아니라 오직 계열소이거나 아니면 비계열소이기 때문이다. 계열소는 교환가능성의 원리에 근거하므로, 최소한 두 개의 형태가 동일한 문맥에서 상호 교환될 수 있으면 항상 하나의 계열소가 존재한다. 이러한 최소 계열소에 대한 예로는 다음과 같은 것이 있다.

Sie setzte sich $\begin{cases} \text{für} \\ \text{gegen} \end{cases}$ eine zentrale Mülldeponie ein.

(그녀는 중앙 쓰레기 매립지를 위해/반대하여 진력한다)

1.9. 변형과 "층위"의 문제

모든 문법학자들은 지난 반세기 동안의 언어학적 인식들을 완전히 무시하려고 하지 않는 한, "당신은 변형을 어떻게 생각합니까?"라는 난처한 질문을 감수해야 한다. 이에 대한 대답은 극단적으로 다르게 나타날 수 있다. 그러나 어느 누구도 변형이 없는 문법이 존재한다는 핑계를 댈 수는 없다 - 이런 사실을 기대할 수 있다. 어쨌든 변형이 없는 기술방법을 발전시키려고 했던 지금까지의 모든 시도들은 곤경에 처해있거나 아니면 단순히 변형의 개념을 잘못 이해한 데 근거한다. 오늘날 학문적인 요구가 있는 모형들 중에서는 변형문법들만이 존재한다.

　우리는 변형을, 엄격히 계층적인 문법을 보다 단순하고 경제적이며 개괄적으로 만들 수 있는 보조수단으로 간주하는 것이 가장 좋을 것이다. 이것이 모든 경우에서 변형규칙의 도입에 대한 동기가 되었던 것은 아니지만 어디서나 문법기술에 대한 변형의 작용으로서 인식될 수 있다. 예컨대 어순변이, 능동-수동의 교체, "시제"-형태의 교체 등에서 나타나는 "구조적 친족성"에 대해 광범위하게 고려할 수 있게 해주는 것이 바로 변형이다. 언어생성과정에서 가정된 순서에 따라서 연결부, 위치부, 음성부의 세 가지 층으로 구성된 문법을 생각해 볼 수 있을 것이다. 원칙적으로 언어 이전의, 어쨌든 개별언어 이전의 (필연적으로 보편적인 것은 아니지만) 의미적 토대인 발화내용(Gemeintes)에서 출발하여, 연결부(Konnexionsteil)에서는 어군모형, 구문안, 텍스트 구조와 같은 개별언어적 구성체가 형성되고, 위치부(Positionsteil)에서는 이들이 직선적인 순서로 배열되며, 음성부(Phonationsteil)에서는 이들이 해당 음성구조에 할당된다. 이러한 문법이 모순이 없고 또 완전할지는 모르지만 결코 경제적이 아니다. 한 방향으로 형성된 문법은 다른 장소로의 참고지시를 허용하지 않으며 구조적인 공통점을 고려하지 않는다. 모든 최종 산물은 하나하나 유도되어야 할 것이다. 그러면 그 결과는 수많은 개별적인 생성과정에서 단조로운 평행선만 생겨날 것이다. 구조적 유사성에 대한 개념이 문법에서 얼마나 필수적이냐 하는 것은 - 이 책에서도 물론 필수적이다 - 다음의 예가 이미 보여준다.

Die Bundesbahn hat Busse eingesetzt.
(연방철도가 버스를 투입하였다)
Von der Bundesbahn sind Busse eingesetzt worden.
(연방철도에 의해 버스가 투입되었다)

구조적인 유사성에 대한 개념 없이는 위의 두 문장이 광범위한 구조적인 일치에 대한 어떤 지시도 없이 상호 완전히 독립적으로 생성되어야 할 것이다. 다음과 같이 구조적으로 유사한 문장과 명사구에서도 그렇다. 이러한 방법으로 하면 한 언어의 전체 문법은 엄청나게 확대될 것이다.

Die Bundesbahn hat Busse eingesetzt.
der Einsatz von Bussen durch die Bundesbahn
(연방철도에 의한 버스 투입)

우리가 일단 변형을 문법의 기본적인 요소로서 인정했다 하더라도 여전히 다음과 같은 중요한 질문들에 답변해야 한다. 즉 어떤 구조가 구체적으로 변형에 결부되어 있다고 보아야 하느냐? 특히 문법에서 변형이 어디에 위치하고 있으며, 어느 위치에서 생성과정에 개입하느냐?
"변형생성문법"은 그 초기 단계에서 이 질문에 대하여 명확한 답변을 주었다. 이 문법의 층위모형에 따르면 할당되는 어휘부와 함께 의미적으로 해석되어야 하는 심층구조가 존재한다. 즉 단지 심층구조에 의해서만 의미가 조사될 수 있다. 심층구조로부터 변형을 통해서 표층구조가 도출되며, 음성구조가 표층구조에 할당된다. 이리하여 마지막에 가서 우리는 구어의 (도식을 통해서는 문어에서도 역시) 표현형태를 얻는다. 후에 여러 번 수정된 이 모형은 대부분의 다른 구상들에 대해서도 하나의 기준

점이 되었다.

그러나 이것이 의심할 여지없이 문법을 변형적으로 설정할 수 있는 유일한 가능성은 아니다. 대안적인 해결책이 전체 문법모형의 구성에 대한 문제를 제기한다. 물론 이 관계에서 종종 정의되지는 않지만 묵시적으로 전제되는 문법의 "층위"에 관해서 자주 언급된다. 언어기술과 언어생성은 어떤 순서에 따른다는 것, 즉 이들은 여러 단계에서 일어나며 여러 층위를 통과하고 여러 성분으로 분절된다는 것, 이 모두가 동의어로 간주될 수 있다. 그러나 몇 개의 층위들이 존재하며 층위들이 개별적으로 어떤 특성을 가지고 있는가 하는 것은 기술방법에 달려 있다. 원칙적으로 두 가지 종류, 즉 규칙의 종류와 생성된 구성체의 종류에 따른 기술방법이 있다. 이 두 종류의 기술방법을 여기서 간단히 논의한다. 그러나 그 전에 언어생성과정에 관한 몇 가지 일반적인 주석을 먼저 설명해야 하겠다.

모든 기술방법에서 공통적인 점은 언어생성과정에 대한 동기로서 발화내용(Redeinhalt=Gemeintes)이 처음에 와야 한다는 것이다. 발화내용은 언어내적(innersprachlich)인 의미보다도 더 많은 것을 포함하고 또 최근 수십년 동안 특히 화용언어학이 연구해왔던 그 분야들도 포함한다. 이 때 언어적인 의사소통의 외부적 조건들, 즉 화자의 수와 이들간의 상호관계, 화자의 사전지식, 말하거나 글쓰는 상황 등이 중요하다. 이 발화내용은 아마도 보편적(universal)인 것은 아니지만 확실히 개별언어를 초월하여(übereinzelsprachlich) 조직되어 있다. 우리는 발화내용에 대해 아는 바가 별로 없으며, 술어논리적 기술에 의해 다양하게 추측되는 것보다 훨씬 더 적게 알고 있다. 또한 우리는 개별언어를 초월하는 이 구조가 어떻게 개별언어 구조로 전환(umsetzen)되며, 어떤 요소들(단어? 어간? 구조도식?)이 먼저 선택되고, 어떤 요소들이 먼저 실현되며, 그리고 기타의 요소들은 어떤 순서로 나타나는가에 대해서도 아는 바가 거의 없다. 틀림없이 이 전환과정은 시행착오의 원리에 따를 것이다. 따라서 우리는 수많은 표현상의 난점들, 비자의적인 중단, 말더듬, 새로운 발상을 통한 단절 등에서 볼 수 있는 바와 같이, 시간과 정력에서의 많은 소모현상들을 고려해야 한다. 만일 우리가 대부분의 성과 없는 노력들을 경험으로서 저장하지 않았다면 우리들의 다수의 발화시도는 틀림없이 벽에 부딪쳤을 것이다. 이로 인해 우리는 우리가 생각하고 있는 바를 대체로 쉽게 말할 수 있다.

　개별언어 구조의 영역에서 비로소 우리는 어느 정도 안전한 지역에 들어선다. 벌써 여기서부터 위에서 말한 두 가지 기술방법이 분리된다.

　자신의 기술토대를 **규칙의 종류**(Art der Regeln)에 두는 사람은 연결규칙, 변형규칙, 음성규칙(이 규칙들도 변형적으로 형식화될 수 있지만 여기서는 논의되지 않는다)을 구별하여 이들을 세 가지 생성단계에 따라 배열하는 것이 가장 좋다. 이 때 구조적으로 "유사한"(verwandt) 구성체를 상호 도출하면서 생성과정을 쉽게 개관할 수 있게 해주는 것은 무엇보다도 변형이다. 그밖에 유사한 두 구성체 중에서 어느 것이 변형에서 1차적("입력" Eingabe)으로 설정되고, 어느 것이 2차적("출력" Ausgabe)으로 설정되는가는 원칙적으로 상관없으며 따라서 문법학자들의 판단에 달려 있다. 형식문법이 종종 아주 순진하게 기저구조, "핵문" 등에 관해 말하는 경우 여기에는 자연적으로 주어진 특성이 있는 것이 아니라, 종종 학교문법을 통해 전수된 것을 다소간 의식적으로 수용하는데 근거하는 문법학자의 결정이 있는 것이다. 하나의 구성체가 변형체 (Transformat)가 되어야 하는지 또는 변형소(Transformand)가 되어야 하는지(이 때 변형의 변형체가 다른 변형에 대한 변형소로 작용할 수도 있다)에 대하여 모든 면에서 명백한 기준은 존재하지 않는다. 외관상 자명한 것도 매우 주의 깊게 관찰해야 한다. 한 언어공동체의 많은 구성원들, 그 중에서는 아마도 대부분의 직업적인 언어학자들도 부문장(변형체)이 "자연스럽게" 주문장(변형소)으로부터 유도될 수 있다고 말한다. 이에 대한 이유가 제시되는 경우는 거의 없고 또한 요구되는 경우도 전혀 없다. Bierwisch, Zemb 및 다른 학자들은 역순의 배열에 대한 진지한 논증을 제시하였다.

우리가 연결부에서 보다 추상적인 구성체를 설정하면 변형과정에서의 우선순위에 대한 문제가 그 중요성에서 상당히 제약된다. 초기의 변형생성문법은 변형의 역할을 주로 심층구조에서 표층구조로의 전환에만 한정한 반면에, 우리는 이 책에서 오직 "보다 심층적"(tiefer)인 구조의 영역에서만 작용하는 변형을 사용한다. 이 때 추상적인 변형소는 역시 추상적인 변형체로 전환된다.

그러면 특정한 경우에서는 이러한 보다 추상적인 구성체가 "태", "문장등급", "시제" 등과 같은 변항만을 포함한다. 예컨대 "태"를 "능동"이나 "수동"으로, "시제"를 "현재"로, "문장 등급"을 "상위문"(Obersatz)이나 "1등급의 부문장"으로 대치하는 하위범주화 변형(Subkategorisierungs-Transformation)을 통해서 구성체가 명시된다. 의미적인 하위범주화 역시 이 영역에 속한다는 사실은 자명하다. 예컨대 4격 위치에 사람에 대한 지칭만을 허용하는 beauftragen(위임하다)과 같은 동사가 오면, 의미적 하위범주화가 소위 모든 4격 동사에 할당되는 기호 E_{akk}("4격 보충어")를 기호 $E_{akk[hum]}$으로 대치한다.

변형을 사용하는 문법에서는 하위범주화 변형 외에 주로 "구간의 변형"(interphrastische Transformation)이 나타나는데, 구간의 변형이란 한 품사의 구를 다른 품사의 구로 옮기는 조작을 말한다. 위에서 언급된 문장 Die Bundesbahn hat Busse eingesetzt.는 der Einsatz von Bussen durch die Bundesbahn이란 표현과 구 사이에 결합되어 있다. 왜냐하면 여기서는 동사구(동사문장)가 명사구로 전환되기 때문이나. 물론 다른 품사로의 변형, 예컨대 형용사화 변형(Württemberg: württembergisch 뷔르템베르크의), 동사화 변형(rot 빨간: röten 붉게 하다, erröten 얼굴을 붉히다) 등이 있다.

그밖에 대용화 변형(Anaphorisierung)이 있다. 대용화 변형은 "완전한" 단어를 갖는 어군을 지시기능을 갖는 단어나 어군으로, 예컨대 auf den Bahnhof(역으로)를 hin으로, die verpasste Rheinfahrt(놓쳐버린 라인강 여행)를 sie로 대치한다. 대용화 변형에 대해서는 특히 6장에서 보다 자세히 논의된다.

그밖에 치환(Permutation), 즉 요소들의 위치변경을 고려해야 한다. 예컨대 단어 연속체 jetzt schnell ins Bett(지금 빨리 침대로)가 schnell ins Bett jetzt(빨리 침대로 지금)로 바뀌면 여기에는 치환이 존재하는 것이다. 치환에 대해서는 특히 5.10에서 자세히 논의된다.

하위범주화 변형, 구간의 변형, 대용화 변형 및 치환은 대치(Substitution)라는 개념으로 총괄할 수 있다. 모든 변형에서는 근본적으로 특정한 요소가 다른 요소로 대치된다. 문법의 기저부(Basisteil) - 이 책에서는 계층적으로 조직된 연결부 - 는 어떤 대치도 허용하지 않는다.

변형이란 특정한 구성체를 서로 연관시키는 과정으로 이해할 수 있다. 이 책에서는 모든 구성체 - 변형소와 변형체 - 가 고유한 연결구조를 나타내며 따라서 그 자체 내에서 설명될 수 있다는 사실이 전제된다. 이러한 가정은 다른 곳에서 말하는 견해와는 모순된다. 즉 많은 문법학자들은 한 변형체의 구조가 그 전체적인 "도출과정"에서만 설명될 수 있다는 견해를 가지고 있다. 이 견해에 따르면, der Einsatz von Bussen durch die Bundesbahn(연방철도에 의한 버스 투입)과 같은 명사구는 "기저문장" Die Bundesbahn hat Busse eingesetzt.(연방철도가 버스를 투입했다)를 통해서만 설명될 수 있다. 즉 이 문장의 해석을 통해서만 명사구의 이해도 가능하다. 예를 들어 Fillmore의 "격문법"(Kasusgrammatik)에서 나타나는 중간구조는 부분적으로 언어적인 현실에 부합하지 않으므로 원래 설명할 필요도 없다. 이러한 개념은 필자가 보기에는 오해의 소지가 있으며 또한 쓸데없이 장황한 느낌을 준다.

변형이 의미에 어떤 영향도 주지 않는다는 이전의 - 그 동안 그 창시자에 의해서도 유보된 - 교리는 오늘날의 연구상황에 따르면 파괴되어야 한다. 30년 전에 이 교리는 "심층구조"(Chomsky의 용어)만이 의미적으로 해석되어야 한다는, 따라서 표층으로 가는 변형과정은 "의미 보존적"(bedeutungserhaltend)이라는 확정과 밀접한 관계가 있었다. 우리가 의미의 개념을 언어외적인 "현실"에 대한 언어적 표현의 직접적인 관계에만 한정하고, 따라서 "지시적인 의미"만을 의미로 인정했던 경우에만, 이러한 개념이 유지될 수 있었다. 그러면 물론 능동문과 수동문 사이에 이들이 동일한 사태에만 관련되었을 경우에는 하등의 의미상의 차이점이 있을 수 없었다. 화용론의 대두가 이러한 좁은 관점에 대해 근본적으로 종지부를 찍게 하였다. 우리가 오늘날 말하기의 비지시적인 조건들도, 즉 결정, 평가, 사정 및 1차적인 발화의도(발화수반 행위) 등도 화자가 표현하고자 하는, 즉 화자가 대화 상대방에게 전하고자 하는 "발화내용"(das Gemeinte)에 포함시키는 것은 당연하다. 그러면 원래 언어학적인 의미는 지시적인 의미와 비교되며 능동적인 표현방법과 수동적인 표현방법 간의 중요한 차이점을 인식시켜 준다. 결국 새로운 의미개념을 통해서 모든 연결구조에 하나의 고유한 의미해석이 할당된다.

그러면 이러한 가정을 토대로 하여 언어생성모형으로 이해될 수 있는 하나의 문법모형을 구상할 수 있다. 이미 언급한 바와 같이, 규칙의 종류를 바탕으로 하는 문법에서는 연결규칙, 변형규칙 및 음성규칙을 구분하는 것이 목적에 부합된다. 이 때 역시 이미 언급한 바와 같이, 위치규칙도 변형규칙에 포함시킬 수 있다. 그러면 우리는 이를테면 다음과 같은 모형을 얻게 된다. 이 모형에 대해 우리는 다음과 같이 설명할 수 있다.

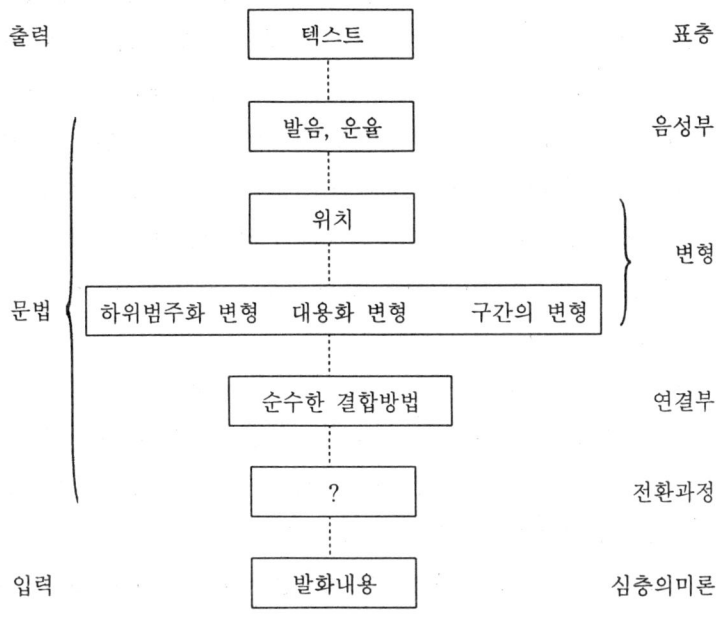

우리는 생성과정을 밑에서부터 위로, 즉 심층의 발화내용으로부터 표층의 언어적 표현으로 상상해야 한다.

언어 이전의 발화내용이 어떻게 연결구조로 전환되는가에 대해 - 이러한 사실이 언급되었다 - 우리는 거의 알지 못한다(의문부호가 이를 말해준다). 연결부(konnexionelle Komponente)에서는 어군모형, 문장모형(Satzmuster)/구문안(Satzbauplan), 텍스트 관계 등 추상적이고 위치 중립적인 구조가 생성된다. 여기서는 상호공기적(의존적)으로나 구성성분적으로 배열되어 있는, 순수한 결합적인 (즉 직선적이 아닌) 구성체가 문제된다. 이 부문은 또한 관계부(relationale Komponente)라고도 일컬을 수 있다.

변형부(transformationelle Komponente)에서는 이 구조들이 하위범주화 되거나(시제 ⇒ 현재 등), 대용화 되거나(diesen falschen Kerl(이 교활한 녀석) ⇒ den), 또는 구 사이에서 변형된다(Wir haben den Plan durchgesetzt.(우리가 계획을 관철시켰다) ⇒ die Durchsetzung des Planes durch uns(우리들에 의한 계획의 관철)). 이 변형부의 하위범주화 과정에서는 범주기호들 역시 단어들로 대치된다. 끝으로 여기서는 단어들이 "어순"(Wortstellung) 규칙에 따라서 배열되거나, 이미 직선화된 연쇄가 재배열된다(치환된다: Die Leute kommen spät.(사람들이 늦게 온다) ⇒ Spät kommen die Leute.).

음성부(phonische Komponente)에서는 정확한 표현으로 직선화된 단어들에 해당 음가가 할당되고 발화단위는 억양곡선을 갖춘다. 이것은 구어에서만 적용된다. 문어에서는 자소(Graphem)가 음소를 대신하고 - 부분적으로는 - "문장부호"가 억양곡선을 대신한다.

우리가 언어기술을 생성된 구성체의 종류(Art der erzeugten Konstrukte)에 따라서 배열하면, 단순히 작은 것으로부터 큰 것으로 (경우에 따라서는 큰 것으로부터 작은 것으로도), 즉 음에서 단어로, 단어에서 어군으로, 어군에서 문장으로, 그리고 문장에서 텍스트로 진행한다. 이 순서가 언어생성과정을 반영한다고 무조건 말할 수는 없다. 통상적인 과정이 음성에서 단어로, 소수의 단어에서 계속해서 어군, 문장, 끝으로 텍스트로 진행되는 것 같지는 않기 때문이다. 오히려 종종 결합자질들을 지닌 하나의 단어(종종 동사)가 처음에 오는 것처럼 보인다. 이 때 이 결합자질들은 단어가 아니라 범주와 관련된다.

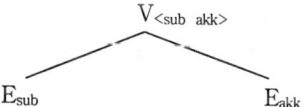

이 도식은 Hans verlangt Butter.(한스가 버터를 요구한다)와 같은
4격 문장을 대신한다. 물론 보다 복합적인 구조를 지닌 문장들 역시 이
도식에 부합한다. 대부분의 경우 범주 대신에 구체적인 단어를 삽입함으
로써 세분화된 구조가 생겨난다.

Die gewählten Frauen verlangen ein angemessenes Mitspracherecht.
(선출된 부인들이 정당한 발언권을 요구한다)

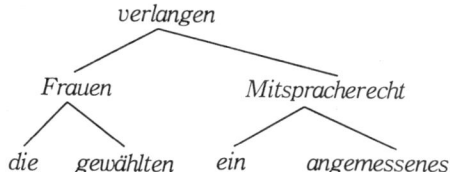

이러한 (여기서는 의존적인) 연결구조는 물론 구성성분문법에서도 적
용된다.
위의 예들은 언어생성이 단순히 "단어에서 문장으로" 진행되지 않는
다는 사실을 보여준다. 즉 이러한 구조에서는 수많은 중간과정이 요구되
는 것이다. 그럼에도 불구하고 여러 가지 관점에서 볼 때 필자에게는 전
체적인 기술을 구성체의 종류에 따라 구분하는 것이 유리한 것처럼 보
인다. 앞으로는 오직 이러한 의미에서만 층위(Ebene)에 관해 언급할 것
이다. 그래서 이 책에서는 (이 책은 어떤 관점에서도 완전성을 추구하지
는 않는다) 형태소(단어 포함) 층위, 구 층위, 문장 층위, 텍스트 층위가

구분된다.

이와 반대로 앞에서 제시하고 모형에서 예시한 바와 같이, 생성과정의 단계를 말할 때에는 앞으로 문법의 부문(Komponente, Teil)이라는 용어가 사용된다.

1.10. 문법의 형식화

우리는 모든 언어를 소위 언어 그 자체를 통해서 기술할 수 있다. 그러면 (기술되는) 대상언어(Objektsprache)가 (기술하는) 상위언어 (Metasprache)로서 사용된다. 그러나 우리는 자연언어 역시 연산/논리계산(Kalkül), 즉 범주와 규칙을 표현하는 추상적인 기호에 대한 유한한, 정확히 정의된 "알파벳"의 도움으로 잘 기술할 수 있다. 우리는 이러한 연산을 형식언어, 연산을 사용하는 문법을 형식문법이라고도 일컫는다.

언어가 기술되기 시작한 이후부터 문법의 형식화에 대한 발상이 있었다. 품사를 도입하고 문장의 성분과 테마 및 레마 등에 관해 말하는 사람은 자신의 기술을 적어도 부분적으로는 형식화한다. 결국 어떠한 형식화의 경향도 없는, 개괄적이며 비교하거나 응용할 수 있는 언어기술은 전혀 불가능하다. 이러한 방식으로 20세기 이전까지는 어떤 형식문법도 생겨나지 않았지만 부분적으로 형식적인 특징을 지닌 문법이 있었다. "분류학적 구조주의"(taxonomischer Strukturalismus)의 철저한 정지작업이 있고 난 이후 Chomsky학파가 비로소 1950년대 이후 대변혁을 가져왔다.

우리는 원칙적으로 형식화를 두 가지 방법으로, 즉 단지 기호와 관계어

1. 서론 : 이론과 방법론

표시로만 구성되고 1차원적으로 다루는 엄격히 정의된 규칙이나 형식/
공식(Formel)을 통해서(그러면 우리는 "형식문법"(Formelgrammatik)이
라고 말한다), 또는 일반적으로 동일한 기호를 사용하지만 2차원을 포함
하는 도식(Diagramm)을 통해서 추구한다. 도식은 항상 형식으로 전환될
수 있어야 하며, 또 형식도 도식으로 전환될 수 있어야 한다. 이것이 항
상 단숨에 성공할 수 없는 것은 도식 안에 있는 2차원의 요소들이 - 연
결선이나 또는 "가지"(Kante)들 - 종종 문법형식 안에 있는 요소들처럼
정확하게 정의되어 있지 않은 사실과 관계가 있다. 도식이 형식화 되지
않은 문법, 즉 더 이상 학문적인 요구가 없는 사용자 중심의 문법에서도
등장하는 사실은 이와 관계가 있다. 도식은 또한 형식보다도 이해하기가
훨씬 쉽다(비록 여기에는 부분적으로 오해의 소지가 있지만). 그러나 도
식과 형식이 원칙적으로 단지 동일한 형식적 기술의 두 가지 측면에 지
나지 않는다는 사실에서 어떤 변화가 있는 것은 아니다.

　기술도구로서의 인공언어(Kunstsprache)는 특히 문외한이 이해하기
힘들기 때문에 많은 사람들에게서 거부되었다. 우리가 가끔 어려운 과정
속에서 인공언어를 읽기 위해서는 먼저 이를 학습해야 한다. 그러나 인
공언어가 많은 장점들을 제공하는 것은 의심할 여지가 없다. 인공언어는
학자들에 의해 특별히 고안되었기 때문에 일관성 있게(모순 없이) 구성
될 수 있다. 즉 인공언어는 많은 우연성과 예외성을 지닌, 역사적으로 성
장한 모든 자연언어보다 더욱 단순하고 체계적으로 구성될 수 있다. 그
러므로 인공언어는 특히 단순하면서도 정확한 기술을 가능케 한다. 그리
고 인공언어는 어떤 불명료한 것도 또 어떤 단순한 "공유"도 허용하지
않고, 모든 것을 표현하도록 강요하여 이를 명시적(explizit)으로 나타내
기 때문에, 이전보다는 훨씬 더 정확한 기술을 강요한다.

　미국 언어학에서 유래하는 형식화의 물결이 유럽에서는 몇몇 선구자

들이 있고 난 이후 60년대에 들어서야 비로소 제대로 뿌리를 내리게 되었다. 이 형식화의 물결은 언어학을 정확한 학문으로 만드는 대규모의 시도를 나타낸다. 사용된 대부분의 논리계산은 형식논리학에 의존하거나 또는 적어도 형식논리학과의 대립에서 발전되었다. Chomsky문법의 최근 이론(원리 및 매개변인 이론), 의존문법의 최근의 표현들, 모든 격문법적인 구상들, 현대 의미론의 여러 가지 연구방향은 오늘날 대부분 형식적인 기술만을 제공한다.

물론 형식화가 장점만을 제공하는 것은 아니다. 전혀 무의미한 것도 형식화 될 수 있다.

$x \in V$
$y \in A$
(이 때 $V \subseteq A$)

위의 형식은 다음을 말한다. 즉 만일 V가 '동사'이고 A가 '부사'이면 동사의 집합은 부사의 집합 안에 포함되어 있으며, 이 때 (극단적인 경우로서) 두 집합이 동일할 수도 있다. 간단히 말해서, 모든 동사가 부사이다(하지만 모든 부사가 필연적으로 동사가 되는 것은 아니다). 그러나 우리가 원하는 데로 동사와 부사를 정의할 수는 있지만, 현재 어떤 언어학자도 위와 같은 견해를 대변하지는 않을 것이다. 따라서 형식화만으로는 진술의 정당성에 대해 어떠한 보장도 하지 못한다.

형식화가 아무런 고유한 인식가치를 갖지 않는 것은 이와 관계가 있다. 다음의 형식과 진술은 본질적으로 동일한 것을 의미한다.

$S \rightarrow NP + VP$
"모든 문장은 주어와 술어로 구성된다."

따라서 우리는 문법책이 자연언어로 형식화 되어서는 안 되는 이유를 알 수가 없다. 물론 이에 대한 전제조건은 기술언어의 표현들이 사전에 정확히 정의되어 있다는 것이다. 일반적으로 말해서 모든 문법적인 진술은 형식화 될 수 있다(formalisierbar)는 것이다.

형식화에서는 기술방법(Schreibweise)만이 중요하다는 사실이 종종 간과되었다. 문법은 동일한 대상을 이런 저런 방법으로 다루기 때문에 항상 동일한 것을 표현한다고 누구나 아주 쉽게 주장할 수 있지만, 한 대상에서 무엇(Was)이 표현되는가 하는 것은 특히 사용된 범주와 규칙에 달려있다. 위의 마지막 예가 제시하는 바와 같이, 동일한 것이 적어도 두 가지 다른 방법으로 - 형식언어와 자연언어로 - 표현될 수 있기 때문에 형식적인 기술은 오직 기술방법으로서만 다른 종류의 기술과 구분된다. 외관상 문법적인 문제나 언어적인 문제에 관한 많은 논쟁들은 오직 적절한 표현에 관한 논쟁이였으며 현재에도 그렇다. 많은 외관상의 문제들이 언어학적으로 의미 없는 문제로 증명되고, 또 무한한 노력들이 대체로 보다 나은 (적절한, 경제적인, 때로는 "올바른") 기술방법에만 모아졌던 사실은 이와 관계가 있다. 물론 기술방법도 부단히 검증되고 가능하다면 개선되어야 한다. 그러나 이 때 항상 문제점의 종류가 인식되어 올바른 위치로 배열되어야 한다.

현대 독일어 통사론인 이 책은 엄격하게 형식화된 기술은 제시하지 않는다. 언어전달자와 문법전달자를 목표로 하고, 그리고 학문적이면서도 교육을 지향하는 통사론이 엄격히 형식화 될 경우 그것은 불필요한 이해의 장벽을 쌓게 될 것이다. 그러나 이 책은 부단히 형식화에 대한 지침을 제공할 것이다. 형식화는 문법적 표현을 검증할 수 있게 해주기 때문에 필자에게는 그렇게 하는 것이 적절한 것으로 보인다. 오늘날 광범위하게 수용되는 검증가능성에 대한 요구는 형식화 없이는 그 토대가 결여되어 있다.

이미 언급한 바와 같이 도식(Diagramm)은 원칙적으로 형식적인 규칙과 등가이다. 구성성분문법에서는 다음의 도식과 규칙이 정확히 동일한 것을 의미한다. 이들은 이를테면 "명사구는 관사, 형용사 및 명사로 구성되어 있다"라는 의미로 해석될 수 있다(예: der alte Kanzleirat 그 나이 많은 고문관).

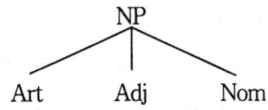

NP → Art + Adj + Nom

그리고 이 책에서 부분적으로 제시되는 형식화 된 의존문법에서는 다음의 도식과 규칙이 동일한 것을 의미한다.

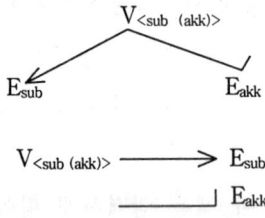

이들은 "결합가 <sub (akk)>를 지닌 동사는 의무적으로 하나의 주어와 수의적으로 하나의 4격 보충어를 지배한다"라는 의미로 해석될 수 있다. 이 경우 essen(먹다), lesen(읽다), wählen(선택하다) 등과 같은 동사와 Er wählte die andere Partei.(그는 다른 정당을 선택했다)와 같은 문장이 문제된다.

전반적으로 볼 때 오늘날에도 도식이 형식문법의 연산규칙보다 훨씬 널리 보급되어 있다. 그것은 아마도 노식이 좀더 명료한 것과 관계가 있을 것이다. 실제로 독자들은 도식에 대하여 보다 긍정적으로, 종종 '아하 체험'을 통해서 반응하며, 그리고 가끔 도식을 토대로 해서만 어떤 기술을 올바로 이해했다고 믿는다. 이러한 사실은 우리가 위에서 기술한, 연산 규칙과 도식의 원칙적인 등가에서 출발한다면 놀라운 일임에 틀림없다. 도식의 특성을 형성하는 것은 근본적으로 단지 2차원의 사용에 지나지 않는다. 2차원의 사용은 우리 일상생활의 대상에 대한 연상을 불러일으키는 "수형도"(Baum), "분지"(Verzweigung)와 같은 도형을 가능케 한다. 이러한 연상이 독서의 즐거움을 촉진함으로써 이해를 용이하게 한다면 그 가치가 인정되는 것이다. 그러나 더 나아가 이 연상이 기술을 보조하는지, 연상이 실제로 모든 경우에서 기술대상에 대한 계속적인 정보를 제공하는지 - 또는 이 연상이 오히려 오해를 유도하는 것은 아닌지가 매우 의심스럽다. 독자가 "아하"(Aha)라고 말하거나 생각하는 경우 그가 실제로 항상 이해한 것은 아니다. 수형도의 배후에는 무엇이 숨어 있는가? 명료성이 도식의 장점이지만 동시에 약점이 되기도 한다. 왜냐하면 언어외적인 현실에 대한 연상은 또한 실제적(faktisch)인 일치를 암시하기 때문이다. 우리는 이것을 다양하게 증명할 수 있다. 즉 사과가 나무에 매달려 있는 것처럼 보충어도 동사에 매달려 있다고 많은 사람들과 언어학자들은 생각하고 있다. 이 때 이들은 다음과 같은 사실을 완전히 간과하고 있다. 즉 우리가 무르익은 사과를 볼 때, 우리가 원하는 데로 몸을 돌려서 사과를 위에서, 밑에서, 가까이서, 멀리서 관찰하더라도 사과는 항상 실제로 가지에 매달려 있지만, 보충어가 동사에 종속하는 것은 문법학자들, 특히 문장에서 동사에 지배적인 지위를 할당하는 의존 문법학자들이 보충어를 그렇게 배열했기 때문이다. 이에 반해 대부분의 구성성분문법 학자들에서는 동사("술어")와 보충어가 동일선상에 배열되며, 상하가 아니라 나란히 나타난다. 모든 도식은 문법학자들의 보조적인 도형이다. 이를 넘어서서 우리가 도식에 대해 어떤 실재성을 부여하게 되면 그것은 이득이 되기보다는 손해를 초래할 것이다.

우리가 이러한 종류의 오해를 불식했을 경우에만 비로소 도식을 성공적으로 사용할 수가 있다. 도식은 자연언어를 이용한 기술에 비해 아주 단축된 기술을 가능케 하고, 또 직선적인 연산 규칙에 비해 더 많은 기술가능성을 제공한다. 바로 이러한 이유로 해서 도식은 교수법을 지향하는 기술에서는 필수적이다. 이 때 엄밀성의 정도는 교수목표와 수강생의 수준에 따라야 한다.

이 책에서 사용된 도식과 규칙은 여러 가지 관점에서 다른 기술에서 알려진 그것과는 다르다. 이들은 Tesnière의 도식과 많은 공통점을 보이지만, 또한 그의 방법과는 상당한 차이가 있다. 다음에 필자에 의해 사용된 형식과 도식의 중요한 특징들을 소개한다. 이 때 부분적으로만 이미 언급한 것을 이용하고 대부분의 경우에서 자세한 논의는 이 책의 뒷부분에서 나올 것이다. 일반적으로 여기서도 주목해야 할 것은 형식과 도식이 광범위한 일치를 보인다는 점이다. 중요한 차이점은 형식(Formel)에서는 수평선이, 도식(Diagramm)에서는 수직선이 우세한 것이다. 다음의 도식에서 분지하는 선이 그 밑에서 나란히 형식으로 기술된다.

관계어(Relator):

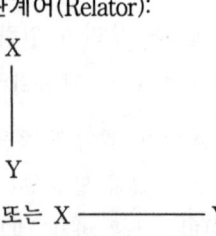

두 관계어 X, Y 사이에는 비명시적인 의존관계(unspezifiziertes Dependenzverhältnis)가 있다. 이 관계어는 의무적 혹은 수의적 종속간의 차이가 문제되지 않는 일반적인 기술에서 적합할 뿐만 아니라 불명료한 경우의 기술에서도 적합하다.

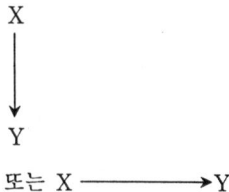

두 구성체 X와 Y 사이에는 의무적인 의존(obligatorische Dependenz)이 있다. X가 등장할 경우에는 Y도 언제나 등장해야 한다. 이 때 Y가 없으면 비문법적 표현이 생겨난다. X 없이도 Y가 등장할 수 있는지는 미정이다. 예컨대 문장 Jeder Durchfahrende braucht hier Schneeketten. (모든 통과자들은 여기서 스노체인이 필요하다)에서 4격 보충어(E_{akk}) Schneeketten(스노체인)은 동사 brauch(en)에 의무적으로 종속한다. 이 규칙을 위반할 경우에는 비문이 생성된다. *Jeder Durchfahrende braucht hier.

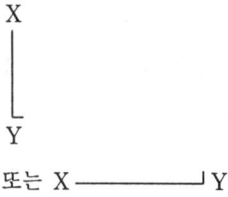

두 구성체 X와 Y 사이에는 수의적인 의존(fakultative Dependenz)이 있다. X가 등장하면 Y도 역시 등장할 수 있다. 그러나 이 경우 Y가 등장하지 않을 수도 있으며, 그밖에 다른 지배소에서도 Y가 등장할 수 있다. 예컨대 문장 Pinkus pfeift den Winzertango.(핀쿠스는 빈쩌탱고를 휘파람으로 분다)에서 4격 보충어(E_{akk}) den Winzertango는 동사 pfeif(en)에 수의적으로 종속한다. 따라서 Pinkus pfeift. 역시 정문이 된다.

이 경우 X, Y는 명확히 확정되어 있다. 즉 명사 X와 Y의 관계에 관하여 표현된다. 그러나 이러한 표기법이 모든 수의적인 요소들에서 적절한 것은 아니다. 문장 Pinkus pfeift wieder.(핀쿠스는 다시 휘파람을 분다)에서 요소 wieder(다시) 역시 수의적이지만, pfeifen(휘파람을 불다)과 같은 동사(수의적인 4격 요소를 취하는 "4격 동사")와의 관계에서만 수의적인 것이 아니라 임의의 다른 동사와의 관계에서도 역시 수의적이다. 특정한 문맥을 전제로 할 경우, wieder와 같은 요소와 결합할 수 없는 독일어 동사는 없다.

위의 도식은 (Y = wieder인 경우) 지배소의 영역을 너무 협소하게 (eng) 표시한다. 그래서 지배소의 영역이 여기서 표시된 것보다 더 넓다는 언급이 어떤 방법으로든지 주어져야 한다. 이러한 언급은 다음과 같이 점선으로 표현된다.

그래서 (Y = wieder인 경우) wieder와 같은 요소들이 "4격 동사" 이외의 동사에서도 등장할 수 있다는 것을 말하는 다음 첫 번째 도식과, wieder와 같은 요소들이 임의의 동사(V)에서 등장할 수 있다는 것을 말하는 다음 두 번째 도식은 같은 의미가 되겠다.

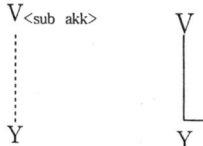

따라서 점선으로 표시된 관계어는 대부분의 경우에서 지배소 X에 첨가어(Angabe)와는 다른 요소(Y)가 배열되어 있다는 것을 암시한다. 왜냐하면 특정한 결합가를 갖는 동사에 종속하는 것으로 기술되는 첨가어는 항상 실제로 표시된 지배소의 영역보다 더 넓은 영역을 갖기 때문이다.

우리는 관계어를 통해서 해당 의존소가 지배소의 **보충어(Ergänzung)** 라는 사실도 표현할 수 있다. 이것은 지배소로서 동사만 (결합가 지표 없이) 표시되어 있는 경우에 특히 적합할 것이다. 이를 위해 우리는 다음과 같이 진한 실선(fetter Strich)을 사용한다.

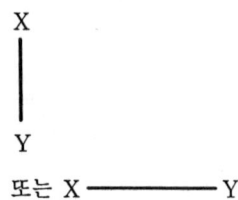

또는 X ──────── Y

그밖에 특정한 경우에서는 다음의 배제적인 관계어(exkludierender Relator)가 중요하다.

X/Y

이 관계어는 두 요소 X, Y 중에서 주어진 문맥에서는 기껏해야 한 요소만 등장한다는 것을 의미한다. 즉 X의 등장은 Y의 등장을 배제하며 또한 그 역도 성립한다. 배제(Exklusion)는 원칙적으로 한 계열소의 요소들 사이에 존재한다. 계열소는 그 요소들이 상호 대치된다는, 즉 서로 배제한다는 점을 통해서 정의된다. 따라서 이 책에서의 배제관계어(Exklusor)는 특히 주어진 기호가 대치될 수 있는 요소들의 전체 목록(=계열소)을 표현하는 것이 아니라, 이 요소들 중의 한 요소나 한 하위부류만을 - 이 부류와 더불어 다른 부류들도 고려된다 - 표현한다는 것을 나타내어야 하는 경우에 사용된다. 그러면 다른 요소들은 확대하여 언급할 필요가 없다.

X ── Y/

즉 위의 도식은 단순히 X의 의존영역이 주어진 Y의 영역뿐만 아니라 다른 요소들도 포함한다는 것을 의미한다.

$V_{<sub>}$

$Nom_n\,/$

위와 같은 도식은 예컨대 Hans schläft.라는 문장을 대신할 수 있다. 지배동사 schlafen(잠자다)은 주어자리에 1격 명사뿐만 아니라 특히 대명사(sie)도 허용하기 때문에 기호 Nom_n 다음에 배제를 나타내는 사선을 첨가해야 한다. 물론 우리는 대부분의 경우에서 이 배제표시 사선을 실제로 사용하지는 않을 것이다. 이렇게 함으로써 우리는 주어진 범주가 여기서 유일하게 가능한 범주인지, 아니면 그 자리에 다른 범주도 허용하는지 하는 문제를 미해결인 채로 남겨두기로 한다.

$$X \Rightarrow Y$$

위의 도식은 구성체 X가 구성체 Y로 변형(Transformation)된다는 것을 나타낸다. 예컨대 능동문이 수동문으로 변형될 수 있다. 변형은 1.9에서 원칙적으로 소개되었다. 다음 절에서는 변형들 중에서 특히 치환이 기술된다(특히 4.2, 4.3, 4.4, 5.10 비교).

범주 기호(Symbol für Kategorien):

사용된 기호들은 특정기호(spezielles Symbol)와 총괄기호(Pausch-symbol)로 구분할 수 있다. 특정기호는 특히 형태소부류(Monemklasse)를 표현한다. 예컨대 다음과 같은 특정기호들이 있다. 품사의 정의와 기술에 대해서는 2.3을 참조하기 바란다.

V 　　(Verb 동사)
Nom 　(Nomen 명사)
Adj 　(Adjektiv 형용사)
Det 　(Determinativ 한정사)
Prn 　(Pronomen 대명사)

총괄기호로서는 문장성분 기호인 E(Ergänzung 보충어)와 A(Angabe 첨가어), 지표가 붙은 E_i (특정한 보충어)와 A_j (특정한 첨가어)가 있고, 그밖에 NomP(명사구)와 같은 구기호가 있다.

총괄기호는 항상 모든 위성(Satellit)을 포함한 전체 구성체를 표현하기 때문에 어떤 의존소(Dependens)도 가질 수 없다는 점에서 특히 특정기호와 구별된다. 어떤 요소도 총괄기호에는 종속할 수 없다.

지배소 외에 오직 총괄기호만을 포함하는 도식을 **총괄적 도식**(pauschaliertes Diagramm)이라 칭하고(다음 첫 번째 도식), 특정기호만을 포함하는 도식을 명시적 도식(explizites Diagramm)(다음 두 번째 도식)이라고 칭한다.

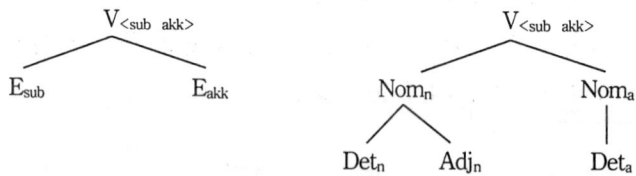

원하는 바에 따라서 총괄적 도식과 명시적 도식 간의 혼합형태도 가능하다.

형태소 도식(monematisiertes Diagramm)은 모든 기호에 대해 그에 해당하는 형태소, 즉 단어(경우에 따라서는 굴절소)를 제시한다. 우리는 형태소 도식을 다시 총괄적 도식(다음 첫 번째 도식)과 명시적 도식(다음 두 번째 도식)으로 표현할 수 있다.

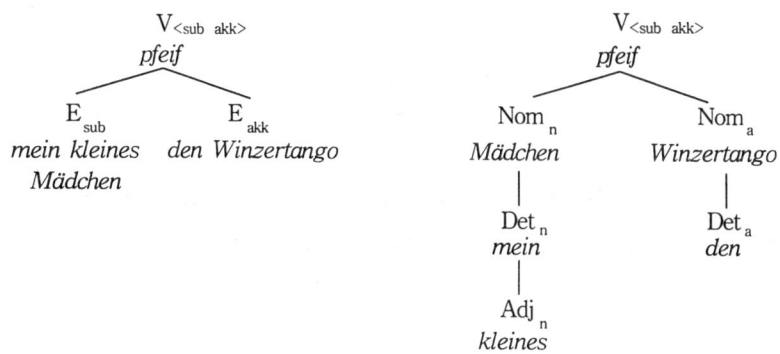

지표(Index):

범주 지표와 결합가 지표는 구별되어야 한다. 모든 지표는 하위지표로 표기된다.

한 요소가 어떤 형태부류나 기능부류에 속하는가는 **범주지표(Kategorialindex)**가 말해준다. sub, akk, gen, exp 등과 같은 지표는 보충어부류를 지칭하고, temp, kaus, konz 같은 지표는 첨가어의 하위부류를 나타낸다.

알파벳의 지표 n, a, g, d는 한 요소의 격(1격, 4격, 2격, 3격)을 표현한다. 지표 x 따위는 미지의/임의의 부류들의 자질을 나타내고, 지표 i 따위는 부류들의 현재의 자질을 표현한다.

결합가 지표(Valenzindex)는 한 단어나 부류의 결합가를 암시하므로 우리는 특정한 종속성분을 고려해야 한다. 결합가 지표는 보충어에 대한 범주지표와 상관관계가 있으며 항상 각괄호(Spitzklammer)로 표기된다.

따라서 지배소의 결합가 지표는 종종 의존소의 범주지표로서 다시 나타
난다.

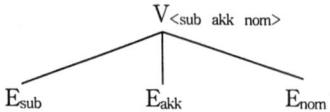

이 도식은 이를테면 문장 Die Leute nannten ihn den Vorstadt-
Playboy.(사람들은 그를 교외 플레이 보이라고 불렀다)를 대신할 수 있
다. 물론 종속성분들이 보다 명시적으로 기술되어 격지표로 표현되면 이
일치현상은 없어진다.

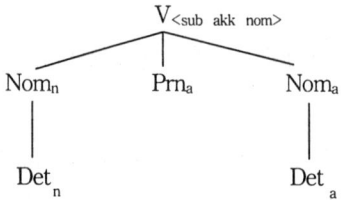

1.11. 경계 설정

우리가 이 책에서 발견하지 못한 것을 여기서 다시 한 번 요약해야 하
겠다.

이미 1.1에서 이 책에서는 우선적으로 현재 적용되고 있는 표준 독일
어가 다루어진다고 언급하였다. 지역적인 변이형과 사회적인 변이형이
가끔 예문에서 표현되기는 하지만, 독일어 초기단계의 표현과 마찬가지

로 이들 역시 체계적으로 다루어지지는 않을 것이다.

이 책의 주요대상은 보다 작은 단위로부터 보다 큰 단위를 형성하고, 언어를 수단으로 하여 연관적인 발화와 의사소통을 가능케 하는 독일어에서 적용되는 결합규칙들이다. 특히 표현층위에서의 결합가능성이 연구되고 또 기술된다. 의미론과 화용론에 관해서는 항상 언급은 되지만 이 두 부분영역은 단편적으로만 고려된다.

이러한 제한을 가한 후에 남아 있는 부분에 대해 우리는 "현대 독일어 통사론"(Syntax der deutschen Gegenwartssprache)이라고 칭할 수 있을 것이다. 이 통사론은 근본적으로 다양한 범위와 다양한 추상화 단계의 요소들에 작동하는 결합규칙들에 관한 체계이다. 요소들 자체는 통사론의 구성성분이 아니라 통사론의 전제조건이다. 그러나 이들은 대부분 정의되어 있지 않거나 정의에서 논란의 여지가 많기 때문에 이 책의 여러 부분에서, 특히 2장에서 기술되어야 한다.

2. 형태소

2.1. 형태소와 어휘부

이미 위에서 언급한 바와 같이, 이 책에서의 형태소(Monem)란 초음소 영역의 기본단위를 말한다. 형태소가 필연적으로 최소의 의미단위가 되는 것은 아니다. 많은 형태소가 고정된 의미를 갖지만, 변화하는 의미를 갖는 형태소도 많이 있으며, 그리고 전혀 의미를 갖지 않는 형태소도 많다.

형태소는 단어(Wort), 굴절소(Flexem) 및 파생소(Derivant, Ablei-tungselement)로 나뉜다. 모든 형태소는 어휘부(Lexikon) 안에 포함되어 있으며 따라서 어휘부는 전통적인 사전보다는 더 많은 것을 포괄한다. 즉 어휘부는 Bach(개울), fließen(흐르다), hart(굳은), dort(저기)와 같은 단어 외에 -st, -te, -en과 같은 굴절소 및 er-, nach-, -er, -ung과 같은 파생어도 포괄한다. 어휘부가 1차적으로 알파벳 순서대로 배열되지 않는다는 것 이외에는 여기서 이 어휘부의 구성에 관해서 더 이상 말할 수 없다. 알파벳 순서에 따른 배열은 언어학적으로나 논리적인 관점에서 볼 때 가장 나쁜 배열이다. 왜냐하면 이러한 배열은 서로 연관적인 것은 분리하고 서로 연관이 없는 것은 나란히 배열하기 때문이다. 알파벳 순서에 따른 배열의 유일한 장점은 - 일상생활에서의 사용을 위해서 - 누구나 그 관습적인 순서를 학습할 수 있는 오직 25개 철자에만 근거하고 있다는 점이다. 이에 반해 이상적인 어휘부의 구성을 위해서는 구조의 연관성이 결정적인 역할을 함에 틀림없으며, 알파벳에 따른 원칙은 개별적인 것을 찾는 데 사용되는 목록에서만 적용될 수 있겠다.

다음에서는 우선 여러 가지 굴절소 부류(Flexemklasse)들이 기술된다. 해당 굴절소가 여러 품사들에서 등장하는 경우 굴절소의 의미에 대해서는 2.2에서 함께 기술된다. 그러나 한 품사에 한정된 의미에 대해서는 품사에 관한 장인 2.3에서 기술된다. 그래서 우리는 형용사에서는 비교 굴절소의 의미에 관한 정보를, 동사에서는 동사 굴절소의 의미에 관한 정보를 발견한다.

품사(Wortklasse)들은 이 책에서 그 결합방법을 토대로 - 일부는 굴절소 범주의 도움으로, 또 일부는 이미 정의된 다른 품사의 도움으로 - 정의된다. 이어서 굴절소 부류와 조어(Wortbildung)에 관한 간략한 개관이 제시된다.

2.2. 굴절소 범주

독일어에서는 일곱 가지 굴절소 부류를 구분할 수 있다.

격 (Kasus)
인칭 (Person)
수 (Numerus)
성 (Genus)
비교 (Komparation)
동사 I (Verbal I)
동사 II (Verbal II)

비교와 동사는 각각 하나의 품사에서만 등장하지만, 다른 굴절소 부류들은 여러 품사들에서 등장한다. 이 굴절소 부류들은 전통문법에서 알려진 "형태소적"(morphologisch) 범주에 광범위하게 일치하지만 완전히 일치하는 것은 아니다. 그밖에 굴절소 범주의 집합은 고정적으로 주어져 있는 것이 아니라, 부분적으로는 문법학자들의 판단에 달려 있다. 예컨대 우리는 여러 가지 관사류에 근거하는 또 하나의 범주 "한정어"(Determination)의 도입을 고려해 볼 수도 있다. 그러나 이 책에서는 이 범주를 제외하였다. 그 이유는 관사가 분리하여 쓰여져서 적어도 독립적인 품사라는 인상을 주기 때문이 아니라, 수많은 다른 요소들로 대치되어 이들과 함께 "한정사"(Determinativ)라는 하나의 품사로 결합될 수 있기 때문이다.

모든 굴절소 범주에서 이들이 어떤 품사와 결합될 수 있는가 하는 것이 기록된다. 이러한 정보는 정의에 대한 구성성분은 아니지만(그렇지 않으면 품사처럼 아직 정의되지 않은 단위들에 대한 정의가 뒤따를 것이다), 굴절소 범주 기술의 유용한 부분을 형성한다.

격(Kasus)은 네 가지 계열소를 갖는다.

1격 (Nominativ)
4격 (Akkusativ)
2격 (Genitiv)
3격 (Dativ)

이러한 격 배열은 일상적인 사용에 모순된다(물론 이 사용 자체가 정당하지 않은 전통적인 학교문법에 의해서만 정당화되지만). 이 배열은 현대 독일어에서 격의 사용 빈도수에 따른 것이다. 이 때 물론 동사 보충어뿐만 아니라 부가어와 다른 구성체들도 함께 고려되었다.

격 범주는 명사, 한정사, 형용사 및 대명사에서 등장한다. 많은 경우에 개개의 격은 표층에서 어떤 격표지(Markant)도 갖지 않는다.

   n. (die) Bank-Ø
   a. (die) Bank-Ø
   g. (der) Bank-Ø
   d. (der) Bank-Ø

인명과 같은 극소수의 예외를 제외하고는 모든 여성명사에서 이와 동일한 것이 적용된다. 이와 반대로 남성명사에서는 표층의 굴절이 아직도 대부분 보존된다.

   n. (der) Staat-Ø   (der) Bär-Ø
   a. (den) Staat-Ø   (den) Bär-en
   g. (des) Staat-es   (des) Bär-en
   d. (dem) Staat-(e) (dem) Bär-en

격 범주가 통사관계에서 의미와 관련이 있지만, 어떤 불변적인 의미도 개개의 격에 부여되지는 않는다. 개개의 격에 특정한 의미를 부여하려는 모든 시도는 실패한 것으로 보아야 한다. 이것은 이를테면 3격을 "처향격"(Zuwendgröße)이나(Glinz), 특수한 "인칭격"(Menschlichkeit)으로 (Brinkmann) 정의한 사실에서도 알 수 있다. 어쨌든 다음 문장들에서 방향에 관해서는 어떤 것도 발견할 수 없다.

Rost schadet *dem Wagen*. (녹은 차에 피해를 준다)
Er hat *mir* meine Spielsachen weggenommen.
(그는 나에게서 내 장난감을 훔쳐갔다)
Der Spatz sitzt auf *dem Dache*. (참새가 지붕 위에 앉아 있다)
Zum Glück haben wir heute kein Glatteis.
(다행히 오늘은 빙판길이 아니다)

"처향"(Zuwendung)이 다수의 경우에서만 적용된다는 식의 설명은 이러한 명칭이 모든 종류의 정의를 위해서는 사용될 수 없다는 것을 증명한다. 물론 많은 이런 의미적 표지들은 아주 추상적으로 이해되어서 (거의) 아무 것도 표현하지 못한다. 바로 그 때문에 이들은 정의를 위해서 끌어올 수 없다. 그래서 Hans Glinz가 그의 창작의 초기 단계에서 1격을 설명하려고 시도했던 "기본격"(Grundgröße)은 과정의 출발점과 그 장본인, 행위의 목표나 수익자, 그밖에 많은 다른 것을 표현할 수 있다. 결국 이러한 노력 역시 격은 의미적으로 정의될 수 없다는 사실에 대한 간접적인 증거일 뿐이다.

인칭(Person)은 세 가지 계열소를 갖는다.

> 1인칭 (Lokutiv, erste Person)
> 2인칭 (Allokutiv, zweite Person)
> 3인칭 (Delokutiv, dritte Person)

인칭 범주는 동사와 몇몇 대명사에서 등장한다. 1인칭은 우선 화자를, 2인칭은 상대방을, 3인칭은 그것에 대해 발화되는 den/die/das를 지칭한다. 문장에서 인칭은 대개 2중으로 표지되지만(주어와 정동사에서), 지금까지 사소한 형태상의 붕괴만 나타났다.

> ich möchte (나는 원한다)
> du lachst (너는 웃는다)
> Hanna schweigt (한나는 침묵한다)

의사소통 과정에서 인칭 굴절소를 특정한 역할보유자(Rollenträger)에게 할당하는 것이 물론 여기서처럼 항상 그렇게 명확하게 인식될 수 있는 것은 아니다. 예를 들어 어머니가 자기 아이에게 말할 때처럼 3인칭이 화자를 지칭할 수도 있다.

Mama ist gleich wieder da. (엄마는 곧 다시 올 거야)

이와 비슷한 상황에서 3인칭이 상대방을 지칭할 수도 있다(다음 첫 번째 문장). 그리고 소위 "포함 복수"(inklusiver Plural) 역시 종종 상대방만을 의미한다(예컨대 간호사가 환자에게 다음 두 번째 문장을 말한다).

Susi muss jetzt schlafen. (수지야 이제 자야지)
Wir nehmen jetzt noch schnell unsere Tropfen.
(이제 우리 빨리 약 먹어야지)

수(Numerus)는 두 가지 계열소를 가지고 있다.

단수 (Singular)
복수 (Plural)

수 범주는 명사, 한정사, 형용사, 대명사, 동사 등 굴절할 수 있는 모든 품사에서 등장한다. 수는 대체로 형태적으로 표지되어 있다.

Baum : Bäume (나무들)
Flut : Fluten (홍수들)
(du) gehst : (ihr) geht

그러나 수많은 굴절소 형태(geht, alten 등)가 다의적이다.
수 굴절소 역시 고유한 의미를 갖는다. 단수가 단순히 '단수'(Einzahl)만를 의미하지는 않는다.

Der Wal ist ein Säugetier. (고래는 포유동물이다)
Der Mensch ist leicht verführbar. (인간은 쉽게 유혹당할 수 있다)

위의 문장에서 단수가 특별한 경우에서는 한 개체를 지칭할 수도 있지만, 분명히 한 집합 안에 있는 한 개체 이상을 지칭하고 있다. 따라서 수에 관해서 단수는 무표로 간주되어야 한다. 이에 반해 복수는 원칙적으로 자질 '하나 이상'(mehr als eines)을 가지므로 "복수"(Mehrzahl)로 해석되어도 된다.

성(Genus)은 세 가지 계열소를 갖는다.

　남성 (Maskulinum)
　여성 (Femininum)
　중성 (Neutrum)

성 범주는 명사, 한정사, 형용사 및 대명사에서 등장한다. 그러나 명사와 몇몇 대명사만이 일정한 성을 갖는다. 한정사와 형용사에서의 성은 가변적이며, 동반하거나 대표하는 명사의 성에 따르고 때때로 언급된 개체의 자연성에 따르기도 한다.

　Es war einmal ein König, *der* war sehr einsam.
　(옛날에 한 왕이 있었는데 그는 매우 고독했다)
　der junge König (그 젊은 왕)
　die alte und *die junge* Gräfin (늙은 백작부인과 젊은 백작부인)

현대 독일어에서 우리는 아주 드물게 단어의 외부 형태를 보고 성을 추론할 수 있다. 특히 남성명사에 대한 파생접미사 -er, -eur, -ling을 보고 남성명사를(Fahrer 운전자, Masseur 안마사, Schreiberling 三文文士), 여성명사에 대한 파생접미사 -heit, -in, -schaft, -ung을 보고 여성명사를(Verwegenheit 무모함, Ministerin 여성장관, Wirtschaft 경제, Belebung 소생), 중성명사에 대한 파생접미사 -at, -chen, -lein을 보고

중성명사(Konglomerat 집합체, Deckchen 작은 식탁보, Bächlein 작은
개울)를 알 수 있다. 물론 예외도 많이 있다. 즉 Messer(칼), Fenster(창)
는 중성명사이고, "외래어"(Fremdwort)인 Aspirin(아스피린) 역시 중성
명사이며, Prälat(고위 성직자), Prinzipat(고대 로마의 초기 제정(帝政))
는 남성명사이다.

그러나 대부분의 경우에서는 성이 동반하는 한정사를 통해서, 특히 세
가지 성에 대하여 그 확정적인 하위범주에서 특별한 형태를 가지고 있
는 관사(der, die, das)를 통해서 표지된다.

세 가지 성이 개개의 의미를 지니고 있다는 사실은 특히 저자들이 항
상 문법적인 성과 자연성을 혼동하기 때문에 교재를 통해서 계속해서
유령처럼 따라다니는 오래된 과오이다. 잘못된 독일어화 "남성/여성/중
성"(männliches/weibliches/sächliches Geschlecht) 역시 이를 말해준다.
Tisch(책상)가 남성명사이지만 "사물"(Sächliches)을 지칭하고, Kom-
panie(중대)가 여성명사이지만 오늘날 통용되는 모든 관습에 따르면 거
의 "남성"(Männliches)만을 지칭할 수 있으며(구세군(die Heilsarmee)은
예외의 경우로서만 규칙을 확인할 수 있다), Mädchen(소녀)은 중성명사
이지만 모든 경우에서 "여성"(Weibliches)에만 관련된다면, 우리가 문법
성과 자연성 간의 근본적인 차이점을 인식하여 고려함으로써 불필요한
문제점을 간단히 피할 수 있을 것이다. 이 모든 것들은 사소한 일이며
계속적인 논의를 불필요하게 만들 것이다. 물론 문법성과 자연성의 일치
도 있지만 그것은 소수이며, 근본적으로 schwarzes Kraushaar(검은 곱
슬머리)에서 schwarz(검은)와 kraus(곱슬곱슬한)의 의미적 일치와 똑같
이 우연적이다. 왜냐하면 blondes Kraushaar(금발의 곱슬머리)와 glatte
schwarze Haare(곱슬머리가 아닌 흑발)도 있기 때문이다.

비교(Komparation)는 세 가지 계열소를 가지고 있다.

원급 (Positiv)

비교급 (Komparativ)

최상급 (Superlativ)

비교 범주는 일부의 형용사와 소수의 부사에서 등장한다.

비교 굴절소는 항상 형태론적으로 구별할 수 있다. 이 경우 원급은 표지가 없고, 비교급은 접미사 -er로, 최상급은 -(e)st로 표지된다.

wild-Ø	eng-Ø	schmal-Ø
wild-er	eng-er	schmal-er
wild-est	eng-st	schmal-st

변모음 할 수 있는 주강세 모음은 비교급과 최상급에서 대개 변모음한다.

jung-Ø	hart-Ø	groß-Ø
jüng-er	härt-er	größ-er
jüng-st	härt-est	größ-t

변모음 하지 않는 경우도 있고(예컨대 zart 여린, voll 가득 찬, laut 큰 소리의), 모호한 경우도 있다(blass(창백한), schmal(좁은)은 때로는 변모음 하고 또 때로는 변모음 하지 않는다). 실제에서는 의심스러운 경우를 설명해 주거나 두 가지 다 통용되는 것으로 인정해 주는 목록을 참고하는 것이 가장 좋은 방법이다. 더 나아가 독일어에 관한 완전한 문법이라면 어디에 불규칙적인 비교형태(gern - lieber - am liebsten)가 있으며, 또 최상급에서 단순한 형태(größt-)와 전치사로 확장된 형태(am größten)를 언제 사용하는가를 설명해 주어야 한다.

비교 굴절소의 의미는 비교되는 단어의 특수한 사용에 달려 있다. 그

의미에 관해서는 주로 형용사가 문제되기 때문에 2.3.6에서 자세히 논의된다.

동사 I(Verbal I)은 다섯 개의 계열소를 갖는다.

현재 (Präsens)
과거 (Präteritum)
접속법 I (Konjunktiv I)
접속법 II (Konjunktiv II)
명령법 (Imperativ)

동사 I은 (동사 II와 마찬가지로) 동사에서만 등장한다. 동사 I의 굴절소와 결합하는 동사를 정동사(finites Verb)라고 칭한다.

동사 I은 대개 형태상 명확히 표시되어 있다. 물론 동사 I의 모든 굴절소가 다 명확한 표지를 가지고 있는 것은 아니다. 특히 과거와 접속법 II에서는 강변화 동사와 약변화 동사의 구분이 중요하다(과거로서 kaufte : lief, 접속법 II로서 kaufte : liefe). 그밖에 약변화 동사의 과거와 접속법 II에서 뿐만 아니라 현재와 접속법 I에서도 많은 경우에서 형태가 일치한다(ich lache 비교). 이런 경우에 (필수적으로 모든 경우에서 다 그런 것은 아니지만) 종종 "대치형태"가 나타난다. 즉 접속법 I 대신에 접속법 II가 사용되고(간접화법에서 ich laufe 대신에 ich liefe), 단순한 접속법 II 대신에 würde-바꿔쓰기가 사용된다(비현실 화법에서 ich kaufte 대신에 ich würde kaufen). 이 대치형태가 아직도 일상적이고 가끔은 실용적이지만 그 사용을 정확한 규칙으로 표현할 수는 없다. 우리는 많은 교재와 외국어로서의 독일어 문법책에서도 모든 중의성을 배제하려는 사용법을 발견한다. 이러한 사용법은 명확하기 때문에 학습과정을 단순화하는 장점은 가지고 있지만, 언어사용을 충실하게 표현하지 못하는 단점이 더 크다. 그밖에 다의적인 형태를 사용하는데도 불구하고 의사소통이 이루어지는 데 대한 많은 예들을 발견할 수 있다.

동사 II(Verbal II)는 세 가지 계열소를 가지고 있다.

부정사 (Infinitiv)
분사 I (Partizip I)
분사 II (Partizip II)

동사 II는 동사에서만 등장한다. 동사 II의 굴절소와 결합하는 동사를 부정동사(infinites Verb)라고 칭한다.

부정사는 주로 동사복합체 내의 의존소로서 등장하며(Ich musste *lachen*. 나는 웃지 않을 수 없었다), 특히 부정사 구조에서는 가끔 스스로 동사복합체를 형성하기도 하고(Ich hoffe, *dich vor meiner Abreise noch einmal zu treffen*. 내가 여행 떠나기 전에 너를 다시 한 번 만나기를 희망한다), 드물게는 명사에 대한 부가어로서도 등장한다(die Kunst *aufzuhören* 중지하는 기술).

분사 I은 현대 독일어에서 오직 형용사로서만 사용된다: der *rasende* Reporter(질주하는 기자), ein *hungerndes* Kind(굶주리는 아이), sie folgte mir *widerstrebend*(그녀는 저항하면서 나를 따랐다). 따라서 이런 분사들이 어휘부에서는 모두 형용사로서 나타난다. 이들은 모두 동사어간에서 직접 도출될 수 있기 때문에 이 책에서는 동사형으로서 거명된다.

분사 II는 일반적으로 명사에 대한 첨가어로서나 부동사(Nebenverb)에 대한 보충어로서 나타난다: ein *gebranntes* Kind(불에 덴 아이), ein *eingeweichtes* Brötchen(부드러워진 빵); (er) hat *geschlafen*(그는 잠을 잤다), (man) war *überrascht*(사람들은 놀랐다). 명사 첨가어로서의 분

사 II는 형용사에 포함시킬 수 있으며, 부동사에 대한 보충어로서의 분사
II는 동사복합체의 일부를 형성한다. 다음의 각 표현들에 대한 도식은 그
아래와 같다.

　　der rasende Reporter (질주하는 기자)
　　ein hungerndes Kind (굶주리는 아이)
　　ein gebranntes Kind (불에 덴 아이)
　　ein eingeweichtes Brötchen (부드러워진 빵)

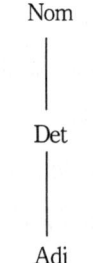

Sie folgte mir widerstrebend. (그녀는 저항하면서 나를 따랐다)

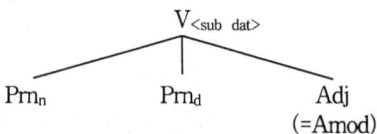

(er) hat geschlafen. (그는 잠을 잤다)
(man) war überrascht. (사람들은 놀랐다)

동사 I과 동사 II의 굴절소에 대한 의미는 동사(2.3.3장)와 동사복합체

(4.2장)에서 논의될 것이다. 거기서 동사의 태(능동-수동의 대립)와 "미래"도 기술될 것이다.

2.3. 품사론

2.3.1. 개관

단어(Wort)를 일반적으로 정의하는 것은 불가능한 것처럼 보인다. 다양한 정의시도 중에서 가장 중요한 것만을 다음에 간략히 소개하여 논의할 것이다.

가장 간단한 해결책은 두 공란 사이에 오는 것, 혹은 역으로 말해서 붙여쓰는 것을 한 단어로 확정하는 데 있다. 이러한 방법은 기계적인 언어처리에서 그 타당성을 인정받는다. 그러나 좀 깊이 분석해 보면 이 방법은 타당하지 않다. 왜냐하면 이 방법은 종종 서로 상관 있는 것을 분리하거나(분리동사에서: ansehen - sieht an), 또는 현재 통용되는 정서법 규칙의 모순성을 나타내기 때문이다(Auto fahren 대 radfahren(신 철자법으로는 Rad fahren임: 역자주)). 정서법 규칙은 언어구조에 따라야 한다. 하지만 언어구조가 (단어경계 역시 언어구조에 속한다) 정서법으로부터 도출될 수는 없다.

흔히 단어(Wort)는 최소의 의미단위(kleinste Bedeutungseinheit)로 정의된다. 그러나 앞장에서 많은 굴절소 역시 의미를 갖는다는 사실이 논의되었다. 일부의 파생어도 의미를 갖는다는 사실을 제시할 수 있다. 오늘날 굴절소와 파생어는 대체로 단어로 이해되지 않는다. 따라서 단어란 보다 엄밀히 말해서 최소의 독립적인(selbständig) 의미단위로 이해

된다. 그러나 '독립적'이라는 자질이 새로운 어려움을 초래한다. Bischof
(주교), Frau(부인)와 같은 단어는 이들이 합성어의 구성성분으로 출현
하기 때문에(Bischofs-stadt 주교가 살고 있는 도시, Frauen-liebe 부인
에 대한 사랑) 독립적인 요소가 아니란 말인가? 그리고 단독으로는 결코
출현할 수 없는 전치사가 그러면 도대체 단어란 말인가? 많은 경우에서
이러한 정의의 시도는 우리가 원치 않았으며, 또한 분명히 생각하지 않
았던 결과를 초래한다.

강세가능성(Akzentuierbarkeit)이란 자질 역시 단어정의에 대해 사용
할만한 기준이 될 수는 없다. 모든 단어가 특정한 상황하에서는 강세를
가질 수 있다. 그러나 다음절 단어에서 강세는 보통 한 음절에만 오고,
따라서 이 음절을 전체 단어보다 더욱 유표화한다. 다른 한편 특별한 경
우에는, 이를테면 더욱 강조하거나 또는 "대조적인" 강조를 위하여, 누
군가가(bodenlos(밑바닥이 없는/형언할 수 없는)의 경우에) 여러 가지
다른 단어에 관해서 말하지 않고서 한 단어 안에서 한 번에 여러 음절을
동시에 강조할 수도 있다(Das ist ja bó-dén-lós).

2.3.2. 단어 분류 방법

앞서 논의한 단어정의에 대한 난점 때문에 이 책에서는 다른 방법을
택할 것이다. 형태소(Monem)의 집합으로부터 굴절소(Flexem)의 부분집
합(이 집합은 외연적으로 정의될 수 있다. 2.2장 비교) 및 역시 독립적으
로는 결코 출현하지 않는 파생소(Derivant)가 제외된다. 남는 것은 일부
파생소를 포함하는 비굴절 단어들이다. 이 단어들이 이들의 결합방법에
따라서 - 즉 일부는 굴절소와 결합하고 일부는 다른 단어들과 결합하며
또 일부는 이렇게 형성된 보다 광범위한 표현들과 결합하여 - 품사로 분

류된다. 따라서 단어 자체가 정의될 수 없더라도 품사(Wortklasse)는 정의될 수 있다.

단어(Wort)는 어휘부의 단위이며 그 자체 통합소(Syntagma)의 잠재적인 성분이다. 우리는 두 가지 부분집합, 즉 규칙적으로 굴절소와 결합하는 변화사(Flexibilia)와 항상 불변적이며 굴절소와 결합하지 않는 불변화사(Partikel)를 구별할 수 있다. 이 두 부분집합은 개별 품사의 정의와 기술에 유용하다.

이러한 관점에 따르면 굴절할 수 있는 단어와 결합하는 굴절소 그 자체는 단어의 구성성분이 아니다. 명백히 (굴절소 및 결합되어 있지 않은 파생소 이외에) 단어를 포함하는 어휘부는 엄격히 말해서 nehm(nehmen이 아니라)처럼 굴절소가 없는 요소만을 제시한다. 이에 반해 통합소와 텍스트에서는 어형(Wortform)만이 등장한다. 우선 단어와 굴절소의 결합(변화사에서)이 어형에 속할 수 있다. 어떠한 굴절소도 취할 수 없는 불변화사는 그것이 문맥에 나타나면 어형으로 간주될 수 있다.

    Sonja kauft auf dem Markt einen Krug.
    (소냐는 시장에서 항아리 하나를 산다)

위의 문장에서 어형 einen은 단어 ein과 4격 굴절소 en으로 구성된다. 어형 dem도 약간의 노력이 요구되지만 이와 유사하게 분할할 수 있다. Sonja, Markt, Krug은 Ø-굴절소를 갖지만 이 굴절소도 다같이 고려되어야 한다. 따라서 단어 Markt는 어형 Markt와 일치하지 않는다. 다른 표현(2격 Marktes에서처럼)에서는 어형과 단어가 구별된다. 불변화사만이 단어와 어형이 항상 동일하다.

　　근본적으로 어형을 의미하면서 단어라고 말하는 경우가 있다. 굴절소
가 무관한 경우에는 그렇게 말할 수 있다. 많은 문법학자들은 우리가
단어에 할당하는 의미에서의 단어를 또한 (한 단어의) "기본형"
(Grundform)이라고도 표현한다. 그러나 두 개념은 우리가 동사의 기
본형을 부정사로 간주하는 경우에는 일치하지 않는다. 왜냐하면 부정
형 nehmen은 단어와 굴절소의 결합(nehm-en), 즉 하나의 어형이기
때문이다.

　　단어결합의 차상위 층위는 어군(Wortgruppe)의 층위이다. 여기서 단
어는 이들이 결합할 수 있는 다른 단어(이미 분류되어 있는)를 토대로
하여 분류된다. 그래서 형용사는 항상 관사와 명사 사이에 올 수 있는
단어로 간주할 수 있고(보다 자세한 것은 2.3.6장 참조), 전치사는 항상
특수한 격을 지닌 명사구와 함께 등장할 수 있는 품사로 정의할 수 있다
(보다 자세한 것은 2.3.8 참조).

　　문장(Satz)이 세 번째 층위를 형성한다. 여기서는 특히 어순
(Wortstellung)이 중요한 역할을 한다. 항상 문장의 전장에 올 수 있는
불변화사로서는 부사(2.3.12 참조), 양태 불변화사(2.3.13 참조), 편성 불
변화사(2.3.14 참조)가 있다.

　　끝으로 텍스트(Text)가 최상위의 네 번째 층위를 형성한다. 텍스트는
1차적으로 발화연속체에 대한 규칙을 통해서 단어의 분류에 기여한다.
예컨대 부사(2.3.12 참조)와 양태 불변화사(2.3.13 참조)는 특정한 질문에
대해 대답할 수 있는 단어로 분류할 수 있다.

　　많은 품사들을 정의하기 위해서 우리는 여러 가지 층위들을 참조해야
한다는 사실을 알 수 있다. 단지 개별 층위들만 충분히 기술되어 있고
이들의 연관성이 명백히 확정된다면 우리는 그것을 결점으로 간주할 수
는 없다. 여기서 중요한 것은 다만 이 네 가지 층위의 결합방법을 가지

고 가능한 한 모든 품사에 대한 명백한 부류할당이 이루어질 수 있는가
하는 것이다.

이로써 결합방법을 토대로 (다른 어떤 기준에도 따르지 않고) 품사를
정의하는 방법이 논의의 주제로 제안된다. 앞서 기술한 방법을 토대로
전체적으로 16가지 품사가 나타나는데 이들을 알파벳순으로 나열하면
다음과 같다.

> 어조 불변화사 (Abtönungspartikel)
> 형용사 (Adjektiv)
> 부사 (Adverb)
> 한정사 (Determinativ)
> 등급 불변화사 (Gradpartikel)
> 대등접속사 (Konjunktor)
> 연사 불변화사 (Kopulapartikel)
> 양태 불변화사 (Modalpartikel)
> 명사 (Nomen)
> 전치사 (Präposition)
> 대명사 (Pronomen)
> 편성 불변화사 (Rangierpartikel)
> 문장 등가사 (Satzäquivalent)
> 종속접속사 (Subjunktor)
> 동사 (Verb)
> 기타 불변화사 (weitere Partikeln)

그러나 다음에 오는 이 단어들에 관한 개별적인 기술은 이 목록에 따
르지 않는다. 이같은 사실은 결합방법에 따른 품사분류 역시 문제점을 나
타낸다는 사실과 관계가 있다. 예컨대 명사, 형용사, 대명사, 다수의 한정

사조차도 - 여기서 첫째 전장에 올 수 있고, 둘째 보충의문문에 대한 대답으로 사용될 수 있는 단어들의 집합으로 정의되는 - 부사라는 품사에 속할 수 있다. 이것은 어느 누구도 익숙해질 수 없는 결과를 초래할 것이다. 따라서 여기서 제안된 방법은 병렬로 연결된 필터(hintereinander geschalteter Filter)의 원칙에 따라서만 작동한다. 어휘의 전체 요소들에 대한 특정한 질문이 엄격한 순서에 따라서 제기된다. 주어지는 대답을 토대로 하여 일부의 어휘들이 분리되며, 이들은 그러면 또 다른 질문을 위해서는 더 이상 사용되지 않는다. 남아 있는 어휘들이 다음 질문에 사용되며 종국에 가서는 모든 어휘들이 분류된다. 이와 비교할 수 있는 방법은 운송되는 재료가 "암석의 결"(Körnung)에 따라 분류되는 자갈공장에서 적용된다. 좀 큰 농장에 있는 계란분류기도 이와 비슷한 기능을 한다. 물론 이 두 경우에서는 순수한 양적인 자질에 따라서 분류된다. 우리의 품사분류와 좀더 유사한 질적인 분류에 대한 예로서는 포도주 시상식을 들 수 있겠는데, 여기서는 알콜 및 산의 함량과 같은 측정할 수 있는 기준들 외에 순수한 질적인 (현재로서는 객관적으로 측정할 수 없는) 맛의 자질도 중요하다.

필터의 순서는 다음 쪽의 목록에서 추론할 수 있다. 여기서는 원칙적으로 긍정적인 결정이 부정적인 결정보다 우선권을 갖는다.

어떠한 경우에도 긍정적인 결정 다음의 단어에 대해서는 더 이상 질문해서는 안 된다는 원칙(Grundsatz)에 따라야 한다. 왜냐하면 그렇지 않으면 여러 가지로 분류될 수 있으며 따라서 현재의 많은 문법에서 비난받는 불명료성이라는 결점을 제거할 수 없기 때문이다. 예컨대 고정된 자모순은 항상 한 단어로 평가되어야 한다는, 많은 후속 결과를 초래할 수 있는 오해에 관해서 경고하지 않을 수 없다. 우리가 만일 이러한 전제에서 출발한다면 다음 문장에서 eben은 형용사이지 다른 것이 될 수 없을 것이다. 왜냐하면 eben은 질문 5를 토대로 하여 처음이자 마지막으로 분리되었기 때문이다.

Ich bin *eben* heimgekommen. (나는 *방금* 귀가했다)
Das hat *eben* mit der Unfähigkeit der Deutschen zu tun, aus ihrer Geschichte zu lernen. (그것은 *바로* 독일인들이 그들의 역사에서 배울 수 있는 무능과도 관계가 있다)

그러나 우리는 직관적으로 위의 문장 안에 있는 동일한 자모순 eben을 다음의 대답 안에 있는 eben과 똑같이 "형용사"로 간주할 수는 없을 것이다.

Sie hat damit am meisten sich selber geschadet. – *Eben!*
(그녀는 그것을 통해서 자기자신을 가장 많이 해쳤다. – 그렇고 말고요!)

직관은 대부분의 경우에서 단어의미에 토대를 두고 있는, 우리들의 학문 이전의 언어이해에 근거한다. 우리는 명확히 구별할 수 있는 의미를 지닌 자모순과 음성연속체를 동음동형이의어(Homonym) - 동형이의어(Homograph) 내지는 동음이의어(Homophon) - 로 간주하여 구별할 수 있는 단어로 이해함으로써 이러한 언어이해를 가능케 한다. 이러한 경우에는 여러 가지 분류가 필수적이다.

입력: 단어들 내지는 개별단어의 전체 집합 **질문** ("Ist das Wort ...?")	**대답**	**결과**
1. 굴절하는가?	예	2번으로!
	아니요	**불변화사** 6번으로!

2. 활용하는가?	예	동사
	아니요	3번으로!
3. 불변적인 성을 갖는가?	예	명사
	아니요	4번으로!
4. 작센의 2격과 결합할 수 없는가?	예	한정사
	아니요	5번으로!
5. 한정사와 명사 사이에 올 수 있는가?	예	형용사
	아니요	대명사
6. 특정한 격을 갖는 명사구와 결합할 수 있는가?	예	전치사
	아니요	7번으로!
7. 부문장 유도어가 있는가?	예	종속접속사
	아니요	8번으로!
8. 첫 번째 위치에 올 수 있으며 동일한 기능을 갖는 요소들을 결합할 수 있는가?	예	대등접속사
	아니요	9번으로!
9. 단지 연사동사와만 결합할 수 있는가?	예	연사 불변화사
	아니요	10번으로!
10. 전장에 올 수 있는가?	예	11번으로!
	아니요	13번으로!
11. 보충의문문에 대한 대답으로서 사용될 수 있는가?	예	부사
	아니요	12번으로!
12. 결정의문문에 대한 대답으로서 사용될 수 있는가?	예	양태 불변화사
	아니요	편성 불변화사
13. 대등접속사와 전장의 요소 사이에 올 수 있는가?	예	등급 불변화사
	아니요	14번으로!
14. 문장을 대신할 수 있는가?	예	문장 등가사
	아니요	15번으로!
15. 질문할 수 없고 부정할 수 없으며 중첩될 수도 없는가?	예	어조 불변화사
	아니요	기타 불변화사

개별 품사들이 논의되는 다음 절의 제목에서는 이 책에서 - 특히 도식에서 - 사용되는 약어도 제시된다.

2.3.3. 동사(V)

"활용할 수 있는" 단어, 특히 범주 동사 I의 굴절소와 결합할 수 있는 단어가 동사로 정의된다. 동사 I의 계열소는 불완전한 경우가 많이 있을 수 있다.

이로써 bringen(나르다), geben(주다), haben(가지다), machen(만들다), sagen(말하다), sein(이다) 등과 같은 단어들은 동사로 증명된다.

동사는 여러 가지 방법으로, 즉 굴절에 따라서 ("강변화 동사", "약변화 동사", "혼합변화 동사"), 그 결합가에 따라서(3.3, 5.4, 5.5 참조), 그리고 그 의미에 따라서(예: 상태동사, 과정동사, 행위동사) 분류할 수 있다. 이러한 분류가 이 책에서는 더 이상 다루어지지 않는다.

동사 I과 동사 II에 따른 동사의 굴절은 보다 자세히 논의되어야 하겠다.

동사 I(Verbal I)에서 나온 굴절소는 의미적으로 실재, 시간, 양태에 따라서 기술할 수 있다. 개별 굴절소와 동사형태에 대해 다음과 같이 기술할 수 있다.

현재시제(Präsens)는 1차적으로 사태를 (일정하지만 원칙적으로 임의적인 시간에 대해) '현실적/실제적'(real)으로 표현한다. 물론 이러한 자질은 부문장 유도어와 같은 문맥요소를 통해서 다시 지양될 수 있다. 그래서 문장 Dass er trinkt, habe ich nicht behauptet(나는 그가 술을 마신다고 주장하지는 않았다)에서 동사 trinkt가 현재시제로 되어 있지만 'er trinkt'라는 사태가 사실상 실제적이라는 것을 말하지는 않는다.

현재시제의 사태는 시간적으로 무표이다. 현재시제는 오로지 어떤 -
보통 문맥을 통해 명시된 - 시간적인 "상황/위치배열"(Situierung)이 존
재한다는 것을 표시할 뿐이다. 모든 전통적인 기술에 모순되는 이러한
특징은 어쨌든 현재시제에 대해 여러 가지 의미("역사적인 현재", "미래
적인 현재", "보편적인 현재", "현재와 관련된 현재시제")를 부여하지 않
을 수 없었던 지금까지의 만족스럽지 못한 기술을 무시한다. 일반적으로
현재시제의 문장이 명백하고 아주 구체적인 시간정보를 제공한다는 사
실은 어쨌든 동사의 "시제"보다는 부사 및 전치사구와 같은 문맥요소에
의해 훨씬 더 많이 좌우된다.

그밖에 현재시제를 통해서 표현되는 것은 발화가 화자에게 (경우에
따라서는 다른 대화참여자에게도) '구속력이 있으며'(verbindlich), 즉 화
자에게 직접 관련되며 발화상황에서 작용한다는 점이다. 이 자질이 예를
들면 많은 현재시제의 발화를 ("역사적인 현재"를 포함하여) 여타 동음
의 과거시제의 발화와 구별해 준다.

과거시제(Präteritum)는 현재시제와 마찬가지로 사태를 '현실적'으로
표현하지만, 현재시제와는 반대로 사태를 명확히 '과거'로 표현하며 동시
에 '구속력이 없는'(nicht verbindlich) 것으로 표현한다. 이러한 특징을
통해서 문장 Wie *heißt* er noch?(그 사람의 이름이 뭐지?)와 문장 Wie
hieß er noch?(그 사람의 이름이 뭐였더라?)의 의미차이를 설명할 수 있
다. 과거시제에서 공손함, 사려깊음, 완곡함으로 느껴지는 것은 바로 "구
속력"이 없다는 것, 따라서 직접성이 없다는 것에 그 원인이 있을 수 있
다. '음식점 종업원이 사용하는 독일어'(Kellnerdeutsch)에서 일반적으로
Wer *bekommt* das dritte Menü?(세 번째 메뉴를 주문하신 분이 누구시
죠?)가 아니라 Wer *bekam* das dritte Menü?(세 번째 메뉴를 주문하셨
던 분이 누구시죠?)라고 말하는 것도 이와 동일한 의미로 이해할 수 있

다. 이런 경우에서는 물론 '과거'라는 자질은 없어진다. 이러한 표현들을 각각 고유한 시간정보를 갖는 상이한 동사의 혼성으로 설명하는 것(과거에 주문하고 현재에 받는다)은 통시적인 언어사용을 위해서는 별 의미가 없을 것이다.

접속법 I(Konjunktiv I)은 주과제로서 사태를 '단지 보고하는'(nur referiert) 것으로 특징 지운다. 이를 통해서 진리치가 의문시되며, 종종 지칭되지 않은 다른 화자가 이 진술의 진위여부에 대한 결정권을 쥐고 있다. 그밖에 접속법 I의 발화는 현재와 마찬가지로 시간적으로 확정되어 있지 않으며 구속력의 관점에서도 더 이상 표지되어 있지 않다.

명확히 한정된 몇몇 경우에서만, 즉 소위 비현실적 비교문에서 접속법 I은 사태를 '비현실적'(irreal)으로 특징 지울 수 있다. 문장 Er machte ein Gesicht, als ob er eine Kröte verschluckt *habe*(*hätte*)(그는 마치 두꺼비를 삼킨(불쾌한 것을 꾹 참는) 듯한 얼굴표정을 지었다)에서 이 사태가 단지 보고된다는(바로 그 때문에 참이 될 수 있다는) 사실이 주장되는 것이 아니라 사태가 분명히 참이 아닌 것으로 표현된다.

접속법 II(Konjunktiv II)는 사태를 '가설적'(hypothetisch)으로 보여준다. Er käme gern.은 특정한 조건이 충족되지 않으면 그가 오지 못한다는 것을 말해준다. 이 동사형태는 시간적 및 양태적으로 표지되어 있지 않다.

많은 경우에 접속법 II는 접속법 I의 기능을 전수 받아서 접속법 I과 마찬가지로 사태를 '단지 보고하는' 것으로 특징 지운다. 이와 같은 사실은 부분적으로 접속법 I의 몇몇 형태가 형식적으로 명확하지 않은 사실과 관계가 있다. 그러나 접속법 II는 종종 접속법 I이 명확하지 않은 경우에 그 "대용형태"로도 사용된다. 다른 한편 비록 대용형태로 사용되지만, 어려움을 피할 수 없는 불명확한 접속법 II의 형태도 가끔 나타난다.

특정한 경우에서 접속법 II는 공손함과 거리감을 표현하기 위한 수단으로 사용된다: Ich *hätte* gern ein Buch für einen Sechsjährigen.(나는 여섯 살짜리 사내아이에게 줄 책 한 권을 원합니다) / Das *müsste* man vielleicht doch noch einmal prüfen lassen.(그것은 아마도 우리가 다시 한 번 검토해 보아야 할 것 같습니다). 이 문장들에서 '비현실적'이라는 자질은 중화되어 있다.

두 접속법은 - 적어도 주과제에서는 - 의미적으로 아주 다르기 때문에 근본적으로 획일적인 명칭을 갖지 않는다. 다만 바로 여기서 강력한 문법적인 전통에 따르는 점에서만 구 명칭이 그대로 유지된다.

명령법(Imperativ)은 사태를 '실현시키는' 것으로 특징 지운다. 여기에 사태를 시간적인 관점에서 '미래'(zukünftig)로 특징 지우는 것이 첨가된다. 명령형 발화는 어떠한 경우에도 대화참여자에게 구속력이 있는 것으로 간주된다.

현재시제와 과거시제는 직설법(Indikativ)으로서 접속법과 대립된다. 직설법, 접속법, 명령법은 전통적인 문법기술에서 문법적인 서법(敍法, Modus)으로 표현된다.

동사 I 범주에서 모든 문장에 필수적으로 등장하는 동사 굴절소가 총괄된다. 이 다섯 형태가 동일한 문맥에서는 상호 배제되기 때문에 이들은 하나의 계열소를 형성한다. 현대문법에서와 마찬가지로 전통문법에서도 이 계열소를 달리 해석하지 않는다. 여기서 우리가 어떠한 방법으로든 '시간'이라는 개념과 결부시킬 수 있는 모든 동사적 표현형태들이 하나의 계열소로, 즉 현재와 과거 외에 현재완료, 과거완료, 미래로 통합된다. 이 때 하나의 중요한 사실이 간과된다. 즉 근본적인 표현차이 외에 - 두 동사 형태가 세 동사구에 대립된다 - 중요한 의미차이도 무시된다.

동사 II(Verbal II)는 분사 I, 분사 II, 부정사와 더불어, 일부는 동사

복합체의 형성에 사용되고, 일부는 부정사 구조와 분사 부가어와 같은 내포된 구조의 형성에 사용되는 요소들을 포함한다.

분사 I(Partizip I)은 대상, 과정, 상태의 종류를 명확히 표현하는데, 이 때 대체로 '진행중'(im Verlauf befindlich)이라는 자질이 존재한다: die *lachende* Kuh(웃고 있는 소), ein *überzeugender* Erfolg(확실한 성공); Die Sitzung ist *glänzend* verlaufen.(회의는 훌륭하게 진행되었다). 이 분사는 항상 형용사처럼 사용될 수 있다. 우리가 이 분사를 (굴절소에 의해 변형된 어형이 아니라) 단어로 간주하면 이 분사는 또한 형용사에도 속한다.

분사 II(Partizip II) 역시 대상, 과정, 상태의 종류와 속성을 명확히 표현하지만, '종결된 과정의 결과로서'라는 자질을 가지므로 원칙적으로 어떤 진행의 동기도 포함하지 않는다. 많은 분사 II가 형용사처럼 사용될 수 있다.

분사 I과 분사 II 사이의 의미차이는 '시간'과는 아무 상관이 없으며 오히려 슬라브어에 있는 상(Aspekt)에서의 차이와 비교될 수 있다.

부정사 (Infinitiv)는 의미적으로 특징 지워져 있지 않으며 동사에 관한 의미적인 Ø - 형태를 나타낸다. 부정사 구조가 특정한 경우에서 '요구'나 '소원'과 같은 의미기능(Tiere nicht füttern(짐승들에게 먹이를 주지 말아라) 또는 Wasserburg sehen und sterben(바서부르크를 보고 죽었으면)에서와 같이)을 가지면 이것은 2차적으로 문맥요소를 통해 제약된다. Ø - 형태의 특징은 독일인과 독일어를 완전하게 구사하지 못하는 외국인과의 대화, 소위 "외국 노동자 독일어"(Gastarbeiterdeutsch)에서도 나타난다. 대부분의 독일 사람들은 이 외국 노동자 독일어를 외국인에게 직접 거리낌없이 사용함으로써 이들에게 강요하기 때문에 이 독일어가 아주 널리 보급되어 있다.

전통적인 분류에 익숙한 독자들이 여기서 찾으려고 하지만 찾을 수 없는 하나의 표현형태에 대해서 언급하지 않을 수 없다. 태(능동태와 수동태의 대립)는 동사의 굴절범주가 아니라 동사구의 특수한 유형이다. 완료형과 미래도 마찬가지다. 모든 이런 구조는 4.2장에서 다루어진다.

2.3.4. 명사(Nom)

불변적인 성을 갖는 모든 단어는 명사(Nomen)로 정의된다. 명사의 굴절에 관해서는 2.4장에서 다루어진다.

명사는 독일어에서 (아마 모든 언어에서와 같이) 가장 광범위한 품사를 형성한다. 명사는 Dackel(다켈 사냥개), Glas(유리), Zunge(혀) 등과 같은 단어를 포함한다. 명사의 요소들은 전통문법에서와 일부 현대문법에서도 "명사"(Substantiv)로 표현된다. 그러나 "Nomen"(영어 "noun", 불어 "nom")이라는 용어가 국제적으로 더 널리 보급되어 있다.

명사는 부가어(Attribut), 즉 한정사, 형용사, 2격 부가어, 전치사 부가어 및 관계문 등을 취할 수 있다.

> *das* Buch (그 책)
> *alte* Bücher (오래된 책들)
> *das* Buch *des Gärtners* (정원사의 책)
> *das* Buch *in meiner Tasche* (내 가방 안에 있는 책)
> *das* Buch, *das Sonja gebracht hat* (소냐가 가져 간 책)

일부의 명사는 특수한 결합가를 갖는다. 보다 자세한 것은 4.3 참조.

2.3.5. 한정사(Det)

한정사는 예외 없이 명사와 결합할 수 있으며 이 때 명사의 부가어로서 기능한다(앞 절의 예에서 두 번째 예를 제외하고 각각 첫 번째 단어 das가 한정사이다). 한정사는 "작센의 2격"(=선행한 2격 부가어)과 결합할 수 없다는 점에서 한 단어로 된 모든 다른 명사 부가어와 구분된다.

das Buch (그 책)
Peters Buch (페터의 책)
*das Peters Buch

전통문법과 많은 현대문법에서 한정사는 부분적으로는 관사로, 또 부분적으로는 (부가적으로 사용된) 대명사로 나타난다.

직관적으로 그리고 문법적인 전통에 따라서 전체적으로 여섯 부류의 한정사를 구분할 수 있다.

관사 (der, die, das; ein-)
소유대명사 (mein- 등)
지시대명사 (dies-, jen- 등)
부정대명사 (irgendein-, einig-, lauter 등)
부정사 (kein- 등)
의문대명사 (welch- 등)

대부분의 한정사는 성에 따라 변화한다. 그러면 그 성은 지배하는 명사의 성과 일치한다.

der Käfer (딱정벌레)
die Mücke (모기)

das Ungeziefer (해충)

다수의 한정사는 (지배하는 명사 없이) 단독으로도 사용될 수 있다.

Dieser war es nicht. (이 사람은 그 사람이 아니었다)
Welche meinst du? (너는 어느 사람을 말하느냐?)

물론 이러한 특성이 모든 한정사에 다 적용될 수는 없기 때문에 한정사에 대한 정의의 일부가 될 수는 없다. 한정사에 대한 변별적 특성은 한정사가 명사에 부가될 수 있으며 작센의 2격과는 결코 양립할 수 없다는 것이다.

한정사는 아주 제한적으로만 서로 결합할 수 있다. 하지만 다음의 연속체는 가능하다.

dies- + 소유대명사
ein- + manch-/solch-
kein + solch-
all- + der/dér/dies-/jen-/derjenig-/solch-/welch-/소유대명사

대부분의 한정사는 "강변화"(stark) 한다. 즉 이들은 다음의 어미를 갖는다. 그리고 이에 대한 예는 그 아래와 같다.

	단 수			복 수
	남성	여성	중성	
n.	er	e	es	e
a.	en	e	es	e
g.	es	er	es	er
d.	em	er	em	en

	단 수			복 수
	남성	여성	중성	
n.	jener Hund	jene Katze	jenes Gerücht	jene Hunde/Katzen/Gerüchte
a.	jenen Hund	jene Katze	jenes Gerücht	jene Hunde/Katzen/Gerüchte
g.	jenes Hundes	jener Katze	jenes Gerüchtes	jener Hunde/Katzen/Gerüchte
d.	jenem Hund	jener Katze	jenem Gerücht	jenen Hunden/Katzen/Gerüchten

특히 ein-으로 끝나는 한정사, 즉 ein-, kein, irgendein- 및 모든 소유 대명사는 예외를 형성한다. 이들이 단수 1격에서는 어미가 없다(그 외에는 다른 한정사처럼 굴절한다).

ein Gerücht (소문)
kein Gerücht
sein Gerücht (그에 대한 소문)

한정사 manch-, solch- 앞에 ein-이 올 경우 이들은 "혼합변화"(gemischt) 한다. 즉 이들은 단수 1격에서는 "강변화"(stark) 어미를 갖고, 단수 2격과 3격에서는 "약변화"(schwach) 어미 -en을 갖는다.

n. ein solch*er* Lärm (그러한 소음이)
g. eines solch*en* Lärms (그러한 소음의)
d. einem solch*en* Lärm (그러한 소음에 대해)

그밖에 한정사 all-(모든), einig-(몇몇의), etlich-(몇몇의), jed-(모든), jeglich-(모든), manch-(많은), solch-(그러한), welch-(어떤)는 (앞에 다른 한정사가 없으면) 동일한 방법으로 혼합변화 할 수 있다. 따라서 다음과 같은 두 가지 형태가 존재한다.

manch*es* Erlebnisses (많은 체험의)
manch*en* Erlebnisses (많은 체험의)

끝으로 한정사 derjenig-(이러한), derselb-(동일한)는 약변화 한다. 즉 이들은 단수에서 남성과 중성 1격에서는 어미 -e를, 남성과 중성의 2격과 3격에서는 어미 -en을, 그리고 복수의 모든 격에서는 어미 -en을 취한다.

	단 수	복 수
n.	derjenig-e Kritiker	diejenig-en Kritiker
a.	denjenig-en Kritiker	diejenig-en Kritiker
g.	desjenig-en Kritikers	derjenig-en Kritiker
d.	demjenig-en Kritiker	denjenig-en Kritikern

한정사 all-이 다른 한정사(solch-를 제외한) 앞에 오면 all-은 굴절하지 않을 수도 있다.

all der Ärger (모든 분노)
all die abgebrochenen Zweige (모든 부러진 가지들)

한정사 manch-, solch-, welch-가 한정사 ein- 앞에 오면 이들은 굴절하지 않는다.

manch ein hoffnungsvoller Kandidat (많은 가망 없는 후보자들)
welch ein Irrtum (얼마나 큰 과오)

한정사가 형용사의 굴절을 규정한다(이에 대해 보다 자세한 것은 2.3.6 참조).

다음과 같은 한정사가 있는 구는 실제로 대명사구(Pronominalphrase)이다. 왜냐하면 굴절의 특성에서 분명히 나타나는 바와 같이 각각 첫 번째 단어는 대명사이기 때문이다(보다 자세한 것은 2.3.7 참조).

der meines Vaters (내 아버지의 그 사람)
die, die mir geholfen hat (나를 도와준 그 여자)
die da drüben (저기 있는 그 여자)

물론 다음과 같이 한정사가 외관상 핵어로서 기능을 하는 구도 있다.

jener meines Vaters (내 아버지의 저 사람)
jene, die mir geholfen hat (나를 도와준 저 여자)
jene da drüben (저기 있는 저 여자)

그러나 이들은 지배하는 명사가 변형을 통해 삭제된 명사구(Nominalphrase)로 설명되어야 한다.

jener Anwalt meines Vaters (내 아버지의 저 변호사)
jene Richterin, die mir geholfen hat (나를 도와준 저 여재판관)
jene Radfahrerin da drüben (저기 있는 저 자전거 타는 여자)

이것을 도식적으로는 다음과 같이 표현할 수 있다.

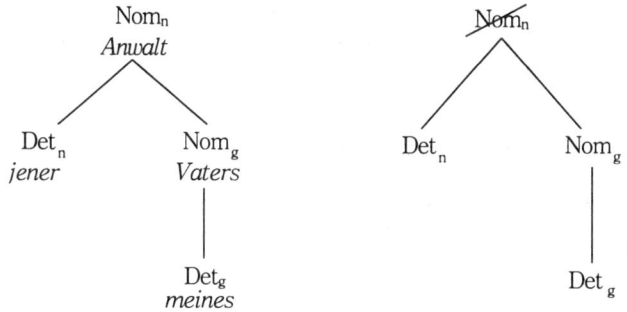

2.3.6. 형용사(Adj)

항상 Det ___ Nom의 환경에서 출현할 수 있는 모든 단어는 형용사로
정의된다.

따라서 전통적으로도 역시 형용사로 배열되는 대부분의 단어가 형용
사에 속한다. 그 중에서 besagt(앞서 말한), hiesig(여기의), monatlich(월
례적인)와 같이 부가적으로만 사용될 수 있는 단어, 대부분의 수사, 부가
적으로 사용되는 분사(ein *brennendes* Haus 불타고 있는 집, *abgestorbene*
Zweige 말라죽은 나무 가지들)가 형용사에 속하지만, quitt(끝낸, 면한)처
럼 "술어적으로만 사용될 수 있는 형용사"는 형용사에 속하지 않는다(이
에 대해서는 2.3.11 참조).

굴절하는 형용사에서의 굴절은 지배하는 명사에 따를 뿐만 아니라 한
정사에도 따른다. 우리가 관사에서 출발하면 남성 단수에서 다음 세 가
지 계열소를 구별할 수 있다.

	정관사	부정관사	무관사
n.	der alte Wein	ein alter Wein	alter Wein
a.	den alten Wein	einen alten Wein	alten Wein
g.	des alten Weines	eines alten Weines	alten Weines
d.	dem alten Wein	einem alten Wein	altem Wein

이와 유사한 차이점이 부분적으로는 성(性) 중립적인 복수에서도 나
타난다. 복수에서는 부정관사가 없기 때문에(부정관사와 무관사가 일치
한다) 단지 두 가지 격 계열소만 존재한다.

	정관사	무관사
n.	die alt*en* Weine	alt*e* Weine
a.	die alt*en* Weine	alt*e* Weine
g.	der alt*en* Weine	alt*er* Weine
d.	den alt*en* Weinen	alt*en* Weinen

한정사 all-, dér, derjenig-, derselb-, dies-, jeglich-, jen-, welch- 및 'all + 다른 한정사'로 구성된 연속체에서는 형용사가 정관사 다음에서처럼 변화한다.

n. alles dumm*e* Gerede   alle dumm*en* Gerüchte
    (모든 어리석은 수다)   (모든 어리석은 소문들)
d. diesem alt*en* Wein   diesen alt*en* Weinen

한정사 viel-(많은), wenig-(적은)는 단수에서는 정관사처럼, 복수에서는 무관사처럼 형용사를 선택한다.

n. vieles alt*e* Gerümpel   viele dumm*e* Gerüchte
    (많은 오래된 잡동사니)   (많은 어리석은 소문들)
g. vieles alt*en* Gerümpels   vieler dumm*er* Gerüchte
d. vielem dumm*en* Zeug   vielen dumm*en* Gerüchten

그밖에 물론 단수 3격에서 vielem dumm*em* Zeug도 등장하며, 그리고 가끔 무관사처럼 형용사를 선택하는 굴절하지 않는 viel, wenig도 있다.

viel alt*es* Gerümpel   mit viel dumm*em* Zeug

한정사 kein-, 소유대명사 전체, 'dies- + 다른 한정사'로 구성된 연속체는 단수에서는 부정관사 다음에서처럼, 복수에서는 정관사 다음에서처럼 형용사를 선택한다.

n. kein schönes Bild   keine schönen Bilder
g. keines schönen Bildes   keiner schönen Bilder
d. keinem schönen Bild   keinen schönen Bildern

끝으로 한정사 etlich-(몇몇의), irgendwelch-(그 어떤), manch-(많은)
다음의 형용사는 단수에서는 정관사 다음에서처럼 변화하고 복수에서는
혼합변화 한다. 즉 1격, 4격, 3격에서는 형용사가 정관사 다음에서처럼
변화하고 2격에서는 대체로 무관사 다음에서처럼 변화한다. 단수에서 가
끔 부정관사 다음에서처럼 형용사를 요구하는 solch-도 여기에 속한다.

n. mancher trübe Tag   manche trüben Tage
    solches dumme(s) Zeug   solche dummen Gerüchte
g. manchen trüben Tages   etlicher trüber Tage
    solchen dummen Geredes   solcher dummen Gerüchte
d. manchem trüben Tag   manchen trüben Tagen
    solchem dummem Gerede   solchen dummen Gerüchten

또 다른 연속체의 한정사가 등장하면 각각 맨 마지막 한정사가 형용
사 변화를 선택한다. 한정사를 통한 형용사 변화의 유도는 현재의 언어
사용이 부분적으로, 특히 manch-, solch- 다음에서 일정하지 않음으로
써 더욱 복잡하다. 그러나 형용사 변화를 정확한 규칙으로 포착하는 것
은 외국인 독일어 학습자의 관점에서 볼 때에도 필수적이다. 특히 특정
한 한정사를 특정한 굴절범주로 잘못 배열하면 의사소통의 장애를 초래
할 수 있기 때문에 더욱 그렇다.

형용사는 통사적으로 아주 다양하게 설정될 수 있으며 많은 형용사는
또한 동사 첨가어로서도 기능한다.

Ich habe diesen Tag *missmutig* verbracht.
(나는 오늘 하루를 불만스럽게 보냈다)

이러한 경우에도 (전통적인 용어로 "부사적"인 사용에서) 이들은 형용
사이다. 아직도 널리 보급되어 있는 분류, 즉 "형용부사"(Adjektivadverb)
를 부사로 분류하는 것은 품사와 통사적 기능을 부당하게 혼합한 사실
에 기인한다. 이에 대해 보다 자세한 것은 4.4장 참조.
   다음과 같은 구(Phrase)는 지배명사가 변형을 통해 삭제된 명사구라
고 설명하는 것이 가장 좋을 것이다.

manche neue, die sich noch nicht auskennt
(⇐ manche neue (Mitarbeiterin), die sich noch nicht auskennt
(아직도 잘 알고 있지 못하는 많은 새로운 (여직원들))
die letzte aus Polen (⇐ die letzte (Nachricht) aus Polen)
(폴란드에서 온 마지막 (소식))

우리는 이것을 도식적으로 다음과 같이 기술할 수 있다.

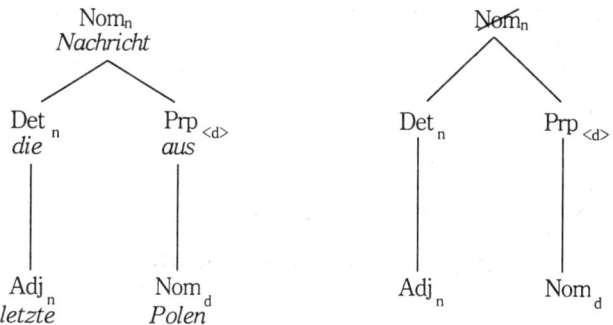

이런 부류의 구는 해당 명사구와 동일한 구조를 나타내기 때문에 이
러한 방법은 의미가 있다.

gerne(기꺼이), oft(가끔)와 같은 몇몇 부사처럼 비교변화를 할 수 있는 형용사가 굴절할 수 있는 형용사의 다수를 이룬다.

비교(Komparation)는 두 가지 계열소(즉 상대비교와 절대비교)를 포괄한다. 이 두 계열소는 동일한 방법으로 다음 세 가지 굴절소를 포함한다. 계열소의 형태론에 관한 보다 자세한 사항은 2.2 참조.

원급 (Positiv)
비교급 (Komparativ)
최상급 (Superlativ)

이 두 계열소가 형태적으로는 동일하지만 형용사가 절대적으로 사용되느냐 또는 상대적으로 사용되느냐에 따라서 의미적으로는 구분된다.

상대적인 비교(relative Komparation)는 (비록 항상 명시적인 것은 아니지만) 비교구조나 또는 양적인 규정어를 전제로 한다. 양적인 규정어는 물론 비교할 수 있는 단어의 일부에서만 가능하다. 예컨대 우리가 alt 의 의미를 많은 상이한 값을 허용하는 하나의 척도를 가지고 상상해 보면, 상대적으로 비교된 단어의 의미는 우선 전체 척도('어떤 연령에 관한')에 상응한다. 비교구조를 통해서나 또는 비교 굴절소와 결합하는 양화사를 통해서 비로소 그 단어의 의미는 척도의 한 부분영역에 한정되며, 따라서 그 단어는 '특정한 연령'에서 고정된다.

이 때 원급(Positiv)은 한정하는 so + 비교구조나 또는 양화사로 나타난다. 여기서 (수의적인) 비교구조는 관계사 wie와 하나의 어군으로 구성된다.

so schön (wie Teresa) (테라자만큼 아름다운)
so schön (wie in Bamberg) (밤베르크에서만큼 아름다운)

so schön (wie heute) (오늘만큼 아름다운)

zwanzig Jahre alt (20세의)
einsachtzig groß (1.80m의)

so schön (wie Teresa)란 표현을 통해서 테레자 및 그녀와 비교되는 사람이 자동적으로 아름다운 사람으로 이해될 수는 없다는 사실에 유의해야 한다.

원급에서는 비교된 단어에 비교구조를 통해 확정된 값과 일치하는 (보통 점 모양의) 값이 척도에서 할당된다.

Regine ist so schön *wie* Teresa.
(레기네는 테레자만큼 아름답다)
Hier ist das Wetter so schön *wie in Bamberg.*
(여기 날씨는 밤베르크에서만큼 좋다)
Damals war es so schön *wie heute.*
(그 당시 그것은 오늘만큼 아름다웠다)

이 때 지칭된 의미척도의 내부에는 1차적으로 절대적인 비교에서 중요하고 상대적인 비교에서도 어떤 역할을 하는 특정한 **기대방향** (Erwartungsrichtung)이 있다. 예컨대 형용사 alt에서는 이 기대방향이 척도의 "상부" 끝 방향으로 진행한다.

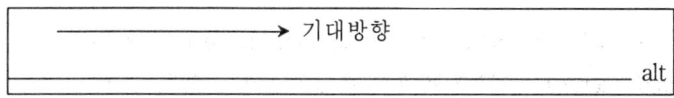

위의 도식이 의미하는 바는 다음과 같다: 어린이도 이미 특정한 수의 연령에 도달한다. 이 때 우리는 형용사 alt의 사용에서 상대적인 비교에서도 60세 이상의 사람을 생각하여 척도의 보다 높은 값을 부여하려는

경향이 있다. 비교구조와 결부하여 기대방향이 중요한 역할을 한다. 예 컨대 원급이 부정되면 항상 기대방향에 역행(entgegen)하는 차이(편차, Abweichung)가 나타난다.

Wanda ist *nicht* so schön *wie* Teresa.
(반다는 테레자만큼 아름답지 않다)

위와 같은 문장이 항상 의미하는 것은, 두 자질의 일치에 관한 부정이 양쪽 편에 대한 차이(편차)를 허용함에도 불구하고 반다가 테레자보다 덜 아름답다(weniger schön)는 것이다. 여기서 분명한 것은, 논리적 수 단을 통한 자연언어의 기술은 자연언어의 구조가 가끔 아주 복잡하여 단순한 연산(Kalkül)을 통해서는 쉽게 기술될 수 없기 때문에 위험을 내 포하고 있다는 것이다.

양화사의 원급을 부정하는 경우 우리는 보통 한정사 kein을 사용한다.

keine zwanzig Jahre alt (20세가 안 되는)
keine einsachtzig groß (1.80m가 안 되는)

여기서도 기대방향에 역행하는 차이가 나타난다. nicht로 부정되면 이 부정은 종종 양화사에만 관련된다. 그러나 이러한 경우에서도 오히려 kein-으로 부정된다.

Sie ist *nicht* zwanzig Jahre alt(, sondern eher neunzehn oder einundzwanzig). (그녀는 20세가 아니고 19세나 21세이다)
Sie ist *keine* zwanzig Jahre alt. (그녀는 20세가 아니다)

비교급(Komparativ)에서 (수의적인) 비교구조는 관계사 als와 하나의 어군으로 구성된다. 비교급은 비교된 단어에 - 기대방향에서 - 비교구조를 통해 확정된 의미의 저쪽 편(jenseits)에 놓여 있는 의미를 할당한다.

> schöner *als Teresa* (테레자보다 더 아름다운)
> schöner *als in Bamberg* (밤베르크에서보다 더 아름다운)
> schöner *als heute* (오늘보다 더 아름다운)

최상급(Superlativ)에서는 (수의적이며 전반적으로 드문) 비교구조가
관계사 von/unter 및 하나의 어군이나 상황규정어로 구성된다.

> der frechste *von allen* (모든 사람들 중에서 가장 무례한 사람)
> der beste *unter euch* (너희들 중에서 가장 우수한 사람)
> das Schönste *hier* (여기서 가장 아름다운 것)

여기서 "비교구조"라는 표현이 아주 적절한 것은 아니다. 오히려 그
내부에서 선택되는 상황적인 틀이나 또는 그 중에서 선택되는 전체 집
합을 의미한다. 왜냐하면 최상급은 비교된 단어에 대해 기대방향에서
("비교구조"를 통해 확정된) 모든 다른 값의 저쪽 편(jenseits)에 놓여 있
는 값을 척도에서 할당하기 때문이다.

절대적인 비교(absolute Komparation) 역시 세 가지 계열소를 포함한
다.

> die *neue* Theorie (새로운 이론)
> zwei *ältere* Herren (두 중년 신사)
> mit *besten* Empfehlungen (정중한 안부인사를 드리면서)

eine *gute* Wohngegend (좋은 거주지역)

ein *besseres* Viertel (비교적 좋은 도시구역)

in *bester* Wohnlage (아주 좋은 거주지에서)

이 때 원급(Positiv)의 (의미상 무표의 형태로서) 형용사는 상대적인 용법에서의 형용사 의미에 해당하는 점(또는 제한된 거리)의 의미를 척도에서 갖는다.

우리는 이 점을 의미 중심점(semantischer Schwerpunkt)이라고 칭한다. 의미 중심점은 결코 척도의 중앙에 놓여 있지 않으며 기대방향에서 중간치로부터 멀리 떨어져 있다(위의 그림 참조).

이에 반해 비교급(Komparativ)은 기대방향에 역행하여 의미 중심점으로부터 멀리 떨어져 있지만 항상 중간치의 이쪽 편(diesseits)에 놓여 있는 점(Punkt)이나 장(Feld)을 표현한다.

이러한 방식으로 das ältere Haus(꽤 오래된 집)는 das alte Haus(오래된 집)만큼 오래되지 않았으며, der jüngere Mann(꽤 젊은 남자)은 더이상 아주 젊지는(jung) 않지만 아직 40세를 넘지는 않은 (또는 40세를 약간 넘은) 사람을 의미한다고 설명할 수 있다.

끝으로 최상급(Superlativ)은 척도에서 보통 의미 중심점을 포함하지만 본질적으로 기대방향에서 의미 중심점의 저쪽 편에 있는 장을 표현한다.

앞서 언급한 예들 외에 다음과 같은 예들도 여기에 속한다.

mit *besten* Grüßen (진심의 인사를 드리면서)
liebster Schatz (사랑하는 그대)
mit *größter* Hochachtung (최대의 경의를 표하면서)

이러한 표현들은 일반적으로 상대적인 비교에서도 출현할 수 있지만 이 경우 항상 비교구조나 양화사와 함께 출현한다. 절대적인 최상급은 기대방향에서 오직 하나의 극단적인 경우만을 표현한다. 이러한 사실은 절대적인 최상급(absoluter Superlativ)이 실제로 강조 불변화사나 수량 불변화사를 사용하는 소위 절대적 최상급(Elativ)과 의미가 동일한 이유를 설명해준다.

mit *sehr herzlichen* (=*herzlichsten*) Grüßen
(진심의 인사를 드리면서)

(여기서 강조적인) so 외에 어떤 비교요소도 오지 않는 so müde(아주 피곤한)와 같은 표현에서도 절대적인 용법이 존재한다. 비교요소가 있지만 중심점으로서의 형용사 의미가 척도에서 파악될 수 있는 frech wie Oskar(오스카처럼 무례한), schön wie Teresa(테레자처럼 아름다운)와 같은 표현에서도 필자는 특히 절대적인 용법이 존재한다고 본다.

지금까지 기술하기 어려웠던 현상들을 이 영역에서 명백하게 해주는 하나의 방법이 절대적인 비교와 상대적인 비교를 구분하는 것이다. 항상 어떤 형태의 규칙일탈의 근간을 이루는 말장난에서만 절대적인 비교와 상대적인 비교가 상호 작용할 수 있다. 즉 어떤 젊은 부인을 zwanzig Jahre jung이라고 표현하면, 이 형용사는 "보통" 상대적인 비교가 마련되어 있는 경우에서도 절대적으로 사용된 것이다.

지금까지 비교에 관해서 언급된 것은 원칙적으로 "술어적" 형용사(형용사 보충어로서, 5.4 참조)와 부가적으로 사용된 형용사에서 적용된다. 후자의 경우에서는 물론 어떤 비교구조도 허용되지 않기 때문에 상대적인 비교의 가능성이 아주 제한되어 있다. 여기서는 양화사만이 가능하다.

> *mein wie ich alter Vetter
> *dieses als das des Nachbarn ältere Auto
> mein fünf Jahre alter Wagen (나의 5년 된 차)

다른 한편 절대적인 비교급과 최상급(예: ein älterer Herr 중년 신사, liebster Schatz 사랑하는 그대)은 제한적으로만 "술어적"으로 사용될 수 있다.

2.3.7. 대명사(Prn)

명사구와 동일한 환경에서 출현할 수 있으며 (따라서 명사구를 대치하고) 부가어로서 결코 명사를 "동반할" 수 없는 모든 단어들이 대명사로 정의된다.

이로써 이 품사는 그 명칭에서 - 즉 "명사 대용어"로서의 대명사(Pro-Nomen) - 어느 정도 타당성을 갖는다.

대명사는 그 의미에 따라서 크게 세 가지로 구분할 수 있다.

상대 대명사 (Partnerpronomen)
지시대명사 (Verweispronomen)
추상적 대명사 (abstraktes Pronomen)

이 각각의 대부류에서 하위부류를 구분할 수 있다. 예컨대 상대 대명
사는 화자 대명사(Sprecherpronomen)와 청자 대명사(Hörerpronomen)로
구분된다.

ich, wir
du, ihr; Sie

지시기능이 특히 명백한 지시대명사(Demonstrativum) 뿐만 아니라
(dér 등), "순수한" 지시대명사 er, sie, es, 더 나아가 "지시적인" 관계대
명사와 재귀대명사도 지시대명사(Verweispronomen)에 속한다.

모든 부정(不定)대명사(alles 모든 것, einer 어떤 사람, etwas 어떤 것,
jedermann 모든 사람, jemand 누군가, man 사람들), 부정(否定)대명사
(keiner 누구도...아니다, nichts 어떤 것도...아니다, niemend 아무도...아
니다) 및 의문대명사(was 무엇, wer 누가, was für ein 어떤 종류의)가
추상적 대명사(abstraktes Pronomen)이다.

몇몇 대명사는 한정사와 형태가 같거나 유사한 대응물을 가지고 있다.
여기서 아주 명확한 배열규칙이 적용된다. 즉 "대명사적"으로 뿐만 아니
라 부가적으로도 사용될 수 있는 모든 단어들은 이들이 모든 형태에서
일치할 경우에는 한정사에 속한다. 따라서 dies-는 대명사의 기능으로
사용되더라도 언제나 한정사이다. 그러나 "대명사적" 용법과 부가적 용
법 사이에 어떤 형태상의 차이가 존재하는 경우 그것은 때로는 이 부류
에, 때로는 다른 부류에 할당된다. kein-은 부가적으로만 사용될 수 있

기 때문에 한정사에 속할 수 있다: kein Geld, keine Freunde. 그러나 남성 1격과 중성 1격에서 다르게 굴절되는 keiner는 대명사이다. 왜냐하면 이 특수한 굴절형태는 "대명사적" 용법에서만 출현하기 때문이다. 이와 동일한 것이 정관사 der와 지시대명사 dér의 구별에서도 적용된다. 즉 der는 단수와 복수 2격(dessen, deren) 및 복수 3격(denen)에서 특수한 형태를 갖는다.

대부분의 대명사는 굴절할 수 있다. 그러나 부정대명사 etwas와 nichts는 굴절할 수 없다.

> 엄격히 말해서 이런 요소들은 불변화사에 속하며 이들은 계속적으로 하위분류된다. 물론 Erde(흙), Milch(우유)와 같은 명사, 역시 하나의 유일한 형태만을 나타내는 많은 명사들에서도 이와 동일한 것이 적용된다. 그러나 우리는 이런 단어들을 언급된 대명사들처럼 굴절할 수 있는 단어들의 부류에 할당한다. 그 이유는 전통문법이 그렇게 보기 때문이 아니라 이 단어들의 특성이 모든 다른 관점에서 특히 의미론과 결합방법에서 이들 품사의 다른 요소들과 일치하기 때문이다.

대명사는 다양한 결합방법을 갖는데 그것은 지금까지의 기술에서는 대체로 무시되었다(이에 대해 보다 자세한 것은 4.5 참조).

2.3.8. 전치사(Prp)

항상 특수한 격으로 된 명사를 소유할 수 있는 모든 불변적인 단어가 전치사로 정의된다. 따라서 an, auf, bei, nach, vor, zu와 같은 단어는 전치사이지만, als, wie는 전치사가 아니다. 왜냐하면 이들과 결합하는 구의 격은 이들 자체에 의해 결정되는 것이 아니라 문장의 다른 요소들에 의해 결정되기 때문이다. 다음 문장을 비교해 보기 바란다.

Er ist mir als zuverlässiger Programmierer bekannt.
(내가 알기로 그는 믿을만한 프로그래머이다)
Ich kenne ihn als zuverlässigen Programmierer.
(나는 그를 믿을만한 프로그래머로 알고 있다)
Ihm als zuverlässigem Programmierer habe ich alles anvertraut.
(나는 믿을만한 프로그래머인 그에게 모든 것을 위임했다)

전치사는 필연적으로 구를 형성한다.

2.3.9. 종속접속사(Sjk)

우리는 부문장을 유도하는, 즉 문장을 다른 구성체로 내포하는 (그렇게 함으로써 문장의 자립성을 빼앗는) 모든 불변화사를 종속접속사로 정의한다.

> 종속접속사(Subjunktor)는 대등접속사와 더불어 "접속사"로서 다루어지는 전통문법의 "종속접속사"(unterordnende Konjunktion)를 말한다. "접속사"의 전통적인 부류는 여러 가지 이유에서 유지될 수 없다. 이에 대한 주된 이유는 종속접속사가 대등접속사보다는 다른 품사들과 훨씬 더 많은 공통점을 가지고 있기 때문이다.

따라서 종속접속사는 dass(that), ob(whether), weil(because), wenn(when, if)과 같은 단어들이다.
종속접속사는 정동사를 문미, 적어도 동사복합체 다음으로 이동시킨다(이에 대해 자세한 것과 예외는 4.2장 참조). 역시 부문장 유도어로서 기능하는 다른 단어들, 특히 관계대명사와 의문대명사도 이러한 속성을 갖는다. 우리는 이러한 단어와 종속접속사를 종속요소(subjunktives Element)로 총괄한다.

부정사 구조를 유도하는 요소들도 지배동사(정동사는 아니지만)를 문미로 이동시키기 때문에 종속접속사에 포함된다. zu(to), anstatt zu(하는 대신에), ohne zu(하지 않고), um zu(하기 위하여)와 같은 단어와 표현이 문제된다.

2.3.10. 대등접속사(Kjk)

첫 번째 위치에 오며 기능이 동일한 요소들을 결합시키는 - 이 때 결합된 요소들에서 문장의 어순이 변화되지 않는 한 - 모든 단어들을 대등접속사로 정의한다. aber(but), denn(for) und(and) 등과 같은 단어들이 대등접속사이다.

> 대등접속사는 전통문법에서 "병렬접속사"(nebenordnende Konjunktion)
> 로 나타난다. 그러나 많은 다른 품사들도 병렬적인 기능을 갖는다. 대등
> 접속사와 종속접속사를 하나의 품사로 통합하는 데 대한 결정적인 반론
> 에 대해서는 2.3.9 참조.

대등접속사는 단어, 단어의 일부, 어군, 문장, 발화를 결합시킬 수 있다.

> für *und* wieder (찬·반)
> auf- *und* umstellen (설치하고 그리고 조절한다)
> Haie *und* kleine Fische (상어와 작은 물고기들)
> Sie lobten ihn, *und* sie verrieten ihn.
> (그들은 그를 칭찬했고 그리고 그를 배반했다)
> Überlegen Sie es sich, *oder* Sie müssen mit einer Unterbrechung
> der Sitzung rechnen. (그 문제를 심사숙고하십시오. 그렇지 않으면
> 당신은 회의의 중단을 고려해야 합니다)

그러나 모든 종속접속사가 다 임의의 요소들을 결합시킬 수 있는 것

은 아니다. 예컨대 denn(=for)은 문장만을 결합시키지만, sowie(=and)는 어떤 문장도 결합시킬 수 없다.

대등접속사에 대한 보다 자세한 사항, 첫 번째 위치에 올 수 있는 가능성 및 기능의 동일성에 대해서는 7.3 참조.

2.3.11. 연사 불변화사(Kop)

문장에서 항상 "연사/계사/연계사 동사"(Kopulaverb)와 결합하여 출현할 수 있는 불변화사가 연사 불변화사이다. abspenstig(등지게 하는), durcheinander(뒤죽박죽이 되어), leid(싫증나는), quitt(자유로운/면한), schuld(책임이 있는)와 같은 단어들이 여기에 속한다.

연사동사는 sein, werden, bleiben 및 소수의 다른 동사들이다. 전체적으로 볼 때, 연사동사는 전통문법에 따르면 의미의 주기능이 주어와 술어요소 간의 결합성분(라틴어로 Copula)으로 간주되는 매우 추상적인 의미를 가지고 있는 동사들이다.

> 전통문법에서는 연사 불변화사가 형용사에 포함된다. 연사 불변화사는 실제로 형용사와 몇 가지 공통점을 가지고 있으며, 특히 구를 형성할 수 있는 몇 가지 가능성을 가지고 있다. 그러나 연사 불변화사는 부가적으로 사용될 수 없기 때문에 우리가 정의하는 의미에서는 형용사가 될 수 없다. 근본적으로 ehemalig(이전의)(부가적으로만 사용될 수 있는)와 quitt(자유로운/면한)("술어적"으로만 사용될 수 있는)를 하나의 부류에 통합한다는 것은 어차피 의심스러운 일이다. 이 요소들은 본질적으로 공통점보다는 더 많은 차이점을 나타내기 때문이다.

몇몇 연사 불변화사는 구를 형성할 수 있다.

jemanden jemandem *abspenstig* (machen)
(누구를 누구로부터 등지게 하다)
etwas *leid* (sein) (무슨 일에 싫증나다)
schuld an etwas (sein) (무슨 일에 책임이 있다)

2.3.12. 부사(Adv)

항상 문장의 첫 번째 위치에 올 수 있으며(즉 "전장에 올 수 있는" (vorfeldfähig)), 보충의문문("w-Frage")에 대한 대답으로 사용될 수 있는 모든 불변화사가 부사로 정의된다.

bald(곧), da(그 때), deshalb(그래서), heute(오늘), nachts(밤에) 등과 같은 단어들은 부사에 속한다.

Heute wird er nicht kommen. (오늘 그는 오지 않을 것이다)
Wann möchtest du kommen? – *Heute.*
(너는 언제 오려고 하느냐? – 오늘)

몇몇 부사는 구를 형성할 수 있다.

gerade deshalb (바로 그 때문에)
tief unten (저 아래 깊은 곳에)

2.3.13. 양태 불변화사(Mop)

항상 문장의 첫 번째 위치에 올 수 있으며(즉 전장에 올 수 있으며) 결정의문문("ja-/nein-Frage")에 대한 대답으로 사용될 수 있는 모든 불변적인 단어가 양태 불변화사로 정의된다.

따라서 freilich(물론), sicherlich(확실히), vielleicht(아마도) 등은 양태 불변화사이다.

> *Freilich* hätten wir auch mit dem Zug kommen können.
> (물론 우리도 역시 그 기차를 타고 올 수가 있었다)
> Hättet ihr nicht den Zug nehmen können? – *Freilich*
> (너희들은 그 기차를 탈 수가 없었느냐? – 물론이지)

양태 불변화사는 대부분의 문법에서 고유한 품사로서 나타나지 않는다. 이들은 대체로 부사에 포함된다.

2.3.14. 편성 불변화사(Rap)

항상 문장의 첫 번째 위치를 차지할 수 있지만(전장에 올 수 있지만), 어떤 질문에 대한 대답으로는 사용될 수 없는 모든 불변적인 단어들이 편성 불변화사로 정의된다.

따라서 außerdem(그밖에), erstens(첫째로), überdies(그밖에), übrigens(게다가/그밖에) 등이 편성 불변화사이다.

이 품사에 대한 명칭은 이 단어가 문장에서 비교적 자유로이 이동할 수 있다는 것을 암시한다.

> *Erstens* kommt es anders, als man denkt.
> (첫째로 일이 우리가 생각하고 있는 것과는 다르게 진행된다)
> Es kommt *erstens* anders ... (첫째로 일이 다르게 진행된다)
> *Übrigens* wissen das doch alle.
> (그밖에 모든 사람들이 그 일을 알고 있다)
> Das wissen *übrigens* alle.

대부분의 문법에서 편성 불변화사는 고유한 품사로 나타나지 않고 부사에 포함된다. 이로 인해 아주 광범위하여 정확히 정의될 수 없는 "부사"(Adverb)라는 품사가 생겨난다.

2.3.15. 등급 불변화사(Grp)

항상 문장을 유도하는 대등접속사와 원래의 전장요소 사이의 위치를 차지할 수 있는 모든 불변적인 단어들이 등급 불변화사로 정의된다.

따라서 allein(오로지), auch(또한), erst(비로소), nur(다만), selbst(조차도/마저도), sogar(조차도)와 같은 단어들, 전체적으로 20여 개의 단어들이 등급 불변화사에 속한다.

Und *auch* am Heiligen Abend war er nicht erschienen.
(그리고 크리스마스 이브에도 그는 나타나지 않았다)
Denn *sogar* Sabine war seinetwegen zu Hause geblieben.
(왜냐하면 자비네 조차도 그 때문에 집에 머물러 있었기 때문이다)

등급 불변화사의 일부만이 등급을 매기는 기능을 가지고 있다. 그럼에도 불구하고 최근에 도입된 이 용어는 전체 부류를 위해서 사용된다.

대부분의 문법에서는 등급 불변화사가 고유한 품사로 나타나지 않는다.

2.3.16. 문장 등가사(Squ)

문장 등가사란 스스로 하나의 발화를 구성할 수 있으며 항상 문장과 대치될 수 있는 불변적인 단어를 말한다.

문장 등가사는 대답 불변화사(ja, nein, doch 등), 반응 불변화사(bitte, danke) 및 감탄 불변화사로 구분할 수 있다.

물론 감탄사가 실제로 독일어 어휘에 속할 수 있는가 하는 문제는 여전히 해명되어 있지 않다. 감탄사의 일부가 독일어에서는 허용되지 않는 음성결합을 나타내고(brr, pst), 독일어 화자들에 의해 조음될 수는 있지만 독일어에서는 어디서도 나타나지 않는 흡파음(Schnalzlaut)도 등장하기 때문에 이러한 의심은 타당성이 있다.

2.3.17. 어조 불변화사(Atp)

전장에 올 수 없고 부정될 수도 없으며, 중첩될 수 없고 질문에 대한 대답으로도 사용될 수 없는 불변적인 단어가 어조 불변화사로 정의된다. 지난 수 십 년간에 점차 연구의 대상으로 떠오른 어조 불변화사에는 aber, also, auch, bitte, bloß, denn, doch, durchaus, eben, eigentlich, einfach, etwa, gleich, halt, ja, mal, nicht, noch, nun mal, nur, ruhig, schon, vielleicht, wohl이 있다. 이들 중 몇몇은 동형이의어로서 다른 품사에서도 등장한다.

어조 불변화사는 - 많은 다른 불변화사처럼 - 오직 발화의 발화수반 행위(Illokution)에만 관련되므로 사태기술에 전혀 기여하지 않는다.

2.3.18. 기타 불변화사

지금까지 제시한 품사정의는 이미 말한 바와 같이 필터로서 작용한다. 이 15가지 필터를 통해서 분류되지 않은 것은 잔여집합(Restmenge)으로 남는다. 비교 불변화사 als, wie와 같은 단어들이 이 작은 집합에 속한다.

2.4. 굴절소론

우리는 굴절요소들의 하위부류와 굴절소와 단어의 결합가능성을 다루는 문법의 영역을 굴절소론(Flexematik)이라고 일컫는다. 이 영역에서는 아직도 몇 가지 개념설명이 요구된다.

굴절소(Flexem)가 하나의 품사에 일괄적으로 배열되어 있다는 점에서, 굴절소는 굴절소 범주의 요소들(즉 개별적인 격, 수, 동사 I형, 동사 II형 등을 대신하는 표현요소들)이다. 우리는 굴절소를 통해 형성된 계열소를 굴절소 부류(Flexemklasse)라고 칭한다. 예컨대 "명사의 격", "형용사의 격", "한정사의 격", "대명사의 격"과 같은 굴절소 부류가 있다. 모두가 합쳐져서 "격"이라는 굴절소 범주를 형성한다. 굴절소 범주가 단지 하나의 품사에서만 등장하면(예컨대 동사에서만 등장하는 동사 I과 동사 II), 굴절소 부류와 굴절소 범주가 일치한다. 굴절소가 여러 품사들에서 등장하면(예컨대 4격과 복수), 우리는 그것을 한 굴절소 범주의 요소들로서 상위 굴절소(Hyperflexem)라고 부른다. 대부분의 굴절소는 여러 가지 실현형태를 가질 수 있기 때문에 변이형으로 이해될 수 있다. 불변적이며 대체로 단어의 하위부류에서만 적용되는 이 구체적인 실현형태를 굴절어미(Flex)라고 칭한다. 굴절어미의 계열소는 굴절어미의 부류를 형성한다. 예컨대 '과거'라는 하나의 동사 굴절소가 있지만 과거에 대한 다수의 굴절어미가 존재한다.

부류	복수		단수					예	성
	일반적	3	일반적	1-3	1	2	3		
1.1	^{e}n							Frau, Gabe, Diskothek, Lehrerin(nen)	f
1.2	^{e}n		^{e}n					Bote, Germanist, Konfirmand, Mensch, Präsident, Regent, Schwabe, Spekulant	m
1.3	^{e}n			^{e}n	^{e}ns	^{e}n		Buchstabe, Friede, Name, Same(5.2)	m
1.4	^{e}n				^{e}ns	(^{e}n)		Herz	n
1.5	^{e}n				$(^{e})s$	(e)		Bett, Ende, Ohr, Mann(3), See, Tau	n m
1.6	en					s		Doktor, Lehrer, Professor	m
1.7	en	a						Firma	f
1.8	en	us						Rhythmus, Virus, -ismus	m/n
1.9	en	um				s		Album, Ministerium	n
1.10	en	a				s		Paradigma, Schema, Syntagma, Thema(alle auch 6)	n
2.1	["]e							Hand, Kunst, Magd, -nis(se)	f
2.2	["]e					(e)s	(e)	Balkon(4.2), Ballon(4.2), Ball, Biß, Block(4.2), Feigling, Föhn, Gang, Fremdling, Kauf, Kommissar, König, Krokus, Lehrling, Monsun, Offizier, Reiz, Rest, Ruf, Säugling, Schild, Schlips, Sonntag, Stein, Strauß, Spediteur, Stahl, Volontär, Wein, Wirt, Zopf, Ballet (4.2), Besteck, Firmament, Gebäck, Gesicht, Hindernis, Kamel, Parlament, Pferd, Sakrament, Schwein, Sonett, Wort(Plur. e)	m n
3	["]er	n				(e)s	(e)	Brett, Gesicht, Gut(Güter), Hans, Holz, Kalb, Kind, Lamm, Rind, Schild, Volk, Wort(Wörter), Leib, Mann(1.5), Mund, Schild, Ski	n m
4.1	s							AG, Bar, Kamera, Mutti	f
4.2	s					s		Balkon(2.2), Ballon(2.2), Block(2.2), Foto, Kaffee, Pkw, Salon, Streik, Tee, Uhu, Waggon Auto, Café, Ich, Ballet(2.2), Billett, Kino, Radio, Star, Taxi	m n
5.1	"	n						Mutter, Tochter	f
5.2	["]					s		Boden, Garten, Hafen, Osten, Regen, Segen, Wagen, Samen(1.3) Büchlein, Essen, Fohlen, Fräulein, Küken, Leben, Leiden, Mädchen, Rauchen, Söhnchen	m n
5.3	["]	n				s		Kader, Lehrer, Minister, Schlüssel, Sommer, Vater, Wecker, (Hagel, Klee, Schnee) Fenster, Gebirge, Getriebe, Kloster, Rätsel, Segel, Zimmer	m n
6	ata		a			s		Paradigma, Schema, Syntagma, Thema (alle auch 1.9)	n
7	leute	n	mann			(e)s		Kaufmann, Seemann	m

위의 도표에서 독일어 명사에 대한 굴절어미의 부류가 예로서 제시
된다.

　1차적으로 복수 굴절어미를 토대로 하여 명사가 분류된다. 이 때 복
수의 일반적인 특징과 복수 3격의 자질이(3) 구별된다. 2차적으로 단
수 굴절어미를 토대로 명사가 분류된다. 여기서 다시 일반적인 특징
이 우선 제시되고, 다음에 4격, 2격, 3격에 전체적으로(1-3) 적용되는
자질이, 그 다음에 4격에만(1) 적용되는 자질이, 그 다음에 2격에만(2)
적용되는 자질이, 마지막에 3격에만(3) 적용되는 자질이 제시된다.
그밖에 이 도표는 다음과 같이 이해될 수 있다.
　해당 요소가 단어 자체에 존재하지 않는 경우에는 실현될 수 있는 요
소나 자질이 상위첨자로 표시된다. 이것은 모음 e에서만 나타난다. 상
위첨자로 표시된 e는 어간이 e로 끝나지 않는 경우에 굴절어미가 e를
포함한다는 의미이다. 예를 들어 Gabe(선물/재능)의 복수는 Gaben인
반면에 Frau(부인)의 복수는 Frauen이다.
　소괄호는 요소의 수의성을 나타낸다. 즉 (e)는 해당 형태에 e가 삽입
될 수 있거나 또는 삽입될 수 없다는 의미이다(예: im Bette 또는 im
Bett). 물론 이 수의성이 모든 경우에 다 적용되는 것은 아니다. 예컨
대 *dem Feiglinge와 같은 형태는 오늘날 더 이상 수용될 수 없다.
다른 한편 형태 des Bisses(물린 상처의)만이 가능하다. 여기에 제시
된 규칙을 보다 정확히 형식화하는 것이 필요하지만 그것은 더 많은
연구를 전제로 한다.
　다양한 굴절에서는(예: Wort-Wörter(단어) / Wort-Worte(말)) 모
든 예의 단어 뒤에 그 단어가 발견될 수 있는 굴절어미 부류의 번호
가 제시되어 있다.
　변모음은 ["]로 표시된다. 이것은 물론 변모음 할 수 있는 모음에서만
적용된다. 변모음 할 수 있는 모음에서도 항상 변모음이 나타나는 것
은 아니다. 그러나 변모음 봉쇄에 대한 규칙은 아직 충분히 연구되어
있지 않다.

우리는 확실히 -mann과 -leute를 굴절어미로 간주해야 하는지 또는 단어로 간주해야 하는시 하는 문제에 관해서 논의할 수 있겠다. 우리가 이것을 단어로 간주하면 마지막 부류는(7) 조어의 영역에 속한다 (2.5장). 이 책에서는 두 요소가 굴절어미의 도표에 수용되었는데, 그 이유는 -mann이 이 사용에서 아무런 문제 없이는 단어로 표현되지 않기 때문이다. Kauffrau(여상인)도 존재하지만 Amtmann(고위 관리) 외에 경우에 따라서는 Amtmännin(고위 여관리)도 존재한다. 이 분야에서는 아마도 머지 않은 장래에 문법적인 부분영역의 새로운 형식화를 요구하는 발전이 이루어질 것이다.

다양한 외래어 명사(예: Atlas 지리부도)를 위해서는 여기서 논의되지 않은 또 다른 계열소들이 존재한다.

이 도표가 분명히 하는 것은 격에 대한 굴절어미 부류들뿐만 아니라 수에 대한(명사에서) 굴절어미 부류들도 표현한다는 것이다. 이러한 사실은 일반적인 관찰에서 나타날 수 있다. 즉 굴절어미(Flex)는 고립적으로 나타날 수 없으며 대체로 형태적으로도 고립되어 나타날 수 없다. 그래서 (den) Freunden에서 접미사 en은 3격 굴절어미뿐 아니라 복수 굴절어미도 포함한다. 여러 가지 굴절어미로 구성된 구성체를 복합 굴절어미(Konflex)라고 칭한다. 따라서 여러 가지 굴절소로 구성된 결합체를 복합 굴절소(Konflexem)라고 칭한다(예컨대 "명사의 복수 3격", "1인칭 단수 과거"). 필요한 경우에는 상위 복합 굴절소("복수 3격")라고도 말할 수 있다.

문법적인 기술에서 굴절소론은 대체로 "형태론"(Morphologie)이라고 일컬어진다. 필자가 보기에는 이 용어가 분명치 않다. 왜냐하면 개념 쌍 형태구조와 내용구조, 형태통사론과 의미통사론 및 표현과 내용에 따라 문법을 나누는, 널리 보급된 유용한 이분법은 정확히 언어적인 표현(Ausdruck)의 전체 영역을 포함하는 형태론 개념을 암시하기 때

문이다. 따라서 협의의 개념인 굴절소론(Flexematik)이 전통에 따라
부담 없이 자유로이 정의될 수 있는 장점을 가지고 있다.

2.5. 조어론과 구간의 구조

원칙적으로 조어론이란 존재하는 요소들로부터 새로운 단어를 형성하
는 데 그 본질이 있다(이미 존재하는 언어재를 고려하지 않는 절대적인
조어는 아주 드물다). 독일어에서 특히 다양하게 형성되는 이 방법은 언
어에 유연성을 부여하여, 언어로 하여금 변화하는 현실을 언어적으로 파
악하는 새로운 요구에 항상 부응하도록 할 수 있다.

조어과정에서 출발어(W_1)로부터 목표어(W_2)가 원칙적으로 두 가지 방
법, 즉 축약과 확대를 통해 얻어진다. 이것을 형식으로 표현하면 다음과
같다.

$$W_1 - X \Rightarrow W_2 \quad \text{또는}$$
$$W_1 + Y \Rightarrow W_2$$

축약(Kürzung)에는 세 가지 가능성이 있다.

1. 의미를 지니는 부분형태소(복합어에서는 보통 첫째 부분)로 축약되거나
   (예: Oberkellner ⇒ Ober 웨이터), 또는 중간요소의 삭제를 통해서 축약
   된다(예: Ölbaumzweig ⇒ Ölzweig 올리브나무 가지).
2. 가끔 그 자체 의미 없는 어떤 특정적인 음절로 축약되거나(예: Omnibus
   ⇒ Bus), 특히 성(姓)의 친절한 형식화(예: Leopoldine ⇒ Poldi).
3. 부분단어나 또는 의미를 지니는 음절의 첫 글자로 축약되는데 이 때 부

분적으로 철자화되거나(예: Institut für deutsche Sprache ⇒ IDS 독일어 연구소, Lastkraftwagen ⇒ Lkw 화물자동차, Turn- und Sportverein ⇒ TSV 체조 및 스포츠 단체), 또는 부분적으로는 새로운 발화음절을 형성한다(Technischer Überwachungsverein ⇒ TÜV (자동차) 기술정기검사협회), Gesellschaft für angewandte Linguistik ⇒ GAL 응용언어학회, Bundesausbildungsförderungsgesetz ⇒ Bafög 연방교육촉진법).

출발어의 확대(Erweiterung)를 통한 조어에서도 세 가지 가능성이 있다(개별적인 경우에서 세 가지 가능성이 항상 명확하게 구분될 수 있는 것은 아니다).

1. 어간형성(Stammbildung)

이 때 많은 경우에서 출발어의 어간과 목표어의 어간이 동일하다($Y = \emptyset$). 그러면 품사교체가 필수적이다. 즉 동사 ⇒ 명사(treff- ⇒ der Treff 집회, ich ⇒ das Ich 나), 명사 ⇒ 동사(Schauspieler 배우 ⇒ schauspieler-연기를 하다). 이러한 경우에 품사교체는 오로지 각각의 굴절계열소를 통해서만 표현된다. 그러나 동사의 명사화에서는 어간보다는 부정형에서 출발하는 경우가 많다(treffen ⇒ das Treffen 모임). 형용사 ⇒ 명사 모형에서도 어간과 굴절된 단어가 출발형태로서 교체된다(blau ⇒ das Blau(청색) 또는 blau ⇒ das Blaue(청색)).

2. 파생어(Ableitung) (Y = 파생소)

다음에 다양한 형태의 파생어(Ableitung)가 목표어에 따라 배열된다. 파생소(Derivant)는 접두사(Präfix)와 준접두사(Präfixoid), 접미사(Suffix)

와 준접미사(Suffixoid), 변모음(Umlaut) 등이다.

명사는 주로 명사, 형용사, 동사에서 파생된다.

• 명사 ⇒ Y가 접두사/준접두사인 명사: *Super*schlitten(큰 썰매), *Nicht*autofahrer(비 운전자), *Miss*ernte(흉작), *Fehl*leistung(과오), *Ex*-präsident(전 회장), *Alt*bundeskanzler(전 연방수상), *Ko*autor(공저자) 등. Y가 접미사/준접미사인 명사: Kronprinz*chen*(어린 황태자), Direktor*in*(여교장), Gesellschaft*er*(동업자), Gewerkschaft*ler*(노동조합원), Reaktion*är*(보수주의자), Fetisch*ist*(우상 숭배자), Mangan*at*(망간산염) 등.

• 형용사 ⇒ Y가 접미사인 명사(부분적으로는 변모음): Rein*heit*(순수), Sauber*keit*(청결), Provinzial*ität*(시골티), Röt*e*(붉은 색) 등.

• 동사 ⇒ Y가 접미사인 명사. 이러한 조어가 특히 많이 나타나며 일반적으로 의미적으로 특징 지을 수 있다: 동작 명사(Angeber*ei* 허풍, Exekut*ion* 처형, Treff*en* 회합, Vorführ*ung* 전시), 행위자 명사(Denunzi*ant* 밀고자, Mass*eur* 안마사), 결과 명사(Kombin*at* 기업결합, Präpar*at* 의약품, 표본), 도구 명사(Generat*or* 발전기, Leit*er* 사다리, 지도자). 접두사와 접미사의 결합도 있다(*Ge*red*e* 수다)

형용사 역시 1차적으로 명사, 형용사, 동사에서 파생되는데 오직 접미사/준접미사로만 형성된다.

• 명사 ⇒ 형용사: Schiller*sch*(쉴러의), Böll*sch*(뵐의), schul*isch*(학교의), kant*ianisch*(칸트학파의), sprach*lich*(언어의), zorn*ig*(화난), Schweiz*er*(스위스의), Leipzig*er*(라이프찌히의), fehler*haft*(잘못이 있는), urlaubs*mäßig*(휴가다운), zitronen*artig*(레몬과 같은), neid*voll*(질투가 심한), reiz*arm*(매력 없는), fehler*frei*(잘못이 없는), fehler*los*(하자가 없는) 등.

• 형용사 ⇒ 주로 접두사/준접두사에 의한 형용사화, 특히 비교와 부정에서: *anti*sozialistisch(반 사회주의의), *erz*konservativ(아주 보수적인), *hyper*sensibel(과민성의), *ur*gemütlich(아주 안락한). 접미사에 의한 파생은 드물다: bläu*lich*(푸르스럼한).

• 동사 ⇒ 접미사 -bar와 준접미사 -fähig로 된 형용사. 이론적으로는 4격 보충어를 취하는 모든 동사들이 이에 해당된다: ausdehn*bar*(팽창할 수 있는), dehn*bar*(늘일 수 있는), negier*bar*(부정할 수 있는), sprech*bar* (말할 수 있는), wähl*bar*(피선거권이 있는); ausdehn*fähig*(팽창할 수 있는), strapazier*fähig*(질긴). 점차 자주 이용되는 (전치사 보충어를 취하는) verzicht*bar*(포기할 수 있는)는 이 규칙에 해당되지 않는다. 이 단어로부터 unverzicht*bar*(포기할 수 없는)가 파생될 수 있다. 이 형용사들은 모두 의미적으로 통일적인 하나의 부분집합을 형성하기 때문에 문장 'X ist V-bar'가 'X kann ge-V-t werden'로 의역될 수 있다. 이와 더불어 의무를 표현하는 zahl*bar*(지불해야 하는)와 같은 굳어진 조어도 있다('X muss ge-V-t werden').

동사 역시 명사, 형용사, 동사로부터 파생될 수 있으며 이 때 주로 접두사가 사용된다.

• 명사 ⇒ 동사: 주로 비여동사(Ornativa)(*be*steuern 과세하다, *be*stuhlen 의자를 설비하다, *be*wässern 물을 대다)와 결여동사(Privativa) (*ent*chloren 연소를 제거하다, *ent*giften 소독하다, *ent*wässern 물을 빼내다).

• 형용사 ⇒ 동사: *an*bräunen(살짝 데치다), *auf*hellen(밝히다), *ver*süßen (달게하다).

• 동사 ⇒ 동사: *an*fahren(출발하다), *auf*tragen(위임하다), *be*tanzen (춤추다), *ent*gleiten(미끄러져 떨어지다), *er*singen(노래하여 벌다),

*nach*sprechen(따라 말하다), *ver*spielen(도박에서 잃다).

3. 합성어(Zusammensetzung/Komposition)

적어도 잠재적으로 독립적인 두 단어가 하나의 새로운 단어 (Kompositum 합성어)로 결합되는 경우 우리는 합성어(Zusammensetzung/Komposition)라고 말한다. 이 때 기본어(Grundwort)가 뒤에 오고 규정어(Bestimmungswort)가 그 앞에 온다.

우리는 특히 한정 합성어와 연결 합성어를 구별할 수 있다.

거의 모든 합성어는 한정 합성어(Determinativkompositum)이다. 이 때 기본어는 규정어에 의해 "한정된다".

대부분의 합성어는 명사이다. 합성어에서 기본어는 항상 명사이다. 기본어가 새로운 합성어의 성뿐만 아니라 굴절도 확정한다.

명사 + 명사(가장 자주 등장하는 유형): Haustür(대문), Milchkuh(젖소), Vormundschaftsgericht(후견 재판소). 기본어와 규정어 간의 의미관계는 아주 다양하게 나타날 수 있다: Papstmütze(교황의 모자), Papstreise(교황의 여행), Papstwahl(교황 선거).

형용사 + 명사(비교적 드문 형태): Grauschleier(흐린 잿빛으로의 변색), Hochkultur(고도 문화), Kleinkind(유아), Niederfrequenz(저주파).

동사 + 명사(역시 드문 형태): Esslust(식욕), Schreibtisch(책상), Sprechfähigkeit(언어능력), Werbetext(광고 문안).

형용사 복합어는 상당히 드문 유형이지만 다음과 같은 것이 있다.

명사 + 형용사: auflagenstark(받침대가 튼튼한), preisgünstig(가격이 유리한), sonnenhell(태양처럼 밝은), totenblass(죽은 사람처럼 창

백한), urlaubsmüde(여행으로 지친) 등.

형용사 + 형용사: schmutzigweiß(칙칙하게 흰), hellbraun(담갈색의), dunkelrot(진홍의) 등.

동사 + 형용사: druckreif(인쇄에 적합한), gebefreudig(아낌없이 주는), pflegeleicht(손질이 쉬운), schreibgewandt(잘 쓰는), sprechfaul(말수가 적은) 등.

형용사 복합어의 경계선상에 -artig, -fest, -frei, -los, -mäßig, -treu 로 끝나는 형용사가 있다(affenartig 원숭이류의, regenfest 방수의, chlorfrei 염소를 함유하지 않은, salzlos 염분이 없는, verkehrsmäßig 교통에 따라서, farbtreu 색깔에 충실한). 이들의 두 번째 단어의 원래 의미가 아주 퇴색되어서 준접미사로 볼 수 있기 때문에 우리는 이러한 조어를 파생어로 분류한다.

아주 드문 유형인 연결 합성어(Kopulativkompositum)는 동일한 품사에 속하는 (적어도 두 가지) 의미적으로 동등한 요소를 포함한다. 연결 합성어에는 다음과 같은 것이 있다.

명사 + 명사: Dichterkomponist(시인 겸 작곡가)

형용사 + 형용사: 여기에는 두 가지 유형이 있는데, 첫 번째 유형은 신중하게 분리된 다수의 자질을 말하고(polnisch-deutsch 폴란드어-독일어의, schwarzweiß 흑백의, blau-weiß-rot 청색-흰색-적색의), 두 번째 유형은 새로운 자질을 말한다(gelbgrün 황록색의).

동사 + 동사: schälfräsen(껍질을 프레이즈로 깎다).

독립적인 문장성분이 정서법상의 관습을 토대로 붙여 쓰는 경우 유

사합성어가 생겨난다: hineingehen(들어가다), wegschicken(보내다), schönfärben(미화해서 말하다), schwarzmalen(염세적으로 서술하다). 우리는 이러한 계열소를 붙여 쓰기(Zusammenschiebung)라고 말한다.

합성어의 성분들은 몇 가지 예가 제시하는 바와 같이 항상 단순하게 나란히 붙여 쓰는 것은 아니다. 종종 연결요소인 합성어 연결소(Kompositionsfuge)가 나타난다. 이 때 많은 경우에서 초기의 2격 어미가 문제된다: Hahn-en-fuß(미나리아재비과), Meer-es-wellen(바다의 파도), Senat-s-kommission(상원위원회). 이 합성어 연결소의 등장에 대한 규칙은 아직까지 충분히 연구되어 있지 않다. König-s-halle(왕실의 홀), Kaiser-halle(황실의 홀)이 병행한다. 외래어에서는 점차 연결소(Fugenelement) -o-만 사용된다: Elektr-o-ingenieur(전기기사), Klaustr-o-phobie(폐소 공포증), Psych-o-theraphie(정신요법). 물론 첫 번째 합성성분이 이미 o(간혹 다른 모음)로 끝나는 경우에는 그렇지 않다: Logo-pädie(언어치료학), monogam(일부일처의), Philo-semit(유태인 옹호자).

합성어의 자질뿐 아니라 파생어의 자질도 나타내는 조어의 특수한 형태가 공생어(Zusammenbildung)이다. 공생어란 새로운 합성어로서 그 기본어가 단독으로는 등장할 수 없는 경우를 말한다: dickköpfig(완고한), kurzarmig(팔이 짧은), zweibeinig(두 다리의). 그러나 *köpfig, *armig, *beinig는 불가능하다. 이러한 합성어가 합성어와는 다른 품사에 속하는 기본어를 취하는 경우 우리는 융합어(Zusammenrückung)라고 말한다: Vergissmeinnicht(물망초).

조어에서는 생산성에 대한 문제가 중요한 역할을 한다. 연구에서는 Aufpasser(감시자)와 같은 "생산적인" 조어와 Bildung(교육)과 같은 "고착된" 조어를 구별하는데, 후자에서는 동사 bilden(형성하다)으로부터 조어과정을 직접 이해할 수는 없다. 따라서 보다 적절한 방법은 한편으로는 생산적인 조어과정(Wortbildungsprozedur)과 비생산적인 조어과정을 구별하고, 다른 한편으로는 활성적인 조어산물(Wortbildungsprodukt)과 고착된 조어산물을 구별하는 것이다. 그러면 모든 합성어와 파생어에서 접미사 -er, -ung; -bar, -lich; be-, ent-, ver- 등을 취하는 파생어가 생산적(produktiv)이다. -nis; -icht, -sam 등을 취하는 파생어는 비생산적 (unproduktiv)이다. 생산적인 조어 내에서 신조어(Neubildung)가 언제나 가능하다. 그러나 이러한 모형에 따라 형성된 모든 단어가 다 활성적인 조어산물로 간주될 수는 없으며 많은 단어가 고착된 조어산물이다. 이를테면 동사 überlegen(숙고하다)으로부터의 파생을 아직도 느낄 수 있는 명사 Überlegung(숙고)은 활성적인(lebendig) 조어산물이다. 즉 화자가 그 단어를 어차피 이용할 수 없더라도 그 단어는 언제든지 다시 형성될 수 있다. 이에 반해 오늘날 즉시 형용사 licht(밝은, 연한)나 또는 다른 단어로 소급될 수 없는 명사 Lichtung(숲속의 빈터)은 고착된(erstarrt) 조어산물이다. Gesinnung(생각, 성향), freilich(물론) 역시 고착된 조어산물이다. 임시방편적인 조어가 특히 활성적인데, 이들은 사전에 포함되어 있지는 않지만 생산적인 조어모형을 토대로 언제든지 소생할 수 있으며 대개 이해될 수 있다: Hobbymechaniker(아마추어 기계공), gartenbewusst (정원에 대해 잘 아는), entvulgarisieren(탈세속화하다) 등.

공시적인 언어사용을 기술하는 문법에서는 생산적인 조어모형, 특히 활성적인 조어가 항상 우위를 점하고 있다. 그 이유는 이들이 제시된 규칙에 따라서 신조어를 얼마든지 형성할 수 있는 가능성을 나타내기 때문이다. 물론 외국인 학습자에게는 이러한 정보가 모르는 단어를 확인하는 경우에만 적합하다. 이러한 정보가 새로운 단어의 형성에 대한 기준으로 사용될 수는 없다. 조어모형의 적용범위는 원칙적으로 개방되어 있기 때문이다. 비생산적인 조어모형은 공시적인 문법에서는 원래 발견된 어형의 확인과 해석에 대한 안내로서만 관심이 있다.

　그러나 엄격히 말해서 출발요소와 신조어의 특수한 환경이 체계적으로 함께 고려되는 경우에만 조어가 적절하게 기술될 수 있다. 이들은 각각의 환경을 통해서 구를 형성한다. 신조어는 구형성에 대한 새로운 규칙도 동반한다. 그래서 새로운 단어의 형성에서는 원래 구간의 과정 (interphrastische Prozesse)이 문제된다. 예컨대 동사 zwingen(강요하다)은 그 특수한 환경에서 세 보충어 - 행위자, 피동자, 행위자나 당사자나 혹은 과정의 목표를 표현하는 전치사 보충어 - 를 취한다. 따라서 jemanden zu etwas zwingen(누구를 ...하도록 강요하다)은 의미 있는 방법으로 사전에 기재되어 있다. 그러나 zwingen에서 파생된 erzwingen(강요하다)은 다만 두 보충어, 즉 행위자를 표현하는 주어와 과정의 목표를 표현하는 4격 보충어만을 취한다: etwas erzwingen(무엇을 강요하다).

　다음에서는 가장 중요한 구간의 변형이 최종 산물에 따라서 모형적으로 기술된다.

1. 명사구의 형성

• 명사구 ⇒ 명사구

　합성어에서 이 유형은 아무런 문제가 없다. 출발어의 명사 핵어가 목표어의 핵어에서 기본어(Grundwort)로 나타나서 환경의 제약에 아무런 영향을 받지 않는다.

　　mein Auftrag an die Bezirkssparkasse
　　(지방 저축은행으로의 나의 위임)

⇒ mein Dauerauftrag an die Bezirkssparkasse
(지방 저축은행으로의 나의 사동이체)

파생어에서는 대체로 변화가 일어나는데 특히 동사영역에서 그렇다.

Die Genossen *haben* sich anders entschieden.
(조합원들이 다르게 결정하였다)
⇒ Die Genossenschaft *hat* sich anders entschieden.
(동업조합이 다르게 결정하였다)

• 형용사구 ⇒ 명사구
형용사의 3격 결합가는 대체로 명사의 전치사 결합가로 변하고 전치사 결합가는 그대로 보존된다.

den Freunden treu ⇒ Treue zu den Freunden
(친구들에게 의리 있는) (친구들에 대한 신의)
zufrieden mit euch ⇒ Zufriedenheit mit euch
(너희들에게 만족한) (너희들에 대한 만족)

"술어적"으로 사용된 형용사구가 명사화 되면 출발문장의 주어는 명사의 2격 부가어로서 나타난다.

Oskar blieb seiner Frau treu. ⇒ *Oskars* Treue zu seiner Frau
(오스카는 자기 부인에게 충실했다) (오스카의 자기 부인에 대한 충실)

• 문장 ⇒ 명사구
주어와 4격 보충어는 2격 부가어(주어적 2격과 목적어적 2격)로, 3격 보충어는 전치사 보충어로 변하고 전치사 결합가는 그대로 보존된다.

Regine lachte.(레기네가 웃었다) ⇒ Regines Lachen (레기네의 웃음)
Willi dankte dem Vorsitzenden. ⇒ Willis Dank an den Vorsitzenden
(빌리는 의장에게 감사했다)   (의장에 대한 빌리의 감사)
Karl beauftragte Oskar mit dieser Mission.
(카알은 오스카에게 이 임무를 위임하였다)
⇒ die Beauftragung Oskars mit dieser Mission
    (이 임무를 오스카에게 위임)

주어와 4격 보충어가 모두 명사구 안으로 옮겨지면 일반적으로 4격
보충어가 목적어적 2격으로 나타나고 주어는 durch를 취하는 전치사 보
충어로 나타난다.

Gisela informierte ihre Mitarbeiter.
(기젤라는 자기 직원들에게 알렸다)
⇒ die Informierung der Mitarbeiter durch Gisela
    (기젤라가 직원들에게 알림)

2. 형용사구의 형성

• 명사구 ⇒ 형용사구
전치사 결합가는 대체로 그대로 보존된다.

Hunger nach Freiheit ⇒ hungrig nach Freiheit
(자유에 대한 갈망)   (자유를 갈망하는)

물론 대부분의 형용사는(Eltern(부모)에서 나온 elterlich(부모의)처럼)
고유한 결합가를 갖지 않는다.

• 형용사구 ⇒ 형용사구

이 모형의 토대가 되는 몇몇 경우에서(grau 잿빛의 ⇒ gräulich 잿빛의) 출발어의 결합가는 대체로 그대로 유지된다.

• 동사구 내지는 문장 ⇒ 형용사구

bar-형성에서 출발문장의 주어가 동사의 전치사 부가어로서 나타날 수 있다.

Wilfried kann dieses Problem lösen.
(빌프리트는 이 문제를 해결할 수 있다)
⇒ Dieses Problem ist von/durch Wilfried lösbar.
　(이 문제는 빌프리트에 의해 해결될 수 있다)

출발문장의 4격 보충어가 형용사의 "술어적인" 사용에서는 문장의 주어로 나타나고(위의 문장), 형용사의 부가적인 사용에서는 형용사의 지배소로서 나타난다.

ein durch Wilfried lösbares Problem
(빌프리트를 통해서 해결할 수 있는 문제)

3. 동사구 내지는 문장의 형성

• 명사구 ⇒ 동사구/문장

명사적인 출발요소가 특수한 환경을 갖지 않는 경우가 많다. 그러면 우선 동사화에서 환경은 다음과 같이 구성된다.

Garten ⇒ gärtnern (주어를 취하는 동사)
(정원)　(취미로 정원일을 하다)

Weck ⇒ einwecken (주어와 4격 보충어를 취하는 동사)
(베크)   ((식료품을) 병조림하다)
Kitt ⇒ kitten (주어, 4격 및 전치사 보충어를 취하는 동사)
(접합제)   (접합제로 붙이다)

• 형용사구 ⇒ 동사구/문장

결합가가 일부는 전수되거나 변화하며 또 일부는 새로이 구성된다.

krank vor Heimweh ⇒ Er war vor Heimweh erkrankt.
(향수병에 걸린)   (그는 향수병에 걸렸다)
müde von der Wanderung ⇒ Die Wanderung hat ihn ermüdet.
(도보여행으로 지친)   (도보여행이 그를 지치게 했다)
auch: Er war von der Wanderung sehr ermüdet.
       (그는 도보여행으로 매우 지쳤다)
ihr braunes Gesicht ⇒ Die Sonne hatte ihr Gesicht gebräunt.
(그녀의 갈색의 얼굴)   (햇빛이 그녀의 얼굴을 갈색으로 태웠다)

• 동사구/문장 ⇒ 동사구/문장

동사에 접두사를 첨가할 경우 종종 동사의 결합가가 변화한다.

Ich muss noch einmal darüber schlafen.
(나는 그 문제를 하루 밤 자면서 다시 한 번 생각해야 한다)
⇒(*)Ich muss das noch einmal beschlafen.
Sie floh in den Nebenraum. (그녀는 옆방으로 도망갔다)
⇒ Sie entfloh ihm in den Nebenraum.
   (그녀는 그 사람을 피해서 옆방으로 도망갔다)
Wir liefern Ihnen beste Steinkohle.
(우리는 당신에게 아주 좋은 석탄을 공급한다)
⇒ Wir beliefern Sie mit bester Steinkohle.

(우리는 당신에게 아주 좋은 석탄을 공급한다)

표현형태의 변화 없이도 "타동사화"와 "자동사화"가 나타난다. 그래서 원래 "자동사"인 umziehen(Wir ziehen am 12. Oktober nach Hildburghausen um. 우리는 10월 12일날 힐트부르크하우젠으로 이사한다)이 오늘날 일상어에서는 4격 목적어를 동반하여 사용되기도 한다 (Ich ziehe dich mit meinem Lkw um. 내가 너를 내 짐차로 태워주겠다). 학문적인 분야에서 익숙한 promovieren(박사학위를 취득하다), habilitieren(교수자격을 취득하다)과 같은 원래의 "타동사"가 오늘날 점차 4격 보충어 없이도 (그리고 비재귀적으로) 나타난다. 어쨌든 다음 문장은 이미 통용되고 있다.

Ich habe bei Moser in Tübingen promoviert.
(나는 튀빙엔에서 모저 교수님으로부터 박사학위를 취득하였다)
(Moser hat mich in Tübingen promoviert. 대신에)
Meine Frau habilitiert gerade mit einer Untersuchung zum Passiv.
(내 부인은 수동에 대한 연구를 통해서 곧 교수자격을 취득한다)

이러한 예들은 구가 임의적인 방향으로 교체될 수 있다는 의미에서도 구 사이의 고찰방법이 공시적(synchronisch)이라는 사실을 분명히 해 줄 것이다. 여기서 이 두 구들 중에서 어느 구가 이전에 사용되었는가 하는 것은 아무런 역할도 하지 않는다. 이러한 원칙적인 전환가능성이 바로 교수법적인 영역에서는 도움이 될 수 있을 것이다.

3. 통사론의 기본 개념

3.1. 지배소와 의존소, 핵어와 위성

1.7장에서 이미 의존관계의 용어가 지배소(Regens)와 의존소(Dependens)로 표현될 수 있다는 사실이 설명되었다.

명사구 mein alter Freund를 의존도식으로 표현하면 명사가 한정사의 지배소(형용사의 간접 지배소)로 기능하고, 한정사는 형용사의 지배소로 기능한다. 즉 한정사는 명사의 직접 의존소이고, 형용사는 한정사의 직접 의존소(명사의 간접 의존소)이다.

보다 복잡한 구성체는 보다 상세한 구별을 요구한다. 다음 문장을 의존도식으로 표현하면 아래와 같다(이 문장은 3.2장에서 제시되는 바와 같이 동사구이다).

Der Spatz sitzt auf dem Dach(e).
(참새가 지붕 위에 앉아 있다)

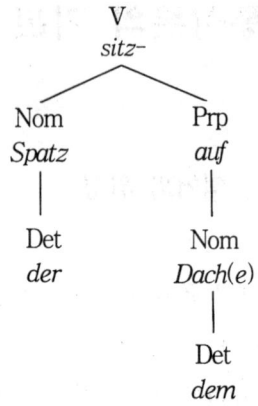

이 때 주어 der Spatz(참새)와 장소 규정어 auf dem Dach(지붕 위에)
가 동사 V에 종속한다는 사실에서 출발한다. 또한 전치사구에서 전치사
Prp는 의존도식에서 항상 최상위 요소로 나타나고 한정사 Det는 항상
해당 명사에 종속한다는 사실에서 출발한다. 품사의 약자에 대해서는
2.3장을 참조하기 바란다.

　위의 문장은 auf dem Dach(e)라는 하나의 전치사군을 포함한다. 이
전치사군의 지배소에 대해 묻는다면 우리는 두 가지로 대답할 수 있다.
즉 동사 sitz-는 전체 구를 소위 외부로부터(von außen her) 지배하고,
전치사 auf는 전치사군 내에서(innerhalb der Gruppe) 최상위의 요소, 즉
지배요소이다. 우리는 앞으로 외부적 지배요소를 지배소(Regens)로, 내
부적 지배요소를 핵어(Nukleus)로 표현함으로써 이들을 용어상 구별한
다. 그러면 바로 핵어(Nukleus)가 특수한 구(Phrase)의 정의에서 중요한
역할을 할 것이다.

　그밖에 지배관계의 두 가지 관점은 보다 심층에 놓여 있는 구성체에
대해서도 똑같이 적용될 수 있다. 그래서 전치사군 auf dem Dach(e)는

3격 명사군 dem Dach(e)를 포함한다. 이 명사군의 지배소는 auf이고 핵어는 Dach(e)이다.

그러나 지배요소에서뿐만 아니라 종속요소에서도 개념적인 구별이 적절하다. 우리가 후자의 도식을 품사기호로만 표현하면 다음의 도식을 얻는다.

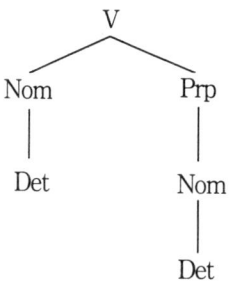

위의 의존도식에서 Prp는 V의 의존소(Dependens)이고, 좌측의 Nom 역시 V의 의존소이며, 우측의 Nom은 Prp의 의존소이고 Det는 둘 다 Nom의 의존소이다. 엄격히 말해서 우리는 이들을 직접 의존소라고 말해야 할 것이다. 그러나 우측의 Nom과 두 Det는 V의 간접 의존소이고, 우측의 Det는 Prp의 간접 의존소이다. 모든 경우에서 의존소는 - 간접이든 직접이든 - 도식에서 항상 단지 하나의 교점(Knoten)만을 나타낸다는 사실이 확정된다면, '간접'(mittelbar) 혹은 '직접'(unmittelbar)이라는 부가어를 사용하여 이러한 차이를 분명히 하는 것은 전혀 문제가 되지 않는다.

그러나 개별적인 의존소를 고찰하는 것이 아니라, 실제로는 하나의 의존소를 그것에 종속하는 모든 요소들과 함께 고찰하는 것이 가끔 도움이 될 수도 있다. 어군 auf dem neuen Dache(새로운 지붕 위에서)를 도식으로 나타내면 다음과 같다.

여기서 Nom은 Prp의 직접 의존소이다. Nom, Det 및 Adj로 구성된 어군 dem neuen Dache를 우리는 Prp의 위성(Satellit)이라 칭한다. 위성은 원칙적으로 하나의 단어로 구성될 수도 있다. 그래서 위의 도식에서 Adj는 Det의 위성이다.

지배소, 의존소, 핵어, 위성의 개념들 중에서 위성만이 도식에서 하나 이상의 교점(Knoten)을 포괄할 수 있는 유일한 개념이다. 그래서 우리는 일반적으로 하나 이상의 교점을 포괄하는 구성체와 관련되는 경우에만 위성이라는 개념을 사용할 것이다.

3.2. 구와 문장성분

다음 문장은 vors Haus라는 어군(여기서는: 전치사군)을 포함하고 있다.

Sonja geht *vors Haus*. (소냐가 집 앞으로 간다)

이 어군은 문법이론의 연구방향에 따라서 구(Phrase) 또는 문장성분 (Satzglied)으로 칭해진다. 이러한 용어상의 다양성은 가끔 개념적인 불명료성을 동반하므로 다음에서는 해당 개념을 정의하고 구별하여 내용적으로 상이한 것에 대해서는 그에 합당한 표현을 사용하도록 노력할 것이다.

여기서는 분명히 두 가지 상이한 고찰방법이 가능하다. 우리가 vors Haus라는 구성체를 그의 환경으로부터 분리하여 문맥과 상관없이 (kontextfrei) 고찰하면, vor를 쉽게 핵어로 인식할 것이다.

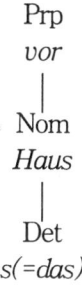

$$
\begin{array}{c}
\text{Prp} \\
\textit{vor} \\
| \\
\text{Nom} \\
\textit{Haus} \\
| \\
\text{Det} \\
\textit{s(=das)}
\end{array}
$$

우리는 모든 이런 구성체를 그 핵어에 따라서 명명할 수 있다. 핵어 (Nukleus)에 따라 명명된 어군을 우리는 구(Phrase)라고 칭한다. 따라서 구의 부류는 항상 핵어 부류와 일치한다. 품사만큼 많은 구의 부류가 존재한다.

구는 적어도 하나의 단어로 구성된다. 그러나 우리는 일반적으로 적어도 두 단어가 존재하는 경우에만 구라고 말한다. 구에 대해 보다 자세한 것은 4장 참조.

다른 한편 우리가 vors Haus와 같은 구성체를 그 환경에서 문맥에 따라(kontextabhängig), 즉 그 지배소와의 관계에서 고찰하면, 이 구는 동사에 종속한다는 사실이 나타난다.

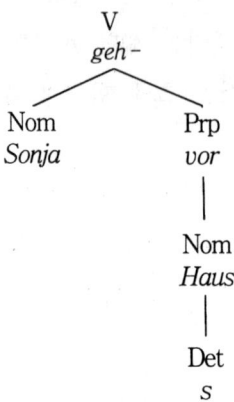

따라서 vors Haus는 동사 - 특히 gehen과 같은 동사 - 에 종속할 수
있는 구성체들 중의 하나이다. 우리는 역시 이 위치에 올 수 있는 다른
위성들도 열거할 수 있다.

   in den Keller (지하실로)
   zur Schule (학교로)
   hinter die Mähmaschine (벌초기 뒤로)
   auf den Wilden Kaiser (빌덴카이저 봉우리로)
   nach Bamberg (밤베르크로)

  전치사가 교체되는 이러한 전치사구 외에 다음과 같은 부사도 삽입될
수 있다(부사에 대해서는 2.3.12 참조).

   hinaus(밖으로) / hinunter(밑으로) / dorthin(저기로)

이러한 부사들은 전체 목록을 대신하여 본보기로서 올 수 있다. 특히 dorthin(및 전치사구 von dort 저기로부터)에서 그렇다. 따라서 우리는 이 두 표현을 통해서 여기에 삽입될 수 있는 구성체들의 집합을 정의할 수 있다. 이러한 사실을 통해서 우리는 동사가 - 다른 단어들과 똑같이 - 자신의 환경을 선택(selegieren)한다는 사실을 알 수 있다. 이 때 종속적인 요소들의 구부류에 대한 제약은 없다.

이러한 방법으로 외부적 지배소에 의해 선택되는 구성체를 우리는 앞으로 통사적 성분(syntaktisches Glied) 또는 간단히 "성분"(Glied)이라고 칭한다. 통사적 성분은 우선 지배소에 의해 보다 자세히 규정된다. 따라서 문장 Sonja geht vors Haus.(소냐가 집 앞으로 간다) 안에 있는 표현 vors Haus는 동사의 성분(Verbglied)이다. 따라서 적어도 우리가 다음의 구조를 적절한 것으로 간주한다면 표현 Ärger mit Oskar(오스카에 대한 노여움) 안에 있는 mit Oskar는 명사의 성분(Nomenglied)이 되겠다.

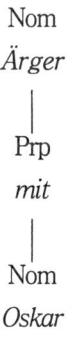

Nom
Ärger

|

Prp
mit

|

Nom
Oskar

지금까지 논의한 것을 종합해 보면, 구는 항상 문맥과 상관없이 정의되어서 각각의 문맥은 구의 분류에 전혀 기여하지 않지만, 문장성분은 오직 문맥에 따라서만 정의된다. 이러한 방식으로 어군은 대체로 각각 상이한 대치계열(=계열소), 즉 외부적으로 (지배소에 의해) 조종된 계열소와 내부적으로 (핵어에 의해) 조종된 계열소 안에 온다. 우리가 두 종류의 대치계열을 정확히 구별하는 경우에만 통사구조를 이해할 수 있다.

구와 문장성분에 대한 보다 자세한 내용은 3.4장, 5.3장, 5.4장, 5.5장 및 5.6장을 참조하기 바란다. 그러나 구와 문장성분 간의 차이가 아무런 역할도 하지 않을 경우 우리는 중립적인 용어인 군(Gruppe)이나 어군(Wortgruppe)을 사용할 수 있다.

> 이러한 개념상 및 용어상의 새로운 확정이 필수적인 이유는 많은 새로운 문법에서의 불일치에서 나타난다. 예를 들어 몇몇 문법에서 gehen과 같은 동사가 의무적으로 전치사구를 요구한다는 "생성규칙"이 설정될 경우 이 규칙은 옳지 않다. 왜냐하면 이 규칙은 Sonja geht hinaus.(소냐가 밖으로 나간다)와 같은 문장을 생성할 수 없기 때문이다. 흔히들 실제로 강구하고 있는, hinausgehen을 하나의 동사로 파악하는 해결책은 독일어를 경제적이면서 동시에 통일적인 방법으로 기술할 수 없음을 고백하는 것이다. 여기서의 과오는 단순히 구의 개념을 원래 문장성분의 개념인 곳에 잘못 사용한 데 있다. 다른 한편으로 어군 im Haus가 문맥에 대한 고려 없이 문장성분(전치사의 성분, 장소의 성분 등)으로 표현된다면 그것은 옳지 않다. 여기서는 지배소가 아니라 오직 핵어만이 알려져 있으며 따라서 아마도 전치사구에 관해서 말해야 할 것이다. 전통문법에서 (그리고 또한 학교문법에서도) 접하게 되는 이런 과오는 구의 개념 대신에 문장성분의 개념을 잘못 사용한 데 그 원인이 있다.

이러한 사실을 소홀히 하는 것은 불명료함을 초래할 뿐만 아니라 잘못된 기술로 이어질 수 있기 때문에 위험하다. 그래서 우리는 앞으로 구와 문장성분을 엄격히 구별하도록 노력할 것이다.

3.3. 격지배와 결합가

대부분의 단어는 다른 요소들을 지배할 수 있는 능력을 가지고 있다 (극소수의 불변화사와 소수의 형용사에서만 예외가 있다). 이 피지배 요소는 그것의 출현이 외부적 지배 요소에 종속하므로 통사적 성분으로 정의될 수 있다. 통사적 성분을 지배하는 단어의 특성을 격지배(Rektion)라고 일컫는다. 이러한 언어사용은 최근의 다른 문법들의 방법과도 전반적으로 일치한다. 물론 격지배 개념은 종종 - 이전의 문법기술에서뿐만 아니라 - 문장성분에 그리고 여기서 다시 격 규정적인 성분(고전적인 "목적어", 간혹 주어도 포함하여)에 한정된다. 통사적 성분에 관한 우리의 정의는 이러한 제한을 허용하지 않는다. 즉 의존소가 특정한 단어에 종속하는 사실을 통해서만 의존소가 정의되는 한, 이 특정한 단어들 모두가 격지배 한다. 격지배는 모든 가능한 종속 요소들로 확대된다.

주지하다시피 여러 품사들은 상이하게 격지배 하며 따라서 상이한 위성을 갖는다. 이러한 차이들은 특수한 명칭에서도 표현된다. 명사나 형용사에서는 보통 부가어(Attribut)라고 말하고, 동사에서는 문장성분 (Satzglied)이라고 말한다(이 위성은 다음 예에서 이탤릭체로 표현된다).

Karls Haus (카알의 집)
Ärger *mit Oskar* (오스카에 대한 노여움)
Gedanken *an Sonja* (소냐에 대한 생각)
Es war *ein herrlicher Sommertag.* (좋은 여름날이었다)
Der Felsen glänzte *rot.* (바위가 붉게 빛났다)

동일한 품사의 모든 요소들이 다 동일하게 격지배 하는 것은 아니다. 즉 이전부터 학교문법에서는 4격 동사(예: essen 먹다), 3격 동사(예: helfen 돕다), 2격 동사(예: bedürfen 필요로 하다), 방향 동사(예: fahren 차 타고 가다), 목적어 없는 동사(예: blühen 피어 있다)에 관해 언급하고 있다. 명사와 형용사에서도 이들 품사의 일부에 한해서 제한된 격지배가 나타난다는 사실은 별로 알려져 있지 않다.

> Hoffnung *auf Frieden* (평화에 대한 희망)
> *Gewissheit auf Frieden
> zufrieden *mit Thomas* (토마스에 대해 만족한)
> eifersüchtig *auf Thomas* (토마스를 시기하는)
> gierig *nach Ruhm* (명성을 갈망하는)

일부의 품사들에 한정된 격지배를 우리는 앞으로 결합가(Valenz)라 칭한다. 따라서 결합가란 바로 하위부류 특수적인 격지배(subklassen-spezifische Rektion)를 말한다.

최근의 문법과 부분적으로는 전통문법도 결합가 개념을 이미 알고 있었다. 그러나 이들은 일반적으로 결합가 개념을 아무런 성찰 없이 비체계적으로 사용하였다. 그 결과 언어학자들 간에 오해가 있었고 또한 교사들에게도 오해가 있었다. 여기서 사용된, 전혀 새로운 것은 아니지만 새로이 정의된 결합가 개념은 이러한 오해를 불식시킬 수 있을 것이다.

3.4. 보충어와 첨가어

많은 연구들에서 30여년 전부터 보충어(=보족어 Ergänzung)와 첨가어(=진술어 Angabe)가 무엇인가에 대해 분명히 하려고 시도하고 있지만, 다시 말해 이들을 어떻게 정의할 것인가에 대해 노력하고 있지만, 지금까지 학문적인 합의에는 도달하지 못하고 있다. 이에 대한 과오는 부분적으로는 많은 검증되지 않은 모순적인 가정을 자명한 것으로 설정했던 사실에 있음에 틀림없다. 또한 이러한 과오의 일부는 다시금 우리가 "존재론적인 오해"라고 명명할 수 있는 것에, 즉 보충어와 진술어(더 나아가 부가어, 목적어, 문장 등) "그 자체"가 존재하며 이들에 대한 모든 학문적인 연구 이전에 이들이 이미 존재하고 있다는 견해에 기인한다. 어떤 문법적인 "사실"을 이미 존재하는 것으로 가정하여 이들에 추가적으로 이름을 부여하여 이들을 정의하려는 욕구가 아주 널리 보급되어서 그 여파가 심각하므로 우리는 이에 대해 언급하지 않을 수 없다.

물론 우리는 개념과 용어를 보다 명확히 구별해야만 했다. 용어들은 이미 오래되었으며 거의 신성한 것으로 간주된다. 라틴어 "목적어"(Objekt)에 대한 독일어 대응물로 사용된 이후로 "보충어"는 존재한다. "첨가어"는 더 오래되었다. 무엇을 "진술하는"(angeben) 것이 - 시간, 장소, 방법, 원인 등 - 첨가어(=진술어)로 표현될 수 있다. 바로 이 용어가 치명적인 영향을 미쳐서 용어가 일상어의 단어로 되었으며 따라서 누구나 이 용어를 사용할 수 있다고 믿었다.

1960년대에 문제점에 대한 학문적인 연구가 시작되었을 때, 특히 Tesnière가 자세하게 기술하고 논의한 "보충어"(actant)와 "상황어"(circonstant)를 통해서 튼튼한 발전기반을 제시한 것처럼 보였기 때문에, 우리는 이 문제를 해결할 수 있으리라고 희망했었다. 60년대 이후로 보충어와 첨가어를 연구한 모든 사람들이 - Hans Glinz를 제외하고 - 명시적이든 (드물게) 함축적이든 Tesnière에 기반을 두고 있다는 사실은 논란의 여지가 없다. 우리가 보충어는 의무적이고 (Tesnière가 그렇게

말한 것은 아니다) 첨가어는 삭제될 수 있다(Tesnière에 따르면 "상황어
는 본질적으로 수의적이다")는 사실에 근본적인 차이가 있다고 보는 한,
물론 모두가 Tesnière를 자세하게 읽었는지 읽지 않았는지 하는 것은
논의할 필요가 없다. 어느 누구도 보충어가 의무적이라는 주장을 통해서
는 오래 지탱할 수가 없었다. 왜냐하면 보충어가 "의무적"(obligatorisch)
이라고 칭해야 하는지 또는 "필수적"(notwendig)이라고 칭해야 하는지
는, 즉 우리가 말한 몇몇 요소들, 예컨대 다음 문장의 4격 보충어가 삭제
될 수 있었다는 사실은 결코 부인될 수 없었기 때문이다.

　　Sie hatten den ganzen Abend über (Volkslieder) gesungen.
　　(그들은 저녁 내내 (민요)를 불렀다)

　이 디렘마를 벗어나는 방법은 "구조적인 필수성"이라는 개념을 제시
하는 데 있는 것처럼 보인다. 이 개념에 따르면 많은 보충어가 구조적으
로는 모두가 필수적이지만 표층에서는 삭제될 수 있다. 물론 구조적인
필수성은 우리가 아무 것도 아는 바가 없는 "심층구조"의 영역으로 옮겨
진다. 심층구조란 표층구조를 설명하기 위한 보조적인 구성물로서만 짜
맞출 수 있으며, 또한 아주 유용하지만 그것의 (예컨대 뇌생리학적인)
존재가 논증되지 않는 한 우리가 어떤 것도 증명할 수 없는 구조이다.
온갖 심층구조가 모든 것을 증명할 수 있다는 사실은 단지 외관상으로
만 그렇다. 왜냐하면 심층구조는 사실이 아니라 보조적인 구성물이기 때
문이다.
　우리가 보다 자세히 관찰해 보면 많은 연구자들이 어떤 특정한 것, 대
체로 동일한 것을 말(=의미 meinen)하지만, 이들은 보충어를 여러 모로
그 말과는 반대 방향으로 정의했다는 인상을 피할 수가 없다. 이를테면

그늘이 분명히 (또는 많은 개연성을 가지고) 말한 것에 주의를 기울여 보면 우리는 아주 다른 정의에 도달하게 된다. 다음 명사구는 아래와 같은 도식으로 표현될 수 있다.

das Bedürfnis nach Sicherheit in unserer Zeit
(우리 시대에 안전에 대한 욕구)

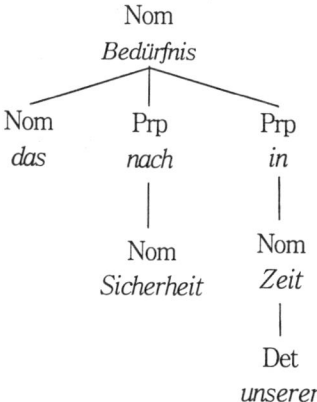

관사 das를 무시하면 명사 Bedürfnis(욕구)는 두 개의 위성, 즉 nach Sicherheit(안전에 대한)와 in unserer Zeit(우리 시대의)를 갖는다. 그러나 핵어 Bedürfnis에 대한 이 두 위성의 관계는 동일하지 않다. 전치사구 in unserer Zeit는 "부사적인 부가어"로서 임의의 명사에 나타날 수 있다. 이에 반해 전치사구 nach Sicherheit는 내용, 목표, 목적 등을 암시하는 경우 Ruf(외침), Wunsch(소원), Sehnsucht(동경)와 같은 비교적 소수의 명사, 즉 명사의 하위부류(Subklasse)에 한정된다. 그밖에 nach Sicherheit(첫 번째 전치사구 in unserer Zeit와는 반대로)의 nach는 교환될 수 없기 때문에, 위의 명사들은 결합가(Valenz) 'nach를 취하는 전치사구'를 갖는다.

　이러한 중요한 차이가 도식에서도 표현되어야 한다. 따라서 우리는 이 경우에 명사적 핵어를 각괄호로 된 결합가 지표, 즉 Nom<nach>로 기술하는 방법을 사용한다. 이를 통해서 우리는 nach Sicherheit와 같은 부가어를 Bedürfnis와 같은 명사의 **보충어**(Ergänzung)로 표기한다. 또한 언급하지 않을 수 없는 것은 전치사구 in unserer Zeit가 다른 명사적 핵어에서도, 즉 명사에서는 대체로 나타날 수 있다는 점이다. 따라서 이 의존관계에 대한 지배소의 범위는 제시된 것보다 더 넓다. 이것은 원칙적으로 품사의 한 하위부류뿐만 아니라 품사의 전체부류와 결합할 수 있는 첨가어(Angabe)에서 적용된다. 우리는 이 관계를 점선(----)으로 표현한다. 그러면 보다 정확한 도식은 다음과 같은 모습을 한다.

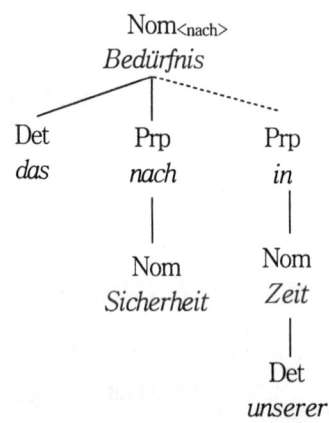

　이와 유사한 차이가 동사문장과 다른 구성체에서도 나타난다.
　이 예는 한 품사의 모든 요소들에 종속할 수 있는 위성과 한 품사의 한 하위부류에만 종속할 수 있는 위성 사이에는 하나의 중요한 차이점,

즉 비록 문법학자들이 종종 의식하지 못하지만 보충어와 첨가어에 대한 모든 징의의 시도에서 어떤 역할을 하는 하나의 차이점이 존재한다는 것을 보여주고 있다. 이제 우리는 이들을 재정의할 수 있다: 한 품사의 모든 요소들에 종속할 수 있는 성분은 **첨가어(Angabe)**이다. 한 품사의 특정 요소들에만 종속할 수 있는 성분은 **보충어(Ergänzung)**이다. 즉 보충어는 하위부류 특수적인 성분(subklassenspezifische Glieder)이다.

명사구 das Bedürfnis nach Sicherheit in unserer Zeit에서 어군 in unserer Zeit는 명사 Bedürfnis에 대한 첨가어, 즉 명사 첨가어이다. 전치사구 nach Sicherheit는 특정한 명사에서만 나타나기 때문에 명사 보충어이다. 문장 Sonja kauft Töpfe auf dem Markt(소냐는 시장에서 항아리를 산다)에서 전치사구 auf dem Markt는 동사 kauft에 대한 첨가어이다. 4격 명사구 Töpfe는 특정한 동사에서만 나타나기 때문에 동사 보충어이다.

주어의 특성에 대해서는 5.4에서 보다 자세히 논의된다.

다음 문장은 주어와 동사 외에 장소 규정어인 in der Stadt mit den sieben Toren(일곱 개의 대문이 있는 도시에서)을 포함하고 있다.

Sie wohnte in der Stadt mit den sieben Toren.
(그녀는 일곱 개의 대문이 있는 도시에서 살았다)

이 규정어는 우리가 알고 있는 한 임의의 동사와 결합할 수 있다. 하지만 이 성분은 아주 밀접한 방법으로 지배동사에 결합되어 있다. 동사 wohnen은 장소 규정어 없이는 나타날 수 없다. 즉 문장 *Sie wohnte는 비문이 된다. 즉 wohnen과 몇몇 (물론 자주 사용되는) 동사에서는 장소 규정어가 의무적이다. 우리는 이러한 결과를 여기서도 하위부류 특수성이 존재한다고 말함으로써 위에서 형식화한 보충어의 정의에 포함시킬

수 있다. 여기서는 물론 보충어의 특성이 아니라 지배소에 대한 보충어
의 관계의 특성이 하위부류 특수적이다. 이러한 사실은 하나의 추가적인
규칙을 요구한다: 의무적인 성분(obligatorische Glieder)이 보충어이다.

따라서 우리가 주어진 텍스트에서 보충어를 첨가어와 구별하려
면 두 가지 검사를 이용할 수 있는데, 우리는 이를 하위부류 검사
(Subklassentest)와 의무성 검사(Obligatheitstest)라고 부를 수 있겠다.

최근에 Eroms와 다른 사람들에 의해서 문장층위(Satzebene)에서 보
충어와 첨가어의 구별에 대한 문제점만을 다루는 세 번째 검사가 제
안되었다. 이 검사는 해당 성분이 문장결합에서 분리되어 und zwar
(더욱이/보다 정확히 말해서)나 und das의 형식으로 잔여문장에 연
결될 수 있느냐에 달려 있다. 그래서 우리는 이것을 "연결검사"
(Anschlusstest)라고 말한다. 이에 따라 다음 첫 문장은 두 가지 방
법으로 변형될 수 있다.

Philipp hat zwei Stunden mit dem Personalchef verhandelt.
(필립은 두 시간 동안 인사부장과 상의했다)
Philipp hat mit dem Personalchef verhandelt, und zwar zwei
Stunden. (필립은 인사부장과 상의했다. 더욱이 두 시간 동안이나.)
Philipp hat zwei Stunden verhandelt, und zwar mit dem Personalchef.
(필립은 두 시간 동안 상의했다. 더욱이 인사부장과 함께.)

이 검사가 그 동안 모든 첨가어와 일부의 보충어에서 긍정적으로 나
타났기 때문에, 이 검사가 통용되지 않는, 즉 "연결될" 수 없는 일부
의 성분들을 분명히 보충어로 증명하는 점에서만 이 검사가 보충어와
첨가어의 구별을 위해 도입될 수 있다. 그러나 이 성분들은 그렇지
않아도 하위부류 검사와 의무성 검사를 통해서 보충어로 간주된다.
따라서 연결검사는 특히 보충어의 내부구분에서 적합하다. 여기서 연
결검사는 핵심적인 보충어와 주변적인 보충어를 구별하는 데 유용하

게 사용될 수 있다.

보충어와 첨가어를 정의하고 이들을 상호 구별하기 위해 다음 네 가지를 언급하는 것이 필수적인 것처럼 보인다.

첫째, 예들과 설명에서 명확하게 밝혀진 바와 같이 보충어와 첨가어에 대한 모든 진술은 개별적인 표현에 관련되는 것이 아니라 항상 이러한 표현의 부류(Klasse)들에 관련된다는 것이다. 이것은 특히 첨가어에서 중요하다. in unserer Zeit(우리 시대의)와 같은 첨가어가 임의의 명사와 결합할 수 있다고 말했다면, 이 표현은 "시간 첨가어" 부류의 요소를 의미하는 것이었다. 달리 말해서 모든 독일어 명사는 (필연적으로 모든 시간 첨가어는 아니지만 어떤) 시간 첨가어와 결합할 수 있다. 여기서 대변되는 견해를 반박하거나 의심하고자 하는 사람은 in unserer Zeit와 결합할 수 없는 명사(그런 명사가 존재할 수 있다)를 가져옴으로써 자신의 목표에 도달할 수는 없을 것이다. 그는 시간 첨가어와 도저히 결합할 수 없는 명사들을 제시해야 할 것이다(만일 그런 명사가 존재한다면 시간 첨가어에 대한 우리의 진술은 수정되어야 할 것이다). 물론 이와 동일한 것이 보충어에 대해서도 적용된다. 즉 하위부류 특수성 내지는 의무성이 보충어 부류를 정의할 수 있으며 개별 표현들을 오직 이 부류의 요소들로서만 정의할 수 있다.

물론 무엇이 첨가어이고 또 무엇이 보충어인가 하는 질문에 대한 대답은 본질적으로 우리가 이 부류들을 어떻게 정의하느냐에 달려 있다. 위에서 "시간 첨가어" 부류가 도입되었다. 우리가 보다 세분화하여 시간 구간 규정어(in dieser Zeit 우리 시대에), 시간지속 규정어(die ganze Zeit über 내내), 빈도수 규정어(oft 가끔)를 구분한다면, 적어도 마지막 두 부류는 명사의 보충어로 간주해야 할 것이다. 왜냐하면 시간지속이나 빈도수를 표현하는 부가어를 허용하지 않는 명사들이 존재하기 때문이다. 더욱 세분된 분류는 첨가어의 집합을 더욱 제한한다. 마지막에 가서 우리는 가장 세분된 분류를 통해서 보충어들로만 구성된 문법에 도달할 수 있을 것이다. 이 보충어들은 물론 무한히 많은 그리고 대부분 아주 작은 부류들로 나뉘어진다. 이렇게 되면 틀림없이 아무에게도 도움이 되지 않을 것이다. 하지만 이 책에서 선택된 분류에서는 상당히 많은 자의성이 내포되어 있다. 이 책에서 사용된 첨가어의 분류 역시 (보다 자세한 것은 5.8 참조) 결코 독창적인 것이 아니며 오래 전부터 실제로 이와 유사하게 적용되어 왔다. 원래 첨가어의 분류에서 중요한 것은 이 분류가 다루기 쉬워야 하는 것처럼 보인다. 그러나 첨가어에 대한 최근의 연구는 문법의 부분적인 재구조화를 요구할지 모른다.

둘째, 보충어와 첨가어는 결코 문장의 영역(여기서는 동사의 위성)에 한정되는 것이 아니다. 우리는 특히 형용사, 명사, 동사에서는 보충어와 첨가어를, 전치사에서는 보충어만을 고려해야 한다. 그러면 우리가 동사 첨가어와 동사 보충어에 관해서 말하는 것처럼 형용사 첨가어와 형용사 보충어, 명사 첨가어와 명사 보충어에 관해서도 말한다. 동사의 위성이 가장 많이 논의되기 때문에 간단히 보충어와 첨가어에 관해서 말한다면, 그것은 특별한 의문이 제기되지 않는 한 동사 보충어와 동사 첨가어에 관해서 말하는 것이라고 확정할 수 있다. 어쨌든 "보충어"와 "첨가어" 개념의 계속적인 확장에 대하여 특별히 언급하지 않을 수 없다. 왜냐하면 바로 이 점에서 많은 오해가 있으며 이 오해가 다시 문법학자들 간에 피상적인 논의를 유발하기 때문이다. 그러나 보충어와 첨가어가 위에서 형식화된 방법으로 정의된다면 이들이 동사 영역에만 한정될 수는 없다.

셋째, 이미 밝혀진 바와 같이 보충어와 첨가어 간의 구별이 필수적인 성분과 삭제가능한 성분간의 구별과 결코 일치하는 것은 아니다.

여기서 추가적인 또 하나의 구별이 불가피한 것으로 나타났다. 즉 우리는 의사소통적인 영역에서만 "필수적"(notwendig) 및 "삭제 가능한" (weglassbar)이라는 표현을 사용하고, 고유한 언어학적인 영역에서는 "의무적"(obligatorisch) 및 "수의적"(fakultativ)이라는 표현을 사용해야 한다. 발화내용(das Gemeinte)의 관점에서 볼 때, 한 텍스트의 모든 임의의 요소는 필수적(notwendig)이 될 수 있다. 왜냐하면 그 요소가 없으면 발화내용을 적절하게 표현할 수 없기 때문이다. 이와 반대로 의사소통적인 의미에서는 모든 요소가 결국 삭제가능(weglassbar)하다. 일반적으로는 수용할 수 없는 wenn der das noch ein einziges Mal ...이라는 부분문장도 구체적인 상황에서는 제스츄어를 사용하여 그 의미를 정확히 표현할 수 있다. 다른 한편, 문장 Sie wünscht sich einen schnelleren Drucker.(그녀는 더욱 빠른 프린터를 원한다)에서 einen schnelleren Drucker처럼 문법규칙에 따라 필수적인 표현은 의무적(obligatorisch)이다. 끝으로 Sie wünscht sich dringend einen schnelleren Drucker.에서 dringend(긴급히)처럼 그것을 삭제하여도 비문법적인 문장을 초래하지 않는 표현은 수의적(fakultativ)이다. 문장영역에서는 모든 첨가어와 보충어의 일부만이 수의적이다. 형용사와 명사의 위성은 - 그것이 보충어이든 첨가어이든 간에 - 거의 예외 없이 수의적이다. 전치사의 보충어는 모두 의무적이다.

넷째, 동사 보충어와 동사 첨가어를 모두 합쳐서 문장성분(Satzglied)이란 표현을 사용한다. 독일어 문법에서 200년 전부터 친숙한 이 용어는 (프랑스 언어학에서는 더 오래되었다) 많은 변화를 겪었으며 그 사용에서 오히려 불리한 운명을 가졌다. 많은 사람들은 정확한 정의를 염두에 두지 않고 문장성분이란 용어를 사용하였으며, 대체로 그 의미가 어떤 논의의 대상도 아닌 양 이 개념을 사용하였다. 그리고 이 문제에 대해

심사숙고한 사람들은 문장성분이란 삼림토양을 파헤쳐 모으기만 하면 되는 일종의 트뤼플 버섯인 양 곧 바로 "문장성분"을 찾기 시작하였다. 이 때 문장성분 개념은 결코 명확한 것이 아니었으며, 많은 사람들은 동음의 명칭만을 거론할 때에는 동일한 사물에 대해 말한다고 생각함으로써 많은 논쟁이 일어났다. 20세기 후반기에는 문장성분 개념을 치환가능성(Permutierbarkeit)에 기초하려는 Hans Glinz의 견해가 대부분의 학파를 거쳐서 광범위하게 보급되었다. 이 견해에 따르면 문장에서 "전체적으로 치환"될 수 있는 것은 문장성분이다. 이러한 제안은 원래 조작가능성을 내포한다. 즉 독일어를 충분히 구사하는 사람은 문장성분이 무엇인가를 표층에서의 조작을 통해서 정확히 확인할 수 있다. 하지만 단점들도 무시할 수 없다. 즉 치환가능성은 항상 특정한 문장범위를 전제로 하며 아주 짧은 문장에서는(예: Hanna lachte. 한나가 웃었다) 의미변화 없이는 어떤 것도 치환될 수 없다. 그러나 이러한 정의를 대변하는 사람들에게는 문장성분이 아닌 치환가능한 표현들도 있다. 예를 들면 구성체 Vorliebe für Ledersachen(가죽제품에 대한 특별한 관심)에서의 für Ledersachen은 일반적으로 부가어(Attribut), 즉 보다 심층에 있는 기술 층위의 요소로 이해된다. 이미 제안된 바와 같이, 문장성분의 집합을 동사 보충어와 동사 첨가어의 논리적 총계로 정의함으로써 이러한 불일치를 제거할 수 있다. 첫 번째 장점은 이 정의가 치환검사를 통해서도 "문장성분"으로 증명된 성분들을 대부분 포착하는 것이고, 두 번째 장점은 치환검사를 통해 제약된 모순들을 방지하는 것이다.

3.5. 부가어 (전장에 대한 에필로그)

많은 문법책에서 우리는 보충어와 첨가어라는 개념쌍 대신에 보충어, 첨가어 및 부가어(Attribut)라는 삼분법을 발견한다. 정확한 정의 없이도 이러한 구분이 얼마 동안은 기능할지 모른다. 그러나 우리가 이 개념들에 접근해 보면 모순점들이 필연적으로 나타난다.

관례대로 부가어가 무엇인가라고 물어보는 것이 좋다고 생각한다. 그러면 우리는 신속하게 다음과 같은 목록을 얻는다. 다음 예들에서 이태릭체 부분이 부가어이다.

Sonjas Haus (소냐의 집)
Bedürfnis *nach Sicherheit* (안전에 대한 욕구)
ein Brief *aus Wasserburg* (바서부르크에서 온 편지)

ziemlich groß (상당히 큰)
gut *für mich* (나에게 좋은)
uns allen bekannt (우리 모두가 알고 있는)

첫 번째 예 Sonjas는 명사에 대한 첨가어이고, 나머지 모든 예들은 명사나 형용사에 대한 보충어이다. 따라서 전통적인 부가어 개념은 보충어와 첨가어를 구별하지 못한다. 그러나 모든 부가어에서(전통적인 견해의 의미에서) 공통적인 점은 이들이 동사가 아닌 품사 - 명사, 형용사 또는 다른 단어들 - 의 위성이라는 것이다. 이러한 널리 보급된 전통적인 견해를 벗어나는 어떤 동기도 통찰할 수 없다. 이러한 사실로부터 다음과 같은 정의를 추론할 수 있다. 즉 부가어는 동사가 아닌 단어들의 위성(보충어나 첨가어)이다.

4. 구

4.1. 구의 부류: 개관

구의 개념은 이미 3.2에서 정의되었다. 이 장에서는 여러 부류의 구를 제시하여 간단히 기술하겠다.

이론적으로 볼 때 정확히 품사만큼 많은 구의 부류가 존재한다. 몇몇 불변화사 부류는 구를 형성하지 못한다. 원래 보다 광범위하고 보다 심층에서 구조화된 구만이 관심이 있다. 그래서 우리는 앞으로 주로 다음과 같은 부류의 구들을 논의하겠다.

> 동사구 (Verbalphrase) 또는 동사 복합체 (Verbalkomplex: Vk)
> 명사구 (Nominalphrase: NomP)
> 형용사구 (Adjektivalphrase: AdjP)
> 대명사구 (Pronominalphrase: PrnP)

4.6에서는 특정한 불변화사구에 대한 논의가 첨부된다. 특히 도식과 형식에서 사용되는 기호는 품사기호와 P("Phrase")로 구성된다.

완전한 철자가 있는 형식을 위해서는 품사표현에 접미사 "-al"을 첨가하는 것이 중요하다(그러나 발음의 편의상 대부분의 불변화사구는 예외로 한다). 즉 형용사구(Adjektivalphrase)는 형용사(Adjektiv)에 속한다. 이 접미사를 이용하여 우리는 동시에 지배소군과 핵어군을 구별한다. 지배소군은 항상 접미사 없이 나타난다. 그래서 예컨대 형용사구(Adjektivalphrase)와 형용사 보충어(Adjektivergänzung)가 대립된다. 이러한 추가적인 구별이 불필요하지만, 우리가 중립적 기본어인 "군"
(-gruppe)을 사용하면 형용사군 Adjektivgruppe와 Adjektivalgruppe을
쉽게 구별할 수 있다.

4.2. 동사구

동사구는 연구에서 가장 먼저 그리고 가장 자세하게 기술되었다. 우리
가 문장 Bei Nacht sind alle Katzen grau.(밤에는 모든 고양이가 회색이
다)에 (간략한) 구조를 할당하면, 핵어로서 V를 취하는 구조가 존재하며
따라서 동사구이다.

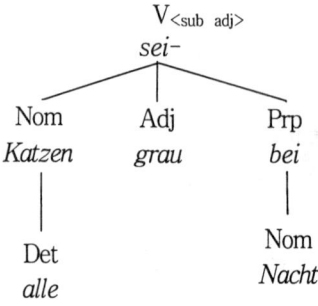

이러한 종류의 동사구는 일반적으로 문장(Satz)으로 표현된다. 문장은
실제로 동사구 중에서 가장 중요한 종류이다. 문장의 가능한 구조는 아
주 복잡하고 다른 구를 위해서도 시사하는 바가 많기 때문에 이 책의 5
장에서 문장을 다루기로 한다.

여기서는 우리가 방금 기술한 문장을 약간 변형할 경우 인식할 수 있
는 두 번째 종류의 동사구가 문제된다.

Bei Nacht dürften alle Katzen grau sein.
(밤에는 모든 고양이가 회색이 될 수 있다)

이 문장에는 협의의 동사구를 형성하는 두 가지 동사형태(dürften sein)가 있는데, 우리는 이것을 앞으로는 동사 복합체(Verbalkomplex)라고 부른다. 이 동사 복합체는 좀더 이론적인 방향의 문법에서는 큰 역할을 하지 않는다. 구구조문법에서는 정동사 어미와 함께 이것을 대부분 "aux" 범주("조동사 복합체"로 돌릴 수 있는)에 넣었다. 그러나 이로 인해 많은 문제점, 특히 외국인을 위한 독일어 수업에서의 많은 문제점들을 간과해 버렸다는 사실이 일찍부터 인지되었다. 왜냐하면 동사 복합체 역시 3가지, 4가지, 또는 5가지 성분으로 구성될 수 있으므로 다른 방법으로 해결해야 하는 배열상의 문제점과 위치상의 문제점이 나타나기 때문이다. 모든 동사를 완료형으로 전환할 수 있는 가능성과 많은 동사를 "수동"으로 전환하거나 서법(敍法)동사(Modalverb = 화법동사)로 확대할 수 있는 가능성 - 이러한 가능성들이 거의 무제한적으로 결합될 수 있다! - 이 비일상적인 구조에서뿐만 아니라 일상의 독일어에서도 특수한 기술을 요구하는 동사 복합체가 등장할 수 있다는 사실을 인식시켜 준다.

모든 동사 복합체의 공통점은 이들이 오직 동사적 요소만을, 즉 동사형 이외에 기껏해야 동사 첨부어(Verbzusatz)만을 포함하고 있다는 것이다. 개별적으로 무엇이 있는가에 대해서는 다음과 같이 여섯 단락으로 나누어 기술하겠다.

동사적 요소들의 부류
동사적 요소들의 표현형태
동사적 요소들의 구조적인 (의존적인) 배열

동사적 요소들의 직선적인 배열
동사 복합체의 특수구조
동사 복합체의 의미

1. 동사적 요소들의 분류

분리된 집합으로서 동사를 주동사와 부동사로 구분하는 것이 실용
적이다. 우리가 결합가를 토대로 다른 동사를 지배하는 모든 동사들이
속하는 부동사(Nebenverb)의 닫힌 부류들을 명시함으로써 주동사
(Hauptverb)의 열린 부류들을 제한하는 것이 가장 좋다. 부동사는 다
시 부정동사와 분사동사로 나뉜다. 항상 명사적 요소나 전치사적 요소
와 결합하여 등장하는, 그 자체 의미를 아주 상실한 기능동사
(Funktionsverb:FV)가 세 번째 부류를 형성한다(Anlass haben 구실을
갖다, Anlass geben 구실을 주다; in Schwung kommen 화내다, in
Schwung bringen 화나게 하다). 기능동사구(Funktionsverbgefüge:
FVG)의 비동사 부분을 일종의 보충어로 간주하면 동사 복합체 안에 있
는 기능동사는 주동사와 유사하게 행동한다.

모든 부정동사(Infinitivverb)는 부정사로 등장하여 (경우에 따라 다른
위성과 함께) 동사 보충어로 기능하는 또 다른 동사를 지배한다. 그래서
부정동사를 해당 결합가 지표로 표시하는 것은 의미가 있다(예: $V_{<vrb>}$).
그러나 다른 형태의 동사 보충어도 존재하기 때문에 보다 정확하게 $V_{<i>}$
로 기술하는 것이 바람직하다. 부정동사는 서법동사, 양상동사 및 기타
부정동사로 나뉜다.

서법동사(Modalverb:Vm)에는 우선 전통적인 6개의 서법동사 dürfen,
können, mögen, müssen, sollen, wollen이 있다. 이들은 모두 zu 없는 부

정사를 지배하는데, 이 때 두 동사의 생각할 수 있는 주어는 동일한 개체(Größe)를 표현한다(많은 연구에서 "주어의 일치"(Subjektsidentität)에 관해서 말하지만 정확한 표현이 아니다). 그밖에 brauchen(필요로 하다)이 있는데 이것이 구어에서는 zu 없이 사용되지만 문어에서는 zu를 넣어 사용된다. werden(미래에서: sie *wird* kommen)의 위상에 대해서는 논란의 여지가 많은데, 몇몇 문법학자들은 werden을 서법동사로 간주한다. 그러나 대부분의 문법학자들은 이것을 "조동사"로 배열하는데 이 책에서는 그렇게 보지 않는다(아래 참조).

항상 'zu+부정사'를 취하는 belieben(하기를 좋아하다), gedenken(계획하다/의도하다), pflegen(하곤 하다), scheinen(처럼 보이다), verstehen(할 수 알다/방법을 알고 있다) 등과 같은 동사를 위해 **양상동사**(Modalitätsverb:Vn)라는 개념이 형성되었다.

Er *versteht* den Leuten die Wahrheit auf angenehme Art zu sagen.
(그는 사람들에게 진리를 즐거운 방법으로 말할 줄 안다)

여기서도 두 동사의 주어는 동일한 개체를 표현한다. 그밖에 대부분의 양상동사에 대해서는 동음이의어인 주동사가 존재한다. 일부의 양상동사에 대해서만 완료형을 형성할 수 있다. 그래서 *Sie hat nach dem Essen zu schlafen gepflogen.은 비문이다.

기타 부정동사(Vi)는 bedeuten(암시하다), heißen(명하다), lassen(하게 하다) 등이다.

Sie *bedeutete* ihm mit einem kurzen Blick, das Tuch zusammenzulegen. (그녀는 흘긋 보면서 그에게 천 조각을 서로 연결하도록 암시를 주었다)

그밖에 모든 부정동사에 대해서는 동음이의어인 주동사가 존재한다.
분사동사(Partizipverb:V_{⟨p⟩})는 조동사와 기타 분사동사로 나뉜다.

조동사(Auxiliarverb:Va)에는 특히 완료와 수동을 형성하는 부동사
haben, sein, werden과 그밖에 드물게 사용되는 bekommen, gehören이
있다.

Der Reifen *hat* lange genug gehalten.
(그 타이어는 아주 오랫동안 사용하였다)
Der Reifen *ist* geplatzt. (그 타이어가 파열하였다)
Der Reifen *wurde* runderneuert. (재생되었다)
Der Reifen *ist* runderneuert. (재생한 상태다)
Der Reifen *gehört* runderneuert. (재생되어야 한다)
Du *bekommst* den Reifen geschenkt.
(너는 그 타이어를 선물로 받는다)

기타 분사동사에는 우선 kommen, stehen이 있다(Es *kommt* ein
Schiff gefahren. 배 한 척이 들어온다. Es *steht* geschrieben... 기록되어
있다).

동사 첨부어(Verbzusatz:Vz)는 "분리전철"로서 주동사의 일부에 속하
고 항상 강조되는 불변의 요소를 말한다. 이들이 단독으로는 서술문의
전장에 올 수 없으며 대체로 명확히 인식할 수 있는 고유의미를 갖지 않
는다(ab, an, auf, aus, bei, durch, ein, mit, nach, über, unter, vor, zu
등). 이들 중 몇몇에 대해서는 고유한 의미와 다른 통사적 특성을 갖는
동음이의어가 존재한다. 서술문에서 동사 첨부어는 주동사가 정형으로
나타나는 경우 단순동사와 분리된다(vorkommen - Das kommt selten
genug *vor*.(그런 일은 아주 드물게 일어난다)).

2. 동사적 요소들의 표현형태

동사는 원칙적으로 동사 복합체 내에서도 세 가지 상이한 형태, 즉 정동사, 분사 II 및 부정사로서(fährt, gefahren, fahren) 등장할 수 있다. 우리는 이것을 V_f, V_p, V_i로 표현한다. 명시적으로 표현할 경우, 예컨대 정형의 조동사는 Va_f로, 양상동사의 분사 II는 Vn_p로 표현된다. 분사 I(예: fahrend)은 독일어에서는 동사 복합체의 구성성분이 될 수 없기 때문에 이 관계에 속하지 않는다.

동사 복합체에서 두 동사가 결합하면 두 동사 중 하나의 형태는 항상 변화한다. 예컨대 조동사 haben과 주동사 lachen이 결합하면 조동사가 어떤 형태를 갖든지 간에 주동사는 분사 II의 형태를 갖는다(hat *gelacht*, habe *gelacht*, *gelacht* haben 등).

3. 동사적 요소들의 구조적인 배열

우리는 어떤 동사적 요소들이 서로 결합할 수 있는가에 대해서 알고 있다. 그러나 이로써 두 요소들 중 어느 요소가 다른 요소를 지배하는가 하는 문제와 도식적 표현에 관한 문제에 대해서는 아직 대답이 주어진 것은 아니다. 우리는 이제 두 요소들 중에서 다른 요소의 표현형식을 결정하는 요소가 그 지배소로 나타난다고 확정한다. 그 형태에서 특별히 확정된 요소가 이 두 요소의 배치에서 의존소로서 기능한다. 따라서 다음 첫 번째 구에서 - 우리는 동사의 어간만 표기한다 - hab는 leg의 지배소이다. 왜냐하면 조동사로서의 hab는 leg가 분사 II의 형태를 취하도록 결정하기 때문이다.

hat gelegt
wird wollen

위의 두 번째 구에서 werd는 woll의 지배소이다. 왜냐하면 부동사 werd는 서법동사 woll이 부정사의 형태로 나타나도록 결정하기 때문이다. 이러한 결정은 두 요소들 중 어느 요소가 다른 요소를 한정하고, 제약하고 또 수식하는가 하는 문제와 아무런 관련이 없다. 잠정적으로 다만 각각의 지배소는 그 의존소의 표현형식에 대한 충분조건일 뿐이다.

우리가 이러한 의존관계의 규칙에 따른다면 동사 복합체 내에서 실제로 부동사만이 지배소로 등장한다는 사실을 쉽게 인식할 수 있다. 동사 복합체에서 의존관계의 최하위의 요소는 항상 주동사이다.

이 규칙에 따르면 동사 복합체에서는 분지가 아니라 한 줄로 된 "의존가지"(Dependenzast)만이 존재한다.

hat lachen müssen (웃지 않을 수 없었다)

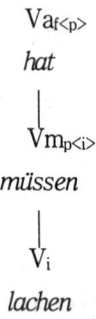

여기서 자신의 표현형태에 대한 지표("범주지표")가 먼저 하위부류 기호에 할당되고, 그리고 난 후 경우에 따라서는 종속요소의 표현에 대한 또 다른 지표("결합가지표")가 (각괄호로) 할당된다. 이러한 방법이 다음에서도 적용된다.

여기서 서법동사가 범주지표를 통해 분사 II로서 증명되지만 표층에서는 오히려 부정사를 닮은 müssen의 형태로 나타난다는 점에서 특별한 문제점이 있는 것처럼 보인다. 이 문제점은 물론 굴절소적인 성질이다. 즉 굴절소 규칙을 통해서 서법동사 müssen의 분사 II가 부정사와 형태가 동일하다는 사실을 보증해야 한다(그러나 müssen이 주동사로 나타나면 "규칙적인" 분사 II가 된다: Sie hätte ja nicht nach Leipzig *gemusst.* 그녀는 라이프찌히로 갈 필요가 없었다). 몇몇 다른 부정동사에서도 동일한 규칙이 적용된다: Sie hat den Meister kommen *lassen.* (그녀는 기능장/명인을 오도록 하였다). (Sie hat alles im Büro *gelassen.* (그녀는 모든 것을 사무실에 두었다)과 비교).

동사 복합체에 관한 몇 가지 다른 예를 보면 다음과 같다.

wäre getäuscht worden (기만당했다)
hat vorfahren lassen (선행하도록 했다)
hat vorführen lassen wollen (제시하도록 하려고 했다)

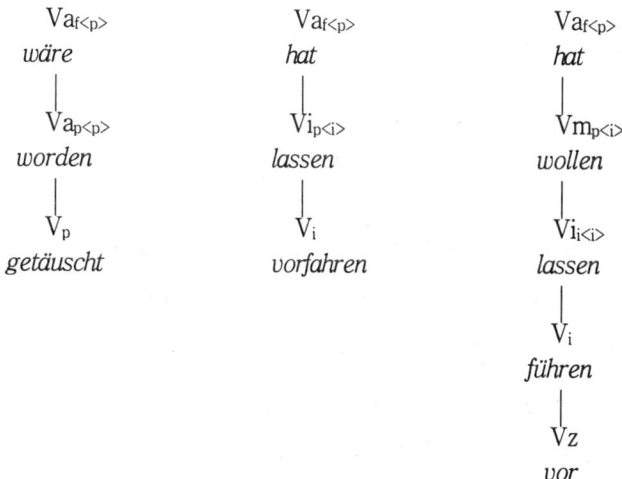

두 성분이나 다성분의 동사 복합체에서는 오직 보충어만이 존재한다.

각 의존소의 속성이 동사적 하위부류(특정한 종류의 부동사)를 통해서
선택되기 때문이다. 그리고 이 모든 보충어는 의무적이다. 왜냐하면 부
동사는 바로 자신에 의해 선택된 다른 동사 없이는 등장할 수 없다는 사
실을 통해서 부동사가 정의되어 있기 때문이다.

4. 동사적 요소들의 직선적인 배열

기본어순(Grundfolge)과 치환된 어순을 구분하는 것이 목적에 부합된
다. 이 때 기본어순의 개념은 일반적으로 가장 자주 사용되는 어순이나
또는 어떤 기초적인 어순을 표현할 것을 요구하는 것은 아니다. 문법에
서 가장 먼저 생성되어 거기서부터 다른 요소들이 도출되는 요소들의
어순이 기본어순으로 간주된다.

이제 위에서 제시된 도식의 생성된 의존가지를 좌우로 기술하면 다음
과 같다.

> lachen müssen hat (웃지 않을 수 없었다)
> getäuscht worden wäre (기만당했다)
> vorfahren lassen hat (선행하도록 했다)
> vorführen lassen wollen hat (제시하도록 하려고 했다)

이러한 어순이 아주 정확한 것은 아니지만 독일어 화자에게는 어쨌든
친숙한 어순이다. 자세히 관찰해 보면 두 번째 예는 부문장의 규칙적인
어순과 정확히 일치한다는 사실이 나타난다(wenn ich nicht von euch
getäuscht worden wäre). 나머지 예들에서는 올바른 부문장 어순을 생
성하기 위해서 간단한 치환이 요구된다.

> (weil er) *hat* lachen müssen

(그가 웃지 않을 수 없었기 때문에)

(weil sie den Wagen) *hat* vorfahren lassen

(그들은 차를 선행하도록 했기 때문에)

hat vorführen lassen wollen

이 세 경우에서 정동사는 좌측으로 이동해야 한다.

우리가 이러한 경우들을 고찰해 보면 이것은 이미 언급된 동사들 중의 한 동사, 즉 분사 II와 부정사의 형태가 동일한 동사의 등장과 관련이 있음을 알 수 있다. 첫 번째 경우에서는 서법동사(müssen), 두 번째 경우에서는 "기타 부정동사"(lassen), 세 번째 경우에서는 서법동사(wollen)가 그것이다. 우리는 "부정사 형태의 분사동사"를 간단히 Vip로 표현할 수 있다. 그러면 우리는 치환규칙(Permutationsregel)을 다음과 같이 형식화 할 수 있다.

> 동사 복합체가 부정사 형태의 분사(Vip_p)를 포함하면, 부문장 어순에서 Vip_p 다음에 오는 한 요소가 동사 복합체의 맨 앞으로 이동한다. Vip_p 다음에 여러 동사적 요소들이 오면, 이들은 역의 형태로 동사 복합체의 맨 앞으로 이동한다.

이 규칙을 가지고 어쨌든 대부분의 경우에서 정확한 부문장 어순을 생성하는 것이 가능하다. 서술문의 주문장에서는 또 다른 하나의 치환규칙이 있다. 이 규칙에 따르면 정동사는 두 번째 위치(전장 다음의 위치)로 이동해야 하지만 동사 복합체의 나머지 성분들은 부문장에서 본래 있던 위치에 그대로 남아 있다. 이로부터 위의 네 가지 도식에 대해 다음과 같은 주문장 어순이 생겨난다.

hat ... lachen müssen

wäre ... getäuscht worden

hat ... vorfahren lassen

hat ... wollen vorführen lassen

몇몇 독일어 화자의 언어능력이 여기서 가끔 불확실하다는 사실이 나타났다. 상당수의 제보자는 마지막 예에 대해 다음의 어순을 선호한다.

hat ... vorführen lassen wollen

이러한 규칙을 최종적으로 형식화 하기 전에 더 많은 연구, 특히 더 많은 제보자에 대한 특정한 질문이 요구될 것이다. 여기서 지역적인 언어사용이 표준어에 영향을 줄 수도 있다. 결국 우리는 표준어를 움직일 수 없는 하나의 유일한 형태만을 허용하는 영원히 불변적인 기념비로 간주해서는 안 된다. 모두가 그 정당성을 가지고 있으며 언젠가는 광범위한 통용을 통해서 발전할 수 있는 변이형들이 존재한다는 사실에서도 우리 언어의 생명력이 나타난다.

5. 동사적 요소들의 의미관계

동사 복합체의 모든 요소들은 우리가 사전에서 찾아볼 수 있는 특정한 "어휘적" 의미를 가지고 있다. 그밖에 이들은 동사형태로서 2.3.3에서 보다 자세하게 언급된 "구조적" 의미도 가지고 있다. 이 두 가지 의미가 특정한 방법으로 동사 복합체의 전체의미 형성에 기여한다. 이들이 어떠한 방법으로 의미를 형성하는 지에 대해 논의해 보는 것은 의미가 있다. 어쨌든 부분의미를 단순히 합치는 것만으로 전체의미가 형성되는 것은 아니다.

오히려 우리는 동사적 요소들의 의미를 동사 복합체의 의미 안으로 결합하는 것을 서술관계의 규칙적인 순서(geregelte Folge von Prä-dikationen)라고 생각하여, 각각 한 요소가 다른 요소를, 다음 요소가 새로 형성된 의미 복합체를, 그리고 세 번째 요소가 새로운 의미 복합체를 서술하는 식으로 보아야 한다. 확정된 의존관계를 토대로 모든 지배소가 자신의 위성을 서술한다(한정한다/자세히 규정한다/적용한다). 따라서 서술관계는 위에서 아래로 이루어진다. 즉 의미구조는 의존구조(연결구조)와 전적으로 평행한 것으로 증명된다. 이것이 개별적으로 어떻게 작동하는가는 다음 복합체에서 제시된다.

könnte entschieden worden sein
(결정되었을지도 모른다)

위의 복합체에 대한 부문장 어순과 도식은 다음과 같다.

entschieden worden sein könnte

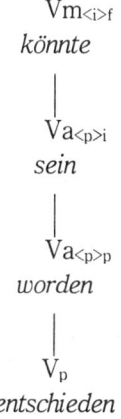

$$Vm_{<i>f}$$
könnte

|

$$Va_{<p>i}$$
sein

|

$$Va_{<p>p}$$
worden

|

$$V_p$$
entschieden

우리가 내용적인 요소를 반따옴표로 처리하면 위의 의미는 다음과 같이 구성된다: '결정한다'(V)는 과정은 조동사 werden를 통해서 '과정 관련적'(vorgangsbezogen) 내지는 '행위자 역행적'(täterabgewandt)으로 특징 지워진다. 이 복합체가 조동사 sein을 통해서 '종결된다'(abgeschlossen). 그리고 이 전체는 서법동사 können을 통해서 '가능하며'(möglich) 또한 접속법 II에 의해 '가설적'(hypothetisch)인 것으로 증명된다. 따라서 이 표현은 '단지 가설적으로만 가능하고 종결된, 과정 관련적인 결정'에 관한 의미이다.

이것은 동사 복합체 könnte entschieden worden sein의 의미에 대한 언어학적인 기술에 적용될 수 있다. 우리가 서술관계를 괄호로 표현하면 다음과 같은 결과가 나온다.

'hypothetisch'('möglich'('abgeschlossen'('vorgangsbezogen'('entscheiden'))))

도식에서 서술관계의 순서는 밑에서 위로 진행한다. 밑에서 가장 작은 의미 복합체가 생성되며, 차상위 요소가 다음의 술어로서 기능하고 최상위의 요소가 최종 술어로서 기능한다.

우리가 의존도식이 아니라 직선적인 어순(부문장!)에서 출발하면 대략적으로 "우측이 좌측을 한정한다"(rechts determiniert links)라는 규칙이 생겨난다. 그러나 이것은 독일어에서 본질적으로 비전형적인 규칙이다. 왜냐하면 일반적으로 (명사구의 전장과 문장의 중장에서는) 그 역의 규칙이 적용되기 때문이다.

의미구조가 연결구조에 평행한다는 일반적인 규칙에 대한 하나의 중요한 예외가 있다. 즉 동사 첨부어(Verbzusatz)는 의존구조에서 최하위

요소로 나타나지만, 주동사의 통합적인 성분으로서 동사 복합체의 의미 형성에서 의미적으로 아무런 독자적인 역할도 하지 못한다.

6. 동사 복합체의 특수구조

보통 "동사형"(Verbform)으로 다루어지는 세 범주, 즉 완료형성, 수동 및 "미래"가 여기서 특별히 논의되어야 한다. 쉽게 통찰할 수 있는 바와 같이, 이들은 동사의 굴절범주가 아니고 동사 복합체이기 때문에 2.3.3에서 언급할 수가 없었다. 우리는 먼저 완료형성, 수동 및 미래의 표현형식을 다루고 이어서 그 의미에 관해 알아보기로 한다.

조동사 haben 또는 sein과 주동사의 과거분사로 된 복합체를 **완료형** (Perfektform)이라고 칭한다. 조동사가 현재(또는 완료부정사)로 오면 간단히 현재완료(Perfekt)라고 칭한다.

Er hat geschrieben. (그가 편지를 썼다)
Sie ist gekommen. (그녀가 왔다)

조동사가 과거로 오면 과거완료(Plusquamperfekt)라고 칭한다.

Er hatte geschrieben. (그가 편지를 썼었다)
Sie war gekommen. (그녀가 왔었다)

이 동사 복합체에 각각 단순동사 형태를 대립시킬 수 있는데, 이 때 정동사는 각각 동일한 자질(예컨대 현재 또는 과거)을 나타낸다.

Er schreibt - Er hat geschrieben
Er kommt   - Er ist gekommen

Er schrieb – Er hatte geschrieben.
Sie kam – Sie war gekommen.

여기서도 우리는 각각 하나의 동사형과 하나의 동사 복합체를 포함하고 있는 두 성분으로 된 하나의 계열소에 관해서 말할 수 있다. 이러한 계열소는 전체 동사에서 확인될 수 있기 때문에 우리는 이 계열소를 또 다른 동사범주로서 문법 안으로 도입하여, 이것을 여러 언어학자들에 기대어 단계(=상, Phase)라고 칭한다.

이러한 동사적 범주인 "단계"는 학교문법과 거의 모든 최근의 학문적인 기술이 현재, 과거, 현재완료 및 과거완료와 관련하여 기술할 수 있으리라고 믿고 있는 시간범주(Zeitkategorie)가 아니다. 예컨대 우리가 복합형태(현재완료나 과거완료)에는 자질 '+abgeschlossen'을 할당하고, 단순동사 형태에는 자질 '-abgeschlossen'을 할당할 수 있다. 이로써 현재완료와 과거완료는 (명칭은 그대로 유지된다) "시제형태"(Zeitform)가 아니라 - 이들이 어떤 관점에서는 단순 정동사 형태보다도 시제와의 관계가 훨씬 적다 - (굴절소적으로 훨씬 확장된) 슬라브어의 상(Aspekt)과 비교할 수 있는 일종의 상 형태이다. 그리고 또한 실용문법과 특히 교재에서 밀접한 연관성 속에서 다루고 있는 현재완료와 과거는 엄격히 서로 분리하여 관찰하고 다루며 학습해야 한다.

구어에서 종종 (상적인) 현재완료가 (시제상의) 과거를 대신하고 그리고 문어에서도 교대 사용이 가능한 사실을 고려하여 이들을 계속 연구해야 하겠지만, 두 범주를 이론적으로 분리하는 것은 불필요하다. 확실히 남독 지역의 언어(바이에른어-오스트리아어, 슈바벤어-알레만어)에서는 특별한 관계가 있다. 즉 이들 언어에서는 과거가 더 이상 존재하지 않으며 하나뿐인 현재완료가 표준어의 현재완료와 과거의 기능을 동시

에 떠맡아야 한다. 따라서 남독 방언의 동사체계는 표준어의 동사체계와
아주 다르다. 물론 표준어에서도 현재완료와 과거의 의미가 여기서 제시
된 기술에서처럼 항상 아주 명확하게 분리되어 있는 것은 아니다.

범주 "구"의 굴절소 표기는 언제나 명확하다. 즉 하위범주 '+abge-
schlossen'은 haben/sein + 분사 II로 구성된 하나의 복합체를 형성한다.
sein-수동을 허용하는 모든 동사는 haben을 취하는 '+abgeschlossen' 구
를 형성하기 때문에 sein-수동과의 혼동은 있을 수 없다.

> Er ist gelaufen. ('+abgeschlossen') (그가 달려갔다)
> Er ist verloren. (sein-수동) (그가 실종되었다)

능동과 수동의 대립은 태(Verbalgenus)의 범주를 구성하는데, 이 범주
에는 다음 다섯 가지 계열소가 있다.

> 능동 (Aktiv)
> werden-수동 (werden-Passiv)
> sein-수동 (sein-Passiv)
> bekommen-수동 (bekommen-Passiv)
> gehören-수동 (gehören-Passiv)

다수의 동사에서는 **중립수동**(neutrales Passiv)이 가능하고(예: Lange
wurde gestritten. 오랫동안 싸웠다), 이들 중 일부의 동사(4격 보충어를
취하는)에서는 **완전수동**(volles Passiv)이 가능하다. sein-수동은 werden-
수동을 허용하는 일부의 동사들에서만 가능하다.

태의 양 극으로서의 능동과 수동은 여러 가지 의미를 갖는다. 수동은
능동에 대한 관점의 변화를 나타낸다. 동사를 통해 표현된 과정은 수동
에서 - 능동과는 반대로 - 행위자의 관점이 아니라 과정 그 자체의 관점

에서 보는 것이다. 즉 관점이 과정의 출발점으로부터 과정 그 자체로 옮겨진다. 행위자가 sein-수동에서는 전혀 언급되지 않고 werden-수동에서도 아주 드물게 언급된다. Weisgerber가 수동을 "행위자 역행적인 태"라고 특징 지음으로써 비록 현상의 한 측면만을 강조하였지만 그는 전적으로 옳았다.

　개별 수동형태들도 서로 다르다. 즉 werden-수동은 (bekommen-수동, gehören-수동과 마찬가지로) 과정을 표현하고, sein-수동은 상태(과정의 결과로서)를 표현한다. 여기서 물론 (아주 드문) 행위자가 있는 sein-수동은 특수한 지위를 갖는다.

>　Drei Briefe sind von Hanna geschrieben.
>　(편지 세 통이 한나에 의해 쓰여졌다)
>　Der Beitrag ist von Hanna zurechtgestutzt.
>　(기고문은 한나에 의해서 마무리되었다)

　이러한 형식은 규칙적인 과정을 일종의 상태로서 - 그래서 sein-수동으로 - 표현하는 일반적인 경향에 편승하여 가끔 나타난다.

>　Diese Hemden sind hier nicht gefragt.
>　(여기서는 이 속옷의 수요가 없었다)
>　Heute ist Kompromissbereitschaft verlangt.
>　(오늘 중으로 타협안이 요구되었다)
>　Mobilität ist angesagt. (동원령이 전달되었다)

　이러한 표현들이 일시적인 언어유행인지 또는 언어체계에서 변화의 징후인지에 대해서는 계속적인 관찰이 요구된다.

다음 문장에 있는 소위 미래(Futur)는 일반적으로 동사의 "시제"
(Tempus)에 배열되어 현재 및 과거와 동등한 지위를 갖는다.

Wir werden Ihr Gutachten zerfetzen.
(우리는 당신의 평가서를 갈기갈기 찢을 것이다/혹평할 것이다)

요컨대 미래가 "시제"(temporal)보다는 "양상"(modal)으로 (추측의 의
미에서) 사용되는 경우가 더 빈번하다는 사실을 통계적인 연구가 증명
하였다.

Der wird wohl wieder krank sein.
(그 사람은 아마도 다시 아플지도 모른다)

위의 문장은 미래형의 사용에 대한 전형으로 간주될 수 있다. 이 문장
은 다른 특성들과 더불어 부동사 werden을 서법동사에 근접시킨다. 다
른 한편으로 다음 문장의 미래는 틀림없이 시간적인 의미를 우선적으로
갖는다.

Nie mehr werde ich diese Stadt sehen.
(나는 더 이상 이 도시를 보지 않을 것이다)

그러나 우리가 소위 "시제"도 - 이 책에서는 시제가 설득력 있는 근거
에서 문법범주를 형성하지 않는다 - 단지 부분적으로만 시간적인 의미를
갖는다는 사실을 고려한다면, 미래를 현재 및 과거에 배열하는 것은 의
미적인 이유에서도 의심스럽다. 따라서 우리는 미래형을 특수한 형태로
서 다룰 것이다. 동사형과 동사 복합체의 체계에서 미래형이 갖는 지위
는 앞으로의 연구에 일임해야 할 것이다.

4.3. 명사구(NomP)

널리 보급된 문법책을 살펴볼 때, 연구에서 비교적 자세하게 다루어진 이 명사구(NomP)는 아직도 그에 합당한 평가를 받지 못했다. 동시에 명사구는 특히 사태의 표상을 간단한 형태로, 즉 문법적인 관점에서 볼 때, 문장을 개괄적으로 변형된 형태로 표현할 수 있다. 이것은 명사가 동사와 유사하게 아주 다양하게 구로 확장될 수 있는 사실과 관련이 있다. 문장의 구조와 명사구의 구조 사이에서 밀접한 관계를 인식할 수 있다는 사실은 놀라운 일이 아니다. 문장은 잘 알려진 구체적인 규칙에 따라서 명사구로 변형될 수 있으며, 명사구는 - 복잡하면 복잡할수록 더욱 인상적으로 - 항상 문장으로 풀어 쓸(=의역) 수 있다.

> Das Volk sehnt sich nach Frieden. (국민들은 평화를 동경한다)
> ⇒ die Sehnsucht des Volkes nach Frieden
>   (국민들의 평화에 대한 동경)
> Regines Dank an alle Helfer (모든 조력자들에 대한 레기네의 감사)
> ⇒ Regine dankte allen Helfern.
>   (레기네는 모든 조력자들에게 감사했다)

우리는 문장과 명사구 간의 근본적인 차이를 간과해서는 안 된다. 문장이 사태(Sachverhalt), 사실(Tatsache) 및 현실의 일부를 기술한다는 것은 논란의 여지가 없다. 문장은 기술된 것(Geschriebenes)이 "현실가"(Wirklichkeitswert)를 갖도록, 즉 - 특히 정동사와 그밖에 다른 표현들을 통해서 - 현실적, 비현실적, 가상 현실적 및 가칭 현실적으로 나타나도록 요구한다. 이에 반해 명사구는 현실의 일부를 구성하기 위해 요구되는 초석의 일부를 제공하지만 - 비록 현실에 바짝 근접해 있지만 -

아직 스스로 현실을 표현할 수는 없다. 이 말은 말하자면 명사구가 **현실**의 매매가를 제시한다(eine Wirklichkeitsofferte machen)는 의미이다. 명사구로 형식화된 것은 정동사와의 공동작용 속에서 언제나 현실가를 제공받을 수 있다.

> Die Sehnsucht des Volkes nach Frieden stand seinen Plänen im Wege. (국민들의 평화에 대한 동경이 그의 계획을 가로막았다)
> Regines Dank an die Helfer entspannte die Atmosphäre.
> (조력자들에 대한 레기네의 감사가 분위기를 완화시켰다)

다음에 특히 현실의 매매가를 제시하기 위하여 명사구가 어떤 **표현수단**(Ausdrucksmittel)을 제공하는가를 살펴보기로 한다. 명확히 하기 위하여 각각의 예들에 도식적인 표현이 첨부된다.

명사의 위성(Satellit)은 동사의 위성처럼 보충어이거나 첨가어이다. 이들은 비동사적 핵어의 위성으로서 부가어(Attribut)의 광대한 집합에 속한다.

우리는 1차적으로 **형용사**(부가적으로 사용된 분사 역시 형용사에 속한다)와 (대부분의 경우에서) 한정사를 명사 첨가어(Nomenangabe)로 간주한다. 이 때 형용사는 한정사에 종속하는 것으로 이해해야 한다. 그러면 형용사 변화가 한정사에 의해 유도된다는 사실을 가장 잘 설명할 수 있기 때문이다. 다음 예들을 비교해 보자.

> der unruhig*e* Tischnachbar (그 불안해하는 식탁의 옆 사람)
> ein unruhig*er* Tischnachbar (어떤 불안해하는 식탁의 옆 사람)
> mit einem herzlich*en* Gruß (진심의 인사를 전하며)
> mit herzlich*em* Gruß (진심의 인사를 전하며)

der (Bastian), dieser (Verschwender), jeder (Schwellensteher)
(그 (바스티안)) (이 (낭비자))   (모든 (문턱에 서 있는 사람))

besagter (Weinkeller),   alter (Bordeaux)
(앞서 말한 (포도주 창고))   (오래된 (보르도주))
hamburgischer (Seelachs)   (함부르크의 (바다 연어))

이 마지막 예의 표현에서는 "ø-한정사"(Null-Determinativ)가 존재한다.

Hamburger Seelachs (함부르크의 바다 연어)

Nom
|
~~Det~~
|
Adj

여기서도 ø-한정사가 형용사 변화를 결정한다.

ihre verschütteten Gefühle,   ihr unvergessliches Lachen
(그녀의 기분이 상한 감성)   (그녀의 잊을 수 없는 웃음)

Nom
|
Det
|
Adj

소유의 2격(possessiver Genitiv) 역시 이러한 2격과 결합할 수 있는 명사가 없기 때문에 첨가어로 간주해야 한다.

(die Zweige) des Apfelbaums (사과나무의 (가지들))
Sonjas (Bank) (소냐의 (걸상/은행))

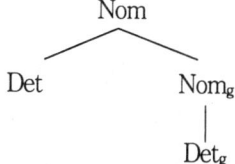

모든 상황 부가어(situatives Attribut) 역시 첨가어로 간주한다.

(der Kumpel) dort (저기 있는 (동료))
(die Hütte) am Rotgüldensee (로트궐덴 호수가에 있는 (오두막))

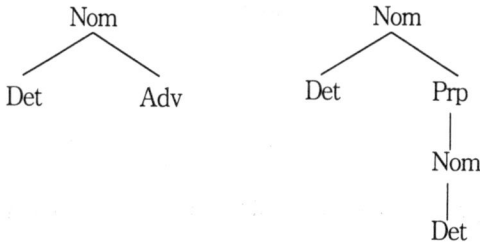

기호에 대한 설명은 2.3에 나와 있다.

명사에 종속하는 모든 다른 요소들은 명사 보충어(Nomenergänzung)
이다. 비 소유의 2격, 특히 주어적 2격(Genitivus subiectivus)과 목적어
적 2격(Genitivus obiectivus)이 명사 보충어에 속한다.

(der Vortrag) der Kandidatin,　　Hannas (Erfindung)
(여자 후보자의 (강연))　　　　　(한나의 (발명))
(die Speisung) der Fünftausend,　Evas (Tricks)
(오천마르크의 (기부))　　　　　(에파의 (술책))

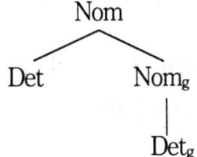

Hannas Erfindung, Evas Trick처럼 (전치한) "작센"의 2격(sächsi-
scher Genitiv)은 그것이 "한정적인" 특징을 갖지 않는 경우에는 근본적
으로 후치한 2격과 똑같이 기술되어야 할 것이다. 즉 모든 작센의 2격은
2.3.5에서 제시된 바와 같이 명사에서 한정사를 배제한다. 우리는 "배제
된" 한정사가 도식에서 전혀 나타나지 않도록 함으로써 이러한 사실을
고려해야 한다.

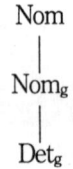

이 때 Det_g는 2격의 정관사로서 나타난다. 단일체(Unica)로서의 고유
명사는 일반적으로 정관사를 동반하지만 표준어에서는 후에 이 정관사

가 삭제되는 규칙에 따라서 이 2격의 정관사 역시 표층에서 탈락한다. 그러나 우리는 남독에서뿐만 아니라 독일어권의 많은 지역에서 이 관사 가 사용된다는 사실을 알고 있다: *die* Evelin, *der* Herr Schmidt.

그밖에 모든 2격 부가어는 - 보충어이든 첨가어이든 - 소유의 한정사로 표현될 수 있다. 이러한 사실로부터 한정사는 원칙적으로 모든 명사에서 등장할 수 있지만 특정한 경우에서는 보충어로서도 기능할 수 있다는 사실이 추론된다.

> 여기에 기술체계에서의 모순성이 존재한다는 사실이 분명하다. 즉 한 정사는 임의의 명사와 결합할 수 있는 요소로서 명사에 비특수적 (aspezifisch)으로 배열되므로 항상 첨가어임에 틀림없다. 다른 한편 으로는 한정사가 명백한 보충어와 대체되는 경우에는 보충어가 될 수 도 있다. 우리는 명사의 의존소로서 한정사의 일부만을 설정함으로써 이러한 모순을 일부 피해갈 수 있다. 그러나 이러한 경우에서도 우리 는 소유의 한정사에서 난관에 봉착하게 된다. 왜냐하면 소유의 한정 사는 보충어로서 뿐만 아니라(예: ohne *sein* Tun 그의 행위 없이) 첨 가어로서도(예: *sein* Bruder 그의 형) 기능할 수 있기 때문이다. 소유 의 한정사와 2격 부가어에서는 표층에서 (즉 표현형태에서) 보충어와 첨가어가 구별될 수 없기 때문에, 최근에 모든 2격 부가어와 모든 한 정사를 전부 첨가어로 파악할 것을 제안하였다. 필자는 물론 이러한 해결책 역시 만족스럽지 못하다고 생각한다. 그렇게 되면 눈에 띄는 의미관계가 무시되기 때문이다. 필자가 현재로서는 이 궁지에서 벗어 나는 해결책을 발견할 수가 없다.

더 나아가 전치사 부가어(präpositives Attribut), 즉 대치할 수 없는 전치사를 취하는 부가적인 전치사군이 명사 보충어에 속한다.

(die Hoffnung) auf Frieden (평화에 대한 희망)

(die Suche) nach dem Fleckenstein (얼룩돌을 찾는 것)
(eine Vorliebe) für jene rastlosen Frauen
(저 끈기 있는 부인들에 대한 (총애))

맨 마지막 구에 대한 도식은 다음과 같다.

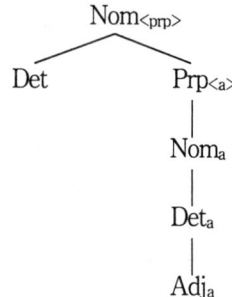

이 표현에서 최상위 명사는 결합가 <prp>를 갖는다. 즉 이 명사는 전치사구(고정된 전치사를 취하는)를 지배한다. 전치사 자신은 결합가 <a>("4격구")를 취하며, 4격 요소들은 이 결합가에 종속한다.

그밖에 출처 규정어 및 대개 방향 규정어(Richtungsbestimmung)는 명사의 보충어로 간주된다.

(der Weg) zum Rotgüldensee (로트귈덴 호수로 가는 (길))
(der Marsch) durch die Wüste (사막을 통과하는 (행진))
(der Brief) aus Göttingen (괴팅엔에서 온 (편지))
(ein Anruf) aus Göttingen (괴팅엔에서 온 (전화))

명사에 종속하는 많은 요소들이 부문장(Nebensatz)(대체로 관계문)으로 실현될 수 있다.

Vaters Buch ≅

das Buch, das Vater gekauft/geschrieben hat
(아버지가 사신/쓰신 책)
die Frage nach der Ursache ≅
die Frage (danach), worin die Ursache lag
(원인이 어디에 있었는지에 대한 질문)

명사 부가어는 부정사 구조(Infinitivkonstruktion)로서도 나타난다.

Sehnsucht nach Ida
≅ Sehnsucht, Ida wieder zu sehen
(이다를 재회하고자 하는 동경)

우리는 가끔 다의적인 2격 부가어를 이러한 문장류의 구조를 통해서 분명히 할 수 있다. 다음 첫 번째 예는 상황에 따라서 아주 상이한 표현 으로부터 도출된다.

die Abordnung *meines Vaters* (주어적/소유의/목적어적 2격)
⇐ die Abordnung, die mein Vater geschickt hatte
(내 아버지가 파견하셨던 대표단)
⇐ die Abordnung, die meinem Vater unterstand
(내 아버지를 단장으로 했던 대표단)
⇐ die Abordnung, die meinen Vater betraf
(내 아버지를 만났던 대표단)

언급된 명사의 위성이 임의적으로 결합할 수 있는 것은 아니다. 일련 의 중요한 제약(Restriktion)이 있다. 예컨대 다양한 2격 부가어의 등장 은 본질적으로 다음 3가지 규칙을 통해 유도된다.

　1. 명사구 안에는 많아야 두 개의 2격 부가어만 등장할 수 있다.

2. 동일한 핵어의 두 2격 부가어는 상이한 하위범주화에 속해야 한다.
3. 두 2격 부가어 중에서 하나는 항상 전장(Vorfeld)에, 다른 하나는 후장(Nachfeld)에 온다.

이러한 규칙을 토대로 하여 다음과 같은 명사구 - 전장에는 주어적 2 격이, 후장에는 목적어적 2격이 나타남으로써 - 가 가능하다.

Catos Verfluchung *der Stadt Carthago*
(카토의 카르타고시의 저주/카토가 카르타고시를 저주하는 행위)

대부분의 명사위성은 수의적(fakultativ)이다. 아마도 한정사가 명사의 유일한 의무적 위성(obligatorischer Satellit)일 것이다. 이 말은 명사가 텍스트에서 한정사 없이는 결코 등장하지 못한다는 의미이다. 물론 이 규칙은 우리가 Ø - 한정사(Nulldeterminativ, "Nullartikel")를 포함하는 경우에만 적용된다. 필자가 보기에는 이것이 실제로 필수적인 것처럼 보인다. 그렇게 해야만 부가적인 형용사 변화가 가장 간단하게 설명될 수 있기 때문이다. 즉 Ø - 한정사가 표층에서는 나타나지 않지만 형용사 굴절어미에서는 그 흔적을 남긴다.

우리가 Ø - 한정사의 존재를 수용하게 되면 동시에 의무적 첨가어 (obligatorische Angabe)에 관한 아주 드문 경우들 중의 하나를 갖게 된다. 이것은 이분법 '보충어 대 첨가어'가 원칙적으로 이분법 '의무적 대 수의적'(이분법 '필수적 대 삭제적'은 말할 필요도 없이)과 아무런 관계가 없다는, 위에서 제시된 명제에 대한 하나의 추가적인 논증이 된다.

명사구 내의 위치관계(Positionsverhältnis)는 비교적 엄격하게 규정되어 있다. 전장위치와 후장위치를 분리하여 기술할 수 있다.

전장(Vorfeld)에서는 한정사와 형용사의 일곱 부류들을 구분하는 것이 합리적이다.

1. 첫째 부류: all, manch, solch처럼 비굴절 한정사(inflexibles Determinativ)

   all diese Argumente (모든 이러한 논증들)
   manch schöner Traum (많은 아름다운 꿈)
   solch erlesene Delikatessen (그렇게 정선된 진미 식품들)

2. 둘째 부류: 기타 한정사(restliches Determinativ)

   der/dieser/jener/jeder/ein/mein/kein/mancher Passant (통행인)

그밖에 이 두 부류는 작센의 2격(sächsischer Genitiv)으로 대치될 수는 있지만 결코 이것과 결합할 수는 없다.

   Mutters Zeichnungen (어머니의 그림들)
   *Mutters alle Zeichnungen

3. 셋째 부류: 양적 형용사(quantitatives Adjektiv), 특히 수사(Zahlwort)

   ihre *drei* Bücher (그녀의 세 권의 책들)
   einige *wenige* Bemerkungen (몇 가지 소수의 주석들)

4. 넷째 부류: 문맥이나 상황맥락에 존재하는 것을 지시하는 지시 형용사 (referenzielles Adjektiv)

   ein *übersehenes* Lächeln (무시당한 미소)
   besagter Autor (앞서 말한 저자)
   die *damaligen* Lebensverhältnisse (그 당시의 생활환경)

5. 다섯째 부류: 질적 형용사(qualitatives Adjektiv)

   diese *üppigen* Verzierungen (이 다채로운 장식물들)

ein *gefleckter* Hund (얼룩무늬 개)

zwei *eiserne* Tore (두 철문)

6. 여섯째 부류: 종종 접미사 -er을 취하는 출처 형용사(Herkunftsadjektiv)

der *Hamburger* Fischmarkt (함부르크의 생선시장)

Wiener Würstchen (비엔나의 소시지)

Bottwartäler Trollinger (eine Rotweinsorte)
(보트바르텔의 트롤링어 적포도주)

7. 일곱째 부류: 분류 형용사(klassifizierendes Adjektiv)

die letzten *päpstlichen* Erlasse (최후의 교황 칙서)

seine besten *maghrebinischen* Erzählungen
(그의 가장 좋은 마그레브 지방의 이야기들)

solche beunruhigenden *philosophischen* Erkenntnisse
(그러한 불안한 철학적인 인식)

몇 가지 예들이 제시하는 바와 같이, 대부분의 한정사와는 반대로 (여기서는 다만 몇 가지 결합 가능성만이 존재한다) 형용사의 여러 하위부류들이 실제로 무제한으로 결합될 수 있다. 그러한 경우에 형용사는 동일하게 그들의 한정사에 종속한다. 위의 마지막 예를 도식으로 기술하면 다음과 같다.

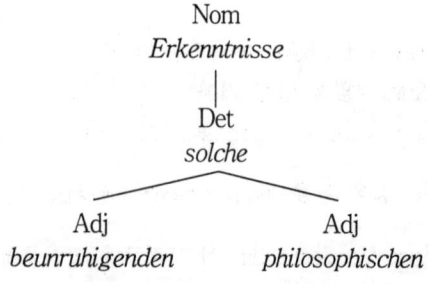

이로써 물론 형용사 상호간의 의미관계가 충분하게 기술되는 것은 아니다. 구의 의미가 부분의미로부터 어떻게 생성되는지는 다음에 논의할 것이다.

전장 요소의 광범위한 결합 가능성이 아주 긴 구성체를 형성할 수 있다. 이 때 개별 부류들은 점점 큰 수열로 배열된다.

all diese erwähnten fleißigen studentischen Hilfskräfte (보조원들)
1　2　　4　　　5　　　6
meine sieben ehemaligen emsigen Aalener Schulfreunde (동창들)
2　　3　　4　　　5　　　7

명사의 후장(Nachfeld)에는 수많은 요소들이 올 수 있다. 가장 중요한 요소들은 (작센의 2격이 아닌) 2격 부가어, 상황 부가어, 전치사 부가어 및 부문장이다. 이들이 동시에 등장하면 이들은 정확히 이 순서대로 온다.

der Verzicht der Opposition auf weitere Einwände (야당의 항의 포기)
$\text{NomE}_{\text{gens}}$　　　　NomE_{prp}
der Aufenthalt seiner Mutter in Omsk (그의 어머니의 옴스크 체류)
$\text{NomE}_{\text{gens}}$　　NomA_{sit}
der Laden, der seiner Frau gehörte (그 사람 부인 소유의 가게)
NS

여기서 NomE, NomA는 명사 보충어와 명사 첨가어를 나타낸다. 지표 gens는 주어적 2격을 표현하고 NS는 "부문장"을 나타낸다.

전장과 후장에 요소들이 있는 예를 보면 다음과 같다.

ein wichtiger linguistischer *Aufsatz* meines Nachfolgers

(내 후계자의 하나의 중요한 언어학적인 논문)
die ersten bescheidenen *Bemühungen* der neuen Regierung
um verstärkte Wirtschaftshilfe
(증강된 경제원조를 얻으려는 신정부의 최초의 작은 노력들)

명사에 대한 동격(Apposition)이 후장의 첨가어로서 나타날 수 있다.

die Bemühungen um verstärkte Wirtschaftshilfe, *ein letzter
verzweifelter Versuch*, ...
(증강된 경제원조를 얻으려는 노력들, 최후의 절망적인 시도 ...)

이 동격이 경우에 따라서는 후장의 맨 뒤에 오는 관계문과 경합한다.
동격에 대해 보다 자세한 것은 7.4를 참조하기 바란다.

이 책에서 소개된, 명사구 내에 있는 위성에 대한 배열은 "기본 어순"
(Grundfolge)으로 간주될 수 있다. 이 기본 어순은 거의 모든 경우에서
구속력을 갖는다. 그러나 극소수의 경우에 명사구 내에서도 치환
(Permutation)이 가능하다. 그렇지 않으면 배열의 어려움이 나타날 수
있기 때문이다. 이것은 특히 명사구에 대한 모든 구조규칙이 귀환적으로
사용될(rekursiv anwendbar) 수 있다는 사실, 즉 하나 또는 여러 명사구
들이 실제로 하나의 명사구 안으로 내포될 수 있으며 그러면 이 명사구
에 다시 동일한 구조규칙이 적용되는 사실과 관계가 있다. 우리는 세분
화된 긴 명사구 안에서 그 핵어가 확정되지 않은 위성들을 가끔 접하게
된다.

die Sorge um die Bauern in Hessen
(헤센주에서의 농부들에 대한 걱정/헤센주에 있는 농부들에 대한 걱정)

위의 표현에서 상황 부가어 in Hessen이 어느 핵어에 연결되는지가

분명치 않다. 즉 Sorge in Hessen(헤센주에서의 걱정)이 될 수도 있고, 또 Bauern in Hessen(헤센주에 있는 농부들)이 될 수도 있다. 아마도 Sorge in Hessen은 특히 Bauern in Hessen(다른 곳이 아니라)에 따르기 때문에 이 두 표현이 결국 동일한 사태가 될 수 있다는 사실은 여기서 중요하지 않다. 특히 몇 가지 의미차이를 부인할 수 없기 때문에, 우리는 여기서 화자/기술자가 무엇을 말하는가(의미하는가, meinen)를 명확히 확정해야 한다. 어쨌든 이 명사구에는 지금까지 논의된 의미에서 두 가지 상이한 도식이 배열될 수 있다.

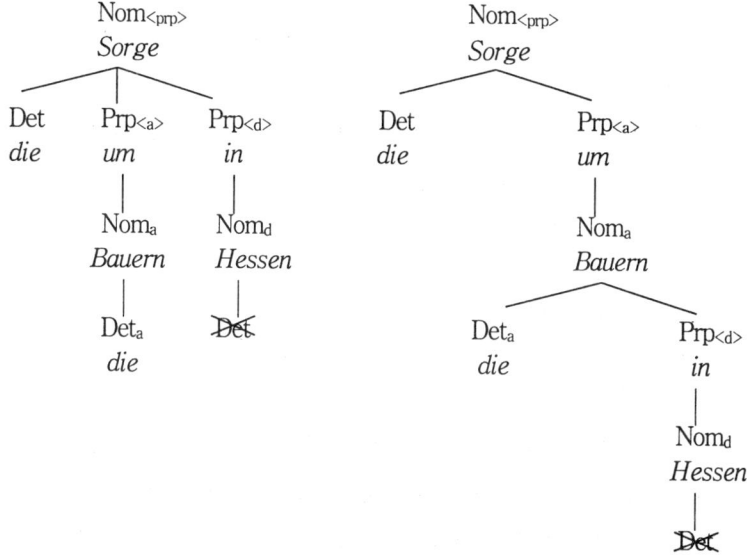

위의 명사구를 다음 첫 번째 예와 같이 치환하면 그것은 비문법적이 된다.

(?) die Sorge in Hessen um die Bauern

　　die Sorge dort um die Bauern

　그러나 위의 두 번째 예처럼 in Hessen을 dort와 같은 대용어 (Anapher)로 대체하면 치환할 수 있다. 그러면 위성 dort의 관계가 (die Sorge um die Bauern dort에 비해) 분명해진다.

　이러한 관찰 역시 결국은 명사구의 의미론(Semantik der NomP)에 대한 문제로 귀결된다.

　구의 전체 의미는 부분들의 의미뿐만 아니라 이 부분들 간에 존재하는 의미관계에도 의존한다는 기본 원칙이 모든 다른 통사구조들에도 적용된다. 이 관계가 다시 일부는 연결관계와, 또 일부는 성분들의 위치와 관련이 있다.

　(명사의) 보충어와 첨가어 간의 차이가 여기서도 중요한 역할을 한다. 예컨대 보충어는 그 핵어와 특히 밀접한 관계가 있는데, 이 관계는 핵어의 결합가에 의해 확정된다.

　　der Schrei der Zerlumpten nach Brot
　　(누더기를 걸친 사람들의 빵을 달라는 부르짖음)

　이 명사구에서 의미구조는 1차적으로 다음과 같이 결정된다. 즉 핵어 Schrei(부르짖음)는 결합가 <gens prp>를 가지며, 첫째 항상 행위자를 표현하는 주어적 2격을 지배하고, 둘째 Schrei의 내용이나 목표를 표현하는, 즉 Zerlumpten(누더기를 걸친 사람)이 Schrei를 통해 얻으려고 하는 것을 표현하는, 대체할 수 없는 전치사 nach를 취하는 전치사 보충어를 지배한다. 따라서 이 결합가는 형태·통사론과 의미론을 포함한다. 더 나아가 결합가의 의미부가 행위자(gens)는 항상 사람이나 짐승이며, '부르짖음'의 목표에 대해서는 이러한 제약이 없다는 사실을 확정한다. 우리가 부르짖으면서 요구할 수 없는 것은 분명히 아무 것도 없다.

의미제약은 결합적 의미(kombinatorische Bedeutung)라는 표현에서 요약될 수 있다. 이 결합적 의미는 사전의 첫 번째 위치에, 때로는 무제한으로 제시되어 있는 명사의 내재적 의미(inhärente Bedeutung)와 병행한다.

> 예컨대 일관성이 있으며 잘 정의된 사전에서는 명사 Schrei에 대한 내재적 의미를 다음과 같이 기술할 수 있을 것이다: '가끔 비통제적이며 준언어적으로 형식화 된 큰 소리로 하는 의사표현의 과정 또는 감정의 분출'. 이러한 설명이 실용사전에서는 아주 적합하지 않다는 사실은 의심의 여지가 없다. 그러나 사전의 어휘내항을 일목요연하고 이해할 수 있으며 편리하게 만들어야 하는 과제 앞에서, 신(神)은 사전 편찬자들에게 어휘내항을 처음에는 일단 정확하게 정의하고 나중에 구미에 맞게 준비하는 어려운 의무를 부과하였다.

결합적 의미는 관계적 의미(relationale Bedeutung)와 범주적 의미(kategoriale Bedeutung)로 구분되는데, 전자는 앞에서 언급한 의미관계를 확정하고, 후자는 필요한 경우에서 개별 보충어에 특정한 의미자질(예컨대 '행위자')을 의무적으로 규정한다. 결합적 의미에 대해 보다 자세한 것은 5.9 참조.

우리는 명사적 핵어와 그 보충어로 구성되는 보다 긴밀한 복합체를 연산자(Operator)와 피연산자(Operand)의 표현으로 형식화 할 수 있는데, 이 표현에서 명사는 내재적 의미를 통해서 연산자('속성이나 관계가 배열되어야 하는 것/다른 것에 적용되는 것')가 되고, 보충어는 피연산자('어떤 것이 배열되는 것')가 된다. 이 때 보충어가 떠맡아야 하는 "역할"(Rolle)과 보충어의 고유 의미성분 역시 핵어의 결합적 의미를 통해

서 확정되어 있다. 우리가 해당 표현이나 범주기호를 반따옴표로 표현함
으로써 표현이나 범주의 의미를 나타내면, der Schrei der Zerlumpten
nach Brot의 표현에 대하여 다음과 같은 공식(Formel)이나 기호적인 표
현이 생겨난다.

'Schrei'('der Zerlumpten', 'nach Brot')
'Nom$_{<gens\ prp>}$'('NomE$_{gens}$', 'NomE$_{prp}$')

이 때 논항에 대해 어떤 확정된 순서나 등급의 순서는 없다.

그리고 나서 첨가어가 보통 의미함수 '적용된다'(gilt für) 안에서 더욱
긴밀한 이 핵어-보충어 복합체에 등장한다. 여러 첨가어가 있으면 그 위
치가 중요하다. 예컨대 처음에는 전장에 있는 첨가어가 핵어와 가까운
순서대로 긴밀 복합체를 연산하고, 그 다음에는 후장에 있는 첨가어가
다시 핵어와 가까운 순서대로 연산한다. 두 보충어와 네 첨가어를 취하
는 추상적인 명사구가 첫 번째 예와 같이 실현되어 있으면, 이들의 의미
구조 공식(semantische Strukturformel)은 다음 두 번째 예와 같다.

NomA$_1$, NomA$_2$, NomA$_3$, **Nuk**, NomE$_1$, NomE$_2$, NomA$_4$
'NomA$_4$'('NomA$_1$'('NomA$_2$'('NomA$_3$'('Nuk'('NomE$_1$', 'NomE$_2$')))))

다음 두 표현 사이에 의미차이가 존재하는 이유는 명사 첨가어가 위
치에 종속하기 때문이다.

die drei philosophischen Fragen (세 가지 철학적인 문제들)
die philosophischen drei Fragen (철학적인 세 가지 문제들)

우리가 개별의미에 대해 품사기호를 사용하고 양적인 형용사는 qn,
질적인 형용사는 ql의 지표를 사용하면 다음과 같은 의미구조 공식을 얻

는다.

'Det'('Adj$_{qn}$'('Adj$_{ql}$'('Nom')))
'Det'('Adj$_{ql}$'('Adj$_{qn}$'('Nom')))

이러한 차이는 우리가 직관적으로 이해하고 있는 차이와 일치한다. 첫 번째 예는 철학적인 문제에 관해서 말하는데 철학적인 문제가 세 집단을 형성하고, 두 번째 예는 분명히 여러 집단의 세 가지 문제를 말하는데 그 중에서도 철학적인 문제의 집단을 말한다. 두 예에서 세 집단은 정관사를 통해서 '한정적'(definit)으로 표현된다. 두 예에서 연산의 결과는 우측에서 좌측으로, 즉 핵어로부터 진행한다.

우리가 핵어를 "Nuk", 명사의 보충어 전체를 "NomEK", 명사의 첨가어 전체를 "NomAK"로 표현함으로써 이 기술을 일반화 할 수 있다.

'NomAK'('Nuk'('NomEK'))

이것이 서술어(Prädikation)가 아니라는 사실을 언급하는 것은 중요하다. 왜냐하면 서술어는 항상 사태에 대한 진술에서만 가능하지만 명사구는 결코 사태가 아니라 사태의 일부에만(광의에서 "사물"(Sache)) 관련된다. 이러한 주석은 필수적인 것처럼 보인다. 왜냐하면 앞에서 제시한 공식(Formel)은 그 구조에서 술어논리적인 공식을 강하게 연상시키기 때문이다. 우리가 술어연산(Prädikatenkalkül)을 사용하면 공식이 사태가 아니라 바로 사물(개체/격 "Größe", 명사 Term)을 기술한다는 것을 분명히 해야 한다. 우리는 이 기술되는 사물을 분리하여 앞에 제시함으로써 이것을 일반적으로 표현할 수 있다. 그러면 마지막 공식은 술어논리적(prädikatenlogisch)으로 다음과 같이 바꿔 쓸 수 있다.

NomP | 'NomAK'('Nuk'('NomEK'))

4.4. 형용사구(AdjP)

여기서는 종종 명사구의 구성성분을 형성하는 상당히 다양한 구가 문제된다. 형용사구는 명사에 의해 지칭된 개체(Größe)에 특성을 할당하거나 또는 특정한 관계를 형성한다.

> 품사 "형용사"의 범위에 대해 보다 자세한 사항은 2.3.6장을 참조하기 바란다. 거기서는 부가적으로 사용될 수 있는 요소들만이 형용사로 간주될 수 있다는 사실을 특히 명확히 하였다. angst(불안한), leid(싫증난), schade(애석한)와 같은 "연사 불변화사"는 형용사가 아니지만 부가적으로 사용된 모든 분사는 형용사에 속한다.

전체적으로 볼 때 형용사와 형용사구는 아주 다양하게 사용될 수 있다. 우리는 형용사를 주로 "부가적"(attributiv), "술어적"(prädikativ), "부사적"(adverbial) 용법으로 나눈다. 이 때 "술어적" 용법이란 동사의 형용사 보충어로서의 용법을 말하고, "부사적" 용법이란 동사의 수식 첨가어나 기타 첨가어로서의 용법을 말한다. 다음의 예가 개별적인 용법을 분명히 해 줄 것이다.

> 부가적: ein *kaltes* Lächeln (냉소)
> 술어적: In diesem Zimmer ist es *kalt*. (이 방은 차다)
> 부사적: Er sah mich *kalt* an. (그는 나를 냉소적으로 바라보았다)

우리는 형용사 및 형용사와 유사한 단어들을 그 용법에 따라서 모두 7가지 종류로 나눌 수 있다. 다음에 모든 종류에 대한 몇 가지 예를 제시한다.

부류	단어	부가적	술어적	부사적
1.	lieb (사랑스러운)	+	+	+
	barfüßig (맨발의)	+	+	+
2.	wohnhaft (거주하는)	+	+	-
3.	ander (다른)	+	-	-
	baldig (신속한)	+	-	-
4.	täglich (매일의)	+	-	+
5.	anders (달리)	-	+	+
	da (거기(에)/그때)	-	+	+
	barfuß (맨발로)	-	+	+
6.	quitt (면한/벗어난)	-	+	-
7.	gern (기꺼이)	-	-	+
	dann (그리고 나서)	-	-	+

2.3.6의 정의에 따르면 처음의 네 부류들만이 형용사에 속하며 따라서
형용사구를 형성할 수 있다는 것이 분명하다. 부류 5와 부류 6의 요소들
은 연사 불변화사이거나(anders, barfuß, quitt) 또는 부사이다(da). 부류
7의 요소들은 양태 불변화사에 속하거나(gern) 또는 부사에 속한다
(dann).

전통문법에서나 현대문법에서 "형용부사"(Adjektivadverb)라는 개념
은 특히 언짢은 혼란을 야기한다. 형용부사란 부가적으로 뿐만 아니
라 부사적으로도 사용될 수 있는 부류 1과 부류 4의 형용사를 말한
다. 이런 아주 불필요한 개념은 품사에 대한 정확한 정의가 없다는
사실에 기인할 수 있다. 우리의 정의에 따르면 lieb, barfüßig, täglich
는 분명히 형용사이지 다른 어떤 품사도 아니다(이들은 형용사에 대
한 기준을 충족시키기 때문이다). 이들이 부사적으로 삽입될 수 있다
는 사실은 그러나 이들로부터 결코 부사를 만들지 않는 하나의 추가

적인 자질이다(독일어 규칙에 따르면 Haustür(대문)가 일종의 Tür
(문)인 것과 똑같이 "형용부사"는 일종의 부사이다). 왜냐하면 부사는
불변화사(Partikel), 즉 변화하지 않는 단어로 정의되기 때문이다
(2.3.12 참조). 품사와 통사기능을 구별할 수 없는 사람들만이 "형용부
사"라는 개념을 중요하게 생각할 것이다.

대체로 강조 규정어나 정도 규정어는 형용사의 가능한 위성(Satellit)
으로 언급된다.

ganz nett (아주 친절한)
ziemlich albern (상당히 어리석은)
sehr erfreulich (매우 기쁜)
völlig tot (완전히 죽은)

이러한 위성을 지배할 수 없는 형용사가 분명히 존재하기 때문에(예:
täglich) 이들을 형용사 보충어(Adjektivergänzung:AdjE)라고 칭한다.
더 나아가 우리는 형용사구의 의존구조(Dependenzstruktur)를 다시 보
충어와 첨가어에 따라 기술할 수 있다.

다수의 형용사 보충어(Ergänzung)가 존재한다. 여기서는 가장 중요한
형용사 보충어들만 제시된다.
• 4격 보충어(AdjE$_{akk}$): 4격 보충어(Akkusativergänzung)는 드물게
부가적으로 사용되는 몇몇 형용사에서만 등장한다. 이들은 가끔 이전의
2격 보충어를 대신하여 사용된다.

diese Unruhe (gewohnt, satt)
(이러한 불안에 익숙한/싫증난)

• 2격 보충어(AdjE$_{gen}$): 전체적으로 볼 때 2격 보충어(Genitivergän-zung)는 아주 드물다.

des Treibens (müde, froh)
(활동에 지친/즐거운)

• 3격 보충어(AdjE$_{dat}$): 3격 보충어(Dativergänzung)는 상당히 많은 (적어도 70개의) 형용사에서 나타나며 현대어에서도 아주 자주 사용된다.

den Gästen (fremd, lieb, neu)
(손님들에게 /낯선/마음에 드는/새로운))

• 전치사 보충어(AdjE$_{prp}$): 전치사 보충어(Präpositivergänzung)가 가장 자주 사용되는 형용사 보충어이다. 이들은 오늘날 점차 증가하는 추세에 있으며 100개 이상의 형용사에 대한 위성으로서 나타난다. 여기에 사용되는 전치사는 교환될 수 없으며 인지할만한 어떤 의미도 갖지 않는다.

auf Erfolge (stolz, neugierig, erpicht)
(성공을 자랑하는/호기심이 많은/집착하는)
über den Zimmernachbarn (verärgert)
(옆방 손님에게 화가 난)
in die Polin (verliebt, vernarrt)
(폴란드 여인에게 반한/홀딱 반한)
mit allen möglichen Leuten (bekannt, befreundet)
(모든 사람들에게 알려진/친한)

• 상황 보충어(AdjE$_{sit}$): 상황 보충어(Situativergänzung)는 특정한 텍스트 유형(기록, 보고, 서식)에서 자주 사용되는 소수의 형용사에서 등장

한다. 전치사는 교환될 수 없으며 쉽게 확인할 수 있는 고유의미를 갖는다.

　in Wasserburg wohnhaft (바사부르크에서 살고 있는)

　• 등급 보충어(AdjE$_{grd}$): 등급 보충어(Graduativergänzung)는 형용사의 세 비교단계 모두에서 등장한다. 이들은 여기서 등급 규정어를 지칭한다. 이러한 배열에서 우리는 이 보충어가 비교할 수 있는 형용사에서만 가능하다는 것을 알 수 있다.

　(ein) dreihundert Jahre (alter Schrank) (300년 된 장)
　(die) um eineinhalb Jahre (jüngere Schwester) (1년 6개월 된 누이동생)
　(das) bei weitem (triftigste Argument) (아주 설득력이 있는 논증)

　• 규범 보충어(AdjE$_{nrm}$): 규범 보충어(Normergänzung) 역시 비교할 수 있는 형용사에서만 등장한다. 이들은 도달되었거나 또는 초과된 적용규범에 관련된다. 소수의 표현형태만이 존재한다.

　(ein) zu (knappes Gutachten) (너무 불충분한 평가서)
　(die) genügend (informativen Angaben) (충분히 정보적인 보고서)

　• 비교 보충어(AdjE$_{vgl}$): 비교 보충어(Vergleichsergänzung) 역시 비교할 수 있는 형용사에서만 등장한다. 비교 보충어는 비교요소나 또는 (최상급에서는) 선택집합을 나타낸다.

　so (treffsicher) wie Monika (모니카처럼 정확한)
　(viel besser) als die erste Fassung (첫 판보다 훨씬 좋은)
　(die tüchtigste) meiner Mitarbeiterinnen
　(내 여직원들 중에서 가장 유능한 여직원)

(die Schönste) im ganzen Land (전국에서 가장 아름다운 여인)

이러한 보충어 외에 형용사의 첨가어(Angabe)도 고려해야 한다. (문장에서처럼) 상황(situativ) 첨가어, 수식(modifikativ) 첨가어, 부정(negativ) 첨가어 및 평가(existimatorisch) 첨가어가 있다.

- 상황 첨가어($AdjA_{sit}$):
  (eine) vor der Wahl noch (vertretbare Behauptung)
  (선거전에는 아직도 수용할 수 있는 주장)

- 수식 첨가어($AdjA_{mod}$):
  (dieser) bedenkenlos (abschreibende Autor)
  (이 거리낌 없이 표절하는 저자)

- 부정 첨가어($AdjA_{neg}$):
  (eine) durchaus nicht (vorhersehbare Komplikation)
  (전혀 예견할 수 없는 합병증)

- 평가 첨가어($AdjA_{exi}$):
  vermutlich (bestochene Zeugen)
  (추측컨대 매수당한 증인들)

지금까지 부가적으로 사용된 형용사구에 대한 예가 제시되었다. 대체로 위에서 기술된 배열은 술어적 용법과 부사적 용법에서도 적용된다. 이 때 물론 구조변화가 고려되어야 한다.

(Nichts Menschliches ist) mir (fremd).
(나는 비인간적인 일에는 생소하다/익숙하지 않다)
(Großvater ist) vermutlich zu (schnell gelaufen).
(아마도 할아버지께서 너무 빨리 달리셨다)

주로 부가적이 아닌 형용사의 용법에서는 문장류(satzartig)의 형용사 위성이 등장한다.

(baufällig,) wie das Haus nun einmal ist
(그 집은 그 어느 때보다도 붕괴 위험이 있는)
(vertrauensseliger,) als die Umstände dies rechtfertigen
(어떤 경우에서도 확실히 믿을 수 있는)
(darauf beachtet,) nichts zu verschütten
(조금도 흘리지 않도록 유의하는)

형용사의 위성은 대부분 수의적이다. 다음과 같은 소수의 형용사에서는 보충어가 의무적이다.

wohnhaft: in Miltenberg wohnhaft (밀텐베르크에서 거주하는)
erpicht: erpicht auf schnelle Erfolge (신속한 성공에 집착하는)
gewohnt: die ständigen Anrufe gewohnt (계속적이 전화에 익숙한)

형용사구 안에 있는 요소들의 위치(Position)는 우선 기본어순 규칙(Grundfolgeregel)을 통해 기술할 수 있다.

문장류가 아닌 모든 위성은 형용사 핵어 앞에 온다. 위성이 축적(Kumulation)될 경우에는 순서가 아주 자유롭다.

이에 대한 예를 보면 다음과 같다. 이태릭체 부분이 핵어이다.

ganz *richtig* (아주 올바른)
ihm *ergeben* (그에게 빠져있는)
ihm völlig *ergeben* (그에게 완전히 빠져있는)
von dieser Frau hundertprozentig *abhängig*
(이 부인에게 전적으로 의존하는)
nur auf schnelle Gewinne *erpicht*
(신속한 이득에만 집착하는)

물론 강조요소 sehr(매우), überaus(지나치게), ziemlich(상당히)는 항상 핵어 바로 옆에 온다. 그래서 다음은 비문이다.

*ziemlich auf ihn böse

문장류가 아닌 모든 위성이 전장위치에서 적용되는 기본어순 규칙이 형용사구의 부가적인 용법과 부사적인 용법에서 예외 없이 적용된다. 그러나 술어적인 용법에서는 수의적인 치환(Permutation)이 가능하다. 즉 일부의 위성은 형용사의 후장으로 올 수 있다. 그것은 주로 전치사 보충어, 상황 보충어 및 비교 보충어이다.

Sie war erpicht *auf schnelle Erfolge.*
(그녀는 신속한 성공에 집착했다)
Er ist seit Jahren wohnhaft *in Miltenberg.*
(그는 수년 전부터 밀텐베르크에서 살고 있다)
Sie ist viel sympathischer *als ihr Bruder.*
(그녀는 자기 오빠보다 훨씬 호감이 간다)

규범 보충어가 genug이면 그것은 항상 후치해야 한다.

Sie ist tüchtig genug. (그녀는 아주 유능하다)

　문장형식의 보충어(특히 형용사의 술어적 용법에서 등장하는)는 항상 형용사의 후장에 나타난다.

Er ist älter, als wir gedacht hatten.
(그는 우리가 생각했던 것보다 나이가 많다)

　이러한 요소들은 우측으로 오려는 경향이 아주 강해서 가끔 핵어와 분리되어 문장의 후장으로 이동한다.

Er ist älter gewesen, als wir gedacht hatten.
(Er ist älter, als wir gedacht hatten, gewesen.은 드물다)
(그는 우리가 생각했었던 것보다 나이가 많았다)

　형용사구의 의미론은 명사구의 의미론과 유사하게 규정된다. 보충어는 핵어와 함께 하나의 긴밀한 의미 복합체를 형성하고 첨가어는 그렇게 하여 생긴 의미 복합체를 보다 자세히 규정한다. 물론 여기서도 보충어가 핵어와 통일성을 갖춘 긴밀한 관계를 갖는 것은 아니다. 대부분의 보충어가 핵어와 함께 1차적이며 특히 긴밀한 하나의 복합체를 형성하는 반면에, 강조 보충어와 등급 보충어는 나중에 비로소 이러한 보다 긴밀한 복합체에 나타난다. 예컨대 다음 첫 번째 예에 대한 의미구조는 그 다음 두 구조와 같다.

ziemlich unbequem für uns alle (우리 모두에게 상당히 불쾌한)
'ziemlich'('für uns alle'('unbequem'))
'E_{grd}'('E_{prp}'('Adj'))

이러한 공식 역시 서술어로 이해해서는 안 된다(4.3 참조). 술어논리
적으로 볼 때 모든 형용사와 형용사구는 개체 x에 대해 어떤 특성을
할당할 수 있는(꼭 할당해야 하는 것은 아니지만) "열린 술어"
(offenes Prädikat)이다. 따라서 맨 마지막 공식은 술어연산에서 다음
과 같이 기술해야 할 것이다.

$$\{`E_{grd}'(`E_{prp}'(`Adj'))\}\;(`x')$$

이것은 의미요소 'unbequem'이 우선 'uns alle'와 관련하여 제한되고,
이 복합체가 'ziemlich'에 의해 등급이 매겨진다는 의미이다.
  형용사구의 구조가 제시하는 수많은 다른 문제점들은 여기서 논의할
수가 없다.

그러나 적어도 우리가 형용사와 비교 및 등급 보충어 간에 직접 의존
을 설정함으로써 이 관계를 아주 간단히 기술했다는 사실은 언급해
두어야 하겠다. 보다 자세히 관찰해 보면, 형용사에서 특정한 비교단
계가 표지되어 있는 경우에만 위의 두 종류의 보충어가 등장할 수 있
다는 사실이 나타난다.

so tüchtig *wie seine Frau* (자기 부인만큼 유능한)
um zwei Mark billiger (2마르크 더 싼)

따라서 위의 첫 번째 예에서 이태릭체로 된 비교 보충어는 형용사
가 원급(Positiv)으로 온다는 것을 전제로 한다. 이에 반해 두 번째
예에서 이태릭체로 된 등급 보충어는 형용사가 비교급(Komparativ)
으로 온다는 것을 전제로 한다. 그렇다면 우리는 비교 보충어
(Vergleichsergänzung)와 등급 보충어(Graduativergänzung)가 형용
사가 아니라 비교 굴절소에 종속한다고 말하는 것이 더 타당성이

있을 것이다. 그 결과 다음과 같은 도식적 기술이 생겨날 것이다.

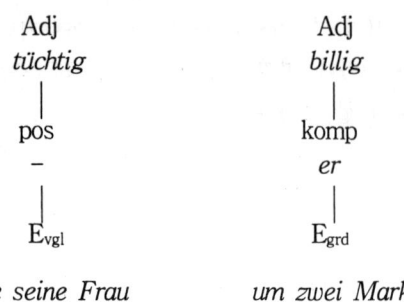

이 때 "pos"와 "komp"는 비자립적인 비교 형태소를 나타내고, 그 중에서도 "pos"는 여기서 (통상적인 경우에서처럼) ∅-굴절어미 (Nullflex)로 표현된다. 몇 가지 사실들이 이런 종류의 기술을 인정 하겠지만 우리는 다음에서 이러한 기술을 이용하지 않을 것이다. 특 히 우리는 의존구조에 대한 기술에서 일반적으로 단어층위보다 더 깊이 들어가지는 않으려고 하기 때문이다.

4.5. 대명사구(PrnP)

대명사구는 대부분의 문법에서 극히 제한적으로 다루어진다. 그래서 이 책에서는 많은 대명사에서 얼마나 풍부한 부가 가능성이 있는가를 예로서 제시하고자 한다. 이 때 동시에 문법학자의 골동품 상자에서 나 온 비현실적인 예가 아니라 이 형식이 바로 일상 독일어에서도 관습적 이라는 사실을 분명히 밝혀둔다.

다음의 구가 상대 대명사(Partnerpronomen)에 속한다.

ich unverbesserlicher Optimist (불변의 낙관론자인 나)
du armer Kerl mit deinem Taugenichts von Neffen
(건달인 조카를 데리고 있는 불쌍한 녀석인 너)
Ihr lieben Freunde alle (사랑하는 친구인 너희들 모두)

우리는 이들을 물론 한정사가 없는 (작센의 2격도 불가능한) 종속적인 명사구를 취하는 대명사로 쉽게 기술할 수 있다. 한정사가 없는 이런 단절된 명사구를 NomP′로 표현할 수 있다.

비록 자주 등장하는 것은 아니지만 소유의 한정사는 물론 허용된다.

du unser lieber Gast aus Übersee
(해외에서 온 우리가 사랑하는 손님인 너)
ihr meine besten Freunde (나의 가장 좋은 친구인 너희들)

부가적인 NomP′에 대한 몇 가지 제약이 있다.

1. NomP′의 명사적 핵어는 상대대명사가 관계하는 개체에 대한 상위 집합을 표현해야 한다. ich, du, wir, ihr, Sie가 일반적으로 사람을 표현하기 때문에 명사는 항상 사람에 적용될 수 있어야 한다. du Dickkopf (고집장이 너), Sie asoziale Kröte(반 사회적인 사람인 당신), du Ochse (황소같은 너), du trübe Tasse(바보같은 너)와 같은 표현들 역시 관습적이며 올바른 표현으로 간주해야 한다는 사실에 반대할 하등의 이유가 없다. 왜냐하면 해당 명사들이 사람에 대한 지칭으로 사용되기 때문이다. 그러나 대개 동작명사와 이와 유사한 명사는 배제된다. 그래서 다음의 표현들은 올바른 표현이 아니다.

*du Durchfall
*Sie Abgrenzung

*ihr Freisetzungen

2. 단수에서는 감정적으로 표지된 명사들만이 부가어로서 사용될 수 있다. 따라서 우리는 여기서 가끔 욕설이나 애칭을 접하게 된다.

Sie Schwabe (당신 슈바벤 사람)

위와 같은 표현은 일반적으로는 옳지 않은 표현으로 간주되어야 한다. 그러나 어떠한 이유에서이든지 간에 Schwabe(슈바벤 사람)가 욕설로서 간주되는 어떤 화자의 개인적인 언어능력에서는 그것이 정확한 표현으로 간주될 수 있다.

복수에서는 이런 제약이 없다. 따라서 다음 표현들은 처음부터 감정적으로 표지된 것으로 간주될 수 없다.

wir Bayern (우리 바이에른 사람들)
wir Arbeitnehmer (우리 노동자들)
ihr Chemnitzer (너희 캠니츠 사람들)
ihr Presseleute (너희 기자들)

부가적 NomP′를 취하는 상대대명사에 대한 예를 보면 다음과 같다.

ich mit euren Usancen weniger Vertrauter Abgeordneter
aus der bayrischen Provinz
(바이에른 지방 출신으로서 여러분의 관습을 잘 모르는 의원인 나)
du alter schwäbischer Geizkragen da hinten
(저 뒤에 있는 슈바벤 출신의 늙은 구두쇠인 너)
du bedauernswerter Zeitgenossen mit deinen politischen
Ansichten von gestern

(구시대의 정치적인 견해를 가지고 있는 불쌍한 동시대인인 너)
ihr verehrten Zuhörer im Nebenraum, die ich jetzt nicht sehen kann
(내가 지금 볼 수 없는 옆방에 있는 존경하는 청중 여러분)

그밖에 명사적 핵어가 없는 유사한 구조의 부가어가 등장한다.

ich mit euren Usancen wenig Vertraute
(여러분의 관습을 잘 모르는 나)
ihr ewig Unzufriedenen da hinten
(저 뒤에 있는 영원히 만족하지 못하는 너희들)
du unser bestes Stück
(우리의 가장 좋은 친구인 너)

이러한 부가어는 명사가 2차적으로 삭제된 NomP′로 쉽게 설명된다.
상대대명사는 또한 관계문도 지배할 수 있다.

ich, der euch immer geholfen *hat*
(너희들을 항상 도와준 나)

이러한 구성체 역시 명사적 핵어(경우에 따라서는 다른 요소들)가 삭제된 부가적 NomP′로 해석할 수 있는지에 대해 심사숙고해 볼 수 있다. 그러나 우리는 이러한 하위변형에 대해서는 신중한 태도를 취하는 것이 좋으며, 가능한 한 많은 현상들을 일반적인 의존구조로부터 직접 설명해야 한다. 이것은 관계문이 직접 상대대명사에 종속하는 결과를 초래한다. 관계적 연결요소(=관계대명사)가 동시에 종속문의 주어가 되는 다른 형태도 있기 때문에 이러한 기술은 복잡해진다.

ich, der *ich* euch immer geholfen *habe*
(너희들을 항상 도와준 나)
du, der *du* unser Vertrauen erworben *hast*
(우리의 신뢰를 획득한 너)

이러한 형식에서는 주어가 말하자면 이중으로, 즉 관계대명사와 그리고 다시 한 번 상대대명사로 지칭된다. 관계문의 정동사가 후자의 예에서는 반복된 상대대명사와 일치하고 전자의 예에서는 관계대명사에 따른다. 필자가 보기에는 이 두 형식 사이에는 미묘한 의미차이가 있는 것처럼 보인다. 즉 후자(관계대명사 + 상대대명사)는 감정적으로 표지되어 있으므로 특히 감정이 들어 있는 호소나 슬픈 추도사에 적합하고, 전자 (관계대명사만 있는 경우)는 이러한 관점에서는 중립적이다.

그밖에 이 두 구조는 의존적인 면에서도 흥미롭다. 특히 Tesnière가 분명히 밝혀둔 바와 같이 관계대명사는 2중의 기능을 가지므로 구조기술에서 원래 양분되어야 한다. 즉 한편으로는 관계대명사가 관계문을 그 선행사에 종속시키고(따라서 종속접속사 기능을 갖는다), 다른 한편으로는 관계대명사가 관계문에서 통사기능의 보유자가 된다(마지막 두 예에서 관계대명사는 주어로서 기능한다). 이 이중기능을 표현하기 위하여 우리가 관계문의 구조를 도식적으로 기술할 때에는 일반적으로 여러 가지의 술책을 사용하지 않을 수 없다. 상대대명사를 명시적으로 지칭하는 경우, 우리는 관계대명사에는 종속접속사의 기능만을 할당하고, 상대대명사에는 부문장에서의 통사적 기능만을 할당함으로써 이 관계를 좀더 쉽고 표층에 근접하게 실현시킬 수 있다.

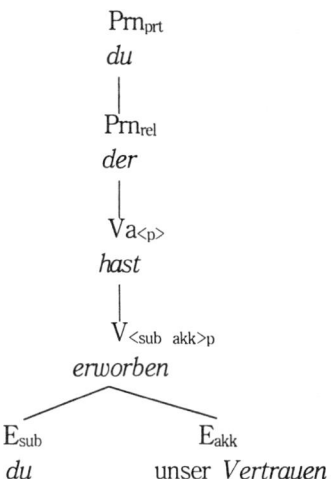

지시대명사(Verweispronomen) 중에서 지시대명사(Demonstrativpro-
nomen) dér, die, das를 간단히 언급해 보기로 한다. 이들은 강조를 통해
서 뿐만 아니라 2격(dessen, deren)과 복수 3격(denen)의 형식을 통해서
도 일반적으로 동일하게 발음되는 정관사와 구별된다. 아주 다양한 요소
들이 - 한정사, 전치사구, 관계문 - 위성으로서 등장한다.

> die beiden (그 두 사람)
> die mit den sieben Kindern (일곱 자녀를 둔 그 여자)
> die aus Rudolstadt (루돌슈타트에서 온 그 여자)
> die, mit der ich mich gerne länger unterhalten hätte
> (내가 좀 더 오랫동안 기꺼이 이야기하고 싶었던 그 여자)

우리가 알 수 있는 바와 같이 전체적으로 볼 때, 이들은 상대대명사에
서와는 다른 부가어들이다.

추상적인 대명사 중에서도 특히 부정대명사(Indefinitum)가 흥미 있는

관점을 제공한다. 부정대명사 jemand(someone), niemand(nobody), etwas
(something), nichts(nothing)에 관해 논의해 보자. 이들은 형용사, 형용
사구, 다양한 전치사 부가어 및 관계문을 위성으로서 취할 수 있다.

> nichts Neues in der Nordstadt (북부도시에서의 평범한 것)
> nichts von alledem (모든 것 중에서 그 어떤 것도 ... 아니다)
> jemand mit schwarzer Brille und Diplomatenkoffer
> (검은 안경을 끼고 외교관 가방을 든 어떤 사람)
> niemand aus Naumburg (나움부르크 출신의 그 누구도 ... 아니다)
> etwas, das mich interessieren würde
> (나의 흥미를 끌 수 있는 어떤 것)

이러한 구에서 형용사는 보통 중성 단수 (1격)의 형태를 갖는다. 이러
한 사실은 남성 대명사 jemand, niemand에서 두드러진다.

> jemand Bekanntes (어떤 지인)
> niemand Hiesiges (여기 있는 그 누구도 ... 아니다)

지역에 따라서는 일상어에서 남성 단수 형태도 등장한다.

> jemand Bekannter (어떤 지인)
> niemand Hiesiger (여기 있는 그 누구도 ... 아니다)

그러나 이런 형태는 표준어로 간주될 수 없다. jemand, niemand가 여
성이나 남녀 혼합집단과 관련될 때에는 일반적으로 이 형식을 사용하지
않는다.

4격과 3격에서는 jemand, niemand가 고유한 굴절형태를 취하지만(Sie
hatte jemanden gesehen.(그녀가 누군가를 보았다). Ich war mit
jemandem zusammengetroffen.(나는 누군가를 만났다)), 일상어에서는

가끔 어미 없이도 등장한다(Sie hatte jemand gesehen.). 그러나 이들이 형용사를 위성으로 취하면 세련된 표준어에서도 이들은 변화하지 않는다. 물론 그러한 경우에 형용사는 해당 굴절어미를 취한다.

Sie hatte jemand Bekannten (neben: Bekanntes) gesehen.
(그녀는 어떤 지인을 보았다)
Ich war mit jemand Bekanntem (nur so) zusammengetroffen.
(나는 어떤 지인을 다만 그렇게 만났다)

위성의 이러한 변화는 대명사 nichts의 3격에서도 적용된다.

Mit nichts anderem hatte ich gerechnet.
(나는 어떤 다른 것도 고려하지 않았다)

그밖에 의문대명사 wer에서도 이와 유사한 형용사 위성을 관찰할 수 있다. 여기서는 추가적으로 위성(문장의)이 핵어로부터 분리되어 후장으로 이동한다.

Wen hast du dort Bekanntes (neben : Bekannten) getroffen?
(너는 거기서 지인 누구를 만났느냐?)

이미 제시된 바와 같이 대명사의 하위부류들은 아주 다양한 위성을 허용하며 전체 대명사에 등장할 수 있는 위성은 존재하지 않기 때문에 이들은 모두 **보충어**(Ergänzung)이다. 모든 이런 보충어는 **수의적**(fakultativ)이다.

대명사구의 위치구조(Positionsstruktur)는 비교적 쉽게 기술될 수 있다. 즉 대명사구(Pronominalphrase)는 전장을 취하지 않으며 모든 위성은 후장에 존재한다.

상대대명사에서는 이 규칙에 대한 하나의 예외가 있다. 특히 2인칭의 상대대명사에서 NomP'가 짧고 "자립적"이면, 즉 문장결합으로 사용되지 않으면 NomP'가 앞에 올 수도 있다. 그래서 다음 두 형식 모두 가능하다.

du Dummkopf / Dummkopf du (너 바보/바보인 너)
ihr feigen Gesellen / feige Gesellen ihr
(너희 비겁한 녀석들/비겁한 녀석인 너희들)

이 때 각각 두 번째 형식이 첫 번째 형식보다 더 감정적으로 표지되어 있다.

후장에 여러 위성들이 오면 이들의 순서가 규정된다. 첫 번째 위치에 형용사가 오고, 마지막 위치에 관계문이 오며, 기타 요소들은 그 사이에 온다.

ihr tapferen Frauen aus der Trümmerzeit, denen man die Rente kürzen will (사람들이 연금을 줄이려고 하는, 폐허시대 출신의 용감한 부인들인 여러분)
er mit seinen Weltverbesserungsideen, der nie einen Fuß auf den Boden kriegte (확고한 기반을 가지고 있지 않으면서 세계를 개혁하려는 생각을 가지고 있는 그)
etwas Interessantes aus Usbekistan
(우즈베키스탄으로부터 들어온 흥미 있는 것)

위성이 핵어를 보다 자세히 규정하도록 대명사구의 의미론을 기술할 수 있다. 이 때 위치가 중요한 역할을 한다. 즉 핵어와 가까이 있는 위성이 핵어와 긴밀한 복합체를 형성하고 핵어와 멀리 있는 위성이 나중에

합류한다. 다음 첫 번째 표현을 다음 두 가지 표현으로 기술할 수 있다.

die aus Erfurt mit dem Rationalisierungsvorschlag, die uns auf den Fersen bleibt(끊임없이 우리를 따르며 합리화에 대한 제안을 하고 있는 에어푸르트 출신의 그 여자)

'die uns auf den Fersen bleibt'('mit dem Rationalisierungsvorschlag' ('aus Erfurt'('die')))

'RelS'('Atr$_{kom}$'('Atr$_{dir}$'('Nuk')))

보다 자세히 표현하면 다음과 같다(4.3 참조).

'PmP' | 'RelS'('Atr$_{kom}$'('Atr$_{dir}$'('Nuk')))

이 때 약어는 다음을 의미한다.

Atr   Attribut (부가어)
dir   (Index) "direktiv" (지시적 부가어)
kom (Index) "komitativ" (동반적 부가어)
Nuk Nukleus (핵어)
RelS Relativsatz (관계문)

4.6. 기타 구

여기서 핵어로서 부사, 연사 불변화사, 전치사 및 종속접속사를 취하는 구에 대한 몇 가지 예를 논의해 보자.

부사(Adverb)는 일반적으로 아주 제한된 범위 내에서만 위성을 허용한다. 그러나 등급(graduativ)의 위성과 제약적(restriktiv)인 위성이 존재한다. 이들은 다음 예에서 이태릭체로 표현된다.

> *geradezu* blindlings (바로 닥치는 대로)
> *eben* dadurch (바로 그 때문에)
> *genau* dort (정확히 거기에)
> *nicht* einmal (...조차 모른다)
> *sehr* gerne (아주 기꺼이)
> *nahezu* jederzeit (거의 언제나)
> *knapp* nebenan (바로 옆에)
> *allzu* selten (아주 드물게)
> *völlig* vergebens (아주 헛되이)
> *kurz* zuvor (조금 전에/직전에)

다음과 같은 비교급의 위성이나 일상어도 이 관계에 속한다.

> *weiter* drüben (저 멀리에)
> *näher* hier (이 근처에)
> *besser* (=näher) hier (이 근처에)

끝으로 또 다른 위성을 허용하는 - 비교 굴절소 그 자체를 위성으로 간주할 수는 없지만 - 비교변화를 할 수 있는 소수의 부사를 언급할 수 있다.

> *immer* öfter (점점 자주)
> *viel* bälder (훨씬 빨리)

연사 불변화사(Kopulapartikel)는 형용사와 유사한 구를 형성한다. 위성은 예외 없이 보충어이다. 다음 예에서 위성은 이태릭체로 표현된다.

völlig quitt (완전히 벗어남)

schuld *daran* (그 일에 책임이 있는)

(es tat ihm) *ziemlich* leid (그에게는 상당히 유감이었다)

필자가 알고 있는 한, 이러한 일치가 연사 불변화사를 형용사와 함께 하나의 품사로 할당하는 데 대한 유일한 - 필자의 판단으로는 물론 근거가 약한 - 논증이다.

지금까지의 연구에서는 전치사구(Präpositionalphrase)가 아마도 가장 자세하게 다루어졌었다. 모든 전치사는 고유한 결합가를 갖고 결합가에 규정된 위성을 허용하기 때문에 예외 없이 보충어를 지배한다. 전치사의 결합가는 격표시 기호를 통해 표현될 수 있다. 위성은 구표시 기호를 통해 표현될 수 있으며, 해당 구는 다른 위치에서 기술된다.

다음 문장들을 도식으로 표현하면 아래와 같다.

(Sie geriet) an einen engstirnigen Menschen

(그녀는 한 편협한 사람을 알게 되었다)

(Sie ging) zu jemandem, der Birnen verkauft

(그녀는 배를 팔고 있는 어떤 사람에게로 갔다)

(Sie hielt ihn) für völlig verdreht

(그녀는 그를 아주 괴팍한 사람으로 간주했다)

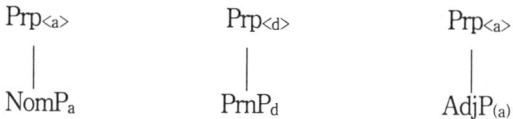

종속접속사구(Subjunktorphrase: SjkP)는 예외 없이 직접 종속접속사에 종속하는 내포된 동사문 - 정동사 구조나 부정사 구조로서 - 을 포함

한다. 다음 첫 번째 문장이 종속접속사 dass에 의해 다른 표현에 내포되면 두 번째의 부문장이 생겨난다. 이 부문장을 도식으로 표현하면 아래와 같다.

Pinkus hat erstaunliche Ideen.
(핀쿠스는 놀라운 생각을 가지고 있다)
dass Pinkus erstaunliche Ideen hat
(핀쿠스가 놀라운 생각을 가지고 있다는 사실)

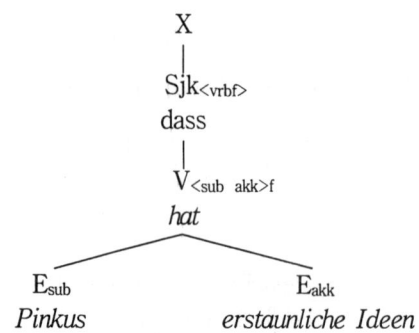

이 도식에서의 약어는 다음을 의미한다.

X   : 직접 종속된 구성체. 부문장이 주문장에 내포되어 있는 경우 X
       는 주문장의 핵심동사를 나타낸다.
vrbf : (결합가 지표) 결합가 요구: 정동사를 취하는 동사단위
f   : (범주 지표) 정동사

부문장과 부정사구조에 대한 세부적인 내용은 5.11장에서 논의된다.

5. 문장

5.1. 문장의 정의

문장은 문법의 중심단위이다. 문장은 모든 다른 구성체보다는 더 다양한 형성 가능성을 제공하고 다른 구의 특성을 설명하는 데 기여할 수 있다. 더욱이 여기서는 문법이 한 언어의 모든 옳은 문장만을 생성할 수 있어야 하며, 옳지 않은 문장들을 그 자체로서 인식할 수 있게 해주는 것만으로 자신의 임무를 충족시켰다고 하는, 종종 들어오던 주장이 대변되어서는 안 될 것이다. 문법은 다수의 다른 과제들도 충족시켜야 한다. 무엇보다도 문법은 문장의 맞은편("상부에")에 있는 구성체들도 기술할 수 있어야 한다. 그럼에도 불구하고 문장은 문법의 가장 중요한 대상으로 남아 있다. 왜냐하면 문장은 발화(Äußerung)(6.2장 참조)의 명백한 재현을 위해 특히 적합하기 때문이다.

문장은 우리의 기술모형의 틀 내에서 광의의 동사구로 이해될 수 있다. 좀더 정확히 말하자면, 문장은 다른 요소에 종속하는 것이 아니라 (최소한 잠재적으로) 자립적(autonom)인 핵어(Nukleus)로서의 정동사를 갖는 구로서 이해될 수 있다. 문장의 구 특성은 이미 다음과 같은 단문에서 나타난다. 이 문장을 단순한 구조 수형도(Strukturdiagramm)로 표현하면 아래와 같다.

Der Gast bestellte kein Getränk. (그 손님은 음료수를 주문하지 않았다)

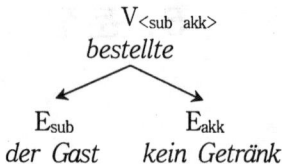

여러 성분으로 구성된 동사 복합체(4.2장 참조)의 경우 보충어와 첨가어는 구 전체의 핵어인 정동사에 직접 종속하는 것이 아니라 항상 동사복합체에서 의존적으로 최하위 위치를 차지하는 주동사(Hauptverb)에 종속한다. 그래서 전부 세 개의 동사적 요소를 지닌 다음 문장은 아래와 같은 구조 수형도를 갖는다.

Der Gast scheint kein Getränk bestellen zu wollen.
(그 손님은 음료수를 주문하려고 하는 것 같지 않다)

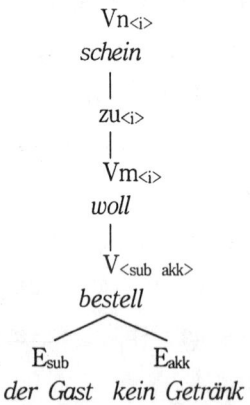

이 수형도는 문장의 구조가 그 본질적인 부분들에 있어서 주동사 V에 의해 결정된다는 것을 보여준다. 다음에서는 문장의 이러한 부분 - 자신의 위성(Satellit)을 갖는 주동사 - 만이 다루어진다. 전체 문장(S)과의 차이를 명확히 해야 하는 경우 우리는 이것을 주동사 복합체(Haupt-verbkomplex)라고 말한다. 그러나 일반적으로 무엇을 말하는지는 직접 통찰할 수 있다.

다음과 같은 구성체는 대화에서 흔히 문장과 동일한 기능을 수행한다.

Richtig. (옳아요)
Den Hammer. (그 망치를)
An den Hausmeister. (건물 관리인에게)
Dort drüben. (저 건너편에)

그러나 우리가 문장을 정동사를 갖는 동사문으로 정의했기 때문에 이들은 문장이 아니다. 문장과 더불어 이와 같은 구성체도 포괄하는 전체 부류는 무엇보다도 의사소통적인 기준들을 허용해주는 문법의 더 높은 층위에서 비로소 제시될 수 있다(7.2장 참조).

우리의 문장 정의는 동사와 주어 간의 격과 수의 일치기준에 토대를 두고 있지 않다. 여기서 여러 성분으로 구성된 동사 복합체(앞 수형도 참조)의 경우 몇 가지 문제가 나타난다. 주어가 (부정형) 주동사에 의해 선택되지만 정동사와 일치하기 때문이다. 이에 대해서는 5.4에서 다루어진다.

문장과 연관하여 구조의 유사성을 나타내지만 우리의 문장 정의를 충족시키지는 못하는 몇 가지 다른 구성체들이 언급될 수 있다. 특히 부정사 구조와 분사 구조를 말하는데 이들은 종종 부문장(5.2와 5.11 참조)으로 대체된다.

Ich bin gekommen, um den Vertrag zu unterschreiben.
(나는 계약서에 서명하기 위해 왔다)
Ich bin gekommen, damit der Vertrag endlich unterschrieben wird.
(나는 계약서가 마침내 서명되도록 하기 위해 왔다)

Völlig durchnässt eintreffend, orderte sie gleich ein heißes Bad.
(흠뻑 젖어서 도착하면서 그녀는 곧장 따뜻한 목욕물을 주문했다)
Als sie völlig durchnässt eintraf, orderte sie gleich ein heißes Bad.
(흠뻑 젖어서 도착했을 때 그녀는 곧장 따뜻한 목욕물을 주문했다)

Vom Hund des Eigentümers aufgestöbert, stellte sich das Tier
fauchend seinem Angreifer entgegen. (주인집 개한테 몰렸을 때 그
짐승은 쉭쉭 소리를 내며 자신의 공격자에게 맞섰다)
Als es vom Hund des Eigentümers aufgestöbert wurde, stellte sich
das Tier fauchend seinem Angreifer entgegen. (주인집 개한테 몰렸
을 때 그 짐승은 쉭쉭 소리를 내며 자신의 공격자에게 맞섰다)

주동사 복합체에 대해 말하자면 이러한 구조들은 그들의 주어가 실
현되지 않는다는 단 하나의 예외를 제외하고는 문장과 일치한다. 이 말
은 부정사 구조와 분사 구조를 필요한 경우에는 문장과 함께 기술하는
것을 정당화시켜 준다. 이러한 경우에 우리는 일괄하여 문장류의 구성
체(satzartiges Konstrukt)라고 말한다.

5.2. 문장등급, 문장유형 및 문장종류

주문장(Hauptsatz)과 부문장(Nebensatz) 간의 이전의 구별은 일반적

으로 생각하는 것보다 훨씬 문제가 많다. 즉 주문장으로 표현되는 많은 것들이 결코 문장이 아니며, 부문장은 원칙적으로 우리가 정의하는 의미 (이에 대해서는 5.9 참조)에서는 문장이 아니다. 다음 문장을 가지고 문제점을 논의해보자.

Wenn du kommst, mache ich alle Lichter an.
(만일 네가 온다면 나는 모든 불을 켜 놓을 것이다)

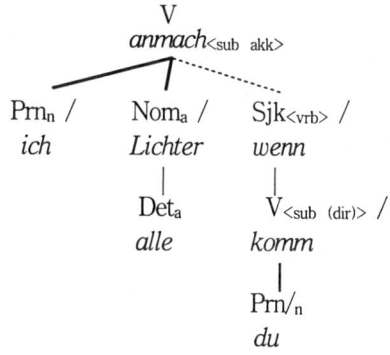

기호에 대해서는 1.10과 2장을 참조할 것.

이 수형도가 보여주는 바와 같이, 전체 구조는 다음 두 문장을 내포하고 있다. 왜냐하면 바로 이 두 구성체가 핵어로서 하나의 동사를 소유하고 있기 때문이다.

Wenn du kommst, mache ich alle Lichter an.
Du kommst.

이러한 경우에 대체로 문장 Ich mache alle Lichter an.(나는 모든 불

을 켠다)을 상위문(Obersatz)으로, 구성체 wenn du kommst(만일 네가 온다면)를 하위문(Untersatz)으로 표현하는 것이 일반적이다. 하지만 엄밀히 말해서 상위문은 시간 규정어(부문장)와 단위 Ich mache alle Lichter an.으로 구성되어 있다. 이 문장은 예컨대 Dann mache ich alle Lichter an.으로도 나타낼 수 있으며, 어떤 다른 부문장도 내포할 수 없다. 즉 하위문(여기서: wenn du kommst)은 항상 상위문의 일부이며 그 상위문에 내포되어 있다. 따라서 상위문은 항상 주문장과 부문장으로 구성된 전체를 포괄한다. 내포된 부문장을 빼고 남는 성분(여기서: ich mache alle Lichter an)을 우리는 상위 잔여문(Obersatzrest)이라고 표현한다. 이 상위 잔여문은 때때로 (위의 예에서처럼) 혼자서도 올 수 있기 때문에 완전하다는 느낌을 준다. 그러나 원칙적으로 이 상위 잔여문은 불완전하다. 많은 경우에서 우리가 내포된 부문장을 생략하는 즉시 이러한 사실이 명백해진다. 그래서 우리는 다음 문장에서 부문장을 즉시 제거할 수는 없다. 왜냐하면 상위 잔여문 fällt selbst hinein은 올바른 문장이 아니기 때문이다.

Wer andern eine Grube gräbt, fällt selbst hinein.
(남잡이가 제잡이)

그밖에 상위 잔여문에서는 다시금 상대적인 개념이 중요하다.

                      bin ich froh
Wenn Oskar,   kommt,
        der krank war,
(만일 아팠던 오스카가 온다면 나는 기뻐할 것이다)

위의 문장에서 bin ich froh는 상위 잔여문을 형성하며, wenn Oskar kommt는 이 상위 잔여문에 대한 하위문인 동시에, 다른 하위문(2등급의) der krank war에 대한 상위문이기도 하다. 원칙적으로 모든 하위문은 다시 또 다른 하위문에 대한 상위문(상위 잔여문)이 될 수 있다.

마찬가지로 한 구성체의 상위 잔여문은 다시 하위문으로서 다른 구성체에 종속할 수도 있다.

> Du weißt, ich mache alle Lichter an.
> (너는 내가 모든 불을 켜리라는 것을 알고 있다)

상위문(상위 잔여문)과 하위문이 있는 곳에서 우리는 **문장등급**(Satzrang)에 대해서 말하게 된다. 상위문은 동급이나 혹은 상이한 등급의 많은 하위문을 포함할 수 있다. 하위문은 대체로 상위문에만 배열될 수 있다(중첩(Häufung)의 경우에서는 예외가 있다). 다시 한 번 말하자면 "상위문"과 "하위문"의 개념들은 항상 상대적으로만 파악될 수 있다.

> 구성성분구조문법에서 상위문은 "모문"(Matrixsatz), 하위문은 "성분문"(Konstituentensatz)이라고도 일컫는다. 우리는 성분문을 다시 보충어문(Komplementsatz)과 첨가어문(Supplementsatz)으로 구분하는데, 이것이 의존문법의 보충어문(Ergänzungssatz)과 첨가어문(Angabesatz)에 해당한다.

복합문 Wenn du kommst, mache ich alle Lichter an. 안에 있는 ich mache alle Lichter an.과 같은 상위문이 많은 문법학자들에 의해 **주문장**(Hauptsatz)으로 명명된다. 하지만 우리는 주문장이 어쨌든 "문장"이 되려면 부문장 wenn du kommst를 자신의 구성성분으로 내포한다는 사실을 분명히 알아야 한다. 그러므로 주문장이라는 개념은 불필요할 것이다. 주문장이 - 문장으로서 - 잠재적(potentiell)으로 뿐만 아니라 실제적으로도 자립적이라는 사실이 강조되는 경우에는 언제나 우리가 주문장의 자유로운 사용가능성을 이용하며 "주문장"이라고 말하게 된다. 따라서 주문장은 항상 자립적이며 결코 어떤 다른 요소에 종속할 수 없다.

그러나 한 문장이 - 주문장이건 아니건 간에 - 최소한 하나의 내포된 부문장을 포함하고 있다는 사실을 표현하려면, 우리는 복합문(komplexer Satz)을 말하게 된다. 이 용어는 주문장 및 부문장에 적용될 수 있다.

Wenn du kommst, mache ich alle Lichter an.

dass ich, wenn du kommst, alle Lichter anmache

위의 첫 번째 문장이 다른 요소에 종속되어 있지 않다면 이것은 복합 주문장(komplexer Hauptsatz)이다. 위의 두 번째 문장은 복합 부문장이다.

이미 많은 예들이 보여준 바와 같이, 하나의 문장과 바로 이 문장으로부터 그 자립성(Autonomie)을 박탈하는 하나의 종속성분으로 구성되는 모든 구성체가 부문장(Nebensatz)으로 간주된다. 그러므로 부문장은 우리가 정의하는 의미에서 볼 때 문장이 아니다. 부문장은 아주 많은 경우에서 종속접속사문(Subjunktorsatz)이며, dass, wenn, weil 및 다른 종속접속사를 통해 유도된다. 특히 관계문도 부문장에 포함된다.

그러나 모든 하위문이 다 부문장이 되는 것은 아니다.

Ich glaube, es wird bald besser werden.

(나는 상황이 곧 더 좋아지리라고 믿는다)

위의 구성체에서 하위문 es wird bald besser werden.은 원칙적으로
주문장이다. 왜냐하면 이 문장은 자신을 종속시키는 어떤 자질도 포함하고
있지 않기 때문이다. 단지 상위문(그리고 여기서 특히 하나의 보충어를
요구하는 동사 glauben)만이 이 문장이 여기에 자립적이 아니라는 사실
을 보여준다. 이러한 경우를 우리는 종속적 주문장(abhängiger Haupt-
satz)이라고 말한다.

만일 우리가 주문장, 부문장 그리고 이들의 상호관계를 언급할 경우에
이것을 상이한 문장유형(Satztyp)이라고 말한다.

주문장 및 부문장에 대한 하위범주화는 상이한 문장종류(Satzart)를
유도한다. 그래서 우리는 주문장 종류와 부문장 종류를 구분한다.

주문장 종류(Hauptsatzart)는 전통적인 기준에 따라서 포괄적으로 규
정된다. 형태·통사적 - 위치적 및 굴절소적 - 자질을 토대로 하여 서술
문, 의문문 및 명령문이 구별될 수 있다.

서술문(Konstativsatz)에서는 문장을 지배하는 동사가 정형(물론 명령
형은 아님)을 취하며, 동사 앞에 하나의 임의의 위치요소(Stellungs-
element)가 자리잡는다.

　　Jetzt *kannst* du mal fahren. (지금 너는 차를 타고 갈 수 있다)
　　Heute *fahre* ich. (오늘 나는 차 타고 간다)

의문문(Interrogativsatz)은 두 하위종류에서 나타난다. 의문사가 있는
의문문은 서술문과 동일한 구조를 가지고 있지만, 문장을 지배하는 동사
앞에는 예외 없이 의문사나 혹은 의문사가 내포되어 있는 하나의 위치
요소가 자리잡는다.

Wohin *willst* du heute fahren? (너는 오늘 어디로 가려고 하느냐?)
Mit welchem Wagen *werden* wir heute fahren?
(우리는 오늘 어떤 차로 가게 됩니까?)

의문사가 없는 의문문에서는 어떠한 위치요소도 문장을 지배하는 동사 앞에 놓여서는 안 된다.

Willst du jetzt mal fahren? (너 지금 가려고 하니?)
Fährst du heute? (너는 오늘 차 타고 가니?)

명령문(Imperativsatz)에서도 문장을 지배하는 동사 앞에 어떠한 위치요소도 자리잡지 못한다. 그러나 동사는 항상 명령형으로 나타난다.

Fahr doch du mal. (너 운전 한 번 해봐라)
Fahrt einfach hinter uns drein. (그저 우리 뒤만 따라 오느라)

오늘날 아직도 아주 당연하게 생각하고 있는 것처럼 주문장 종류를 발화종류(Äußerungsart)와 혼동해서는 안 된다. 주문장 종류는 형태·통사적으로 정의되지만, 발화종류는 화용론적으로, 무엇보다도 발화의도를 토대로 정의된다. 그래서 예컨대 전달, 질문, 요구 – 기타 많은 다른 경우들 – 가 구별되어야 한다(보다 자세한 것은 6.2 참조). 그러나 문장 종류와 발화종류 간에는 일대일 대응관계가 존재하지 않는다. 왜냐하면 문장종류보다는 훨씬 더 많은 발화종류가 존재하기 때문이다. 그래서 다음 문장은 문장종류로 보면 의문문이지만, 발화종류로 보면 하나의 외침(Ausruf)이다.

Kommt der reingeschneit wie der Briefträger!

(그 친구 우체부처럼 예고도 없이 갑자기 들이닥치는군)

다음 첫 번째 문장은 서술문이지만 (결정) 의문문이고, 두 번째 문장도 서술문이지만 하나의 요구(Aufforderung)이다.

Das hat er dir auch erzählt? (그가 너에게도 그것을 예기해 주었니?)
Sie bringen mir die Entwürfe vor zehn Uhr.
(10시전에 나에게 초안을 가져오세요)

사실은 배열의 우선순위(Zuordnungspräferenz)가 존재한다. 즉 서술문은 특히 전달(Mitteilung)을 위한 표현형태로서 적합하며(대부분의 전달은 서술문 형태를 취한다), 마찬가지로 질문은 흔히 의문문으로 나타나고 요구는 명령문으로 나타난다. 그러나 우리는 통사적인 기술층위와 텍스트·화용적인 기술층위를 정확하게 구별해야 할 것이다. 어쨌든 이 두 층위를 혼합하는 "서술문"(Aussagesatz), "의문문"(Fragesatz), "명령문"(Befehlssatz) 따위와 같은 명칭들은 결국 개념혼란과 오해를 불러일으킨다. 따라서 이 책에서는 이러한 명칭들이 사용되지 않는다.

최근에 문장서법(Satzmodus)이라는 범주가 문장과 발화간의 틈새를 연결시켜주는 데 도와준다고들 한다. 그러나 결국 일반적으로 연구되는 네 개에서 여섯 개의 문장서법이 종전의 문장종류에 대한 신판보다는 약간 더 화용론에 토대를 두고 있지만 통사적으로 특징 지워져 있다. 필자는 어쨌든 문장서법의 도입에서 문장 통사적 층위와 텍스트 층위 그리고 이와 더불어 문장과 발화를 이론적 및 실제적으로 엄밀히 구별하는 이 책에서 적용된 방법에 비해 아무런 장점도 발견할 수가 없다.

우리가 다양한 의존관계를 가지고 연구하기 때문에 부문장 종류 (Nebensatzart)의 수는 상당히 많다. 의존관계에 따라서 먼저 성분문과 부가어문을 구별해야 한다.

성분문(Gliedsatz)(=문장성분 문장)은 동사에 직접 종속한다. 성분문은 문장성분(Satzglied)의 실현이며 대체로 단순한 성분들로 대치된다.

Als der Regen kam, (비가 왔을 때)
Am letzten Montag machten sie die Boote fertig.
(지난 월요일에 그들은 보트를 준비했다)
Da (거기에/저기에)

여기서 보충어문과 첨가어문이 구별될 수 있다. 이들은 모든 문장성분 들처럼 하위범주화 될 수 있다(이에 대해서는 5.4와 5.6 참조). 이에 대한 예를 들어 보면 다음과 같다.

주어문

Dass du Angst hast, macht mich unruhig.
(네가 두려워하는 것이 나를 불안하게 한다)
4격 보충어문
Ich weiß, dass du besser bist.
(나는 네가 더 낫다는 것을 알고 있다)
양보 첨가어문
Obwohl der Regen kam, machten sie die Boote fertig.
(비가 왔음에도 불구하고 그들은 보트를 준비했다)
장소 첨가어문
Wo du wohnst, will ich auch wohnen.
(네가 살고 있는 곳에서 나도 살고자 한다)

부가어문(Attributsatz)은 동사에 직접 종속하는 것이 아니라 문장의 다른 요소들(대개 명사 혹은 형용사)에 종속한다. 부가어문도 단순한 부가어로 대치된다.

der Mann	von nebenan (옆에 앉아 있는 남자)
	dort (저기 있는 남자)
	, der Birnen verkauft (배를 파는 남자)
	darauf (그 위에 있는 남자)
neugierig	auf den nächsten Streich (다음 타격에 호기심이 있는)
	, was er wohl macht (그가 하는 일에 호기심이 있는)

우리는 부문장을 표현자질에 따라서도 분류할 수 있다. 그러면 보통 유도요소가 중요한 역할을 한다. 이에 따라 우리는 종속접속사문, 관계문, 비확정 부문장, 일반적인 부문장 등을 구별할 수 있다.

부문장 종류에 대한 자세한 내용은 5.11을 참조하기 바람.

5.3. 문장성분: 문장 보충어와 문장 첨가어

문장성분(Satzglied)의 개념은 19세기로 거슬러 올라간다. 이 개념은 문장의 부분들을 자립적으로 파악하고 규정하는 것이 아니라, 전체문장 내에서의 그들의 기능에서 파악하고 규정하려는 욕구에서 생겨났다. 25년 전부터 이 개념은 다른 언어학적인 방향에 의해 찬탈 당했으며 부분적으로는 제멋대로 새로 정의되었다.

문장성분은 문장에서 "전체적으로" 치환될 수 있는 요소(단어/단어군)라는 그런 식으로 문장성분을 그들의 위치속성에 따라 정의하는 방법이 널리 보급되었다. 그러나 보다 정확한 관찰을 통해 치환 가능성(Verschiebbarkeit)이 문장성분들의 구분을 위한 적합한 기준이 아니며, 치환 가능한 부가어들(정의에 따르면 이들은 문장성분이 될 수 없다)도 있고, 그리고 다른 한편으로는 특정한 문맥에서 치환할 수 없는 문장성분의 실현(다음 문장의 요소 es)도 있다는 사실이 오래 전에 증명되었다.

　　Ich mag es.(나는 그것을 좋아한다)

　우리가 이러한 모순을 진지하게 받아들인다면, 문장성분을 무엇보다 그들의 결합적인 속성을 토대로 정의해야 할 것이다. 그러면 우리는 - 문장성분을 연구하는 실제 모든 문법학자들의 의견에 일치하여 - 문장성분을 주동사의 위성으로 파악할 수 있다. 그렇게 함으로써 이러한 위성의 일부는 배제된다. 이 책이 취하고 있는 견해에 따르면 이들은 부가어의 기능을 한다. 따라서 동사에 직접 배열될 수 있는 모든 것이 다 문장성분으로 간주되어서는 안 된다. 다음 문장들 안에 있는 요소 es는 특히 다른 요소로 대치될 수 없는 속성을 지니고 있다.

　　Es hat die Nachtigall die ganze Nacht gesungen.
　　(나이팅게일이 밤새도록 노래불렀다)
　　Es gibt keine weißen Mäuse. (흰 색 쥐가 하나도 없다)
　　Er hält es mit den Mietern. (그는 세입자들과 친하다)

　이러한 문장들의 일부는 상이한 방식으로 특징 지을 수 있다. 하지만 우리는 이들도 역시 문장성분에 포함시키지 않는다.

이로써 문장성분은 하나의 계열소 안에 있는 주동사의 위성(Satellit des Hauptverbs)으로 정의될 수 있다.

이러한 계열소(Paradigma)의 범위가 최소한 어느 정도 되어야 하는가에 대해서는 간단히 논의될 수 있다. 굴절소론(Flexematik)의 영역에서는 세 개 혹은 두 개의 성분으로 구성된 계열소(수 Numerus, 구 Phrase)가 있다. 이러한 사실은 두 가지 요소가 동일한 문맥에서 서로 대치되는 경우에는 언제나 하나의 계열소가 존재한다는 사실을 규정하는 데 아무런 방해가 되지 않는다. 그러나 이러한 규정에서 하나의 예외를 만들 수 있다. 그 본질적인 기능이 텍스트에서 보다 구체적인 다른 표현을 지시하는 데 있는 아주 추상적인 내용의 표현들이 있는데, 이들이 연구에서 소위 말하는 대용어(Anapher)이다. 이들 대용어로부터 우리는 보충어 부류(원한다면 첨가어 부류 역시)의 전형적인 대표자로 간주될 수 있으며, 따라서 나중에(5.5 참조) 개별 보충어 부류를 정의하는 데 사용할 몇 가지 대용어를 분리한다. 이러한 대용어를 우리는 주도형식(Leitform)이라고 일컫는다. 모든 대치계열(Kommutationsreihe)이 계열소로 간주될 수 있지만, 두 요소로 구성된 대치계열이 이들 중 한 요소가 주도형식인 경우에는 물론 계열소로 간주될 수 없다.

문장성분은 각각 동사의 하위부류에서만 나타날 수 있지만(예컨대: 4격 보충어), 특정한 동사에서는 의무적인(예컨대: 상황 보충어) 문장 보충어(Satzergänzung)와 임의의 동사와 결합할 수 있는 문장 첨가어(Satzangabe)(예컨대: 시간 첨가어(heute), 부정 첨가어(nicht, keineswegs), 평가 첨가어(vielleicht) 등)에 따라 분류될 수 있다. 오해의 소지가 없는 경우에 우리는 문장 보충어와 문장 첨가어 대신에 간단히 보충어와 첨가어라고 말할 것이다.

5.4. 보충어(문장 보충어)

많은 현대 독일어 문법에서 보충어(Ergänzung)가 거론된다. 다른 문법에서는 부분적으로 동일한 의미를 갖는 용어 "목적어"(Objekt)가 사용된다. 또한 "4격 보충어", "4격 목적어" 등과 같은 합성어들도 동일한 의미를 나타낸다. 그러나 사실상 개별 용어의 적용범위는 아주 상이하다. 원래의 그리고 여전히 "고전적인" 목적어, 즉 격 보충어 (Kasusergänzung)에서는 일찍부터 의견일치가 있다.

얼마나 차이가 많은가 하는 것은 다음 쪽에 나오는 도표가 말해준다. 여기서는 다음에 제시하는 문법서들이 검토되었다.

DUDEN, Grammatik, ⁴1984.
EISENBERG, Grundriß einer deutschen Grammatik, ²1989.
ENGEL, Deutsche Grammatik, ²1991.
GRUNDZÜGE (Heidolph et al.), ²1984.
HELBIG/BUSCHA, Deutsche Grammatik, ¹³1991.
HERINGER, Theorie der deutschen Syntax, ²1973 (nur für E₆).
HERINGER, Wort für Wort, 1978 (für die übrigen Ergänzungen).
TARVAINEN, Satzgliedsyntax, 1982.

맨 마지막 난(Spalte)에서 사용된 용어들과 그기에 속하는 개념들은 이 책에서도 사용된다.

몇몇 최근의 문법서에 나타난 보충어

Duden-문법	Eisenberg	Helbig/Buscha	Heringer	Grundzüge	Tarvainen	Engel
주　　　　어	주　　　어	주　　　어	E₁	주 어	주 어	E_sub
4 격 목 적 어	4　　　격 목 적 어	4　　　격 목 적 어	E₄	E_akk	4격 목적어	E_akk
2 격 목 적 어	2　　　격 목 적 어	2　　　격 목 적 어	E₂	E_gen	2격 목적어	E_gen
3 격 목 적 어	3　　　격 목 적 어	3　　　격 목 적 어	E₃	E_dat	3격 목적어	E_dat
전 치 사 목 적 어	전 치 사 목 적 어	전 치 사 목 적 어		E_prp	전치사목적어	E_prp
장 소 보 충 어		부　　　사 규 정 어 (보충어와 첨가어)	E₅	부 사 규정어	장소 보충어	E_sit
시 간 보 충 어	부　　　사 보 충 어				시간 보충어	
원 인 보 충 어					원인 보충어	
					방법 보충어	
						E_dir
						E_exp
대 등 1 격/ 대 등 4 격	술 어 명 사		(E₆)	술 어 보충어	술어 보충어: 주격/목적격 술어보충어	E_nom
방 법 보 충 어						E_adi
					부정사목적어, 부문장목적어	E_vrb

이런 저런 새로운 분류방식에 대한 상세한 논의는 여기서 불가능하다. 그러나 몇 가지 특히 쟁점이 되는 영역에 대해서는 보다 자세한 고찰이 이루어져야 한다. 즉 주어, 부사 규정어, 전치사 구조 및 소위 술어명사에 대해서는 상세히 고찰해보아야 한다.

주어(Subjekt)는 도표 전체의 난에 나타나 있다. 하지만 그렇다고 해서 모든 저자들이 주어를 보충어로서 혹은 어쨌든 보충어/목적어와 동등한 지위를 갖는 요소로서 파악하고 있다는 의미는 아니다. 사실상 Tesnière는 강한 강조와 설득력 있는 논증을 통해서 소위 주어가 다른 보충어들 중에서 하나의 보충어(그가 사용한 용어 "actant"는 "Ergänzung" (보충어) 혹은 "Objekt"(목적어)와 광범위하게 일치한다)에 불과하다는 입장을 표명했다. 그리고 그는 시종일관 주어를 첫 번째(총 세 개의 보충어들 중에서) 보충어라고 명명한다. 그러나 Chomsky 이후의 생성문법론자들뿐만 아니라 다수의 전통문법도 주어에 특수지위를 부여하여, 주어를 문장의 두 가지 주요소들 중의 하나로서 동사적 술어나 문장의 "나머지" 전체요소들과 대립시키고 있다. 비록 이러한 견해가 오늘날 여전히 언어적인 문제에 대해 편견 없는 견해를 가지고 있는 교양인들에게 널리 퍼져있다 하더라도, 현대의 학문적인 독일어 문법들, 그 중에서도 도표에서 고려된 문법들은 하나의 중간적인 입장을 표명하고 있다. 즉, 주어는 동사에 배열되어 있으며 또한 다른 보충어/목적어와 마찬가지로 동사에 의해 조종되거나 혹은 동사에 종속하지만, 주어의 특수지위(Sonderstatus)는 인정된다. 지금까지 제시된 모든 논증에 대한 논의를 종결하는 의미에서, 이러한 특수지위는 주어와 정동사 간의 굴절소적(flexematisch) 일치(Kongruenz)에 근거한다: 독일어에서 인칭과 수는 어디서나, 즉 모든 문장에서 이중으로 표현된다. 이러한 논증은 아주 진지하게 받아들여져야 한다. 다른 한편으로 최소한 다음 두 가지 논증이 주어를 다른 보충어와 "동일하게 다루는" 데 대해 찬성한다.

1. 주어의 등장은 - 다른 보충어들의 등장과 마찬가지로 - 문장의 주동사에 의해 조종된다. 따라서 독일어에서는 여타의 다른 보충어가 없는 문장이 존재하는 것처럼 주어가 없는 문장도 있다(예를 들면 Mich friert.(나는 춥다), Es gibt keine weißen Mäuse.(흰 색 쥐가 하나도 없다), Mir graut vor dir.(나는 네가 무섭다)).

2. 주어의 의미는 - 다른 보충어들의 의미와 마찬가지로 - 문장의 주동사에 의해 조종된다. 따라서 문장 *Diese Rinne überlegt zu lange.(*이 배수구는 너무 오랫동안 숙고한다)는 überlegen이 사람을 나타내는 주어를 요구하기 때문에 틀린 문장이다. 이에 반해 문장 Unser Kandidat überlegt zu lange.(우리 후보자는 너무 오랫동안 숙고한다)는 옳은 문장이다.

   필자는 이러한 기본적인 기준들 - 전반적인 등장의 조건과 의미적인 점유조건 - 이 (원래 잉여적인) 인칭과 수의 일치에 대한 표층에 가까운 기준보다 - 이 일치기준이 2차 언어 습득에서는 관심의 중심에 놓인다 하더라도 - 훨씬 중요하다고 생각한다. 이러한 사실로부터 우리는 이 책에서 주어가 보충어의 집합에 포함될 수 있으며 여기서 물론 주어가 특수지위를 할당받는다는 결론을 유도해낼 수 있다.
   많은 언어학자들은 부사 규정어(adverbiale Bestimmung)를 보충어에 포함시키지 않는다. 이러한 방법은 단지 "목적어"(격 목적어)에 대해서만 동사와의 밀접한 관계를 인정하고, 문장 내에서의 특수한 지위를 부여하는 옛 전통에 바탕을 두고 있다. 최근에 소장 문법학자들은 다시 격 규정적 목적어만을 보충어에 포함시키는 해결책으로 되돌아가고 있다. 이들은 부사적 요소들의 경우에 보충어와 첨가어 간의 정확한 경계를 설정하기 어렵다는 잘 알려진 사실을 통해서 분명히 지지를 받고 있다. 왜냐하면 부사 규정어 - 장소, 시간, 원인, 특히 부정, 평가 등의 규정어 - 는 임의의 동사와 결합할 수 있기 때문에 적어도 "첨가어가 아닌가" 하는 생각이 분명히 들기 때문이다. 다른 한편으로 부사 규정어는 이따금 특히 동사와 밀접하게 결합하여 나타난다. 즉, sich aufhalten(체류하다), verbringen(시간을 보내다), wohnen(살다)과 같은 동사들을 장소 규정어를 의무적으로 요구하기 때문에 우리는 이들에서 하나의 특수한 배열을 인정해야 한다. 그리고 방향 규정어에 관해서는 이들이 아주 많은 동사들과 결합할 수 있지만, 결코 모든 동사와는 결합할 수 없다는 사실을 말할 수 있다. 즉 우리는 aus dem Fenster rufen(창문에서 부르다), in die Höhe wachsen(높이 자라다)이라고 말할 수는 있지만, irgendwohin enden(어디로 끝내다)/schlafen(잠자다)/warten(기다리다)이라고는 말할 수 없다. 따라서 여기서도 특수한 배열이 존재한다. 3.4장에서 제안한 바와 같이, 만일 주동사와 의무적으로 결합하거나 혹은 하위부류 특수적인 모든 문장성분을 보충어로 간주한다면, 부사 규정어를 보충어와 첨가어로 구분하는 것이 가능할 뿐만 아니라 또한 필수적이다. 따라서 부사 보충어는 전적으로 각각의 주동사에 종속되어 나타난다.

전치사 보충어(präpositionale Ergänzung)는 가시적으로 하나의 작은 문제점을 제공한다. 그러나 이 문제점에 대해서도 의견이 분분하다. 오늘날에도 아직 전치사를 갖는 문장성분을 모두다 하나의 부류로 할당하는 문법학자들이 있다. 근본적으로 물론 두 가지 종류의 전치사 구조를 쉽게 구별할 수 있다. 즉, 하나는 전치사가 동사에 의해 규정되고 대치될 수 없으며 따라서 대개 의미가 비어 있는 전치사구(warten auf jemanden 누구를 기다리다)와, 다른 하나는 전치사가 분명히 동사에 의해 선택되지 않고 전치사구의 의미에서 나오며 따라서 대치될 수 있고 고유한 의미를 갖는 전치사구(in/auf/neben/unter/hinter/vor/zwischen etwas sitzen)이다. 더욱이 두 번째 종류의 전치사 구조는 전치사 없는 부사어(da, dort, oben sitzen)로 대치되지만, 첫 번째 종류의 전치사 구조에서는 전치사가 거의 모든 경우에서 필수적이다. 어쨌든 이 책에서는 전치사 구조 내에서의 구별이 보충어의 하위분류를 위해 사용된다. 즉 우리는 첫

번째 종류의 전치사 구조(고정된 전치사를 갖는)를 전치사적(präpositiv)
이라고 명명하고, 두 번째 종류의 전치사 구조(가변적이며 의무적이 아
닌 전치사를 갖는)를 부사적(adverbial)이라고 명명한다. 아래에서 전치
사 구조가 더욱 세분된다.

많은 문법학자들은 술어명사(Prädikatsnomen) - 문장에서 명사적 혹
은 형용사적 부분 - 를 이전과 마찬가지로 오늘날 독립적인 문장성분이
아니라 "술어"(Prädikat)의 한 부분 혹은 간단히 동사(Verb)의 한 부분
으로 간주한다.

> Er ist ein Tolpatsch. (그는 서투른 사람이다)
> Er ist blind. (그는 눈이 멀었다)

이러한 견해는 단지 진부하다는 이유만으로 잘못된 것이라고 말할 수
는 없다. 문제되는 요소들을 어떻게 범주화할 수 있는가 하는 문제는 실
제로 우리가 어떻게 동사를, 특히 주동사를 정의하느냐에 달려있다. 만
일 우리가 "연사동사"(sein, werden, bleiben 및 극소수의 다른 동사들)
에 대해 완전동사의 특성을 인정하지 않고, 이들을 의미결핍 때문에 술
어명사와 합쳐서 비로소 원래의 동사로 파악하게 되면, sein + 술어명사
로 구성되는 복합 주동사가 존재하게 된다. 이 방법이 아주 특이한 것은
아닐 것이다. 즉 zu와 nehmen이 다같이 어휘부 단위(Lexikoneinheit)로
이해되는 하나의 복합 주동사 zunehmen(증가하다)을 형성한다. 이러한
해결책의 단점은 형태소 목록(Moneminventar)(즉 어휘부(=사전))이 이
러한 방법으로는 지나치게 확대될 것이라는 점이다. 왜냐하면 형태소 목
록이 예컨대 하나의 동사 sein 대신에 언급된 방법으로는 sein과 결합할
수 있는 명사 및 형용사만큼의 많은 "동사"를 포함해야 할 것이기 때문

이다: alt sein, jung sein, fremd sein, frech sein; Vater sein, Betriebs-rätin sein, Beamtin sein, Mensch sein 등. 그리고 두 품사, 특히 명사는 독일어에서 가장 크고 점점 확대되는 품사이다. 이러한 결정의 결과로서 명사와 형용사의 목록은 조금도 줄어들지 않으면서 하나의 거대한 동사 사전이 생겨날 것이다. 우리는 무엇보다도 통사론의 임무가 어휘부의 부담을 줄이는 데 있다고 본다. 우리는 포괄적인 규칙으로 파악할 수 있는 것을 일일이 어휘부에 기입할 필요가 없다. 부언하자면 우리는 2.3.3에서 동사를 활용할 수 있는 단어로 정의했다. 그리고 sein, werden, bleiben 은 brechen(부수다), lernen(배우다), zwingen(강요하다)처럼 잘 활용할 수 있기 때문에 연사동사도 동사에 포함시키지 않을 수 없다. 따라서 술어명사를 문장성분으로 이해하는 것은 필연적인 결과이다. 이 책에서는 술어명사가 부분적으로는 명사적 보충어(Nominalergänzung), 부분적으로는 형용사적 보충어(Adjektivalergänzung)로서 나타난다.

물론 보충어에 관한 논의 및 보충어와 첨가어 간의 경계설정에 관한 논의에서 우리가 "필수적"(notwendig)인 성분로서의 보충어를 "임의의"(frei), "비필수적인", 즉 "삭제 가능한"(weglassbar) 첨가어와 대립시키려고 시도함으로써 가장 큰 혼란이 나타났다. 이러한 유일하게 올바른 방법에 대한 믿음이 옥석을 가려내기 위해, 즉 보충어를 취하는 동사로부터 첨가어를 골라내기 위해 우리가 "삭제방법"(Abstrichmethode)을 추천하는 결과를 가져왔다. 그러나 이제 모든 연구자들은 다음 문장의 4격 요소처럼 삭제 가능한 보충어도 있다는 사실에 대해 의견일치를 보인다.

Uta singt *das Lied vom Butzemann.* (우타가 부체만의 노래를 부른다)

보충어가 필수적이긴 하지만 비필수적인 많은 문장성분들도 역시 보충어라는 것을 명확히 하기 위해서 다양한 보조구조, 부가적인 검사, 특히 - 그 자체가 하나의 보조구조인 - "심층구조"(Tiefenstruktur)가 필요하였다. 결국 이러한 모든 시도는 설득력이 없었다. 이러한 시도는 아마도 너무나 신속히 Tesnière의 책으로 소급되는 하나의 오해에 근거할 것이다. Tesnière는 실제로 첨가어가 "그 본질상 수의적"이라고 말했지만, 보충어(Aktant)(=Ergänzung)가 필수적이라고는 말하지 않았다고 우리는 성급하게 결론을 내렸다. 이러한 오류에서 남아있는 것은 다만 필수적인 문장요소가 항상 보충어라는 사실뿐이다. 그러나 오로지 하위부류 특수성(Subklassenspezifik)만이 모든 삭제 가능한 문장성분들에서 그것이 보충어인지 또는 첨가어인지를 결정한다.

이러한 문제점에 대해서는 3.4장에서도 자세히 논의되었다.

5.5. 개별 보충어

만일 우리가 보충어는 필수적이고 하위부류 특수적인 문장성분이며, 문장성분(5.3 참조)은 비교적 자유롭게 대치되는 동사의 위성이라는 사실을 고려한다면, 보충어 전체 목록은 아주 명확하게 구분될 수 있다. 우리는 대용어적인 **주도형식**(Leitform)의 도움으로 **보충어 부류**(Ergän-zungsklasse)를 얻을 수 있다.

주도형식을 토대로 현대 독일어에서는 모두 11개의 보충어 부류가 나타난다. 모든 개별 보충어(부류)는 보조기호로 이해되는 명칭 - 이 명칭은 결코 유사정의(Quasidefinition)가 아니다 - 을 얻게 되며, 축약해서

부류기호 안에 있는 범주지표로서 반복된다. 경우에 따라서는 필자가 예전에 사용하던 명칭이나 경쟁적인 명칭들이 첨부된다.

• 주어(E_{sub})

이전 명칭: 1격 보충어(Nominativergänzung)

주도형식: 순수한 1격의 지시대명사(er/sie/es)

주어는 다음 문장들에서 이탤릭체로 나타난다.

Sie ist aufregend. (그녀는 흥분해 있다)

Sonja sucht ihre Bank. (소냐가 그녀의 벤치를/은행을 찾고 있다)

Meine Schwester hat mich eingeladen. (내 여동생이 나를 초대했다)

Der Mann, der Birnen verkauft, war schon wieder da.

(배를 파는 그 남자가 이미 다시 거기에 있었다)

Dass du geschrieben hast, ist gut.

(네가 편지를 쓴 것은 잘한 일이다)

Dich wieder zu sehen ist schön. (너를 다시 보는 것은 멋진 일이다)

Grün ist für mich aufregend. (녹색은 나한테 자극적이다)

따라서 주어(Subjekt)는 항상 1격의 구, 1격의 구로 대체되는 문장류의 구 혹은 다른 종류의 구이다.

다음 문장에서 es는 주어가 아니다.

Es ritten drei Reiter zum Tore hinaus.

(세 명의 기사가 말을 타고 대문 밖으로 나갔다)

Es friert mich. (나는 춥다)

여기서 es는 동사 앞에서만 나타난다. 왜냐하면 독일어 서술문에서는 강제적인 위치규칙을 근거로 항상 한 요소가 정동사 앞에 위치해야 하기 때문이다. 어떤 다른 요소가 그 자리에 나타나면 es는 탈락한다.

> Drei Reiter ritten zum Tore hinaus.
> (세 명의 기사가 말을 타고 대문 밖으로 나갔다)
> Mich friert. (나는 춥다)

이 경우를 연구자들은 "허사 es"(expletives *es*)라고 부른다.

이와 마찬가지로 우리는 다음 예문에 있는 "고정된 es"도 주어로 파악하지 않는다.

> Es gibt hier nur Steinpilze. (여기에는 식용버섯만이 있다)
> Diesmal hat es nicht zur Landessiegerin gereicht.
> (이번에는 국내 여자 챔피언에 이르기 못했다)

대치할 수도 없고 삭제할 수도 없는 이와 같은 es는 동사의 고정된 (치환할 수는 있지만) 구성성분을 형성한다.

능동문의 주어는 상응하는 수동문에서 von 혹은 durch를 갖는 전치사구로서 나타난다.

> Das Kuratorium hat den Vertrag genehmigt. ⇒
> (감독기관이 그 계약을 인가했다)
> Der Vertrag ist vom Kuratorium genehmigt worden.
> (그 계약은 감독기관에 의해 인가되었다)

• 4격 보충어(E_{akk})

다른 명칭: 4격 목적어(Akkusativobjekt)

주도형식: 4격의 순수한 지시대명사(ihn/sie/es)

4격 보충어(Akkusativergänzung)는 다음 문장에서 이태릭체로 나타
난다.

> Sonja sucht *sie*. (소냐가 그것을 찾고 있다)
> Sonja sucht *ihre Bank*. (소냐가 그녀의 벤치를 찾고 있다)
> Eine Schwester hat *mich* eingeladen. (누이가 나를 초대했다)
> Das reute *seine Tochter*. (그의 딸이 그 일로 후회했다)
> Ich hoffe, *dass du am Ball bleibst*.
> (나는 네가 포기하지 않고 계속하기를 희망한다)
> Ich hoffe, *dich bald wieder zu sehen*.
> (나는 너를 곧 다시 만나기를 희망한다)

다음 문장에서 es는 4격 보충어가 아니다.

> Er hält *es* mit den Mietern. (그는 세입자들과 친하다)

이 "고정된 es"(fixes *es*)는 동사의 구성성분(es halten mit)으로 파악
될 수 있다.

4격 형태의 모든 구가 다 4격 보충어인 것은 아니다. 다음 문장에서는
주도형식이 ihn이 아니라 solange이기 때문에, 하나의 확장 보충어
(Expansivergänzung)가 존재한다.

> Das Palaver dauerte einen halben Tag.
> (그 장황한 회담은 반나절 걸렸다)

능동문의 4격 보충어는 werden-, sein- 혹은 gehören-수동을 갖는 상
응 문장에서 주어로 나타난다.

> Das Kuratorium sollte den Vertrag genehmigen.

(감독기관은 그 계약을 인가해야 할 것이다)

⇒ Der Vertrag gehört genehmigt.

(그 계약은 인가되어야 마땅하다)

• 2격 보충어(E$_{gen}$)

다른 명칭: 2격 목적어(Genitivobjekt)

주도형식: dessen, deren, seiner, ihrer

2격 보충어(Genitivergänzung)는 오늘날 비교적 소수의 동사에서만 나타난다. 2격 보충어는 다음 문장에서 이태릭체로 나타난다.

Dieses Gesetz bedarf *der Zustimmung des Bundesrates.*

(이 법은 상원의 동의를 필요로 한다)

Jakob enthielt sich *der Stimme.* (야콥은 투표에서 기권했다)

Sie versicherte mich *ihrer uneingeschränkten Zuneigung.*

(그녀는 나에게 자신의 절대적인 애정을 확약했다)

경우에 따라 문장류의 실현이 가능하다.

Sie entsann sich, *dass vor einem Jahr derselbe Antrag gestellt worden war.* (그녀는 일년 전에 동일한 지원이 신청된 것을 기억했다)

Sie entsann sich, *das schon einmal gehört zu haben.*

(그녀는 그것을 이미 한 번 들었다는 것을 기억했다)

몇몇 동사의 경우 2격 보충어는 전치사 보충어와 경쟁관계에 놓여 있다.

Ich erinnere mich zweier Freunde/an zwei Freunde.

(나는 두 명의 친구를 기억한다)

• 3격 보충어(E_{dat})

　다른 명칭: 3격 목적어(Dativobjekt)

　주도형식: 3격의 순수한 지시대명사(ihm/ihr)

다음 예문에서 3격 보충어(Dativergänzung)가 이태릭체로 나타난다.

> Damals half er oft *seinem Vater*.
> (그 당시 그는 종종 자기 아버지를 도왔다)
> Man sollte *solchen Empfindungen* nicht nachgeben.
> (우리는 그러한 감정에 굴복해서는 안 될 것이다)
> Sag *mir* lieber die Wahrheit. (나에게 차라리 진실을 말해다오)

　3격 보충어는 문장류의 실현이 불가능하다.

　그 지위에 대해서 논란의 여지가 많은 일련의 3격 형태의 구가 존재한다. 이들은 자주 "임의 3격"(freier Dativ)이라 일컬어지는데, 이 말은 이들이 보충어가 아니라 (역시 "임의") 첨가어에 포함될 수 있다는 의미이다. 이러한 구의 대부분을 살펴보면, 본질적으로 결점이 있거나 혹은 잘못된 정의로 소급될 수 있는 하나의 오류가 존재한다는 사실이 나타날 수 있다.

　첫째로 여기서 이익의 3격(Dativus sympathicus/"Dativus commodi")을 언급할 수 있다.

> Wir bauen *unseren Kindern* ein Gartenhaus.
> (우리는 우리 아이들을 위해 정자를 짓는다)
> Machst du *mir* bitte mal die Tür auf?
> (너 나를 위해 문을 좀 열어 줄래?)

이러한 3격의 구는 보통 für를 갖는 전치사구에 의해 대치될 수 있다.

Wir bauen für unsere Kinder ein Gartenhaus.
(우리는 우리 아이들을 위해 정자를 짓는다)
Machst du bitte für mich mal die Tür auf?
(너 나를 위해 문을 좀 열어 줄래?)

이익의 3격은 단지 의도적인 행위를 표현하는 동사에서만 나타날 수 있으므로 동사 하위부류 특수적이며 따라서 보충어이다. 이익의 3격은 항상 사람을 표현하며 무슨 일이 일어나서 그 사람에게 이득/도움이 된다. 우리는 기술을 단순화하기 위해 이익의 3격을 앞으로는 결합가 기술에서 일반적으로 고려하지 않을 것이다. 이익의 3격이 명확히 표시되어야 하는 경우 우리는 E_{dats} 혹은 동사에서 해당 결합가 지표를 표기하기로 한다. 다음 수형도를 참고바람.

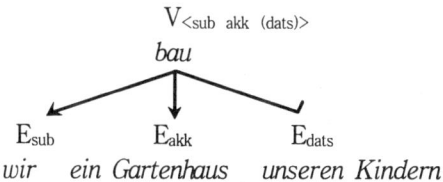

이익의 3격은 모든 경우에서 수의적이다. 하지만 이것은 (다른) 3격 보충어를 지배하지 않는 동사의 경우에서만 실현될 수 있다.

손해의 3격(Dativus incommodi)은 내용적으로는 이익의 3격과 대립되지만 그 외에는 그것과 유사하다.

Mir ist Großmutters Vase kaputtgegangen.
(내 할머니의 꽃병이 망가졌다)

손해의 3격은 어떠한 전치사구를 통해서도 대치될 수 없다. 손해의 3

격은 어떤 통제되지 않은 사건을 표현하는 동사에서만 나타나므로 역시 동사 하위부류 특수적이며 따라서 보충어이다. 손해의 3격은 항상 사람 (들)을 표현하며 무슨 일이 그 사람의 의지/의도에 반하여 일어난다. 이 보충어 역시 앞으로는 대체로 함께 기술되지 않을 것이다. 이 보충어가 특별히 표시되어야 하는 경우 우리는 E_{dati}라고 표기한다(다음 수형도를 참고바람).

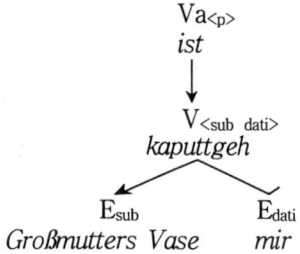

손해의 3격은 모든 경우에서 수의적이다. 손해의 3격은 (다른) 3격 보충어를 지배하지 않는 동사의 경우에서만 실현될 수 있다.

관심의 3격(Dativus ethicus)은 다음 문장에서 나타난다.

Das war *mir* eine verrückte Nacht.
(그날이 나에게는 광란의 밤이었다)
Pass auf – das Kind fällt *dir* noch aus dem Fenster!
(주의해라 – 아이가 창문에서 떨어지겠다!)

관심의 3격은 아주 많은, 아마도 모든 동사에서 나타날 수 있으므로 첨가어이다. 관심의 3격은 항상 어떠한 사건에 의해 내적으로 상당히 당황한 사람을 표현한다. 모든 3격 보충어와는 달리 관심의 3격은 단지 대명사(대개 상대대명사)로만 나타나며, 항상 강조되지 않고 부정되거나 질문될 수 없다(그래서 이것은 어조 불변화사와 중요한 공통점을 보여준다). 관심의 3격은 A_{date}로 표기된다(다음 수형도를 참조바람).

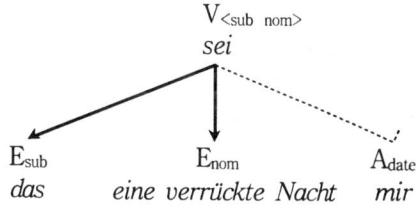

관심의 3격은 대체로 문장에서 유일한 3격 구조로서 나타난다. 물론 3격 보충어뿐만 아니라 관심의 3격도 포함하고 있는 문장들이 발견될 수도 있다.

Erzähl *mir* aber die Geschichte ja *dem Albert* nicht weiter!
(하지만 그 이야기를 알베르트에게는 더 이상 말하지 말아라!)
Gib *mir* ja *der Erbtante* die Hand!
(유산을 기대할 수 있는 숙모와 악수해라!)
Sagen Sie *mir* ja *dem Hauseigentümer* Bescheid!
(집주인에게 알려주세요!)
Der sagt *Ihnen* sogar *dem Meister* noch die Unwahrheit.
(그 사람은 주인에게까지 아직도 거짓을 말하고 있다)
Es kann sein, dass die *einem* sogar *den Helfern* noch ins Gesicht spuckt. (그녀는 도와준 사람들의 얼굴에 침을 뱉을지도 모른다)

아주 쉽게 그리고 빈번하게 3격 보충어와 혼동되는 또 다른 3격 형태의 요소가 다음 문장에 있다.

Sie sah *ihm* ins Gesicht. (그녀가 그의 얼굴을 들여다 보았다)

이러한 소유의 3격(Pertinenzdativ/possessiver Dativ)은 동사에 대한 보충어도 아니고 첨가어도 아니다. 그것의 등장은 어쨌든 일차적으로 문장의 주동사에 의해 조종되지 않는다. 왜냐하면 동일한 동사 sehen이 있는 다음 문장에서는 소유의 3격이 삽입될 수 없기 때문이다.

Er sah übers Gebirge. (그는 산 위를 바라보았다)

앞 문장에서 소유의 3격의 등장에 대한 전제조건은 오히려 명사 Gesicht이다. 만일 우리가 다음 문장들을 살펴본다면, 소유의 3격의 실현을 위한 한 가지 충분조건이 나타나게 될 것이다.

Er drückte ihr die Hand. (그는 그녀와 악수했다)
Der Stein lag ihr auf dem Fuß. (돌이 그녀의 발 위에 놓여 있었다)

즉 인간 신체의 일부(Körperteil)나 혹은 인간에 특히 밀접하게 부속되어 있는 대상, 이를테면 의류(Kleidungsstück)를 명명하는 명사가 나타나는 경우에는 언제나 소유의 3격이 등장해야 한다.

Die Münze fiel ihm auf den Hut. (주화가 그의 모자 위로 떨어졌다)

물론 여기에 또 다른 하나의 조건이 부가된다. 즉 이러한 특징을 갖는 명사가 주어, 4격 보충어, 상황 보충어, 또는 방향 보충어의 기능으로 나타나는 경우에만 소유의 3격이 실현된다. 그러므로 소유의 3격은 실제로 두 가지 요소, 즉 언급된 네 가지 문장성분들 중의 하나(물론 단지 간접적으로만)와 그리고 (직접적으로) 구체적인 명사에 의해 조종된다. 이 후자의 조건이 틀림없이 보다 더 강한 조건이다. 따라서 소유의 3격을

명사에 대한 부가어(Attribut zum Nomen)의 특수형태로 파악하고, 특
히 - 소유의 3격이 특정한 명사에서만 나타날 수 있기 때문에 - 명사 보
충어(Nomenergänzung)로 표기하는 것이 타당하다. 그러면 마지막 예문
에 해당하는 수형도는 다음과 같을 것이다.

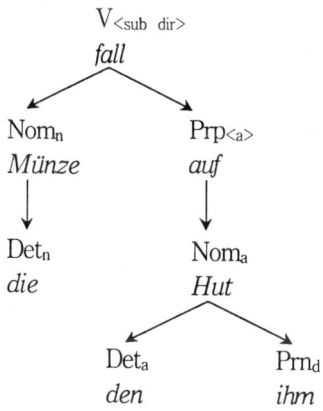

소유의 3격은 필수적인(notwendig) 명사 보충어이다.

이것은 널리 퍼져있는 문법학자들의 진술에 모순된다. 즉, 그들은 여
전히 소유의 3격이 소유의 한정사로 대치될 수 있다고 말하고 있다.
이 말은 소유의 3격이 단지 수의적으로만 실현될 수 있다는 것을 의
미할 것이다. 이 대치검사(Ersatzprobe)는 소유의 3격에 대한 확인의
수단과 이로써 다른 소위 "임의" 3격에 대한 구분의 수단으로 추천된
다. 그러나 정확히 관찰해보면 이러한 대치는 대부분의 경우에서 전
혀 허용되지 않는다. 우리가 문장 Die Münze fiel auf seinen Hut.(주
화가 그의 모자 위로 떨어졌다)는 여전히 수용할 수 있다고 생각할지
모르지만, Sie sah in sein Gesicht.(그녀가 그의 얼굴을 들여다 보았

다)는 정상적인 상황하에서는, 즉 적어도 관련 당사자들 사이에 어떤
인간적인 관계가 존재하는 경우에는 변칙적인 것으로 간주되어야 한
다. 소유 한정사의 구조는 관련된 사람이 더 이상 인간이 아니라 사
물로 간주된다는 것을 의미한다. 동일한 이유에서 문장 Sie sah in
sein Gesicht.는 우리가 어떠한 인간적인 관계도 갖지 않는 죽은 사람
에 대한 이야기라면 적절할 것이다. 예컨대 범행장소에 있는 여자형
사에 대해서는 그렇게 말할 수 있을 것이다. 죽은 사람과 이전에 밀
접한 관계를 가진 사람의 경우에는 전적으로 소유의 3격만이 사용될
수 있으며, 우리는 여기서 죽음도 역시 인간적인 관계를 중단하지 않
았다는 사실을 추론해야 할 것이다.

문장 Ein Motorboot ist *der "Jan Hinrichsen"* ans Heck gefahren.
(한 모터보트가 "얀 힌릭센"의 선미를 들이받았다) 또는 Jemand hat
meinem BMW heute Nacht den linken Kotflügel zerbeult.(누군가가
오늘밤에 내 BMW의 왼쪽 흙받이를 찌그러뜨렸다)와 같은 문장은
상기의 문장과 외관상 모순관계에 있다. 실제로 이러한 문장은 인간
과 아주 가까이 있는 특정한 대상의 "의인화"(Vermenschlichung)에
대한 증거일 뿐이다(ein Schiff dem Eigentümer/dem Kapitän 소유자
/선장의 배; ein Auto dem Durchschnittsbürger 평범한 시민의 자동
차). 이러한 문장들도 포괄하기 위해서는 상기의 등장규칙을 약간만
수정하면 충분하다.

언급된 사실에서 특정한 조건이 제시되면 소유의 3격이 실현되어야
한다는 것이 명확하게 나타난다. 반면에 이러한 조건이 없는 경우에
는 소유의 3격이 실현되어서는 안 된다. 우리가 소유의 3격을 통사적
인 관점에서 수의적인 요소로 간주한다면 이것은 경험적인 조사결과
에 모순이 될 것이다.

소유의 3격이 형태소가 아니라 통사적인 성분으로 표현되는 경우 우
리는 소유의 3격을 E_{datp}로서 표기한다.

지금까지 기술된 보충어들은 격 보충어로서 일찍부터 전통적인 문법에서 통용되는 목적어에 해당한다. 독자들은 관습적이며 국제적으로 사용되는 격의 배열(1격 - 2격 - 3격 - 4격)과는 반대로, 왜 주어 - 4격 보충어 - 2격 보충어 - 3격 보충어의 배열이 선택되었는지 궁금해 할 지도 모른다. 전통적인 방법이 다른 방법들보다 더 좋지도 않고 더 나쁘지도 않다. 그러나 전통적인 방법을 바꾸는 사람은 적절한 이유가 있어야만 한다. 새로운 배열에 대한 이유는 이 배열이 현대 독일어 텍스트에서 격의 빈도수에 근거를 두고 있다는 것이다. 어느 누구도 1격(즉 주어)이 가장 빈번히 등장한다는 사실을 부인하지 않을 것이다. 또한 4격이 두 번째 자리를 차지한다는 사실도 쉽게 증명될 수 있다. 그러나 단지 소수의 2격 보충어(틀림없이 더 많은 3격 보충어가 존재한다)만이 존재함에도 불구하고 어째서 2격이 세 번째 자리에 나타나는가? 그러나 여기서 전반적인 격의 출현은 동사 보충어의 격에만 토대를 둔 것이 아니며, 2격은 명사 부가어에서 선호되는 격으로서 본질적으로 보충어에 한정된 3격보다는 틀림없이 더 빈번하다.

다음의 보충어 부류도 역시 대부분의 경우에서 동사에 의해 직접적으로 조종되지 않는 격표지를 나타낸다. 그것은 전치사 보충어이다.

• 전치사 보충어(E_{prp})

　다른 명칭: 전치사적 보충어(Präpositionalergänzung), 전치사 목적어
　　　　　　(Präpositionalobjekt)

　주도형식: 전치사 + 특수한 격의 지시대명사 혹은 da(r) + 전치사

전치사 보충어(Präpositivergänzung)는 대부분의 경우 동사에 의해 선택되는 특정한 전치사를 갖는다(단지 문장류의 실현에서만 전치사가 경

우에 따라 생략될 수 있다). 이러한 전치사는 교환할 수 없다(nicht austauschbar). 사전 편찬자들과 교재 제작자들은 이미 오래 전에 이것을 인식했으며, 흔히 achten auf(주의하다), denken an(생각하다), rechnen mit(고려하다)과 같은 형태의 동사를 예로 들고 있다.

전치사 보충어를 갖는 문장들은 다음과 같다.

> Ich habe mich *auf* dich verlassen. (나는 너를 신뢰했다)
> Man hatte nicht mehr *mit so vielen Gästen* gerechnet.
> (우리는 더 이상 그렇게 많은 손님들을 예상하지는 않았다)
> Man hatte nicht *damit* gerechnet, *dass so viele Gäste kämen.*
> (우리는 그렇게 많은 손님들이 오리라고는 예상하지 못했다)

문장류의 실현에서 상위문에는 대개 전치사적 부사(Präpositional-adverb)의 형태를 갖는 상관사(Korrelat)가 존재해야 한다. 아주 드문 경우에서만 이러한 상관사가 수의적이다.

> Ich warte (*darauf*), dass du redest. (나는 네가 말하기를 기다린다)
> Ich bitte dich (*darum*), zu bleiben. (나는 너에게 머무르도록 부탁한
> 다)

전치사의 비교환성이 전치사 보충어를 역시 전치사 구조로서 실현될 수 있는 다른 보충어들과 구별해준다. 다음의 두 보충어가 이에 속한다.

● 상황 보충어(E_{sit})

　다른 명칭: 부사 목적어(Adverbialobjekt), 부사 규정어(adverbiale
　　　　　　Bestimmung), 장소-/시간-/이유 보충어 등
　주도형식: 대개 da (장소적 및 시간적)

상황 보충어(Situativergänzung)를 갖는 문장들은 다음과 같다.

Kappus wohnt *am Starnberger See.*
(카푸스는 슈타른베르크 호숫가에 살고 있다)
Adam war drei Wochen *in Kairo.*
(아담은 3주 동안 카이로에 있었다)
Ich bleibe noch eine *Weile dort.*
(나는 아직도 얼마동안 거기에 머무를 것이다)

보는 바와 같이 여기서는 - 동일한 동사에서 - 전치사들이 바뀌며 따라서 이들은 구별할 수 있는 고유한 의미도 지니고 있다.

대부분의 경우에서 상황 보충어는 장소적인 의미를 가지며 드물게는 시간적인 의미도 갖는다. 가끔 원인적인(경우에 따라서는 또 다른) 상황 보충어도 있다는 견해가 대두된다. 이러한 문제는 여기서 미해결 문제로 남겨두기로 한다.

상황 보충어는 소수의 보충어에 속하며 동음의 상황 첨가어와 나란히 나타난다. 특히 장소 규정어와 시간 규정어는 처음부터 "첨가어로 예상되기"(angabeverdächtig) 때문에 구별에 대한 문제점이 나타난다. 이들은 결국 임의의 동사와 결합할 수 있다. 그래서 우리는 3.4장에서의 정의에 따라 상황요소들 중에서 의무적인 요소만을 보충어로 간주한다. 이에 따라 모든 수의적인 상황요소는 첨가어이다.

특정한 동사들 - arbeiten, leben, spielen 및 다수의 다른 동사들 - 은 상황요소에 대해 일종의 친화성(Affinität)을 나타내므로 많은 문법학자들이 수의적인 상황 보충어도 인정하는 것은 물론 이론의 여지가 없다. 바로 상황요소의 영역에서 보충어와 첨가어 간의 단계적인 변화(Übergang)는 분명 거친 양분법보다는 오히려 언어적인 직관에 따

를 것이다. 하지만 우리는 실제로 해결할 수 없는 범주화의 문제에
직면하여 단순한 양분법을 받아들인다.

• 방향 보충어(E_dir)

다른 명칭: 방향 목적어(Richtungsobjekt), 방향 규정어, 부사 규정어
(adverbiale Bestimmung) 등

주도형식: (dort)hin, von dort, hierdurch

방향 보충어(Direktivergänzung)를 허용하는 동사의 수는 보통 생각
하는 것보다 많다.

> Die ganze Familie fährt wieder *nach Österreich*.
> (온 가족이 다시 오스트리아로 간다)
> Diese verschüchterte Person kam *aus Wasserburg*.
> (이 기가 꺾인 사람은 바써부르크에서 왔다)
> Er sang aus vollem Halse *die Straße hinunter*.
> (그는 목청껏 노래를 부르며 거리 아래로 내려갔다)
> Annette keuchte *die Treppe hinauf*.
> (안네테는 헐떡거리며 계단 위로 올라갔다)
> Fröhliche Menschen, traurige Menschen winkten *aus dem Zug*.
> (기쁜 사람들과 슬픈 사람들이 기차에서 윙크를 보냈다)

대개 과정동사(Vorgangsverb)가 문제된다. 그러나 다음 예문에서는
과정동사라고 말하기가 어렵다.

> Die Sonne schien *ins Zimmer*. (햇살이 방안으로 비추었다)
> Etwas Weißes schimmerte *durchs Gehölz*.
> (무언가 하얀 것이 작은 수풀 사이로 희미하게 빛났다)

다른 한편으로는 방향 보충어와 결합할 수 없는 동사들이 있다. 그러
므로 다음과 같은 문장은 틀린 문장이다.

*Der Alte schlief *aus dem Fenster.*
*Ein Kirschbaum blüht *übers Dach.*

두 예문이 보여주는 바와 같이 방향 보충어 안에 있는 단순 부사는 첨
부어(Zusatz)에 의해 강조될 수 있다. 첨부어로서는 부분적으로 강조하
는 단어(*weiter* hinauf 계속 위로)가 있고, 사건이 발생한 장소에서는 4
격의 명사구(*den Berg* hinauf 산 위로)가 있으며, 과정의 목표에서는 전
치사구(*auf den Berg* hinauf 산 위로)가 있다.

- 확장 보충어(E_{exp})
  다른 명칭(비일상적): 확장 보충어(Dilativergänzung), 차이 보충어
  　　　　　　　　　　　(Differenzergänzung)
  주도형식: solange, soviel, soweit 및 이와 유사한 몇몇 구조

확장 보충어(Expansivergänzung)는 비교적 드물지만 다양하게 사용
될 수 있으며 변화의 동사에서 나타난다.

In drei Wochen nahm Onkel *Hugo zwölf Kilo* ab.
(3주 내에 후고 삼촌은 몸무게를 12킬로 줄였다)
Achmed kürzte den linken Ärmel *um zwei Zentimeter.*
(아히메드는 왼쪽 소매를 2센티 줄였다)
Der Schrei hallte *weit.* (환호가 멀리까지 메아리쳤다)
Das Gespräch dauerte zur allgemeinen Überraschung *lange.*
(회담은 모두가 놀라게도 오래 지속되었다)

Das Gespräch dauerte, *bis die letzte Straßenbahn fuhr.*
(회담은 마지막 전차가 운행될 때까지 지속되었다)

대부분의 경우에는 확장 보충어가 수의적이다. 그러나 동사 dauern
및 소수의 다른 동사에서는 확장 보충어가 의무적이다.

- 명사적 보충어(E_{nom})
  이전 명칭: 포함 보충어(Subsumptivergänzung), 분류 보충어
  　　　　　(Einordnungsergänzung)
  다른 명칭: 명사적 술어명사, 대등 1격/4격
  주도형식: es, so, als solch-

  항상 하나의 명사/명사구로 구성되는 명사적 보충어(Nominalergän-
  zung)는 몇몇 동사에서만 나타나지만 전체적으로는 아주 빈번하다.

　　Regina ist *eine Ausnahme.* (레기나는 예외이다)
　　Regina nennt sich *eine emanzipierte Frau.*
　　(레기나는 자신을 해방된 여자라고 말한다)
　　Unsere Nachbarn sind *sangesfrohe Leute.*
　　(우리 이웃들은 노래하기를 좋아하는 사람들이다)
　　Man nennt diese Leute die *Totengräber der Demokratie.*
　　(우리는 이 사람들을 민주주의의 파괴자들이라고 일컫는다)
　　Unser Nachbar heißt *Ballimann.*
　　(우리 이웃사람은 발리만이라고 불린다)
　　Unseren Nachbarn nennen wir *Herrn Ballimann.*
　　(우리는 우리 이웃사람을 발리만 씨라고 부른다)
　　Franz Frank bestätigte sich *als Friedensstifter.*

(프란츠 프랑크는 평화 교란자로 판명되었다)

　명사적 보충어는 주동사에 종속하며 일부는 1격 형태로 나타나고 일부는 4격 형태로 나타난다. 이러한 표현차이를 표기해야 할 경우 우리는 E_{nomn} 혹은 E_{noma}로 쓰기로 한다.

　"대등 1격/4격"과 같은 명칭은 이전의 용어 "동등격"(Gleichgröße)(Glinz)과 마찬가지로 이 보충어가 문장에서 다른 격(주어 혹은 4격)과 동일한 격을 표현한다고 추측할 수 있다. 이 원칙이 적용되지 않는다는 것을 우리의 예문 7개 가운데 5개가 보여준다. 거기서는 단순히 한 요소가 한 집합에 배열되거나 혹은 한 하위집합이 한 상위집합에 배열된다. 요소의 동일성이나 집합의 동일성이 나타나지만 논리적 포함의 특수 형태로서만 나타난다. 오래 전부터 잘 알려진 이러한 사태가 끈질긴 전통과 부적합한 교과서의 예문을 통해서 항상 다시금 은폐되는 것은 유감스러운 일이다.

　für를 갖는 구조에 대해서는 "형용사적 보충어"를 참조하기 바람.

• 형용사적 보충어(E_{adj})
　이전 명칭: 방법 보충어(Artergänzung), 자질 보충어(Qualitativ-
　　　　　ergänzung)
　다른 명칭: 형용사적 술어명사(adjektivisches Prädikatsnomen)
　주도형식: es, so, als solch-

　주도형식이 동일함에도 불구하고 형용사적 보충어(Adjektivalergän-zung)는 명사적 보충어와 쉽게 구별될 수 있다. 형용사적 보충어의 핵어는 대부분 형용사이며 몇몇 경우에서 wie로 연결된 명사구가 나타난다.

Sonja ist *durstig*. (소냐는 목이 마르다)

Das Steak scheint *genießbar*. (그 스테이크는 먹음직스럽게 보인다)

Ich finde dieses Steak *genießbar*.

(나는 이 스테이크를 먹을만하다고 생각한다)

Dieses Buch gilt *als lesbar*. (이 책은 읽을만한 것으로 간주된다)

Ihr Mann benahm sich *wie eine schlechte Chaplin-Kopie*.

(그녀의 남편은 서투른 채플린의 복사판처럼 행동했다)

Ihr Mann benahm sich, *als habe er zu viel getrunken*.

(그녀의 남편은 마치 자기가 술을 너무 많이 마신 것처럼 행동했다)

이 각각의 예문에서 특정한 격 단위(주격 혹은 4격)에 특정한 자질이 부여된다.

이것은 외형적 및 의미적으로 유사한 구조에서도 적용되지만 다르게 배열되어야 한다. 다음과 같은 예문에서는 주도형식이 다르기 때문에 명사적 보충어나 형용사적 보충어가 나타날 수 없다. 주도형식으로서 는 dafür가 가장 적당하다.

Ich halte ihn für einen krankhaften Ruhestörer.

(나는 그를 병적인 평화 파괴자라고 생각한다)

Ich halte dieses Steak für genießbar.

(나는 이 스테이크가 먹을만하다고 생각한다)

이로써 이 문장들은 전치사 보충어로 증명되었다. 따라서 이들은 다음 과 같은 구조를 갖는다.

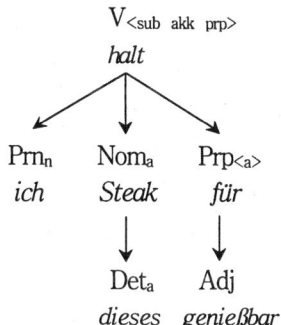

• 동사적 보충어(E_{vrb})

동사적 보충어(Verbativergänzung)는 다른 보충어와 마찬가지로 주동사의 하위부류 특수적인 보충어로 간주되어야 함에도 불구하고 다른 문법에서는 명시적으로 보충어로 언급되지 않는다.

주도형식은 es sein/werden/bleiben 및 es (zu) tun, 경우에 따라서는 단순히 es이다.

동사적 보충어는 오직 문장류(satzartig)로만 나타난다. 몇몇 다른 보충어도 문장류로 실현되지만 항상 "단순한" 표현형태로 대치되어 나타난다. 동사적 보충어는 단지 문장류 - 부분장, 부정사 구조 혹은 종속적 주문장 - 로만 나타나는 유일한 보충어이다.

동사적 보충어는 화법동사, 양상동사(=보충적인 zu를 갖는 동사), 그리고 sich fragen, lassen과 같은 일련의 부정형 동사와 부문장 동사, es gilt와 같은 표현과 결합하여 나타난다.

Ich will *ein guter Sprinter werden.*
(나는 훌륭한 육상선수가 되고자 한다)
Der Turm droht *einzustürzen.* (그 탑이 무너지려고 한다)

Man muss sich fragen, *wozu wir so lange gearbeitet haben.*
(우리는 무엇 때문에 그렇게 오랫동안 일했는지 자문해 보아야 한다)
Peter lässt *alle Kollegen die Petition unterschreiben.*
(페터는 모든 동료들이 그 청원서에 서명하도록 한다)
Jetzt gilt es, *über das Jahresende hinaus zu planen.*
(지금은 연말을 지나서까지 계획을 세울 때이다)

　우리가 이태릭체 부분에서 알 수 있듯이 동사적 보충어는 종속하는
동사뿐만 아니라 그 동사에 종속하는 모든 요소들을 포괄한다. 따라서
마지막에서 두 번째 예문에 대한 수형도는 다음과 같다.

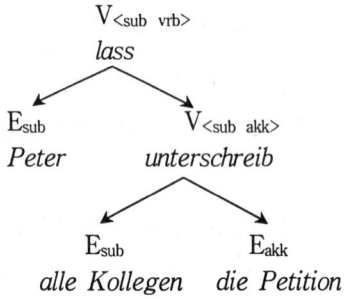

　여기서 구성체 alle Kollegen die Petition unterschreiben이 동사적 보
충어에 해당한다.
　화법동사와 양상동사의 경우에서 고려해야 하는 것은 이들에 종속하
는 문장류의 구성체가 5.3장에서 제시된 정의에서 볼 때는 문장 보충어
가 아니라는 사실이다. 왜냐하면 이들은 주동사에 종속하는 것이 아니라
부동사들 중의 하나에 종속하기 때문이다.

5.6. 보충어에 대한 세부사항

• 보충어의 상위부류(Superklassen)

개별적인 보충어 부류에 대한 논의는 몇 가지 친족성을 확인시켜 주었다. 예를 들어 처음의 다섯 보충어 - 주어부터 전치사 보충어까지 - 는 대상들 혹은 대상들의 집합을 표현한다는 공통적인 자질을 가지고 있다. 우리는 또한 이들은 언제나 "격단위/개체"(Größe)라고 말할 수 있다. 전치사 보충어의 전치사도 격 보충어의 격 자질과 유사한 기능을 갖고 있다. 좀 더 자세히 살펴보면, 동사 보충어도 이러한 맥락에 속한다는 사실이 나타난다. 동사 보충어가 예외 없이 사건, 과정 혹은 상태를 기술하지만 전자는 후자들을 개체로 이해하며 이들을 대상처럼 다룬다. 이러한 사실은 이를테면 동음이의어의 형태에서 주동사로도 사용될 수 있는 화법동사들에서 분명해진다. 다음 세 문장을 살펴보자.

Ich will etwas was tun können.
(나는 무언가를 할 수 있기를 원한다)
Ich will endlich eine Arbeitserlaubnis.
(나는 결국 노동허가서를 원한다)
Ich will endlich eine Arbeit. (나는 결국 일자리를 원한다)

이들 사이에 있는 본질적인 공통점이 일부는 "사물"(Sache)에, 또 일부는 사태(Sachverhalt)에 관한 문제라는 데에 있는 것이 아니다. 여기서는 항상 일종의 사태들, 즉 일종의 사건이 문제되지만, 이러한 사태는 항상 개체로서 다루어진다. 차이점은 단지 "개체로서 다루어지는 사태"가 첫 번째 예문에서는 명시적으로 두 동사(tun können)에 의해서 기술되지만 다른 예문에서는 동사 없이 기술되는 데 있다.

우리는 지금까지 언급된 보충어를 "격/개체 표현"(größenbezeichnend) 이라는 명칭으로 총괄할 수 있다.

상황 보충어와 방향 보충어가 밀접한 관계를 나타낸다는 사실은 두 보충어 간의 구분이 이루어지지 않거나 혹은 독일어와는 다르게 구분되는 언어들과의 비교를 통해서 뿐만 아니라, 두 보충어를 "부사 규정어"(Adverbialbestimmung)로 총괄하고 기껏해야 2차적으로 분류하는 전통문법을 통해서도 나타난다. 실제로 이 두 보충어는 사태의 틀 안에 있는 개체와 관계하는 것이 아니라 사건이 일어나는 상황들을 명명한다. 그러나 지금까지의 문법기술에서 아무런 역할도 하지 않았던 확장 보충어 역시 이러한 분류에 포함시킬 수 있다.

마지막으로 명사적 보충어와 형용사적 보충어는 그들이 상위부류에 이러한 개체를 할당하거나 혹은 개체들에 자질을 양도함으로써, 즉 그것들을 서술어(Prädikation)를 통해 분류함으로써, 다른 보충어(주어, 4격 보충어)에 의해 표현된 어떤 개체들에 부류자질(Klassenmerkmal)을 할당한다는 점에서 하나의 중요한 공통점을 가지고 있다.

이로써 다음 세 가지 상위부류의 보충어가 나타난다.

1. 격/개체 표현 보충어(größenbezeichnende Ergänzung)
   주어(Subjekt)
   4격 보충어(Akkusativergänzung)
   2격 보충어(Genitivergänzung)
   3격 보충어(Dativergänzung)
   전치사 보충어(Präpositivergänzung)
   동사적 보충어(Verbativergänzung)

2. 부사 보충어(adverbiale Ergänzung)
   상황 보충어(Situativergänzung)
   방향 보충어(Direktivergänzung)
   확장 보충어(Expansivergänzung)

3. 술어 보충어(prädikative Ergänzung)
   명사적 보충어(Nominalergänzung)
   형용사적 보충어(Adjektivalergänzung)

그러나 이러한 상위부류가 더 이상 주도형식(Leitform)에 대한 확고한 그리고 쉽게 다룰 수 있는 범주화 수단을 통해서 얻어진 것이 아니라, 우리가 아는 바와 같이 부분적으로는 사변적인 성질을 가지며 비판적인 경우에는 종종 기대했던 명확함을 가져오지 못하는 의미론적 구분을 통해서 얻어졌다는 사실은 명백하다.

• 확장문(Ausbausatz)

우리가 예문에서 추론할 수 있듯이 특히 주어, 4격 보충어, 전치사 보충어, 소수의 2격 보충어와 형용사적 보충어가 문장류로 실현될 수 있다. 단순한 표현들이 어느 정도 유사문장(Quasisatz)으로 "확장되기" 때문에 우리는 이러한 구성체를 "확장문"(Ausbausatz)이라는 명칭으로 총괄한다.

확장문은 특정한 확장문 유형이 나타나는 몇 가지 유도성분을 통해 표시된다.

dass-/ob-문장:
    Dass du gekommen bist, freut mich besonders.
    (네가 왔다는 사실이 나를 특히 기쁘게 한다)

Ich kann nicht sagen, ob das stimmt.
(나는 그것이 옳은지 말할 수 없다)

Ich entsinne mich, dass sie davon gesprochen hat.
(나는 그녀가 그것에 관해 말했던 것을 기억한다)

Man sollte darüber nachdenken, ob man sie falsch behandelt hat.
(우리가 그녀를 잘못 다룬 것은 아닌가에 대해 숙고해야할 것이다)

als ob-문장, wie wenn-문장(형용사 보충어에서만):

Sie tut, als ob sie alles wüsste.
(그녀는 마치 자기가 모든 것을 알고있는 것처럼 행동한다)

Er benahm sich, wie wenn er der Herr des Hauses sei.
(그는 마치 자기가 집주인인 것처럼 행동했다)

w-문장("간접 의문문"):

Wohin er geht, ist mir jetzt auch gleichgültig.
(그가 어디로 가는지에 대해 나는 지금도 무관심하다)

Ich kann nicht sagen, warum er das tut.
(나는 그가 왜 그것을 하는지 말할 수 없다)

Ich entsinne mich nicht mehr, wovon die Rede war.
(나는 무엇에 대해 말이 있었는지 더 이상 기억하지 못한다)

Sie dachte lange darüber nach, wie sie das Geld aufbringen könnte.
(그녀는 자기가 돈을 어떻게 조달할 수 있는지에 대해 오랫동안 숙고
했다)

종속적 주문장:

Ich weiß, du hast es nicht so gemeint.
(나는 네가 그런 뜻으로 말한 것이 아니라는 것을 알고 있다)

Sie vermutete, er käme noch einmal zurück.
(그녀는 그가 다시 한 번 돌아오리라고 추측했다)

부정사 구조(일부는 zu 있는, 일부는 zu 없는):

Mit dir reden macht einfach Spaß.

(너와 말하는 것이 그저 재미있다)

Es ist schön, dich wieder zu sehen.

(너를 다시 만나서 반갑다)

Hanna versuchte, das Rad zurückzudrehen.

(한나는 바퀴를 뒤로 돌리려고 시도했다)

Entsinnst du dich, schon einmal mit ihr gesprochen zu haben?

(너는 이미 한 번 그녀와 말했던 것을 기억하니?)

Regina vertraute darauf, die Unterlagen wieder zu bekommen.

(레기나는 서류들을 되돌려 받는 것을 확신했다)

그러나 모든 E_{sub}, E_{akk}, E_{gen}, E_{prp} 및 E_{adj}가 주어진 방법으로 확장될 수 있는 것은 아니다. 이것은 원칙적으로 관련동사에 달려 있으며, 구체적으로는 보충어가 주어진 자리에서 사태도 표현할 수 있는지에 달려있다. 왜냐하면 문장류의 구성체는 항상 (종종 위장된) 사태를 기술하기 때문이다. 그래서 예컨대 동사 füttern(먹이를 주다)의 4격 보충어는 확장될 수 없다. 단지 대상에 대해서만 먹이를 줄 수 있기 때문이다.

그러나 원칙적으로 확장이 가능한 곳에서도 확장은 종종 개별적인 형태에 한정되어 나타난다. 그래서 동사 versprechen(약속하다)은 어떠한 간접의문문도 허용하지 않고, 동사 wissen은('정신적으로 기억하고 있다'는 의미에서) 부정사 구조를 허용하지 않으며, 또한 동사 beschreiben(기술하다)은 부정사 구조나 종속적 주문장을 허용하지 않는다. 동사에 의해서 조종되는 이러한 제약은 언어마다 큰 차이가 있다. 따라서 사전과 학습지침서는 한 동사의 확장능력에 대한 상세한 지시를 포함해야 한다.

• 상관사(Korrelat)

확장문은 상위문에서 하나의 상관사를 가질 수 있다. 상관사는 의미가
빈약한 지시형태이며, 대체로 확장문의 내용을 추상적인 형태로 재현하
거나 또한 그 내용을 대체할 수도 있는 대명사나 부사이다.

Ich kann *es* nicht sagen, wann er wiederkommt.
(나는 그가 언제 다시 올 지를 말할 수 없다)

상관사(Korrelat)는 다음과 같다.

주어문과 4격문에서의 *es*

Mich freute *es*, dass in der Setzrissfrage eine Lösung
gefunden werden konnte. (빈 칸 메우기에서 하나의 해답을 발
견할 수 있었던 것이 나를 기쁘게 했다)
Ich beantrage, dass folgender Beschluss gefasst wird.
(나는 다음과 같은 결정이 내려지기를 제안합니다)

2격문에서의 *dessen*

Sie konnte sich *dessen* nicht mehr entsinnen, dass die
Fensterwand einen Riss gehabt hatte.
(그녀는 창문벽이 갈라졌던 것을 더 이상 기억할 수 없었다)

전치사문에서의 전치사적 부사(여기서는 대개 의무적이다)

Sie musste sich *darauf* verlassen, dass alle Disketten zurück-
gebracht würden.
(그녀는 모든 디스켓이 반납된다는 것을 믿어야만 했다)
Ich mag einfach nicht mehr *daran* denken, was mit denen
geschehen ist. (나는 그들에게 무슨 일이 일어났는지에 대해 결코 더
이상 생각하고 싶지 않다)

형용사문에서의 *so*

Der Aufseher verhielt sich *so*, als ob er nichts bemerkte.

(감독자는 마치 자기가 아무 것도 목격하지 않은 것처럼 행동했다)

상관사는 첨가어문에서도 나타난다. 5.8장을 참조바람.

• 확정 부문장과 일반적인 부문장

확장문 이외에도 보충어를 문장류로 표현할 수 있는 아주 유사한 두 가지 다른 가능성이 있다. 이러한 가능성은 다음 문장에서 나타난다.

Ich weiß, wohin sie gegangen ist.

(나는 그녀가 어디로 갔는지를 알고 있다)

Du kannst gehen, wohin du willst.

(너는 네가 가고자 하는 곳으로 갈 수 있다)

첫 번째 경우에는 주격(여기서는 화자와 일치함)이 부문장의 내용, 특히 이동의 목표를 알고 있지만, 이러한 인지가 구체적으로 표현되지 않고 있다. 이러한 종속적인 구성체가 확정 부문장(definiter Nebensatz)이라고 명명된다. 두 번째 경우에는 목적지가 알려져 있지도 않으며 또한 중요한 것 같지도 않아 보인다. 모든 구체적인 의미는 동일한 방법으로 수용된다. 즉, 우리는 단지 일반적인 목적지의 규정에만 관계한다. 이러한 종속적인 구성체가 일반적인 부문장(generalisierender Nebensatz)이라고 명명된다.

확정 부문장과 일반적인 부문장은 일련의 공통적인 자질을 갖고 있다.

1. 이들은 전체가 보충어로 형성될 수 있다.
2. 이들은 w-단어에 의해 유도된다.
3. 예외 없이 정형의 부문장이 문제된다.

4. 주어, 4격 보충어, 동사적 보충어에 대한 확정 부문장 및 일반적인
부문장을 제외하고(여기에는 가끔 예외가 있다), 부문장 안에 있는
유도성분은 항상 전체문장 안에 있는 부문장과 동일한 통사적 기능
을 갖는다. 예를 들어 Wem ich vertraue, gebe ich auch ein
Nachtlager.(내가 신뢰하는 사람은 누구에게나 나는 잠자리도 준다)
에서 일반적인 부문장은 상위문에서 3격 보충어인 동시에 유도 대
명사 wem은 부문장에서도 3격 보충어이다.

그럼에도 불구하고 확정 부문장과 일반적인 부문장 사이의 구별은 아
무런 문제점을 야기시키지 않는다. 즉 모든 일반적인 부문장에는 (일반
적인) 불변화사 auch, immer, auch immer가 첨가될 수 있다.

> Wem immer ich vertraue, gebe ich auch ein Nachtlager.
> (내가 신뢰하는 사람은 누구에게나 나는 숙소도 준다)
> Was er auch bringt, wird akzeptiert.
> (그가 가져오는 것은 무엇이나 수용될 것이다)
> Wohin auch immer du gehst, will ich auch gehen.
> (네가 가고자 하는 곳은 어디든지 나도 가고자 한다)

확정 부문장과 일반적인 부문장은 상위문에서 어떤 관계요소(Bezugs-
element)도 갖지 않는다. 다음 예문에서처럼 관계요소가 있으면 이것은
부가어로서 보충어문에 속하지 않는 관계문(Relativsatz)이다.

> Wem immer ich vertraue, *dem* gebe ich auch ein Nachtlager.
> (내가 신뢰하는 사람은 누구든지 간에 나는 그에게 숙소도 준다)

• 재귀동사
재귀대명사가 다른 요소들로 자유롭게 대치될 수 있다면 그것은 보충

어에 속한다.

> Sie kämmte sich/ihn/die Kinder.(그녀는 머리를 빗었다/그의 머리를
> /아이들의 머리를 빗어주었다)

그러나 다음 문장에서서처럼 어떤 계열소도 존재하지 않는 경우 재귀대
명사는 문장성분으로 평가될 수 없으며 오히려 동사의 (물론 제한적으
로 치환할 수 있는) 한 부분을 형성한다.

> Er benimmt sich diesmal ganz manierlich.
> (그가 이번에는 아주 예의바르게 행동한다)

이 문장은 다음 수형도로 기술될 수 있다.

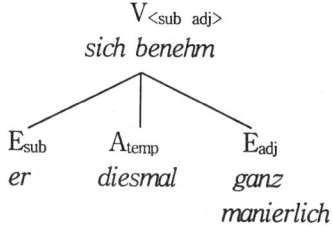

순수 굴절소적으로 볼 때 여기서도 하나의 계열소가 존재한다.

> Ich benehme *mich* gut. (나는 잘 처신한다)
> Du benimmst *dich* gut. (너는 잘 처신한다)
> Er benimmt *sich* gut. (그는 잘 처신한다)

그러나 이러한 대치계열(Kommutationsreihe)은 변화하는 주어에 의
해 직접 조종된다. 따라서 이것은 1.8장, 5.3장 및 5.4장의 의미에서 볼
때 계열소가 아니다.

5.7. 문장모형과 구문안

기술된 11개의 문장 보충어들은 다양하게 결합될 수 있다. 만일 우리가 보충어를 취할 수 있는 동사의 능력(=동사의 결합가)에 따라서 동사들을 분류하면 각각 특수한 보충어를 갖는 동사의 하위부류가 나타난다. 어떤 보충어도 갖지 않는 동사들, 소위 "0가" 동사들이 있으며 4가 동사들까지 존재한다.

동사들을 오로지 그 보충어의 수에 따라 분류하는 것은 언어학적으로는 흥미 있는 일이지만 교수법적으로는 별로 도움이 되지 않는다. 왜냐하면 그렇게 되면 다음의 (모두 3가의) 동사들처럼 형태·통사적 및 의미적으로 아주 상이한 동사들이 서로 혼합될 수 있기 때문이다.

(etwas an eine bestimmte Stelle) bringen
(무엇을 특정한 장소로 가져가다)
(etwas zu etwas) machen (무엇을 무엇으로 만들다)
(jemandem etwas) sagen (누구에게 무엇을 말하다)
(jemanden zu etwas) überreden (누구를 -하도록 설득하다)

결합가의 확정에서는 11개 보충어들 가운데 하나의 보충어로 증명된 주어가 당연히 함께 고려된다. 독일어에서는 동사를 부정형으로 인용하는 것이 일반적이며, 그리고 주어가 부정사 구조에서는 삭제되기 때문에 이들 예에서는 주어가 나타나지 않는다. 따라서 주어는 매번 여타의 보충어에 첨가되어야 한다.

우리가 동사의 결합가(Valenz)에 대해 말하려면 보충어의 수만 생각하는 것이 아니라 적어도 보충어의 성질을 생각한다. 이러한 결합가가 문장의 기본구조, 즉 주동사와 보충어로 구성되는 골격(Gerüst)을 확정한다. 이러한 골격을 우리는 문장모형(Satzmuster)이라고 일컫는다. 현대 독일어의 가장 중요한 문장모형/문형들이 다음에서 각각 하나의 예문과 함께 제시된다.

–	Es zieht.	akk	Es friert mich. / Mich friert.
sub	Johanna fiebert.	sub akk	Sie haben das Kastell besichtigt.
		sub akk akk	Sie lehrte ihn eine neue Sprache.
sub gen	Er enthielt sich jeglichen Alkohols.	sub akk gen	Man beschuldigt ihn der ungerechtfertigten Bereicherung.
sub dat	Streusalze schaden dem Fahrzeug.	sub akk dat	Ich werde Ihnen die Kontoauszüge zeigen.
		sub akk dat dir	Uli bringt seinem Vater die Briefe ins Institut.
sub prp	Ich rechne mit euch allen.	sub akk prp	Sie überredeten den Gast zu einer angeblichen Spazierfahrt.
		akk sit	Hier gibt es das beste Brot der Welt.
sub sit	Das Dorf liegt an der Autobahn.	sub akk sit	Sie verbrachten drei Tage in Bamberg.
sub dir	Wir fahren nach Bamberg.	sub akk dir	Die Fluggäste schleppten ihr Gepäck zum Schalter.
sub exp	Die Konferenz dauerte drei Tage.	sub akk exp	Man wollte die Straße um drei Meter verbreitern.
sub nom	Diese Frau wurde ein Opfer der vielen grundlosen Verdächtigungen.	sub akk nom	Man nannte sie die Retterin des Dorfes.
sub adj	Dieser Mann ist gefährlich.	sub akk adj	Man nannte ihn heimtückisch.
sub vrb	Hansen ließ seine Leute den Boden aufreißen.		
dat prp	Mir graut vor dir.		
prp nom	Es ist ein Elend mit diesen Leuten.		
prp adj	Es steht schlecht um unsere Pläne.		
nom	Es ist Nacht.		
adj	Es ist kalt.		
vrb	Jetzt heißt es anpacken.		

문장모형의 배열은 5.4장의 도표 안에 있는 마지막 난에 따른다. 그러나 이 때 4격 보충어가 없는 많은 문장모형들에 대해 하나의 "4격" 대응물(Entsprechung)이 존재한다는 사실이 추가적으로 고려되었다. 4격 보충어가 없는 문장모형과 그것이 있는 해당 문장모형이 동일선상에서 배열되었다.

주어가 없는 문장모형은 대부분 "고정된 es"를 포함하는데, 이것은 문장성분으로 평가되어서는 안 되며 동사의 불연속적인 성분으로 이해되어야 한다.

4격 보충어가 있는 문장모형들과 그것이 없는 문장모형들 간의 대응은 그 한계가 있다. 특히 - 예들이 보여주는 바와 같이 - 구체적인 동사의미가 여기서 대체로 구조적인 유사성을 무의미하게 해주는 차이를 확정한다는 사실을 이러한 대응이 오도해서는 안 된다. "사역화"(Kausativierung)에 바탕을 두고 있는, 다시 말해서 4격 지배 동사가 추가적인 "행위자" 보충어에서 표현되는 하나의 추가적인 요소 '사역'(bewirkend)을 포함하는 상황을 제외하고는 그들의 의미에서 일치하는 소수의 동사 쌍(Verbpaar)이 있다.

다음 동사들과 몇 가지 다른 동사들을 비교해 보자.

> fallen (떨어지다) : fällen (떨어뜨리다)
> schlafen (잠자다) : einschläfern (잠재우다)
> sterben (죽다)   : töten (죽이다)

독일어에는 다음처럼 사역적인 변이형을 갖는 동음이의어(Homonym) 동사들이 아주 드물다.

> rollen (구르다) : rollen (굴리다)

문장모형이 각각의 보충어 결합은 진술하지만 의무적(obligatorisch) 보충어와 수의적(fakultativ) 보충어를 구별하지는 못한다. 이러한 중요한 차이는 역시 동사에 의해 조종되며, 즉 동사의 완전한 결합가에 속한다. 보충어의 기호화(Kodierung)에서 우리는 모든 수의적 보충어를 괄호 안에 넣음으로써 이러한 차이를 고려한다. 이러한 방법으로 문장모형으로부터 구문안(Satzbauplan)이 형성된다. 따라서 다음 동사들의 결합가 진술은 해당 구문안에 해당한다.

brauchen$_{<sub\ akk>}$

essen$_{<sub\ (akk)>}$

fiebern$_{<sub>}$

raten$_{<sub\ dat\ prp\ zu>}$

sagen$_{<sub\ akk\ (dat)>}$

verbringen$_{<sub\ akk\ sit>}$

최근의 많은 문법에서 구문안이 거론되고 있다. 물론 이 용어는 아주 상이하게 (그리고 종종 명확하지 않게) 정의된다. 즉 많은 저자들에서 이 용어는 결합가보다는 어순(Wortstellung)과 더 많은 관련이 있으며, 다른 저자들에서는 이 용어가 오직 보충어의 수와만 관계가 있다. 이러한 사실은 의욕적이지만 준비되지 않은 독자들을 혼동시킬 뿐이다. 그래서 우리가 이 책에서 구문안을 어떻게 이해해야 하는지에 대해 몇 가지 사항을 더 언급하지 않을 수 없다.

구문안은 문장류의 구성체를 위한 추상적이고 비선형적인 구조모형이다. 구문안은 동사를 (동사적 하위부류의 요소로서) 그 보충어에 고정시킨다. 모든 다른 관점에서 문장류의 구성체는 가변적이다. 이러한 사실은 동사 geben$_{<sub\ akk\ dat>}$을 갖는 다음 문장에 대한 상이한 변이형에서 제시된다.

Der Boss gibt mir die Vollmacht. (보스가 나에게 전권을 준다)

구문안 <sub akk dat>은 다음 사항과 관련하여 다양한 실현을 허용한다.

문장성분 순서:
Der Boss gibt mir die Vollmacht. (보스가 나에게 전권을 준다)
Die Vollmacht gibt mir der Boss. (전권을 보스가 나에게 준다)
Mir gibt der Boss die Vollmacht. (나에게 보스가 전권을 준다)

주문장 종류:
Der Boss gibt mir die Vollmacht. (보스가 나에게 전권을 준다)
Gibt mir der Boss die Vollmacht(?)
(보스가 나에게 전권을 주느냐?)
Gib mir die Vollmacht, Boss(!) (나에게 전권을 주시오, 보스!)

문장유형:
Der Boss gibt mir die Vollmacht. (보스가 나에게 전권을 준다)
dass mir der Boss die Vollmacht gibt
(보스가 나에게 전권을 주는 사실)
um mir die Vollmacht zu geben (나에게 전권을 주기 위하여)

첨가어에 의한 확장:
Der Boss gibt mir die Vollmacht nicht.
(보스가 나에게 전권을 주지 않는다)
Der Boss gibt mir gerne die Vollmacht.
(보스가 나에게 기꺼이 전권을 준다)
Der Boss gibt mir die Vollmacht heute Abend.

(오늘 저녁에 보스가 나에게 전권을 준다)

정동사 내지는 동사 복합체의 형태:
Der Boss gab mir die Vollmacht.
(보스가 나에게 전권을 주었다)
Der Boss hat mir die Vollmacht gegeben.
(보스가 나에게 전권을 주었다)
Der Boss möchte mir die Vollmacht geben.
(보스가 나에게 전권을 주고 싶어한다)

Leo Weisgerber가 시도했던 바와 같이 모든 구문안에 하나의 고유한 의미를 부여하려는 시도 역시 불필요한 것처럼 보인다. 구문안은 그 안에 포함된 보충어가 고유한 의미를 가질 경우에만 그 의미를 가진다. 우리는 부사 보충어와 술어 보충어에서 몇 가지 추상적인 의미(예컨대 광의의 '위치배열' 내지는 '분류', '자질')를 부인할 수는 없을 것이다. 하지만 격 표현 보충어들을 유사한 방법으로 의미적으로 특징 짓는 것은 불가능할 것이다. 이미 광범위한 열거를 통해 증명되었듯이 이러한 상위 부류가 원래 보충어의 대부분을 구성하기 때문에 구문안의 의미론적 기술에 대한 가정을 계속해서 고수하는 것은 별 의미가 없다. 그 대신에 우리는 문장의 의미를 기술하는 데에 더 많은 노력을 기울여야 할 것이다. 이 점에 대해서는 5.9장에서 몇 가지 사항이 언급될 것이다.

5.8. 첨가어(문장 첨가어)

비 특수적으로 주동사에 배열되는 이러한 문장성분들이 문장류의 구성체에 대한 본질적인 부분, 때로는 의사소통적으로 가장 중요한 부분을 형성한다(3.4장 참조).

문장 첨가어는 다음과 같은 표현형태(Ausdrucksform)를 가질 수 있다.

1. 전치사구(PrpP):

   Ich habe ihn *auf dem Bahnhof* gesehen.

   (나는 그를 역에서 보았다)

   Roggenmas ist *am Freitag* hier gewesen.

   (로겐마스는 금요일에 여기에 있었다)

   Ich habe Ihren Brief *mit Vergnügen* gelesen.

   (나는 당신의 편지를 즐겁게 읽었다)

2. 불변화사/불변화사구:

   Ich habe ihn *dort* gesehen. (나는 그를 거기서 보았다)

   Roggenmas ist *damals* hier gewesen.

   (로겐마스는 그 당시 여기에 있었다)

   Ich habe Ihren Brief *gerne* gelesen.

   (나는 당신의 편지를 기꺼이 읽었다)

3. 형용사/형용사구(Adj, AdjP):

   Ich habe Ihren Brief *schnell* gelesen.

   (나는 당신의 편지를 빨리 읽었다)

   Ich habe Ihren Brief *nur ganz schnell* gelesen.

   (나는 당신의 편지를 단지 아주 빨리 읽었다)

4. 2격 명사구(NomP$_{gen}$):

   Maria stand *eines Tages* vor der Tür.

   (마리아는 어느 날 문 앞에 서 있었다)

5. 종속접속사구 (부분장과 부정사 구조) :
Er verließ uns, *als der Regen kam.*
(비가 왔을 때 그는 우리를 떠났다)
Er hat sich ein Haus gebaut, *wo die Straße abbiegt.*
(그는 길이 꺾이는 곳에 집 한 채를 지었다)
Ich bin gekommen, *um einige Irrtümer zurechtzurücken.*
(나는 몇 가지 실수를 교정하기 위해 왔다)

문장 첨가어에 대한 의미적인 분류는 아주 일반적이며 특히 교수법적인 방향의 기술에서 일반적이다. 다음에서 제안되는 배열(Ordnung)은 주로 전통적인 분류에 따르지만, 내용적 기준 이외에 연결적 및 위치적인 기준도 고려한다. 이러한 배열은 우선 첨가어를 여섯 부류로 나누며 이들은 대개 다시 하위 분류된다.
네 가지 큰 부류는 상황 첨가어, 평가 첨가어, 부정 첨가어, 수식 첨가어이다.

• 상황 첨가어(Asit)
상황 첨가어(situative Angabe)는 대부분의 원래의 부사들 및 이들과 대체할 수 있는 요소들을 포함한다. 상황 첨가어는 어떤 사태가 실제적인 광의의 상황을 표현한다. 따라서 상황 첨가어는 대체로 전체 **문장**에 관련된다. 이들은 다음 여섯 부류로 하위 분류될 수 있다.

광의의 원인 첨가어(A$_{kaus}$: kausale Angabe)
광의의 원인 첨가어에는 (협의의) 원인 첨가어, 조건 첨가어, 결과 첨가어, 양보 첨가어 및 목적 첨가어가 있다.
deshalb(그 때문에), aus diesem Grund(이러한 이유에서), weil sie Erfolg hatte(그녀가 성공했기 때문에); dann(그렇다면), unter

bestimmten Voraussetzungen(특정한 전제하에서); folglich(따라서),
infolge dieser Vereinbarung(이러한 합의에 따라서); trotzdem(그럼에
도 불구하고), ungeachtet dieses Einwands(이러한 이의에도 불구하
고), obwohl sie im Recht war(그녀가 옳았음에도 불구하고); dazu
(그 목적으로), dafür(그것을 위하여), um Oskars willen(오스카를 위
하여/오스카 때문에), um ihn zu zwingen(그를 강요하기 위하여)

시간 첨가어(A_{temp} : temporale Angabe)
　damals(그 당시에), früher(전에는), nächsten Freitag(다음 금요일에),
am nächsten Freitag(다음 금요일에), immer(항상), manchmal(때때
로), als der Regen kam(비가 왔을 때)

장소 첨가어(A_{loc} : lokale Angabe)
　da(저기/거기에), dort(거기에), im Kino(극장에서), wo wir sie
gesehen hatten(우리가 그들을 만났던 곳에서)

동반 첨가어(A_{kom} : komitative Angabe)
　동반 첨가어는 동반 상황, 결여된 상황 혹은 대리 상황을 나타낸다.
mit meinen Eltern(내 부모님과 함께), in Begleitung ihres Mannes
(그녀 남편과 동반하여); ohne Hut(모자를 쓰지 않고), bar aller
Rechtfertigungen(아무런 정당성 없이); statt Karten(표 대신에),
anstelle seines Bruders(그의 형 대신에)

제약 첨가어(A_{restr} : restriktive Angabe)
　제약 첨가어는 발화의 적용범위를 제한한다.
hinsichtlich der Folgelasten(후속적 재정부담과 관련하여),
wettermäßig(날씨에 따라서), finanziell (geht es ihnen gut)(재정적
으로는 그들의 사정이 양호하다)

도구 첨가어(A_{instr} : instrumentale Angabe)

mit einem Messer(칼로써), dank seiner Fürsprache(그의 대변 덕택에), mittels zweier Gutachten(두 개의 추천서를 수단으로)

• 평가 첨가어(Aex)

이 "평가 첨가어"(existimatorische Angabe)(이 명칭은 라틴어 existimare 'einschätzen 평가하다'에서 유래함)는 언어화된 사태에 대해 화자가 개인적인 의견이나 입장을 표현한다. 엄격하게 말하자면 평가 첨가어는 대부분 문장에 관련되지 않고 발화수반 행위(Illokution)(7.2장 참조)에도 영향을 줌으로써 전체 발화(Äußerung)에 관련된다. 우리는 이들에 대해 질문할 수 없다. 이들은 다음 여섯 부류로 하위 분류될 수 있다.

신중 첨가어(A_{kaut} : kautive Angabe)

신중 첨가어는 발화 또는 발화부분의 의미를 상대화한다. 우리가 어떤 특정한 일에 대해 책임을 지려고 하지 않을 경우에(라틴어 cautio '신중 Vorsicht'에서 유래함) 이 첨가어를 사용한다.

fast(거의), sozusagen(말하자면), im Allgemeinen(일반적으로)

선택 첨가어(A_{sel} : selektive Angabe)

우리가 어떤 표현을 강조하고자 할 경우에 이 첨가어를 사용한다.

besonders(특히), eben(바로 지금/때마침), sogar(게다가/더욱이), vor allem(무엇보다도)

배열 첨가어(A_{ord} : ordinative Angabe)

배열 첨가어는 발화를 다른 발화와 관련시킨다.

allerdings(물론), freilich(물론), mindestens(적어도), übrigens(그밖에); erstens(첫째로), zweitens(둘째로) 등

판결 첨가어(A_{jud} : judikative Angabe)

우리가 어떤 사태를 평가하고자 할 경우에 이 첨가어를 사용한다.

bedauerlicherweise(유감스럽게도), unbegreiflicherweise(이해할 수 없게도), Gott sei dank(다행히도), leider(유감스럽게도), endlich(결국/마침내)

검증 첨가어(A_{ver} : verifikative Angabe)

우리가 어떤 사태의 실제내용("진리치")을 논의할 경우에 이 첨가어를 사용한다.

bekanntlich(주지하는 바와 같이), gewiss(확실히), hoffentlich(바라건대), wirklich(실제로), im Grunde(근본적으로)

이 다섯 가지 하위부류에 대해 제시된 예들은 불가피하게 불완전하다. 수많은 가능한 전치사구와 부분적으로 부문장도 고려한다면 근본적으로 개방된 부류가 문제된다. 그러나 다음 여섯 번째 하위부류는 폐쇄된 것처럼 보이기 때문에 이들 요소는 (용례와 더불어) 모두 제시된다.

어조 불변화사(A_{abt} : Abtönungspartikel)

어조 불변화사는 가끔 "양태 불변화사"(Modalpartikel)라고도 명명된다. 어조 불변화사에는 모두 27개의 요소들이 있는데, 이들이 알파벳 순으로 주석 없이 용례와 함께 제시된다.

aber
  Der hat *aber* einen Bart! (그는 정말 콧수염을 기르고 있군!)
also
  Also damit habe ich mich noch gar nie befasst.
  (그래서 나는 아직도 그 문제를 전혀 다루지 못했다)

auch(세 가지 변이형)

    (Petra hat die Stelle nicht bekommen. -) Sie ist ja *auch* eine Frau.

    (페트라가 그 일자리를 얻지 못했다. 그녀는 여자니까)

    Habt ihr *auch* eure Pässe dabei?

    (너희들도 역시 신분증을 가지고 있니?)

    Wieso musste er *auch* alles selber machen!

    (어째서 그는 모든 일을 스스로 해야만 했나!)

bitte

    Lass doch *bitte* mal das Trommeln sein.

    (미안하지만 계속 북을 치도록 내버려 둬라)

denn

    Kannst du *denn* schon tanzen? (너 도대체 벌써 춤출 줄 아니?)

doch

    Sowas tanzt man *doch* heute nicht mehr.

    (우리는 오늘날 그런 춤은 더 이상 추지 않는다)

durchaus

    Ich kann Sie in diesem Punkt *durchaus* verstehen.

    (나는 이 점에서 당신을 전적으로 이해할 수 있다)

eben

    Männer sind *eben* so. (남자들이란 어차피 그런거지)

eigentlich

    Müssen Sie *eigentlich* immer dazwischenreden?

    (당신은 도대체 항상 말참견해야 합니까?)

einfach

    Man kann sie doch nicht *einfach* entlassen.

    (사람들은 그들을 쉽게 해고할 수는 없다)

etwa

    Schläft er *etwa* noch? (그가 혹시 아직도 잠자고 있니?)

gleich

    Wie hieß noch *gleich* die Bahnstation?

    (그런데 그 역 이름이 뭐였더라?)

halt (eben의 경쟁형태이지만 부분적으로는 고유한 사용조건을 가짐)

　　　Gezuckert schmecken sie *halt* anders.

　　　(설탕을 넣으면 그것은 정말 다른 맛을 낸다)

ja(세 가지 변이형)

　　　Über das Waldsterben wissen wir *ja* alle Bescheid.

　　　(숲이 죽는 것에 대해 우리 모두 잘 알고 있다)

　　　Sie hat *ja* alles aufgegessen!　(그녀가 모든 것을 다 먹었잖아!)

　　　Dass ihr mir *ja* zeitig zurück seid!

　　　(너희들 일찍 나에게 돌아와라!)

mal

　　　Könnten Sie mir *mal* helfen bitte?

　　　(미안하지만 나를 좀 도와주시겠습니까?)

nicht(두 가지 변이형)

　　　Ist das *nicht* der vom Oktoberfest?

　　　(저 사람이 10월 축제 때의 그 남자가 아니냐?)

　　　Worüber der nicht schon alles geschrieben hat!

　　　(그가 그것에 대해 이미 모든 것을 쓰지 않았나!)

noch

　　　Wie war *noch* sein Name? (그의 이름이 도대체 뭐였더라?)

nun mal

　　　Ich trinke *nun mal* nicht mehr als zwei Gläser.

　　　(나는 이제는 두 잔 이상은 마시지 않는다)

nur(두 가지 변이형) 및 지역적인 변이형 bloß

　　　Sie brauchen *nur* noch zu unterschreiben.

　　　(당신은 단지 서명만 하면 된다)

　　　Haben Sie *nur* keine Angst. (자 두려워하지 마시오)

ruhig

　　　Legen Sie sich *ruhig* hin. (원한다면 누우십시오)

schnell

　　　Kann ich mal *schnell* Milch holen?

　　　(내가 당장 우유를 가져올 수 있을까?)

schon(다섯 가지 변이형)

> Das ist *schon* ein starkes Stück.
> (그것은 정말 너무 지나친 짓이다)
> Keine Bange – ich mache das *schon*.
> (겁내지 말라 – 내가 틀림없이 그것을 할께)
> Nun gib *schon* deinen Widerstand auf.
> (이제 제발 저항을 포기해라)
> Wer hätte das *schon* voraussehen können?
> (누가 도대체 그것을 예견할 수 있었겠는가?)

vielleicht(세 가지 변이형)

> Der hat *vielleicht* einen Bart!
> (그가 정말로 콧수염을 기르고 있군!)
> Bin ich *vielleicht* daran schuld?
> (내가 설마 그 일에 대해 책임이 있겠어?)
> Haben Sie *vielleicht* meine Frau gesehen?
> (당신 혹시 제 아내를 보셨습니까?)

wohl

> Davon hat er *wohl* nichts gewusst.
> (그는 아마도 그것에 관해 아무 것도 몰랐을 것이다)

• 부정 첨가어(A~neg~)

nicht, nie(mals), nirgends, keineswegs와 같은 불변화사 및 in keiner Weise와 같은 어군들이 여기에 속한다. 부정 첨가어(negative Angabe)는 대부분 전체문장에 관련되며 간혹 문장의 일부에도 관련되는데, 이때 그 표현형태는 변하지 않는다.

• 수식 첨가어(A~mod~)

수식 첨가어(modifikative Angabe)는 전체문장이 아니라 일차적으로 주동사를 상술한다(이것은 지금까지 언급된 대부분의 첨가어에도 적용되는 말이다). 어미변화 하지 않는 형용사가 전형적인 유형이고 전치사 구도 역시 사용된다.

eifrig(열심히), mit großem Eifer(아주 열심히), fleißig(부지런히), voller Fleiß(아주 부지런히), gerne(기꺼이), ungern(마지못해), schnell(빨리), mit großer Geschwindigkeit(아주 빠른 속도로) 등

첨가어의 비특수성(Aspezifizität)과 관련하여, 여기서 다시 한 번 비평가들도 당장 준비하고 있는 아주 끈질긴 오해를 미연에 방지해야 한다. 이 비특수적인 결합가능성이란 말이 모든 개개의 첨가어가 임의의 모든 동사와 결합할 수 있다는 것을 의미하는 것은 아니다. 비특수성이 항상 첨가어의 부류(Klasse)에만 관련되기 때문에 흔히 제시되는 다음과 같은 "반증예"는 적합하지 않다.

*Wasser gefriert *gestern bei Siedetemperatur*.
(어제 비등점에서 물이 언다)

이것은 구체적으로 다음을 의미한다. 즉 모든 동사는 적어도 하나의 시제 첨가어, 하나의 - 이것은 특히 명백해야 한다 - 평가 첨가어, 하나의 수식 첨가어와 결합할 수 있으며 모든 동사(동사와 함께 문장)는 부정될 수 있다.

여기서처럼 우리가 첨가어를 계속해서 하위 분류하면 지금까지 단지 부분적으로만 연구되었던 특수한 배열제약들이 나타난다.

모든 문법들이 부류를 통해 기술되기 때문에 여기서는 물론 모든 문법기술에 대한 하나의 딜레마가 분명해진다. 즉 이러한 부류들이 추

상적이 되면 될수록 결합가능성은 더욱 자유로와 진다. 부류들이 특수하게 형성되면 될수록 개별규칙은 더욱 많이 형식화되어야 한다. 이러한 사실은 보충어와 첨가어 간의 구분에서도 영향을 미친다. 첨가어의 집합은 부류의 확장에 따라 증가한다. 극단적인 경우로서 단지 혹은 주로 한 부류만를 통해 기술하는, 즉 전체 개별 요소들의 결합가능성을 위한 규칙을 형식화하려고 시도하는 하나의 문법을 생각해볼 수도 있을 것이다. 우리가 단어부류(=품사)를 핵부류로 유지하려고 한다면 이런 문법에서는 단지 보충어만이 존재하게 될 것이다.

5.9. 문장의 의미구조

모든 문장은 결국 사전에서 - 어쨌든 이상적인 좋은 사전에서 - 표시되어 있는 저마다 고유한 의미를 갖는 단어들로 구성된다. 단어의미가 직접 문장의미에 연결되는 것이 아니라 도식 안에 있는 분지를 통해서 단계적으로 연결된다. 간단히 말하자면 단어가 구를 형성하므로 단어의미가 구의 의미로 수용된다. 구가 통사적인 성분에 연결되거나 혹은 스스로 통사적인 성분으로서 작용하여 이들의 의미를 차상위 단계로 전달한다. 성분들은 동사(동사 복합체)와 함께 문장을 형성하며, 따라서 문장의 의미는 문장성분의 의미와 동사의 의미로부터 설명될 수 있다.

우리는 여기서 6장에 들어가기 한 걸음 앞서 텍스트 층위에서 발화의도(전달, 질문, 협박 등)가 문장의미와 함께 부가적 의미요소로서 발화의미를 형성한다는 사실을 설명하지 않을 수 없다. 문장의 특정한 요소들, 특히 평가 첨가어는 그 의미를 통해서 문장이 아니라 발화의도("발화수반 행위"(Illokution))에 영향을 미치며 이러한 방법으로 최상위의 기술 층위에서 발화의 의사소통적인 의미에 기여한다.

하지만 우리는 점점 더 큰 의미복합체의 생성을 단순한 합산 (Addition)으로 생각해서는 안 된다("구조 의미론"이 그 초기단계에서 이러한 사실을 믿게 하고자 한 것처럼). 부분들 간에는 각각 몇 가지 요소를 통해 함께 형성되는 의미관계(semantische Relation)가 존재한다. 즉 핵어는 자신의 보충어에 대한 관계를 확정하는 반면에, 첨가어는 자신의 핵어 자체에 대한 관계를 확정한다.

우리는 어떤 보충어가 행위자의 역할을 수행하며, 어떤 보충어가 "결과 목적어"(effiziertes Objekt)의 역할을 담당해야 하는지를 각각의 주동사가 결정한다는 사실을 하나하나 상상해야 한다. 이런 방법으로 일종의 내적인 의미복합체가 생긴다. 첨가어는 상이한 구에서 그들의 의미를 통해서 형성되는 의미복합체에 추가된다.

다음 예문을 통해서 전체의미의 구성을 설명해보자.

Sonja hat die Ochsenschwanzsuppe eben fantastisch gemacht.
(소냐가 소고기 꼬리 수프를 정말 환상적으로 만들었다)

여기서는 물론 어휘 의미론이 아니라 통사론이 문제된다는 사실이 강조되어야 한다. 단어의미가 어떻게 형성되었는지는 설명되지 않는다. 제시되는 것은 특정한 관계에 의해 어떻게 개별의미로부터 복합의미가 형성되는가 하는 사실이다. 그래서 우리는 마치 단어의미를 알고 있는 것처럼 행동하며(사실 우리는 단어의미를 알고 있으며 그것의 학문적인 설명만을 하지 않을 뿐이다), 이들을 단순 인용부호로 표시한다. 그밖에 우리는 술어연산(Prädikatenkalkül)을 이용하여 복합의미의 구성을 서술어(Prädikation)의 연속체로 설명한다.

수식 진술어 fantastisch가 주동사와 가장 밀접한 의미관계를 형성하며 만드는(machen) 특정한 자질을 표현한다는 것은 분명하다.

'fantastisch'('mach')

동사 machen은 다시 Sonja에게 행위자의 역할을 부여하며(과정의 장본인으로서의 Sonja), Ochsenschwanzsuppe에는 결과 목적어(이 행위 이전에는 Ochsenschwanzsuppe가 아직 존재하지 않았다)의 역할을 부여한다. 우리는 "행위자"(Agentiv)를 AGT로, "결과 목적어"는 EFF로 표기한다. 이것은 확대된 술어를 갖는 보다 밀접한 의미복합체를 생성한다.

{ 'fantastisch'('mach') } (AGT : 'Sonja', EFF : 'Ochsenschwanzsuppe')

전체는 여기서 평가 첨가어 eben을 통해 수식되는 전달(**Mitt**)로 간주된다. 말하자면 다른 설명이나 논의를 배제시키고자 하는 하나의 전달, 이를테면 전달된 변경할 수 없는 사태가 일반적인 만족을 위한 설명으로서 충분하다는 사실이 표현된다.

{ 'eben'(**Mitt**) } ({ 'fantastisch'('mach') } (**AGT**:'Sonja', **EFF** : 'Ochsenschwanzsuppe'))

이러한 공식(Formel)은 동사복합체(현재형의 조동사, 과거분사로서의 주동사)의 구조 의미론을 제외하는 점에서도 아주 단순화되었다. 여기서는 구조 의미론이 논의의 대상이 되지 않기 때문이다.

우리는 이 공식을 구어체로 바꿔 써 볼 수도 있다.

"사태 'fantastisches Machen'은 행위자로서의 'Sonja'와 이러한 행위의 산물로서의 'die Ochsenschwanzsuppe'와 관련해서, 이러한 사태가 주어진 만족을 위한 설명으로서 충분해야 한다는 암시를 갖고 전달된다."

이와 같은 바꿔쓰기가 불충분하다는 사실은 우리에게 스스로 표현할 수 있는 자연언어의 근본적인 무능력에 대해 말해 주는 셈이다. 이에 비해 연산(Kalkül)은 정확하고 일관성이 있지만 사상이 없다. 따라서 연산은 대부분의 사용자에게는 무용한 상태이다.

5.10. 단순 주문장의 어순규칙

5.10.0. 서론

지난 20년 동안의 연구를 통해서 독일어 "어순"(Wortstellung)에 대한 수많은 새로운 인식들이 제안되었다. 무엇보다도 통사적 성분들의 위치를 위한 문장 의미론적 조건들과 텍스트 의미론적 조건들이 밝혀졌다. 다음의 기술은 이러한 인식들로부터 다양한 방법으로 도움을 받을 수 있지만, 25년 전에 처음으로 제시되었던 기술이 근본적으로 변화되지는 않았다.

5.10.1. 개관

어순 현상은 여기서 먼저 - 문장의 다른 위상적 영역을 위해 - "기본 어순"(Grundfolge)이 규정되고, 그 다음에 기본 어순에 대한 어순 변이가 열거되어 설명되도록 그렇게 기술된다. 기본 어순은 오직 방법론적인 규정(Setzung)에만 바탕을 두고 있다. 즉 기본 어순은 우리가 문법에서

처음으로 생성하고, 그런 다음에 모든 다른 어순을 유도해내는 그와 같은 모든 요소에 적용되는 순서이다. 사실 기본 어순을 위해 특별한 배열이 선택되는 것은 아니다. 하지만 기본 어순이 어떤 빈도수 조건을 충족시켜야 한다고 주장해서도 안 되며, 명명된 기술 방법적인 관점과는 다른 관점에서 다른 어순보다 먼저 배열되어 있다거나 혹은 고려되어야 한다고 주장해서도 안 된다는 사실이 강조되어야 한다.

　요소들의 배열은 본질적으로 세 가지 전제조건, 즉 연결구조, 의미론, 의사소통적인 의도에 바탕을 두고 있다.

　연결(Konnexion)은 많은 이론가들이 인정하고자 하는 것처럼(이들은 그것을 실제로 대부분 인정하고 있지만) 위치를 폭넓게 규정한다. 이 말은 예컨대 그것이 보충어인지 혹은 첨가어인지, 그리고 어떤 보충어 부류 혹은 첨가어 부류인지에 따라 한 요소의 위치가 결정된다는 것을 의미한다. 물론 우리는 이로부터 "그" 주어나 "그" 시간 보충어 등의 위치에 대한 규칙이 형식화될 수 있다는 사실을 추론해서는 안 된다. 오히려 앞장들에서 정의된 부류가 부분적으로는 더욱 하위분류 되어야 하고, 또 부분적으로는 보다 큰 부류에 포함되어야 한다. 하지만 이러한 제약에도 불구하고 연결과 위치의 근본적인 관계가 존재한다.

　의미론(Semantik)이 어떻게 요소배열에 영향을 미치는지는 Ursula Hoberg에 의해 가장 명확하게 제시되었다. 다음 두 문장을 비교해보자.

　　Wir dürfen die Kinder nicht länger dieser Gefahr aussetzen.
　　(우리는 아이들을 더 이상 이러한 위험에 내맡겨서는 안 된다)
　　Wir können den Nachbarn diesen Lärm nicht länger zumuten.
　　(우리는 이웃에게 이 소음피해에 대해 더 이상 요구할 수 없다)

첫 문장에서는 4격 요소가 3격 요소 앞에 오는 반면에(대체로 앞에 와
야 한다), 다음 문장에서는 대체로 3격 요소가 4격 요소 앞에 온다. 이것
은 비록 두 문장이 동일한 연결구조를 가지고 있음에도 불구하고 두 문
장에서 각각 첫 번째 요소가 살아있는 개체(Größe)를 나타내지만 두 번
째 요소는 각각 무생물의 개체를 나타낸다는 사실과 관계가 있다. 그리
고 첨가어 nicht länger가 첫 문장에서는 이 두 요소들 사이에 오는 반면
에, 다음 문장에서는 이 두 요소 뒤에 온다는 사실은 마찬가지로 의미적
인 근거를 가진다(이들은 각각 두 번째 언급된 보충어와 동사간의 결합
의 긴밀성과 관계가 있다).

다음 첫 번째 문장의 기본 어순이 두 번째 문장이나 세 번째 문장으로
변화되면 의사소통적인 조건(kommunikative Bedingung)이 생긴다.

> Ich habe lange auf diesen Tag gewartet.
> (나는 오랫동안 이 날을 기다려왔다)
> Ich habe auf diesen Tag lange gewartet.
> (나는 이 날을 오랫동안 기다려왔다)
> Auf diesen Tag habe ich lange gewartet.
> (이 날을 나는 오랫동안 기다려왔다)

두 번째 예문과 세 번째 예문에서는 어군 auf diesen Tag이 각각 특
수한 방법으로 강조된다. 그리고 역시 가능한 다음의 어순에 대한 의사
소통적인 조건은 어군 auf diesen Tag의 비중이 어순에 의해 약화되어
야 한다는 사실이 될 수 있다.

> Ich habe lange gewartet auf diesen Tag.

　여기서도 다음에서 형식화된 모든 규칙들이 항상 요소들의 부류에 적용되지, 개별요소에는 결코 적용되는 않는다는 사실을 언급할 수 있다. 따라서 이러한 표현들이 어순부류의 요소인 경우에 한해서만 이러한 규칙은 구체적 표현들에서 적용된다.

5.10.2. 위치요소

　문장성분들은 흔히 위치요소(Stellungselement)라고 명명된다. 우리가 문장성분을 문장층위에서의 치환가능성을 토대로 정의한다면 이 말은 옳다. 하지만 그것은 완전한 순환(Zirkel)이 될 것이며 그밖에 이 순환은 문장성분이란 명칭하에서 기대하지 않았거나 예상하지 못했던 요소들이 발견되는 결과를 초래할 수도 있을 것이다. 우리는 위에서(5.3장) 문장성분을 다르게, 즉 직접 동사에 종속하고 비교적 자유롭게 치환되는 통사적 성분으로 정의했다. 문장성분은 물론 원칙적으로 문장층위에서 치환될 수 있다. 하지만 다음에서처럼 몇몇 부가어도 치환될 수 있다.

　Sehnsucht *nach Frieden* (평화에 대한 동경)
　eifersüchtig *auf Annette* (안네테를 질투하는)
　dieses Geschrei gewohnt (이러한 소란에 익숙한)
　mir gänzlich unbekannt (내가 전혀 모르는)

　이러한 부가어(Attribut)들의 자립적인 치환가능성은 다음 문장에서 핵어와의 분리를 통해 분명해진다.

　Nach Frieden haben sie alle Sehnsucht.
　(그들 모두는 평화에 대한 동경심을 갖고 있다)

Eifersüchtig bin ich gar nicht *auf Annette.*
(나는 안네테를 결코 질투하지 않는다)
Dieses Geschrei bin ich immer noch nicht gewohnt.
(이러한 소란에 나는 아직 익숙하지 않다)
Mir ist dieser Mann gänzlich unbekannt.
(이 남자는 내가 전혀 모르는 사람이다)

또한 수식어(Adjunkt)와 몇몇 형용사들은 상황에 따라 치환될 수 있는 것으로 나타난다.

Wir sind heute *beide* gekommen.
(오늘은 우리 둘 다 왔다)
Angst haben sie doch im Grunde *alle.*
(그들 모두 근본적으로 두려움을 갖고 있다)
Kandidaten haben wir diesmal nur *zwanzig.*
(우리는 이 번에 단지 20명의 후보자들을 갖고 있다)
Setzlinge gibt es dort *besonders kräftige.*
(그 곳에는 특히 힘센 양식중인 물고기 새끼가 있다)

동사 복합체의 부정형 부분도 치환될 수 있다.

Bekommen haben wir bis jetzt gar nichts davon.
(우리는 지금까지 그것으로부터 아무 것도 얻지 못했다)
Riechen kannst du ja daran.
(너는 그것에 코를 대고 냄새를 맡을 수 있다)

이와 관련하여 또한 단순동사로부터 분리될 수 있는 동사 첨부어 (Verbzusatz)도 언급할 수 있다.

Halten Sie bitte den Trauerzug nicht *auf*!
(장례행렬을 막지 마십시오)

끝으로 기능동사구(Funktionsverbgefüge)에서 특히 동사와 밀접한 관련이 있는 기능명사(우리는 문장성분에 포함시키지 않는다)도 단독으로 문장층위에서 치환될 수 있다.

Zum Vortrag ist das Stück leider bis jetzt noch nicht gekommen.
(그 작품은 유감스럽게도 지금까지 아직 연주되지 않았다)

따라서 다음의 항목들이 위치요소로 증명되었다.

- 모든 보충어 (물론 전체적인 표현형태로는 아님)
- 모든 첨가어 (물론 다만 제한적인 많은 불변화사들)
- 부가어의 일부
- 동사복합체의 부정사 부분
- 기능명사

5.10.3. 단순 동사문에서 위치의 특성

문장 틀(Satzrahmen)이 독일어 문장의 특징이다. 문장 틀은 서술문에서 동사복합체의 성분들(동사 보충어를 포함한)로 구성된다. 이 때 정동사는 항상 두 번째 자리에 오고 기타의 동사성분들은 맨 우측에 온다.

Dann *hat* der Kleine nichts mehr *sagen wollen*.
(그런 다음에 그 남자아이는 더 이상 아무 것도 말하려고 하지 않았다)
Es *muss* an seiner Aussprache *gelegen haben*.
(그의 발음에 달려 있었음에 틀림없다)

Pinkus *hat* ihn nicht *gefragt*. (핀쿠스는 그에게 묻지 않았다)
Pinkus *hätte* auch selber *gefragt werden müssen*.
(핀쿠스 자신도 질문 받았어야만 했을 것이다)

동사적 요소들 상호간의 배열은 4.2장에서 기술되었다. 물론 거기서는 부문장에서 적용되는 형태가 바탕을 이루고 있다. 왜냐하면 부문장에서는 동사복합체의 위상적인 분열이 나타나지 않아서 배열이 직접 의존구조에 소급될 수 있기 때문이다. 이미 언급한 바와 같이 이러한 상황으로 인해 일련의 문법학자들은 독일어 문장의 기술에서 부문장에서 출발하여, 주문장을 이차적으로 부문장에서 유도해내었다. 어떤 문장유형이 일차적이고, 어떤 문장유형이 이차적인가 하는 문제는 여기서는 미해결 문제로 남겨두기로 한다.

문장 틀은 문장을 세 가지 장, 즉 전장(Vorfeld), 중장(Mittelfeld) 그리고 후장(Nachfeld)으로 나눈다. 이 세 가지 장은 다음 예문에서 표시되어 있다.

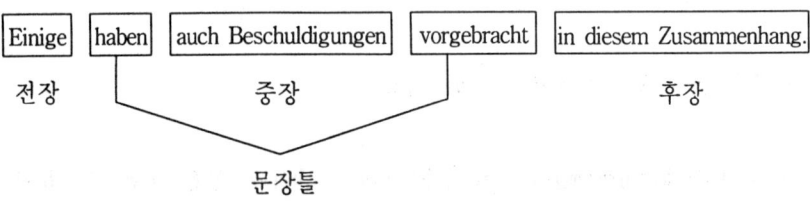

특히 이 문장에서 알 수 있는 것은 서술문에서 전장은 항상 채워져야 하지만 후장은 결코 채워질 필요가 없다는 사실이다. 즉 문장 Einige haben in diesem Zusammenhang auch Beschuldigungen vorgebracht. (몇 사람은 이와 관련해서 고소도 제안했다)도 올바른 문장이며, 이 문장이 더 자주 쓰이는 표현형태를 나타낸다.

하나의 성분으로 이루어진 동사복합체에서는 문장 틀이 완전하게 형성되지는 않으며, (서술문에서) 단지 문장 틀의 첫 부분만이 존재한다.

    Einige trinken auch Rotwein abends.
    (몇 사람은 저녁에 적포도주도 마신다)

이 경우 정동사 다음에 오는 요소들이 중장에 오는지 또는 후장에 오는지가 즉시 분명한 것은 아니다. 이것을 확인하기 위해 완료형을 도입하거나 화법동사를 삽입함으로써 우리는 언제든지 문장틀을 만들어낼 수가 있다. 그렇다면 위의 예문은 다음과 같은 형태를 얻게 될 것이다.

    Einige werden auch Rotwein trinken abends.
    (몇 사람은 저녁에 적포도주도 마실 것이다)

따라서 이 두 문장에서는 auch Rotwein이 중장에, abends가 후장에 나타난다.

세 가지 위치장에 관한 다음절에서는 다음의 질문들이 문제된다.

- 어떤 요소들이 특정한 장에 올 수 있으며 그리고 어떤 요소들이 특정한 장에 올 수 없는가?
- 많은 요소들이 한 장에 동시에 나타나는 경우 어떤 기본어순이 적용되는가?
- 기본어순에 대한 어떤 변화가 가능하며, 어떤 조건들이 이 변화에 적용되는가?

5.10.4. 중장

"허사 es"(5.10.5절 참조)를 제외하고 모든 위치요소들이 중장에서 나타날 수 있다. 중장에서의 이 요소들의 평균적인 수가 다른 두 장에서보다 훨씬 많기 때문에, 대부분의 어순문제가 중장에서 발생한다.

문장성분(Satzglied)은 대략 세 가지 부분집합으로 나눌 수 있다. 즉 E_{sub}, E_{akk}, E_{dat}는 첫 번째 위치에 오고, 첨가어가 그 다음에 오며, 기타 보충어들 E_{gen} 및 E_{prp}에서 E_{nom}까지가 마지막에 온다(E_{vrb}는 동사복합체로, 따라서 문장 틀로 간주한다).

E_{sub}	E_{gen}
	E_{prp}
	E_{sit}
E_{akk} A_1 .... A_n	E_{dir}
	E_{exp}
	E_{adj}
E_{dat}	E_{nom}

예문:

Am Samstag hat Sonja lange nach ihrer Bank gesucht.

$\quad\quad\quad\quad\quad\quad E_{sub}\quad A_{temp}\quad\quad\quad E_{prp}$

(토요일에 소냐는 오랫동안 자기 의자를/은행을 찾았다)

Man wollte die Kinder für eine Woche ins Engadin schicken.

$\quad\quad\quad\quad E_{akk}\quad\quad\quad\quad A_{temp}\quad\quad\quad E_{dir}$

(사람들은 아이들을 일주일 동안 엥가딘으로 보내고자 했다)

Die Geschichte war allen nachgerade peinlich geworden.

$\quad\quad\quad\quad\quad E_{dat}\quad\quad A_{temp}\quad\quad E_{adj}$

(그 이야기는 모든 사람에게 점차 불쾌감을 주었다)

동사 결합가를 토대로 E_{akk}로 입증되며 수동변형을 통해 1격 형태를 취하는 수동문의 주어도 E_{sub}로 파악될 수 있다. "정상적인" 주어와 구별하기 위하여 우리는 이것을 $E_{akk \Rightarrow sub}$로 표기한다. 위치상으로 볼 때 $E_{akk \Rightarrow sub}$은 E_{sub}와 동일한 규칙에 따른다. 이와 동일한 것이 능동문의 주어로 소급되며, $E_{sub \Rightarrow prp}$로 기술할 수 있는 수동문의 (수의적인) E_{prp}에도 적용된다. 따라서 수동에서만 특수한 이 두 문장성분들을 위해 어떤 새로운 위치규칙을 형식화 할 필요는 없다.

물론 제시된 세 부분의 배열도식은 세분화 되어야 한다. 이 도식의 불충분함은 특히 종종 축적되어 나타나는 ("기타" 보충어들은 대부분 상호 배제되는 반면에) 첫 번째 부분집합의 격 보충어들에서 나타난다. 덧붙여 말하자면 격 보충어들은 상황에 따라 첨가어 뒤에도 나타난다. 만일 우리가 보충어의 표현형태(Ausdrucksform)도 고려한다면 여기서 나타나는 문제들이 해결될 수 있다. 이렇게 하여 격 보충어의 세 가지 하위부류가 생겨난다.

첫 번째 하위부류는 강조되지 않는 대명사들로 구성되는 격 보충어를 포함한다. 특히 여기서는 본질적으로 상대대명사와 순수한 지시대명사 및 부정대명사 man이 문제된다. 우리는 이 하위부류를 E1(각각 해당 지표를 갖는)로 표기한다. 여기서는 기본어순 $E1_{sub}$ - $E1_{akk}$ - $E1_{dat}$가 적용된다.

Ich habe es   ihm gesagt.
　　　 $E1_{akk}$ $E1_{dat}$
(나는 그것을 그에게 말했다)
Damals hat   er   sie   zum letzten Mal gesehen.
　　　　 $E1_{sub}$ $E1_{akk}$
(그 당시 그는 그녀를 마지막으로 보았다)

Die Geschichte hat　man　　euch　eben so erzählt.
　　　　　　　　　$E1_{sub}$　$E1_{dat}$
(그 이야기를 사람들은 너희들에게 정말 그렇게 이야기했다)
Darauf hat　er　es　　ihr　anders erklärt.
　　　　　　$E1_{sub}$ $E1_{akk}$ $E1_{dat}$
(그것에 대해 그는 그것을 그녀에게 다르게 설명했다)

두 번째 하위부류도 역시 부분적으로는 대명사들을 포함한다. 이들은 모두 '확정적'(definit)이라는 자질을 가지며 상호대명사나 순수한 지시대명사의 경우에는 항상 다소간 강조된다. 여기에 명사구가 첨가되는데 명사구의 한정사 역시 '확정적'이라는 자질을 갖는다(der, dieser 따위). 우리는 확정적 격 보충어의 이 하위부류를 E2로 표현하고 다시 해당 지표를 부여한다. 여기서는 기본어순 E_{sub} - E_{dat} - E_{akk}가 적용된다.

Ich habe　dem　die Geschichte erzählt.
　　　　　$E2_{dat}$　　　$E2_{akk}$
(나는 그에게 그 이야기를 해 주었다)
Gestern hat mein Vater den Nichten gratuliert.
　　　　$E2_{sub}$　　　$E2_{dat}$
(어제 나의 아버지가 조카딸을 축하해 주었다)
Schließlich hat die Chefin dem Reporter die ganze Geschichte erzählt.
　　　　　$E2_{sub}$　　　　$E2_{dat}$　　　　　$E2_{akk}$
(결국 여사장은 기자에게 전체 이야기를 설명해 주었다)

세 번째 하위부류는 비확정적(indefinit)인 의미를 지니고 있는 여러 가지 표현형태를 취하는 요소들(대명사나 명사구)을 포함한다. 이러한 비확정적인 격 보충어들(man과 E1에 속하는 man의 사격(斜格) "차용형태"를 제외하고)을 우리는 E3으로 표기한다.

Trotzdem hat irgendwer einem von ihnen Geheimnisse erzählt.
　　　　　$E3_{sub}$　　　　$E3_{dat}$　　　　$E3_{akk}$
(그럼에도 불구하고 어느 누군가가 그들 중 한 사람에게 비밀을 이
야기했다)
Da hat doch irgendwer vertrauliche Informationen weitergegeben.
　　　　　$E3_{sub}$　　　　　　$E3_{akk}$
(그때 어느 누군가가 믿을만한 정보를 계속 전달했다)

세 가지 하위부류의 요소들이 동시에 등장할 수도 있기 때문에 상
황은 복잡해진다. 이런 경우에 일반적으로 말해서, 더 높은 숫자를 갖
는 보충어가 우측으로 오는 경향이 더 강하지만 고유한 조건들이 적용
되는 주어는 예외이다. 구체적으로 모든 세 가지 하위부류에 대한 다음
의 기본 어순(Grundfolge)이 생겨난다.

$$E1_{sub} - E2_{sub} - E1_{akk} - E1_{dat} - E3_{sub} - E2_{dat} - E2_{akk} - E3_{dat} - E3_{akk}$$

앞서 언급한 전체 보충어에 대한 공식과 마찬가지로 이 공식은 무엇
보다도 이론적인 가치가 있다. 왜냐하면 열거된 모든 보충어의 실현이
결코 동시에 나타날 수는 없기 때문이다. 하지만 이 공식은 동시에 나타
나는 보충어들의 배열을 믿을 수 있게 규정해 준다는 점에서 실제적인
이용가치가 있다. 다음 예들이 이러한 사실을 입증해 준다.

Gestern haben wir ihn seiner Mutter zurückgebracht.
　　　　　　　$E1_{akk}$　　$E2_{dat}$
(어제 우리는 그를 그의 어머니에게 데려다 주었다)

Der hab ich alles zurückgegeben.

E1$_{sub}$ E3$_{akk}$

(나는 모든 것을 그녀에게 돌려주었다)

Der hat es mein Bruder gesagt.

E1$_{akk}$ E2$_{sub}$

(내 동생이 그것을 그녀에게 말했다)

Trotzdem hat man ihren Eltern keine Nachricht gebracht.

E1$_{sub}$ E2$_{dat}$ E3$_{akk}$

(그럼에도 불구하고 사람들은 그들 부모에게 아무 소식도 전하지 않았다)

Trotzdem hat die Polizei es ihnen nicht verraten.

E2$_{sub}$ E1$_{akk}$ E1$_{dat}$

(그럼에도 불구하고 경찰은 그것을 그들에게 누설하지 않았다)

전반적으로 주어의 강력한 좌측경향에 대한 한 가지 중요한 예외가 있다. 즉 "사건동사"인 sich ereignen(일어나다), geschehen(생기다), passieren(일어나다), zustoßen(일어나다)과 몇몇 다른 동사들에서는 비확정 주어(E3$_{sub}$)가 가장 우측에 온다. 이것은 이러한 동사들의 경우에 비확정 주어가 대체로 의미적인 중심을 형성한다는 사실과 관련이 있다.

Zum Glück ist diesmal meinem Onkel nichts passiert.

E2$_{dat}$ E3$_{sub}$

(다행히도 이번에는 내 삼촌에게 아무 일도 일어나지 않았다)

Außerdem ist diesmal keinem Fahrer etwas passiert.

E3$_{dat}$ E3$_{sub}$

(그밖에 이번에는 아무 기사에게도 무슨 일이 일어나지 않았다)

이익의 3격, 손해의 3격 및 소유의 3격은 여타의 3격 보충어들처럼 다루어진다.

Wir haben   ihr   ein Haus gekauft.

   $E1_{dats}$ $E3_{akk}$

(우리는 그녀에게 집 한 채를 사주었다)

Jetzt wollen   wir   unserer Oma   den   Garten umgraben.

   $E1_{akk}$ $E2_{dats}$ $E2_{akk}$

(지금 우리는 우리 할머니를 위해 정원을 파 일구고자 한다)

Leider ist mir die Vase runtergefallen.

   $E1_{dati}$ $E2_{sub}$

(유감스럽게도 내 꽃병이 아래로 떨어졌다)

Leider ist die Vase meiner Schwester runtergefallen.

   $E2_{sub}$ $E2_{dati}$

(유감스럽게도 내 누이동생의 꽃병이 아래로 떨어졌다)

Ich habe dir leider die Brille zertreten.

   $E1_{datp}$ $E2_{akk}$

(유감스럽게도 내가 너의 안경을 밟았다)

Ich habe leider meiner Großmutter die Brille zertreten.

       $E2_{datp}$ $E2_{akk}$

(나는 유감스럽게도 내 할머니의 안경을 밟았다)

물론 소유의 3격은 항상 자신을 가능케 하는 요소 앞에 온다는 제약
이 적용된다.

모든 3격 보충어에 적용되는 것과 동일한 것이 원래 첨가어로 간주될
수 있는 관심/감정의 3격(Dativus ethicus)에도 적용된다. 관심의 3격은
물론 강조되지 않은 대명사 형태로만 나타난다($E1_{date}$).

Und bitte mach   du   mir   keinen solchen Lärm mehr!

       $E2_{sub}$ $E1_{date}$ $E3_{akk}$

(제발 너 더 이상 그런 소음을 내지 말아라)

Die verschenkt dir sonst noch ihr letztes Paar Schuhe.
$$E1_{date} \qquad\qquad E2_{akk}$$
(그녀가 너에게 자기의 마지막 남은 구두 한 켤레를 선물한다)

구문안(5.7장)에 의한 보충어들의 결합이 비교적 좁게 제한되는 반면에, 첨가어(Angabe)는 실제로 무제한적으로 문장에 첨가될 수 있다. 그 때문에 첨가어에서는 부분적으로 어순문제에서 어려움이 나타난다. 하지만 적절한 하위범주화에 의해 첨가어들에 대해서도 개괄적인 기본 어순이 규정될 수 있다.

첨가어들의 네 가지 대부류에 대해서 다음과 같은 기본어순이 적용된다.

Aex – Asit – Aneg – Amod

예문:

Diese Tatsache war ihm offensichtlich gestern noch nicht bekannt.
$$Aex \qquad Asit \qquad Aneg$$
(이러한 사실이 그에게 분명 어제는 아직 알려지지 않았다)
Das hätten Sie aber nicht sagen sollen.
$$Aex\ Aneg$$
(당신은 그것을 말하지 않았어야만 했다)
Sie ist dennoch fantastisch gelaufen.
$$Asit \qquad Amod$$
(그럼에도 불구하고 그녀는 환상적으로 달렸다)
Diese Arbeit ist nie ordentlich abgeschlossen worden.
$$Aneg \quad Amod$$
(이 일은 결코 적절하게 종결되지 않았다)

Die Reparatur ist zweifellos mangelhaft ausgeführt worden.
　　　　　　　Aex　　　　Amod
(수리는 틀림없이 불충분하게 이루어졌다)

이러한 대부류 내에서도 첨가어들의 축적(Kumulation)이 가능하다. 개별 첨가어 부류를 토대로 비교적 자세한 기본어순을 규정하려는 다양한 시도가 있었다. 특히 상황 첨가어의 넓은 영역 내에서 "tekamolo"(시간 - 원인 - 방법 - 장소 첨가어)와 같은 보조공식이 항상 다시금 어떤 역할을 했는데, 무엇보다도 교재에서 어떤 역할을 했다. 그러나 여기서 너무 지나치게 세부적으로 다루는 것은 그다지 도움이 되지 않을 것이다. 대부류 내에서 축적된 첨가어들은 본질적으로 그들의 전달가(Mitteilungswert)에 따라서 배열된다. 이것에 대해서는 5.10.7에서 몇 가지 사실이 언급된다. 단지 평가첨가어에 대해서는 여기서 이미 한 가지 보다 특수한 기본어순이 규정될 수 있다.

$$A_{abt} - A_{jud} - A_{ord} - A_{ver} - A_{kaut} - A_{sel}$$

예문:

Hat sie nicht ohnehin die meisten Aufgaben selber gelöst?
　　　　　A_{abt}　　A_{ord}
(그녀는 어차피 대부분의 과제를 스스로 해결하지 않았던가)
Sie hat sich leider einfach getäuscht.
　　　　　A_{jud}　　A_{kaut}
(그녀는 유감스럽게도 명백히 착각했다)
Er ist zweifellos sogar in Nepal gewesen.
　　　　　A_{ver}　　A_{sel}
(그는 틀림없이 심지어 네팔에도 있었다)

Diese Frau ist sozusagen geradezu dafür prädestiniert.

A_{kaut} A_{sel}

(이 부인은 말하자면 바로 그 일에 적합하다)

그리고 어조 불변화사(Abtönungspartikel)는 원래 아주 엄격하고 일반적으로 의무적인 어순규칙에 종속되어 있다. 이들 중에서 가장 중요한 어조 불변화사는 규칙적으로 다음과 같이 배열되어 나타난다.

aber

denn − eigentlich − nun − eben − einfach − nur − noch

doch   nicht   já   ruhig

ja   wohl   schon

예문:

Das war *aber wohl* nicht ernst gemeint.

(하지만 그것은 아마도 진지한 뜻으로 말한 것이 아니었다)

Diesen Antrag können wir *doch wohl einfach* ablehnen.

(이 제안을 우리는 아마도 곧장 거절할 수 있을 것이다)

Gehen Sie *doch ruhig* hin. (제발 조용히 들어가세요)

Hättet ihr *nicht einfach* abschreiben können?

(너희들은 단순히 베껴 쓸 수는 없었느냐)

Was fehlt ihr *eigentlich bloß*? (그녀는 도대체 어디가 아픈가)

Wie hieß er *doch noch*? (그의 이름이 뭐였더라)

보충어와 첨가어가 동시에 나타날 경우 다음과 같은 배열이 적용된다.

- 상황첨가어와 평가첨가어는 확정적 격 보충어(E2)와 다소간 위치
  가 동일하다.

- 부정첨가어는 비확정적 격 보충어 앞에 위치한다(비확정 주어는 예 외이다).
- 수식첨가어는 비확정적 격 보충어 뒤에 위치하지만 일반적으로 나 머지 보충어 앞에 위치한다.

예문:

Haben sie   denn aber tatsächlich kein Schamgefühl?

　　$E1_{sub}$ Aex Aex   Aex $E3_{akk}$

(그들은 도대체 실제로 아무런 수치심도 가지고 있지 않은가)

Sie hat eben doch die erforderliche Kompetenz.

　　Aex Aex $E2_{akk}$

(그녀는 정말로 필수적인 언어능력을 갖고 있다)

Er sollte nur   nicht fremde Leute unbesehen verurteilen.

　　Aex Aneg $E3_{akk}$ Amod

(그는 바로 낯설지 않은 사람들을 주저 없이 판결해야 할 것이다)

Sie müsste eigentlich jetzt hier sein.

　　　　Aex   Asit E_{sit}

(그녀는 원래 지금 여기 있어야만 할 것이다)

Ich habe aus diesem Grund bei der Sitzung jedenfalls alles mitgeschrieben.

　　　　Asit   Asit   Aex $E3_{akk}$

(나는 이러한 이유에서 회의에서 어쨌든 모든 것을 다 기록했다)

Sie war bei solchen Bedingungen nämlich nicht an der Sache interessiert.

　　　　Asit   Aex Aneg E_{prp}

(그녀는 그러한 조건에서는 말하자면 그 일에 관심이 없었다)

Es bedarf hierzu erstens eines besonderen Fingerspitzengefühls.

　　　　Asit Aex E_{gen}

(여기에는 첫 째로 한 가지 특별한 예민한 감각을 필요로 한다)

Nun ist Sonja endlich gekommen. (이제 소냐가 드디어 왔다)

　　　　$E2_{sub}$ Asit

Sie war sogar gerne gekommen. (그녀는 더욱이 기꺼이 왔다)

      Aex Amod

Hol das Mädchen doch einfach schon rein.

    $E2_{akk}$ Aex   Aex   Aex E_{dir}

(그 소녀를 제발 곧장 안으로 데려와라)

치환가능한 부가어(Attribut)들은 대부분 보충어이며, 일부는 첨가어
이다. 이러한 부가어들은 포괄적으로 지금까지 형식화된 기본어순 도식
에 따른다.

명사의 부가어(Attribut des Nomens: NomE)들 중에서 전치사구는 해
당 동사 보충어처럼 다루어질 수 있다. 즉 이들은 중장의 우측 끝에 위
치한다.

Wir haben längst die Lust *am Mitmachen* verloren.

(우리는 오래 전부터 함께 일할 의욕을 상실했다)

Uns hält nur noch die Sorge *um unsere Kinder* hier.

(여전히 우리 아이들에 대한 걱정만이 우리를 여기서 붙잡고 있다)

수식어(Adjunkt: NomA)들은 중장에서 지배하는 명사의 우측에 위치
하며, 본질적으로 수식첨가어와 위치가 같다.

Ich habe sie *als Bundesbeauftragte für Flüchtlingsfragen*
wiedergetroffen.

(나는 난민 문제를 위한 연방대리인으로서의 그녀를 다시 만났다)

Die Besucherin hatte ihn *völlig betrunken* vorgefunden.

(방문객이 완전히 술이 취한 그를 발견했다)

동사 보충어로서 사용된 형용사(E_{adj})의 부가어(Attribut)들은 본질적
으로 보충어(AdjE)로서 기능을 한다. 이들은 중장에서 원칙적으로 지배
요소의 좌측에 위치하며, 해당 동사 보충어(E_{akk}, E_{prp} 따위)를 위한 규칙
에 따른다.

> Ich bin *den Lärm* einfach nicht mehr gewohnt.
> (나는 그 소음에 결코 익숙하지 않다)
> Annette war *auf den Kandidaten* furchtbar neugierig.
> (안네테는 그 후보자에 대해 아주 호기심이 많다)

5.10.5. 전장

단지 서술문과 의문사를 갖는 의문문만이 규칙상 점유된 전장을 갖는
다. 비교적 드문 경우에는 명령문에서도 전장이 점유된다.

근본적으로 전장(Vorfeld)에는 다만 하나의 위치요소만이 올 수 있다
는 규칙이 적용된다. 거의 모든 위치요소들이 "전장에 올 수 있다". 이
규칙은 무엇보다도 보충어들에 적용되는데, 이들 가운데 단지 강조되지
않은 대명사적 사격(斜格) 보충어, 즉 $E1_{akk}$와 $E1_{dat}$만이 전장에 나타날
수 없다. 다음 문장은 전적으로 옳다.

> Ihn kenne ich doch. (그를 나는 알고 있다)
> Mir gefällt das nicht. (그것은 내 마음에 들지 않는다)

하지만 ihn과 mir는 여기서 결코 강조되지 않으며 따라서 이들은 하
위부류 $E2_{akk}$ 및 $E2_{dat}$에 속한다.

대부분의 **첨가어**들이 전장에 올 수 있다.

Gestern ist sie angekommen. (어제 그녀가 도착했다)
Lange wird die nicht bleiben. (그녀는 오래 머무르지 않을 것이다)
Sauber habt ihr gearbeitet. (너희들이 흠잡을 데 없이 일했구나)
Ohne Zweifel war diese Pleite vorauszusehen.
(이 파산은 틀림없이 예견될 수 있었다)

단지 평가첨가어의 일부만이 전장에 올 수 없다. 이들 가운데 대부분
은 어조 불변화사이다. 그러므로 다음 문장들은 비문법적이다.

*Doch ist er gekommen.
*Eben sind die Männer so.

어조 불변화사의 몇몇 동음이의어(이들은 다른 통사적 부류에 속한
다)가 전장에 올 수 있다.

Eben ist er gekommen.
(방금 그가 왔다) (eben은 부사, 여기서는 상황 첨가어이다)
Schon ist er verschwunden.(이미 그가 사라졌다)
(schon은 편성 불변화사(Rangierpartikel), 여기서는 상황 첨가어이다)

부정 불변화사 nicht도 전장에 올 수 없지만, 다른 부정어들은 전장에
올 수 있다.

*Nicht hat sie diesmal recht.
Keineswegs hat sie diesmal recht.
(그녀는 이 번에는 결코 옳지 않다)

끝으로 동사 복합체의 부정사 부분이 전장에 올 수 있다. 따라서 우리

는 이들을 치환할 수 있다.

Gestern hat es geregnet. (어제 비가 왔다)
⇒ Geregnet hat es gestern.

때때로 여기에 많은 가능성들이 존재한다. 물론 단지 의존적으로 직접 연결된 요소들만이 함께 전장으로 이동할 수 있다. 다음과 같은 문장들이 가능하다.

Ihr dürft euch nicht erwischen lassen. (너희들이 붙잡혀서는 안 된다)
⇒ Erwischen lassen dürft ihr euch nicht.

Roger soll gewarnt worden sein. (로저가 경고를 받았다고 한다)
⇒ Gewarnt worden sein soll Roger.
⇒ Gewarnt soll Roger worden sein.
⇒ Gewarnt worden soll Roger sein.

주동사와 밀접하게 연결된 요소들은 종종 함께 전장에 올 수 있는데, 예컨대 대용어적인 E_{sit}와 E_{dir}가 그렇다.

Weggeschickt sollen sie Roger haben.
(그들이 로저를 보내버렸다고 한다)
Dagewesen muss er sein. (그가 거기에 있었음에 틀림없다)

때로는 많은 - 부분적으로는 광범위한 - 문장성분들이 부정형 동사와 함께 전장으로 수용된다.

Mit den Hühnern ins Bett gehen sie in diesem fernen Land.
(이 먼 나라에서 그들은 습관적으로 매우 일찍 잠자리에 든다)

동사복합체에서 전장에 올 수 없는 유일한 요소는 동사첨부어(Verb-zusatz)이다. 따라서 다음 문장은 틀린 문장이다.

*Ab ist der Zweig gebrochen.
*Ein muss man diese Tabletten dreimal täglich nehmen.

물론 특수한 경우가 있다. 즉 그 동음이의어(Homonym)가 연사 불변화사(Kopulapartikel)로도 나타나는 동사첨부어는 강하게 강조될 경우 전장에 올 수 있다. 이것이 적어도 구어체에서는 가능하다.

An sollst du das Licht machen. (너는 불을 켜야만 한다)
Zu muss man diese Tür schließen. (사람들은 이 문을 잠가야 한다)

몇몇 부가어들도 전장에 나타난다. 이들은 본질적으로 위에서 위치요소들로 입증된 그러한 부가어들이다. 즉 전치사적 명사 보충어(NomE$_{prp}$)와 전치사적 형용사 보충어(AdjE$_{prp}$)가 흔히 전장에 올 수 있다.

Mit den Kindern gab es viel Spaß.
(아이들과 같이 많은 즐거운 시간을 보냈다)
Über den Regen waren wir nicht traurig.
(우리는 비에 대해 슬퍼하지 않았다)

핵어와 분리할 수 있는 한정사와 형용사(5.10.2 참조)도 역시 전장점유에서 어떤 역할을 한다. 이들 자체는 전장에 올 수 없지만, 이들로부터 분리된 핵어는 전장에 올 수 있다(이들 자신은 중장에 남아 있다).

Gestern haben ihm viele Kinder zugeschaut.
(어제 많은 아이들이 그를 쳐다보았다)
⇒ Kinder haben ihm gestern viele zugeschaut.

Der braucht keinen Doktor mehr.
(그는 어떤 의사도 더 이상 필요로 하지 않는다)
⇒ Doktor braucht der keinen mehr.

Alle Tiere sind bestaunt worden.
(모든 동물들이 놀라서 쳐다보았다)
⇒ Die Tiere sind alle bestaunt worden.

Wir beide haben denselben Plan.
(우리 둘은 같은 계획을 가지고 있다)
⇒ Plan haben wir beide denselben.

Er hat oft gute Gedanken. (그는 종종 훌륭한 생각을 가지고 있다)
⇒ Gedanken hat er oft gute.

Es gibt keine brauchbaren Leiterwagen mehr.
(더 이상 사용할만한 손수레가 없다)
⇒ Leiterwagen gibt es keine brauchbaren mehr.

물론 여기서 "전장 점유 가능성"(Vorfeldfähigkeit)이란 단독으로 전장을 점유할 수 있는 한 요소의 특성으로 이해된다. 다른 요소들과 함께 전장에 올 수 있는 요소들에 대해서는 아래를 참조하기 바란다.

단지 전장에만 등장할 수 있는 유일한 요소로서는 허사 es가 있다. 이 요소는 일종의 "자리 메꿈어"(Platzhalter)이다. 즉 이 es가 채워져야 하는 경우에 그것은 항상 전장에만 오고 모든 다른 요소들은 중장 (혹은 후장)에 온다.

> Es kommen Tiere aus dem Dschungel. (동물들이 정글에서 온다)
> Es haben sich auch Männer zu dem Kochkurs gemeldet.
> (남자들도 요리 강좌에 등록했다)
> Es ritten drei Ritter zum Tore hinaus.
> (세 명의 기사가 성문 밖으로 말을 달렸다)
> Es hat die Nachtigall die ganze Nacht gesungen.
> (나이팅게일이 밤새도록 노래불렀다)

다른 요소가 전장에 나타나면 허사 es는 사라진다.

> Tiere kommen aus dem Dschungel. (동물들이 정글에서 온다)

허사 es는 일반적으로 문장의 주어가 3인칭으로 올 경우에만 가능하다. 단지 열거의 경우에서만 이 제약이 적용되지 않으며 따라서 다음 문장은 가능하다.

> Es sind ein paar Studenten, zwei Dozenten und ich gekommen.
> (몇 명의 학생들과 두 명의 대학 강사 그리고 내가 왔다)
> Es haben sich zwei Renntner, einige Frauen und du gemeldet.
> (두 명의 연금 생활자, 몇 명의 부인들 그리고 네가 등록했다)

서술문에서는 전장이 채워져야 한다.

> Das habt ihr allein gemacht. (그것을 너희들만으로 했구나)

시적 언어, 특히 민요에서는 예외가 있다.

Kommt ein Vogel geflogen. (새 한 마리가 날아온다)

구어체의 강한 감정을 표출하는 언어에서도 역시 전장이 채워지지 않을 수 있다.

Kommt der Kerl rausgerannt, greift sich mein Fahrrad und ....
(그 녀석이 달려와서 내 자전거를 잡고 그리고 ...)
Haben wir vielleicht gelacht! (우리는 정말로 심하게 웃었다)

더욱이 격식 없는 구어체에서는 상대대명사가 일반적으로 생략될 수 있다.

Weiß mir keinen anderen Rat.
(나는 어찌할 바를 모르겠다/속수무책이다)
Kannst noch ein bisschen dableiben.
(너는 아직도 조금 더 거기에 머무를 수 있다)

이러한 자유를 괴테는 분명 다음 문장에서 사용하고 있다.

Habe nun, ach, Philosophie ... studiert ...
(아, 나는 이제 철학도 ... 공부했다 ...)

의문사가 있는 의문문에서 의문사는 규칙상 단지 전장에만 온다.

Was habt ihr letzte Nacht gemacht? (지난밤에 너희들은 무엇을 했니)

중장에 의문사가 있는 소위 시험문제는 이 규칙에 모순되므로 특수형태로 간주해야 한다.

Und Napoleon ist also wann gestorben? (나폴레옹이 언제 죽었는가)

이미 말한 바와 같이 명령문에서의 전장은 대체로 채워지지 않는다.
물론 구어체의 일상어에서는 다음과 같은 명령문이 사용된다.

Du bleib jetzt erst mal sitzen. (너, 지금 제발 좀 앉아 있어라)

대체로 매우 짧은 특정한 첨가어는 품위 있는 언어에서도 명령문의
전장에 올 수 있다.

Nun drucken Sie das doch auch! (이제 그것도 좀 인쇄하세요)
Dann hören Sie bitte erst mal zu. (그럼 잘 좀 들어보세요)

서술문에서 정확히 한 위치요소가 전장을 점유한다는 규칙에서 다음
과 같은 네 가지 예외(일부는 이미 언급된)가 있다.

1. 이미 말한 바와 같이 명사와 형용사에 대한 전치사적 부가어들은 단
   독으로 전장에 올 수 있다. 하지만 이들은 그들의 핵어와 함께 전장에
   나타날 수도 있다. 따라서 이들은 나란히 위치하게 된다.

Mit den Kindern hatten sie viel Spaß.
Viel Spaß mit den Kindern hatten sie.
(그들은 아이들과 같이 많은 즐거운 시간을 가졌다)

Über den Regen waren wir nicht traurig.
Traurig über den Regen waren wir nicht.
(비에 대해 우리는 슬퍼하지 않았다)

2. 역시 이미 언급한 바와 같이, 동사 복합체의 부정사 부분들과 함께 동사의 특정한 보충어들이 전장에 올 수 있다.

> Mit den Hühnern ins Bett gehen sie in diesem Land.
> (그들은 이 나라에서 아주 일찍 잠자리에 든다)
> Ans Meer gefahren sind wir erst im September.
> (우리는 9월에야 비로소 바닷가로 갔다)

어떤 보충어들은 부정형 동사 없이도 전장에서 축적될 수 있다.

> (?)Dem Provokateur einen Denkzettel galt es zu verpassen.
> (선동자에게 기억에 남는 훈계를 할 필요가 있었다)
> Im Frühjahr nach Kairo hatten wir gehen wollen.
> (우리는 봄에 카이로에 가고자 했었다)

물론 이러한 축적(Kumulation)을 위해서는 아직 연구되어야 하는 엄격한 제약들이 있다.

3. 유사 부가어(Quasiattribut)는 그들의 관계요소와 함께 전장을 차지할 수 있다. 유사 부가어에는 무엇보다도 중장의 어떤 틀에서 치환할 수 있는 등급 불변화사(Gradpartikel)가 있다.

> *Sogar* Oskar hat für mich gestimmt.
> (심지어 오스카까지도 나를 지지하는 투표를 하였다)
> Oskar *freilich* hat sich enthalten. (오스카는 물론 기권하였다)
> Regina *allerdings* kann das nicht geschrieben haben.
> (레기나는 물론 그것을 쓰지 않았을 수도 있다)

Diesmal *nur* solltest du mitmachen. (이번만은 네가 함께 해야 한다)
Nur diesmal solltest du mitmachen. (이번만은 네가 함께 해야 한다)

유사 부가어가 일부는 관계어 앞에 오고, 또 일부는 관계어 뒤에 오며, 또 일부는 두 위치를 모두 차지할 수 있음을 알 수 있다.

4. 모든 대등 접속사(Konjunktor)는 그들이 문장연결 기능을 갖는 한 전장요소 앞에 온다.

Und morgen ist Feiertag. (그리고 내일은 공휴일이다)
Denn dies war nicht anders zu erwarten.
(왜냐하면 이것은 달리 기대될 수 없기 때문이었다)
Aber so habe ich das nicht gemeint.
(그러나 나는 그것을 그런 뜻으로 말하지는 않았다)

5.10.6. 후장

후장(Nachfeld)이 반드시 채워질 필요는 없다. 실제로 후장이 채워지는 경우는 드물며 대개 한 위치요소로만 채워진다.

다른 한편 적당한 요소들이 있을 경우 후장은 모든 문장종류에서 그리고 모든 문장류의 구성체에서 채워질 수 있다.

그럼에도 불구하고 위치요소들의 단지 제한된 부분만이, 좀 더 구체적으로 말해서 전장요소들의 부분집합이 "후장에 올 수 있다". 위치요소(Stellungselement)를 통틀어 STE로, 전장요소(순수한 전장요소 "es"가 없는)를 STE_v로, 후장요소를 STE_n으로 표시한다면 우리는 다음과 같은 형식을 얻게 된다.

STE$_n$ ⊂ STE$_v$
STE$_v$ ⊂ STE

개별적으로 보충어들 가운데 단지 비교 보충어(Vergleichsergänzung)
만이 규정에 따라 후장에 올 수 있다.

Die Mieten sind schneller gestiegen als die Lebensmittelpreise.
(집세가 생필품 가격보다 더 빨리 올랐다)
In Hamburg soll es jetzt kälter sein als in Berlin.
(함부르크에서는 베를린에서보다 지금 날씨가 더 춥다고 한다)

나머지 보충어들 가운데 단지 전치사 보충어(동사, 명사 및 형용사에
대한)만이 제약 없이 후장에 올 수 있다.

Wir konnten zu diesem Zeitpunkt nicht mehr rechnen mit seinem
Manuskript. (우리는 이 시점에서 더 이상 그의 원고를 고려할 수 없었다)
Er hatte jeglichen Glauben verloren an ihre Zuverlässigkeit.
(그는 그녀의 신뢰에 대한 모든 믿음을 상실했다)
Du müsstest eigentlich zufrieden sein mit diesem Angebot.
(너는 실제로 이러한 제공에 만족해야만 할 것이다)

물론 나머지 보충어들도 그들이 접속사로 연결되어 중첩되는 경우(이
에 대해서는 6장을 참조할 것)에는 후장에 나타날 수 있다. 그러면 다음
첫 번째 문장처럼 중첩된 모든 보충어들이 후장에 오거나, 아니면 두 번
째 문장이나 세 번째 문장처럼 중첩의 첫 번째 요소가 중장 혹은 전장에
오고 다른 요소/요소들은 후장에 온다.

Wir haben in diesem Jahr aus Steuergeldern gebaut über fünfzig
Sozialwohnungen, zwei Kindergärten und eine Grundschule.
(우리는 금년에 세금으로 50개 이상의 사회 복지주택, 두 개의 유치원
그리고 한 개의 초등학교를 지었다)

Wir haben den Präsidenten getroffen und seine engsten Berater.
Den Präsidenten haben wir getroffen und seine engsten Berater.
(우리는 회장과 그의 최측근 고문들을 만났다)

그 자체 후장에 올 수 없는 보충어들을 후장에 둘 수 있는 또 다른 가
능성이 나타나는데, 이것은 후치된 부가어, 특히 부가어문이 이 문장성
분을 특히 광범위하게 만드는 경우이다.

Wir haben aus Steuergeldern gebaut Wohnungen für nahezu
dreihundert Menschen.
(우리는 세금으로 거의 300명의 사람들을 위한 주택을 지었다)
Wir haben aus Steuergeldern gebaut Wohnungen, in denen nahezu
dreihundert Menschen untergebracht werden können. (우리는 세금으
로 거의 300명의 사람들이 주거할 수 있는 주택을 지었다)

위의 예문에서의 후장 점유(Nachfeldbesetzung)가 모든 화자에 의해
수용될 수는 없다. 이것은 틀림없이 구어체의 일상어에서 흔히 통용되며
공식적인 성명과 언론회의 등에서도 나타난다. 이것이 실용산문(Sach-
prosa)과 격식의 문학어에서는 비일상적이다. 그럼에도 불구하고 이러
한 가능성은 현대 독일어를 위한 생성규칙에서 고려되어야 한다고 생
각한다.

첨가어들 중에서 특히 상황 첨가어와 그리고 평가 첨가어의 일부가

후장에 올 수 있는 것으로 증명된다.

> Bei uns hat es Spaghetti gegeben gestern.
> (우리 집에는 어제 스파게티가 나왔다)
> Das ist doch kein Wunder bei dieser Hektik.
> (이러한 분주한 와중에 그것은 놀랄만한 일이 아니다)
> Habt ihr nichts Brauchbares gefunden im Kaufhaus?
> (너희들은 백화점에서 사용할만한 것을 아무 것도 찾지 못했니?)
> Ich habe noch gar nichts gekauft für den Muttertag.
> (나는 어머니날에 사용할 것을 아직 아무 것도 사지 못했다)
> Sie stehen recht gut da finanziell.
> (당신은 재정적으로 아주 좋군요)
> Der Streit war nicht anders zu beenden wahrscheinlich.
> (그 논쟁은 아마도 달리 끝날 수는 없었다)
> Sie kommt zurück hoffentlich. (바라건대 그녀는 돌아올 것이다)
> Er hat ihr gar nichts gegeben in Wirklichkeit.
> (그는 그녀에게 실제로 아무 것도 주지 않았다)

이러한 형식들은 무엇보다도 구어체, 흔히 격의 없는 언어에서 발견된다. 그러나 이들은 여기서 규칙과 일치하는 것으로 인정될 수 있다. 이와 더불어 현대 독일어의 어떤 "변이형"(Varietät)에서도 후장요소로서 허용되지 않는 첨가어들이 있다. 많은 평가 첨가어들이 이에 속한다.

> *Mit solchen Dingen will sie nichts zu tun haben wohl.
> *Mach die Tür zu schon.
> *Sie hat diese Überweisung vergessen eben.

수식 첨가어들도 대체로 후장에 오지 못한다.

*Die drei Mädchen sind gelaufen besonders schnell.
*Ich habe es gewusst gut.

하지만 이 첨가어들이 특히 광범위한 경우, 이를테면 전치사구로서 이들은 상황에 따라 후장에 올 수도 있다.

Sie sind gelaufen mit einem ungeheuren Tempo.
(당신은 굉장한 속도로 달렸다)

드문 경우에는 여러 요소들이 함께 후장에 나타나기도 한다.

Wir haben zwei Stunden gewartet auf euch gestern.
(우리는 너희들을 어제 두 시간동안 기다렸다)

후장 역시 "유사 부가어"(5.10.5 참조)를 허용한다.

Ich habe sie damals gesehen auch ohne diesen Mann.
(나는 그녀를 그 당시에는 이 사람 없이도 만났다)
Sie würde das tun nur nach vorheriger Absprache.
(그녀는 그것을 사전 타협에 따라서만 할 것이다)

틀의 두 번째 요소가 없기 때문에 맨 마지막 요소(여기서: bei ihm)가 중장 혹은 후장에 위치하는지, 즉 세 장의 구분이 동사 복합체의 형태와 관계없이 모든 문장에서 동일하게 적용되는지는 단일성분으로 구성된 동사 복합체를 갖는 다음 문장에서는 결정하기가 쉽지 않다.

Das ist ziemlich ungewöhnlich bei ihm.
(그것이 그에게서는 상당히 이례적이다)

이러한 경우에도 명료성이 쉽게 확립될 수 있다. 즉 완료형을 도입하거나 혹은 동사 복합체를 화법동사로 확장시킴으로써 틀을 완성한다. 그러면 원칙적으로 다음 두 가지 가능성이 나타난다.

Das ist ziemlich ungewöhnlich bei ihm gewesen.
Das ist ziemlich ungewöhnlich gewesen bei ihm.
(그것이 그에게서는 상당히 이례적이었다)

Das muss ziemlich ungewöhnlich bei ihm sein.
Das muss ziemlich ungewöhnlich sein bei ihm.
(그것이 그에게서는 상당히 이례적인 일임에 틀림없다)

여기서 어떤 형식이 선호될 수 있는가 하는 문제는 이 텍스트의 발화 내용(das Gemeinte) 내지는 이 텍스트의 적절한 해석을 참고로 하여 결정되어야만 한다.

5.10.7. 치환

기술된 기본어순에서 임의로 벗어날 수는 없다. 즉 독일어의 "어순"(Wortstellung)이 완전히 자유롭지는 않다. 사실 독일어에는 어형변화(Flexion)가 광범위하게 쇠퇴하여 전치사와 같은 어휘적 수단을 통해 대체되어야 하는 유럽어들(예컨대 영어나 불어)보다는 더 많은 변이 가능성이 있다. 하지만 다른 한편으로 독일어는 어형변화가 모든 관점에서 독일어보다 잘 보존되어 있는 슬라브 언어들보다는 위치와 관련하여 훨씬 덜 유동적이다. 따라서 어순의 자유는 어형변화의 유지에 반비례하는 것처럼 보인다. 다음 사실은 아주 분명하다. 즉 문장성분들의 통사적 기능은 어떤 한 가지 방법으로 - 어순의 도움으로나(주어가 모든 규칙에서

4격 목적어 앞에 오고 대개 그 점에서만 4격 목적어와 구별되는 영어의
경우처럼), 혹은 어형변화의 도움으로(실제로 문장성분들의 임의의 위치
를 허용하고 그로 인해 어떤 식으로든 문장의 이해를 방해받지 않는 라
틴어의 경우처럼) - 표시되어야 한다.

John loves Mary ： Julius Mariam amat. / Mariam Julius amat. /
　　　　　　　　 Amat Julius Mariam.
Mary loves John ： Julium Maria amat. / Maria Julium amat. /
　　　　　　　　 Amat Maria Julium.

완전히 어형변화 하는 언어와 어형변화가 적은 언어들 사이에 있는
독일어의 중간위치가 폭넓은 치환가능성에서 몇 가지 치환(Permuta-
tion)의 제동장치, 즉 결코 범해서는 안 되는 의무적인 어순(obligatori-
sche Folge)을 마련하게 한 원인이 되었다.

강조되지 않은 대명사적 격 보충어들은 항상 다음과 같은 순서 데로
중장의 처음에 위치한다는 사실이 보충어(Ergänzung)에서 적용된다.

　　　$E1_{sub} - E1_{akk} - E1_{dat}$

전장으로의 치환(Verschiebung, Permutation)은 $E1_{sub}$에서만 가능하
다. 나머지 보충어들은 전장으로 치환할 때 강조되므로 다른 하위부류로
넘어가게 된다.

첨가어(Angabe)에 대해서는 본질적으로 많은 위치제약이 적용된다.

1. 평가 첨가어는 항상 부정 첨가어 앞에 위치한다.

Sie hat es eben nicht gewusst.
(그녀는 그것을 어차피/어쨌든 알지 못했다)

2. 평가 첨가어는 항상 수식 첨가어 앞에 위치한다.

Sie hat es eben besser gemacht.
(그녀는 그것을 어쨌든 더 잘 했다)

3. 부정 첨가어는 항상 수식 첨가어 앞에 위치한다.

Sie hat es keineswegs leichtfertig weitererzählt.
(그녀는 그것을 결코 분별없이 계속 이야기하지는 않았다)

4. 첨가어들은 보통 "기타 보충어들" 앞에 위치한다(이에 대해서는 5.10.4 참조).

Sie hat es aber damals nicht unüberlegt an die Presse weiter-gegeben. (하지만 그녀는 그것을 그 당시에 경솔하게 신문사에 전달하지는 않았다)

이러한 의무적인 어순을 제외하고는 위치요소들이 치환될 수 있다. 하지만 기본어순의 모든 일탈에는 특별한 조건들이 뒤따른다. 독일어에서 가능한 치환(Permutation)에 대한 다음의 기술은 이러한 조건에 따라 분류된다.

이 때 위치요소들이 원칙상 일차적으로 중장에 위치한다는 전제조건이 형성된다. 그런 다음에 중장 내에서나 혹은 중장으로부터 다른 장으로의 이들의 치환이 설명될 수 있다. 분명 이러한 전제는 포괄적으로 허구적인 문장에 바탕을 둔 것이다. 왜냐하면 한 문장의 전체 요소들을 중장에 두는 일은 단지 드문 경우에서만 가능하기 때문이다. 하지만 이러한 허구(Fiktion)가 우리로 하여금 전장과 후장의 점유를 전반적으로 설

명할 수 있게 해준다. 왜냐하면 특정한 요소가 왜 중장이 아니라 전장이
나 후장에 나타나는가 하는 질문에 대해 지금까지 그 해답을 발견할 수
없었기 때문이다.

치환에 대해서는 모두 일곱 가지 조건들이 있다.

- 연결(Anschluss)
- 강조(Hervorhebung)
- 관련영역의 변화(Änderung des Bezugsbereiches)
- 주제화(Thematisierung)
- 특별한 위치배열(spezielle Situierung)
- 추가(Nachtrag)
- 문장구조의 명료화(Durchschaubarmachung der Satzstruktur)

• 앞 텍스트와의 연결(Anschluss)

이 기능은 주로 대용어(Anapher)에 의해, 또한 대용어를 포함하는 구
에 의해 수행된다. 이 때 대용적인 요소들은 명백히 그들의 왼쪽에 있는
요소를 지시한다. 이러한 지시는 문장 내에서뿐만 아니라(이것은 여기서
관심이 없다) 문장경계를 넘어서도 이루어진다. 이러한 방법으로 문장은
앞 발화(Voräußerung)에 연결된다.

Ich habe an *Hans* geschrieben. *Er* hat mir noch nicht geantwortet.
(나는 한스에게 편지를 썼다. 그는 나에게 아직 답장을 보내지 않았다)
Bettina ist gestern *in Stuttgart* gewesen. *Dort* hat sie die
Staatsgalerie besucht. (베티나는 어제 슈튜트가르트에 있었다. 그 곳
에서 그녀는 국립 미술관을 방문했다)

연결기능은 근본적으로 위치 중립적이다. 그러나 앞 텍스트에 가장
가까이 있는 위치영역으로서의 **전장(Vorfeld)**은 이러한 연결기능을 위

해 특히 적합하다. 그 결과로서 전장요소는 실제로 항상 - 흔히 다른 기
능과 더불어 - 연결기능도 갖고 있다. 다음에서는 그 자체가 대용어이거
나 혹은 대용어를 포함하고 있는 전장요소를 갖는 몇 개의 예문이 제시
된다.

Tief im Tal erblickten sie ein kleines Dorf. *Der Kirchturm* ragte weiß
und steil über die an den Hang geduckten Häuser.
(그들은 계곡 깊은 곳에 있는 한 작은 마을을 바라보았다. 교회 탑이 하얗
게 그리고 경사에 버티고 있는 집들 위로 가파르게 솟아 있었다)
Nirgends war Michael aufzutreiben. *Er* schien vom Erdboden
verschluckt zu sein. (아무 곳에서도 미하엘을 찾아낼 수 없었다. 그를 대
지가 꿀꺽 삼켜버린 것 같았다)
Drei Frauen kamen ihm entgegengelaufen. *Sie* gestikulierten und riefen
ihm etwas zu. (세 명의 여자들이 그를 향해 달려갔다. 그들은 손짓 동작
을 해 보이며 그에게 무언가를 소리쳐 대답했다)
Sie kamen in ein weites Tal. *Die Ebene* wurde auf beiden Seiten von
hohen Bergen begrenzt. (그들은 한 넓은 계곡으로 왔다. 평지는 양쪽에서
높은 산들로 경계를 이루었다)
Die Brüder plauderten über die ersten Schuljahre nach dem Krieg.
Damals hatten sie einen Lehrer, der später über seine Vergangenheit
stolpern sollte. (형들은 전후 처음 몇 년간의 학교생활에 대해 잡담했다.
그 당시 그들에게 한 선생님이 있었는데, 그는 후에 자신의 과거에 휘말려
몰락하게 되었다/자신의 과거에 분노를 느끼게 되었다)
Ich komme aus einer großen Stadt. *In dieser Stadt* kenne ich mich aus.
(나는 대도시 출신이다. 이 도시를 나는 잘 알고 있다)
Geh mit mir aufs Härtsfeld. *Dort* ist die Luft besser.
(나와 함께 헤르츠펠트로 가자. 거기에는 공기가 더 좋다)

• 강조(Hervorhebung)

위치요소들은 이들을 강조할 목적으로 치환할 수 있다. 기본 어순의 일탈(Abweichung)만으로도 한 요소에 보다 큰 비중이 부여된다. 즉 일탈이 현저하면 할수록 강조효과는 더욱 커진다.

이러한 강조적인 치환은 중장에서도 나타날 수 있다. 다음 첫 번째 문장의 기본어순이 두 번째 문장으로 치환되면 4격 보충어 seinen Freund Dumitru는 이 위치를 통해서 강조된다.

> Er meldete seinen Freund Dumitru in der Botschaft an.
> (그는 자기 친구 두미트루를 대사관에 신고했다)
> Er meldete in der Botschaft *seinen Freund Dumitru* an.
> (그는 대사관에 자기 친구 두미트루를 신고했다)

이러한 사실은 다음 첫 번째 문장의 기본어순에 대한 두 번째 문장의 치환된 어순에서도 적용된다.

> Sie wollte dem Aufsichtsratsvorsitzenden einen Martini anbieten.
> (그녀는 감사기관장에게 마르티니 한 잔을 제공하고자 했다)
> Sie wollte einen Martini *dem Aufsichtsratsvorsitzenden* anbieten.
> (그녀는 마르티니 한 잔을 감사기관장에게 제공하고자 했다)

하지만 강조적인 치환을 위한 특별한 장소는 전장이다. 보충어들 가운데 주어가 가장 빈번하게 전장에 오기 때문에 모든 다른 보충어들의 전장위치는 눈에 띄어서 강조기능을 갖는다.

> *Den Bürgermeister* habe ich schon lange nicht mehr gesehen.

(전장의 E_{akk}) (그 시장을 나는 이미 오랫동안 더 이상 보지 못했다)

Auf den Bürgermeister wäre keiner von ihnen gekommen. (E_{prp})

(그들 가운데 어느 누구도 시장에게로 오지 않았을 것이다)

Bürgermeisterin wäre sie gerne geworden. (E_{nom})

(그녀는 기꺼이 시장이 되었을 텐데)

　상황 첨가어와 평가 첨가어가 두 번째로 빈번하게 전장을 차지한다. 이들 첨가어에서 이들이 비교적 광범위한 경우에 특히 전장위치가 강조 기능을 갖는다.

In diesen Zeiten galten andere Verhaltensregeln.

(이 시대에는 다른 행동규칙이 적용되었다)

Möglicherweise hat sie ja irgendwie recht.

(아마도 그녀가 여하튼 옳을 것이다)

　수식 첨가어가 아주 드물게 전장에 오는 경우 이들은 항상 강조된다.

Gerne habe ich das nicht getan. (나는 그것을 기꺼이 하지는 않았다)

Fein habt ihr das gemacht. (너희들은 그것을 훌륭하게 해냈다)

Unflätig hat er mir geantwortet. (그는 나에게 거칠게 대답했다)

　좌측으로의 적출(摘出, Herausstellung), 즉 소위 **좌측 이동**(Linksver-setzung)은 강조적인 치환의 특별한 경우로 간주될 수 있다. 이 때 한 요소가 문장결합(Satzverband)으로부터 분리되고 그 다음에 문장에서 대용어에 의해 재수용 된다. 적출된 요소에 거의 하나의 독립적인 발화의 특성을 부여하는 이러한 방법은 특히 강하게 강조하는 작용을 한다.

Diesen Burschen, den knöpfe ich mir nochmal vor.
(이 녀석을 나는 다시 한 번 호되게 야단치겠다)
Bürgermeister, das wäre er wohl gerne geworden.
(시장, 그는 아마도 기꺼이 시장이 되었을 텐데)
In Brandenburg, da hat man für so etwas viel Verständnis.
(브란덴부르크 그 곳에서는 사람들이 그런 것에 대해 많은 이해심을
가지고 있다)
Nach dem Krieg, da wollte keiner Nazi gewesen sein.
(전쟁 후 그 때는 아무도 나치였다고 주장하지 않았다)

주어도 좌측 이동을 통해 강조될 수 있다(하지만 흔히 말하는 것처럼
전장위치를 통해서는 주어가 강조되지 않는다).

Der Hirbel, der war doch einer von uns.
(히르벨 그 사람이 우리들 가운데 한 사람이었다)
Mein Urgroßvater, der war aus seinem Elfenbeinturm heraus-
gestiegen. (내 증조 할아버지는 자신의 상아탑으로부터 내려왔다)

후장으로의 치환은 보다 드문 경우에서만, 대개 아주 광범위한 요소들
의 경우에서만 강조된다.

Ich hatte nicht länger warten mögen *auf diesen unzuverlässigen*
Kollegen.
(나는 이 신뢰할 수 없는 동료를 더 이상 기다리고 싶지 않았다)
Wie soll man sie denn finden *in diesem unzugänglichen Land*?
(우리가 그녀를 이 접근하기 어려운 나라에서 어떻게 찾을 수 있겠는가?)

• 관련영역의 변화
지금까지 언급된 치환은 모든 위치요소들에 관련되는 반면에, 여기서

논의되는 기능은 단지 첨가어에서만 고려된다. 즉 첨가어들 중에서 일반적으로(그리고 규칙적인 제약을 통해서) 말할 수 있는 것은 이들이 중장에서 각각 우측에 오는 요소와 관련되는 경우/우측에 오는 요소에 적용되는 경우이다. 우리는 이러한 사실을 다음 두 문장을 통해서 명백히 알 수 있다. 다음 두 문장에서는 부정의 위치가 치환되어 있다.

> Die Kinder haben *nicht nur* gesungen.
> (아이들은 노래만 부른 것이 아니었다)
> Die Kinder haben *nur nicht* gesungen.
> (아이들은 다만 노래를 부르지는 않았다)

위의 첫 번째 문장에서 nicht는 우측에 있는 요소 nur gesungen에 관련되며 'ausschließliches Singen'(오로지 노래만 부르는 것)이 부정된다. 즉 아이들은 노래를 불렀으며 노래하는 이외에 무언가 다른 것도 했다. 이에 반해 위의 두 번째 문장에서 nur는 우측에 있는 요소 nicht gesungen에 관련된다. 따라서 'negierte Singen', 즉 Nicht-Singen(노래 부르지 않음)이 'ausschließlich'(오로지)로 특징 지워진다. 즉 아이들은 노래를 부르지 않고 전적으로 다른 짓을 했다. 따라서 여기서는 두 가지 반대되는 사태가 단어 nicht와 nur의 위치를 통해서만 표현된다.

다음 두 예문이 이와 동일한 것을 보여준다.

> Man kann ihn doch *nicht einfach* entlassen.
> (사람들은 그를 단순히 해고할 수는 없다)
> Man kann ihn doch *einfach nicht* entlassen.
> (사람들은 그를 결코 해고할 수 없다)

위의 첫 문장에서 부정어는 어순 einfach entlassen에 관련된다. 따라서 '다른 상황 없이 해고하는 것'(Entlassung ohne weitere Umstände)이 부정된다. 이것은 해고가 배제되지 않으며 다만 몇 가지 전제가 사전에 해명되어 있어야 한다는 것을 의미한다. 두 번째 문장에서는 다른 상황을 배제하는 불변화사 einfach가 부정된 해고에 관련된다. 이것은 생각할 수 있는 모든 상황에서 해고가 배제된다는 것을 의미한다. 우리는 다시 반대되는 내용을 갖는 두 가지 문장을 살펴보았는데, 이러한 대립은 오직 불변화사 einfach와 nicht의 상대적인 위치에 의해 표현된다.

이러한 원칙은 많은 경우에서 적용된다. 우리는 예를 들어 앞선 예문에서 불변화사 doch를 계속해서 좌측으로 치환할 수 있다.

Man kann *doch* ihn nicht einfach entlassen.
(사람들은 그를 단순히 해고할 수는 없다)

그러면 동의를 요구하는 doch의 내용은 더 이상 '상황 없는 해고'에 관련되는 것이 아니라 행위에 관련된 사람으로서의 ihn에 관련된다. 즉 바로 그에게 조치가 취해져서는 안 된다는 사실에 대한 동의가 요구된다.

사실 모든 첨가어가 임의로 상호 치환될 수는 없다. 그러나 치환이 허용되어 있는 곳에서는 첨가어의 적용범위가 - 우선 중장 내에서 - 서술된 방식으로 변경될 수 있다. 전장으로의 치환을 통해 첨가어의 적용범위를 확정할 수 있는 가능성이 아래에서("특수한 위치배열") 논의된다.

• 주제화(Thematisierung)
발화는 의사소통적인 비중의 관점에서 관찰해 보면 원칙적으로 "테마"(Thema)와 "레마"(Rhema)라고 일컫는 두 가지 부분으로 구성된다. 이에 대한 보다 자세한 내용과 기본적인 사항은 7.2장에서 제시된다. 대체로 테마는 발화의 좌측 부분에, 레마는 발화의 우측 부분에 위치한다. 그러나 기술 가능한 조건 하에서는 역순도 역시 나타난다.

테마는 정보의 틀, 전제 혹은 발화의 대상, 즉 그것에 대해 보다 자세한 정보가 주어지는 어떤 것을 명명한다. 이러한 보다 자세하고 중요한 정보가 레마를 형성한다. 항상 그런 것은 아니지만 흔히 테마가 어떤 알려진 것(etwas Bekanntes)을 명명하는 반면에, 레마는 어떤 새로운 통보(neue Botschaft)를 명명한다.

원래 레마적인 요소가 좌측 치환(Linksverschiebung)을 통해 "주제화/테마화" 될 수 있다. 이러한 사실은 다음 문장 쌍에서 나타난다. 이 때 각각 두 번째 문장에서 새로이 주제화 된 (원래 레마적인) 요소가 강조된다.

Die Regierung kann mit finanziellen Zuschüssen die Machtverhältnisse in jenem Land beeinflussen. (정부가 재정적인 보조금으로 그 나라에서의 권력관계에 영향을 미칠 수 있다)
⇒ Die Regierung kann *die Machtverhältnisse in jenem Land* mit finanziellen Zuschüssen beeinflussen.

Ich habe keine Anteile an diesen japanischen Investor verkauft. (나는 이 일본 투자가에게 아무런 지분도 팔지 않았다)
⇒ Ich habe *an diesen japanischen Investor* keine Anteile verkauft.

Die Bearbeiterin hat die Gliederung des Buches von Grund auf verändert (그 번안자는 책의 목차를 근본적으로 바꾸었다)

⇒ (?)Die Bearbeiterin hat *von Grund auf* die Gliederung des Buches verändert.

우리는 한 요소를 전장으로 좌측 치환함으로써 특히 영향력 있고 눈에 띄는 주제화에 도달한다. 강조되지 않은 요소들은 그들의 위치와는 상관없이 대부분 원래 테마적이기 때문에, 언급된 주제화는 특히 좌측 치환이 일상적이 아니며 그로 인해 강조와 연결되어 있는 경우에는 흥미롭다. 여기서는 테마가 틀을 부여하는 임시적인 특성을 지니지만 동시에 이러한 기능에서 강조된다. 전장위치를 통한 강조적인 주제화의 이러한 경우들이 다음 문장에서 나타난다.

Die Drogenkriminalität könnte man mit der kostenlosen Abgabe von Drogen an einen ausgewählten Personenkreis eindämmen.
(우리는 선택된 인적 범위에 대해 공짜로 마약을 제공함으로써 마약 범죄를 억제할 수 있을 것이다)

Abhängigen jedenfalls erweist man mit strengen Strafen keinen Dienst. (우리가 엄격한 형벌로써는 어쨌든 마약중독자들에게 아무런 도움을 주지 못한다)

Aus diesem Grund beginnen immer mehr Ministerien ihre Einstellung zum Rauschgiftproblem zu überdenken.
(이러한 이유에서 점점 더 많은 행정부처들이 마약문제에 대한 자신들의 입장을 숙고하기 시작한다)

Vor wenigen Jahren waren solche Überlegungen bei leitenden Mitarbeitern von Regierungen noch schwer vorstellbar.

(몇 년 전에는 정부의 지도자들에게서 그러한 생각은 아직도 상상조
차 하기 힘든 것이었다)

우리는 강조적인 주제화의 극단적인 경우를 흔히 좌측 이동(Links-
versetzung)에서 발견하게 된다.

Vor wenigen Jahren, da waren solche Überlegungen bei leitenden
Mitarbeitern von Regierungen noch schwer vorstellbar.
(몇 년 전, 그 때에는 정부의 지도자들에게서 그러한 생각은 아직도
상상조차 하기 힘든 것이었다)

• 특수한 위치배열(Spezielle Situierung)
첨가어의 관련영역은 그들의 위치에 따라 달라질 뿐만 아니라 종종
상당히 불명확하다. 다음 문장을 살펴보자.

Ich werde nicht mit solchen Leuten über Hilfsmaßnahmen verhandeln.
(나는 그러한 사람들과 원조 조치에 대해 협상하지 않겠다)

위의 문장에서 부정어 nicht가 solche Leute에 관련되는지, 혹은
solche Leute über Hilfsmaßnahmen에 관련되는지, 아니면 동시에 주동
사 verhandeln(이로써 전체문장)에까지 관련되는지를 쉽게 확정할 수 있
는 것은 아니다. 만일 부정어가 이 요소들 중의 어느 하나에만 관련된다
면 그 요소는 부정어와 함께 전장에 놓일 수 있다.

Nicht mit solchen Leuten werde ich über Hilfsmaßnahmen verhandeln.
(나는 원조 조치에 대해 그러한 사람들과는 협상하지 않겠다)
Nicht über Hilfsmaßnahmen werde ich mit solchen Leuten verhandeln.

(나는 그러한 사람들과 원조 조치에 대해서는 협상하지 않겠다)
Nicht verhandeln werde ich mit solchen Leuten über Hilfsmaßnahmen.
(나는 그러한 사람들과 원조 조치에 대해 협상하지는 않겠다)

여러 개의 요소가 동사와 함께 전장에 나타날 수도 있다.

Nicht über Hilfsmaßnahmen verhandeln werde ich mit solchen Leuten.
(나는 그러한 사람들과 원조 조치에 대해 협상하는 일은 없을 것이다)

따라서 여기서 첨가어의 일반적인 위치배열 기능은 각각 특수한 요소들에 한정된다. 부정어에 적용되는 사항은 많은 다른 첨가어, 예컨대 다음 문장의 freilich나 sogar에도 적용된다.

Mit Annette *freilich* habe ich noch nicht sprechen können.
(안네테와는 물론 나는 아직도 말할 수 없었다)
Sogar am Heiligen Abend wollten sie uns besuchen kommen.
(크리스마스 이브인데도 그들은 우리를 방문하러 오려고 했다)

• 추가(Nachtrag)

특수한 위치배열이 전장에 국한되어 있는 반면에 추가의 기능은 단지 후장위치에서만 나타난다. 이 때 우리는 하나의 전형적인 발화 심리적인 상황에서 출발해야 한다. 즉 발화는 흔히 사전에 끝까지 철저하게 계획된 것이 아니다. 우리는 말하기 시작하여 발화형성 과정에서 비로소 정보를 위해 하나의 중요한 요소가 통사적으로 일상적인 장소에 더 이상 놓일 수 없다는 사실을 인식하게 된다. 이러한 요소는 보통 문장 틀(Satzrahmen)이 끝난 후에 "추가된다". 이러한 추가된 요소들은 항상 강조되지 않는다.

추가를 위해서는 후장에 올 수 있는 요소들만이, 특히 전치사 **보충어,** 부가어 및 상황 첨가어와 몇 개의 평가 첨가어가 고려된다.

Wir hatten schon lange nicht mehr gerechnet *mit diesem Beitrag.* (우리는 이미 오랫동안 이 논문을 더 이상 고려하지 않았다)

Werner hatte einfach keine Lust mehr gehabt *auf heiße Himbeeren.* (베르너는 뜨거운 나무딸기에 대해서는 더 이상 아무런 관심도 갖지 않았다)

Bei uns hat es Spaghetti gegeben *heute.* (우리 집에는 오늘 스파게티가 나왔다)

Ich müsste eigentlich ganz zufrieden sein *in finanzieller Hinsicht.* (나는 재정적인 관점에서는 실제로 아주 만족해야만 한다)

Du hättest ihm schreiben sollen *wahrscheinlich.* (너는 아마도 그에게 편지를 써야만 했었다)

추가의 극단적인 경우로서는 우측으로의 적출 - "우측이동"(Rechts-versetzung) - 이 언급될 수 있다. 여기서는 문제의 요소가 문장내부에 있는 올바른 위치에서 실현되지만, 그것은 단지 대용적인 형태로만 실현 된다. 그런 다음에 추가된 요소가 이것을 내용적으로 채워준다.

Die Leute haben *ihn* alle geschluckt, *den Steuerzuschlag.* (사람들이 과태료를 모두 집어 삼켜버렸다)

Er hatte sich *damals* ganz anders geäußert, *in der Zeit des Wahlkampfs.* (그는 그 당시 선거운동 기간에 아주 다르게 말했다)

• 문장구조의 명료화

하지만 수용자들이 이해하기 어려운 문법적으로 올바른 문장들이 있다. 이러한 어려움은 문장의 - 대개 적지 않은 - 범위 때문이라기보다는 오히려 전체 문장의 해석이 달려있는 정보적으로 중요한 한 요소가 문장 맨 끝에 나타나서 수용자의 저장능력과 가공능력이 종종 과중되기 때문이다.

> Sie *nahmen* den vor kurzem installierten Boiler gemäß einer Vereinbarung mit dem Hauseigentümer am späten Freitagnachmittag *ab*. (그들은 얼마 전에 설치한 보일러를 집주인과의 합의에 따라 늦은 금요일 오후에 떼어냈다)

만일 문장을 종결하는 동사 첨부어(Verbzusatz)가 mit라면, 즉 동사가 abnehmen이 아니라 mitnehmen(가지고 가다)이라면, 문장은 완전히 다른 의미를 갖게 될 것이다. 그러나 이러한 사실을 수용자는 문장 끝에 가서야 비로소 알게 된다. 단일 성분의 동사 복합체를 갖는 서술문에서 이와 같이 종종 이해를 어렵게 하는 것은 실제로 동사 첨부어이다. 하지만 이와 유사한 것이 보통 동사가 문장 끝에 나타나는 부문장의 동사에서도 적용된다.

> ...obwohl sie den vor kurzem installierten Boiler gemäß einer Vereinbarung mit dem Hauseigentümer am späten Freitag-nachmittag abnahmen, (비록 그들이 얼마 전에 설치한 보일러를 집주인과의 합의에 따라 늦은 금요일 오후에 떼어냈음에도 불구하고...)

이러한 현상은 본질적으로 특징적인 문장 틀(Satzrahmen)을 갖는 독일어에 국한되어 있다. 이 현상은 독일인에게도 어려움을 주지만 외국인에게는 더 많은 어려움을 준다. 명사화에 의한 정보의 요약 가능성이 때로는 그 극에 달한 특정한 전문 텍스트에서는 어려움이 가중된다.

이러한 어려움은 다음의 일화를 통해 분명하게 입증된다. 어느 국제적인 전문회의에서 둘 다 독일어를 잘 구사할 수 있는 두 명의 프랑스인 교수가 한 독일 학자의 강연을 경청하고 있었다. 이들 중 한 사람이 갑자기 "저 사람이 무슨 말을 하는 겁니까?"라고 물었다. 이에 대해 다른 한 사람이 "동사를 기다리세요!"라고 답했다.

우리가 문장 틀을 종결짓는 요소를 계속해서 앞쪽으로 옮기고 다른 요소들을 후장에 놓음으로써 상술한 이해의 어려움에 대처할 수 있다. 예를 들면 우리는 다음 문장들처럼 표현할 수 있다.

Sie *nahmen* den vor kurzem installierten Boiler am späten Freitagnachmittag *ab* gemäß einer Vereinbarung mit dem Hauseigentümer. (그들은 얼마 전에 설치한 보일러를 늦은 금요일 오후에 집주인과의 합의에 따라 떼어냈다)

Sie *nahmen* den vor kurzem installierten Boiler *ab* gemäß einer Vereinbarung mit dem Hauseigentümer, und zwar am späten Freitagnachmittag. (그들은 얼마 전에 설치한 보일러를 집주인과의 합의에 따라, 더욱이 늦은 금요일 오후에 떼어냈다)

부문장에서는 다음과 같이 나타난다.

...obwohl sie den vor kurzem installierten Boiler *abnahmen* am späten Freitagnachmittag gemäß einer Vereinbarung mit dem Hauseigentümer, (비록 그들이 얼마 전에 설치한 보일러를 집주인과의 합의에 따라 늦은 금요일 오후에 떼어냈음에도 불구하고...)

이러한 표현들은 대개 세련되지 않아서 종종 수용가능성의 한계에 직면하게 된다. 그럼에도 불구하고 이들은 의사소통을 쉽게 해줄 수 있기 때문에 주로 구어체에서 나타난다.

5.10.8. 다른 어순문제

언어요소의 순서가 일차적으로는 연결구조와 심층 의미적인 영역의 내용 - "발화내용"(das Gemeinte) - 에 달려 있지만, 오로지 여기에만 달려 있는 것은 아니다. 이차적인 내용은 그밖에 다양한 방법으로 작용할 수 있다. 이를테면 강조된 요소의 후장위치는 특히 전치사 보충어(E_{prp}) 이외의 다른 보충어들에서는 대개 진부한 표현으로 들린다. 이것은 분명 오늘날 비문법적인 이러한 위치가 16세기에는 가능했으며 관례적이었다는 사실과 관계가 있다.

Und nach uns wird kommen *nichts Nennenswertes.* (B. Brecht)
(그리고 중요한 것은 아무 것도 우리 쪽으로 오지 않을 것이다)

이러한 종류의 발화는 루터 성경을 통해 우리들에게 친숙하며 이로 인해 우리는 이런 발화를 통해서 "성경적인" 음조를 유지한다. 우리는 구어적인 일상의 의사소통에서도 전적으로 사용되는 관용어(Wendung)와 격언(Sprichwort)에서 이러한 음조를 항상 다시금 발견하게 된다.

그밖에 발화리듬과 위치간에도 상관관계가 있다. 우리는 이에 대해서 물론 오늘날에도 여전히 아주 임시적인 것과 비연관적인 것만을 말할 수 있다. 어쨌든 언어사용자들은 - 그들이 농부든 수공업자든 교양인이든 - 일상대화에서 의사소통적인 효과를 증진시키기 위해 항상 적절하게 변화된 어순을 갖는 고정된 표현이나 의도적으로 규범에 어긋나며 바로 그 때문에 인상적인 구조를 사용한다는 사실이 눈에 뜬다.
때로는 격언/명언(Zitat)이 문제된다.

Es hat nicht sollen sein. (어떤 소원/계획이 수포로 돌아갔다)

다른 경우에서 문학적인 출처를 인식할 수 없으며 어떤 의도가 배후
에 숨겨져 있는 것은 아니지만 시적인 모범(Vorlage) - 이 시적인 모범에
의해 위치가 다시금 영향받는다 - 을 암시하는 일종의 율격(Versmaß)을
인식할 수 있다.

Wen sie in die Pfanne hauen *diesmal*...
(그들이 이번에 신랄하게 비판하는 사람을...)
Und keiner will doch, was uns umtreibt, *wissen*.
(무엇이 우리를 불안케 하는가를 아무도 알고자 하지 않을 것이다)
Hätten die andern Kollegen die Akten genauer gelesen, wäre mir
wohler. (다른 동료들이 그 서류들을 더 정확히 읽었더라면 나의 기
분이 더 좋을 텐데)

이러한 현상들은 - 이들은 예외 없이 일상의 잡담이나 공개적인 논의
에서 나왔는데 - 아직 충분히 연구되어 있지는 않지만 앞으로의 연구가
시급히 요구된다.
더 나아가 요소들의 순서는 종종 문맥(Kontext)을 통해서도 함께 결
정된다. 동종의 사태에 대한 진술은 종종 요소들의 동일한 배열을 보여
준다.

Der König bekam sein Geld, der Gänsehirt gewann das Glück.
(왕은 자기 돈을 받았으며 거위지기는 행운을 얻었다)

다른 한편으로는 내용적으로 유사한 진술들이 종종 거울에 비친 상처
럼 배열되기도 한다.

Der König bekam sein Geld, das Glück aber gewann der Gänsehirt.
(왕은 자기 돈을 받았지만 행운은 거위지기가 얻었다)

연구자들은 옛날부터 또 다른 수사학적인 모형들을 알고 있다. 그러나
일상어와 전문 텍스트에서 이러한 모형들의 사용에 대한 신빙성을 말하
기 이전에 보다 자세한 연구가 요망된다.

5.11. 문장류의 성분들

여기서는 다른 구성체에서 문장성분의 기능을 갖는 부문장, 부정사 구
조 및 주문장이 문제된다.

5.11.1. 표현형태

가장 변이형이 풍부한 부분집합은 부문장(Nebensatz)의 부류이다. 모
든 부문장은 하나의 정동사를 포함하고 있지만 잠재적인 자립성의 자질
을 나타내지는 않는다. 부문장은 언제나 다른 요소에 종속한다.
우리는 유도 부문장과 비유도 부문장을 구별해야 한다. 좀 드문 경우
인 비유도 부문장 형태에서는 정동사가 항상 첫 번째 자리에 온다.

Hätte er nicht verschlafen, wäre er zeitig eingetroffen.
(그가 늦잠을 자지 않았더라면 그는 제때에 도착했을 것이다)
Käme sie auch heute noch, so könnte sie doch nichts mehr

ausrichten. (비록 그녀가 오늘 안으로 온다 하더라도 그녀는 더 이상 아무 것도 준비할/달성할 수 없을 것이다)

Er sollte dabei sein, *hat er doch von Anfang an mitgearbeitet*. (그가 처음부터 함께 일했기 때문에 그는 출석해야만 한다)

나머지 부문장들은 종속요소(subjunktives Element)로 총괄될 수 있는 여러 가지 유도어를 갖는다. 우리는 종속접속사, 관계대명사와 의문사를 구별한다. 종속적인 유도어를 갖는 부문장에서는 정동사가 항상 두 번째 문장틀 성분의 끝에 위치한다.

종속접속사문에 대한 예는 다음과 같다.

Alle wussten, *dass* sie es gesehen hatte.
(그녀가 그것을 보았다는 사실을 모두가 알고 있었다)
Weil sie arm sind, müssen sie früher sterben.
(그들은 가난하기 때문에 일찍 죽어야만 한다)
Wenn alle Brünnlein fließen, so muss man trinken.
(모든 샘물이 흐른다면 우리는 마시지 않을 수 없다)
Alles hing nun davon ab, *ob* die Fraktion der Grünen zustimmen würde. (만사는 녹색당의 원내 교섭단체가 동의하느냐에 달려있었다)

관계문(부가어문의 기능을 갖는)에 대한 예들은 다음과 같다.

Der Mann, *der* Birnen verkauft, war wieder da.
(배를 파는 그 남자가 다시 왔다)
Es begann eine Entwicklung, mit *der* keiner gerechnet hatte.
(아무도 예상하지 않았던 발전이 시작되었다)
Ich suche mir den Mann, *den* ich brauche.
(나는 내가 필요로 하는 사람을 찾고 있다)

의문사를 갖는 부문장(일부는 간접 의문문이고, 일부는 확정 부문장 혹은 일반적인 부문장이다)에 대한 예들은 다음과 같다.

Die machen einfach, *was* sie wollen.
(그들은 단순히 자기들이 원하는 일만을 한다)
Ich weiß doch nicht, *wohin* sie gegangen sind.
(나는 그들이 어디로 갔는지 모른다)
Wissen Sie, *wann* Katelbach kommt?
(당신은 카텔바흐가 언제 오는지 아십니까?)

종속적 주문장(abhängiger Hauptsatz)은 주문장의 형태를 지니고 있으며, 이 경우 정동사가 항상 두 번째 자리(즉 문장틀의 좌측 성분)에 위치한다. 종속적 주문장 역시 잠재적으로는 자립적이지만, 구체적인 경우에서는 다른 요소에 종속한다.

Ich weiß, *es wird einmal ein Wunder geschehen.*
(나는 언젠가 한 번 기적이 일어나리라는 것을 알고 있다)
Sie betonte, *es sei niemand sonst dabei gewesen.*
(그녀는 그밖에 아무도 출석하지 않았다는 사실을 강조했다)

그밖에 말하기 동사(Verba dicendi)에 종속하는 자립적인 문장 역시 종속적 부문장에 속한다.

Sie erklärte, *sie wisse nichts von alledem.*
(그녀는 자기가 이 모든 것에 관해 아무 것도 모른다고 설명했다)
"*Das ist*", sagte er verwirrt, "*in dieser Stadt noch nie passiert.*"
("이 도시에서는 그런 일이 결코 일어나지 않았다"라고 그는 당황하여 말했다)

부정사 구조(Infinitivkonstruktion)는 정동사를 갖지 않는다. 즉 지배하는 동사가 항상 부정형 형태로 온다. 부정사 구문의 이러한 핵어는 부문장의 정동사처럼 문장틀의 우측 성분의 끝에 위치한다.

Ich hoffe, euch alle in einem Jahr gesund wieder zu *sehen*.
(나는 너희들 모두 일년 뒤에 건강하게 다시 만나기를 바란다)
Es ist keine Heldentat, ihn *auszumanövrieren*.
(그를 교묘한 술책으로 따돌리는 것은 영웅적 행위가 아니다)

부정사는 흔히 앞에 위치한 zu와 함께 나타나며 특정한 구조(특히 화법동사와 결합한)에서는 zu 없이 나타난다.
일부의 부정사 구조는 하나의 유도요소(Einleiteelement)를 갖는다. 무엇보다도 anstatt, ohne, um이 문제된다.

Fass lieber mit an, *anstatt* hier herumzukommandieren.
(여기서 이런저런 명령을 내리는 대신에 차라리 협력해라)
Sie lernten leiden, *ohne* zu klagen.
(그들은 불평하지 않으면서 참는 법을 배웠다)
Ich will alles tun, *um* den Schaden wieder gutzumachen.
(나는 피해를 복구하기 위하여 모든 것을 다 하겠다)

5.11.2. 종속

문장류의 구성체가 다른 요소에 종속(Unterordnung)되는 것을 여기서 "종속"(Subjunktion)이라고 일컫는다. 대부분 종속요소들에 의해 종속이 이루어지지만 항상 그런 것은 아니다.
종속은 이미 연결부(Konnexionsteil)에서 이루어진다. 그러므로 - 변형

생성문법에서처럼 - 우선 생성된 단문을 다른 문장에 내포시키기 위
해 추가적인 변형규칙들이 요구되지 않는다. 물론 우리가 총괄기호
(Pauschsymbol)를 사용한다면 외관상 다만 다음과 같은 단순한 구조만
이 생성될 수 있다.

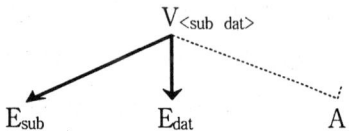

이러한 수형도는 다음 문장들에 상응할 수 있다.

Mein Vater hilft dem Nachbarn jeden Sonntag.
(나의 아버지께서 매주 일요일 이웃사람을 돕는다)
Er hilft mir gerne. (그는 기꺼이 나를 도와준다)
Dass du noch da bist, hilft mir ungemein.
(네가 아직 거기에 있다는 것이 나에게 굉장한 도움이 된다)

따라서 우리가 알 수 있는 바와 같이 사용된 범주들은 매우 추상적이
다. 즉 이 범주들은 단어, 구, 부문장 등을 대신한다. 만일 우리가 부분적
으로 특정기호를 삽입하면 이 수형도는 다음과 같이 기술될 수 있다.

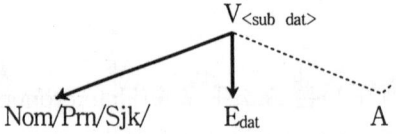

이 경우 명사(Nom) 및 특히 종속접속사(Sjk)가 여기서는 제시되어 있
지 않은 또 다른 의존소(Dependens)를 갖는다.

　　만일 사용되는(여기서는 세 가지) 형태들 중의 하나가 선택되어야 하는 경우에는 물론 하위범주화가 요구된다. 이러한 하위범주화 변형은 심층 의미론에 의해 유도된다. 그러나 이것은 종속 자체, 즉 종속접속사를 수단으로 한 종속의 행위가 본질적으로 연결적으로(konnexionell) 기술되어야 하는 사실에 대해 아무런 변화를 주진 못한다. 물론 이러한 과정은 일반적으로 생각하는 것보다 훨씬 복잡하다. 따라서 몇 가지 개별단계가 더 자세히 논의되어야 한다.

　　종속에서는 다음과 같은 것이 구별되어야 한다.

- 동사, 명사 및 형용사의 보충어에 대한 확장문
- 동사의 첨가어에 대한 확장문
- 동사에 대한 확정 부문장과 일반적인 부문장
- 명사에 대한 관계문
- 동사에 대한 관계문

　　동사 보충어에 대한 확장문은 E_{sub}, E_{akk}, E_{gen}, E_{prp}, E_{adj}로 나타난다. 우리는 여기서 본질적으로 동일한 형태와 동일한 종류의 종속으로 인해 E_{vrb}도 역시 포함시킬 수 있다. 표현형태는 dass-문장, (als) ob-문장, 의문사가 있는 부문장, 부정사 구문 및 종속적인 주문장이다.

　　E_{sub}: Wer es war(, ist mir schon lange klar.)
　　　　(그 사람이 누구였는지가 나에게는 이미 오래 전에 분명했다)
　　　　Dass du kommst(, ist entscheidend.)
　　　　(네가 온다는 사실이 결정적이다)
　　E_{akk}: (Ich will wissen,) ob du kommst.

(나는 네가 오는지 안 오는지를 알고 싶다)

E_{gen}: (Sie entsann sich,) dass sie etwas Ähnliches schon einmal
gehört hatte. (그녀는 그것과 유사한 것을 이미 이전에 들었다
는 것을 기억했다)

E_{prp}: (Ich erinnere mich,) dass du dich gewundert hast.
(나는 네가 놀란 것을 기억하고 있다)

E_{adj}: (Tu jetzt bitte nicht so,) als ob dir das gleichgültig sei.
(마치 그것이 너에게는 중요하지 않은 것처럼 지금 그렇게 행동
하지 말아라)

E_{vrb}: (Sie scheint noch) abzuwarten.
(그녀가 아직도 기다리는 것처럼 보인다)

이러한 보충어문들 중에서 몇 개는 명사와 형용사에 대한 부가어로서
도 나타난다.

NomE$_{gen}$: (die Tatsache,) dass er daran glaubt
(그가 그것을 믿고 있다는 사실)

NomE$_{prp}$: (die Frage,) ob er einverstanden ist   (Frage nach)
(그가 동의하는가 하지 않는가에 대한 문제)
(die Lust weiterzumachen)   (Lust zu)
(계속하려는 욕망)

AdjE$_{prp}$: (fähig,) den Schutt zu beseitigen   (fähig zu)
(쓰레기를 제거할 능력이 있는)

AdjE$_{vrb}$: (geneigt,) alles abzugeben
(모든 것을 줄 의향이 있는)

이러한 부가어문은 다음에서 동사 보충어문의 예에서 실현되는 것과
동일한 규칙에 따른다.

부문장의 형태는 먼저 상위문(Obersatz)의 동사에 의해 조종된다. 그러므로 모든 동사의 어휘내항(Lexikoneintrag)은 보충어가 문장류로 실현될 수 있는지 그리고 어떻게 실현될 수 있는지에 대한 정보를 포함해야 한다. 심층의미론의 직접적인 개입을 통해 현존하는 가능성들로부터 하나의 변이형이 선택된다. 이 때 종속접속사 문장에 대한 결정이 내려지며, 종속문이 서술문이면 dass가 고려되고, 원래의 의문문이면 ob 혹은 의문사가 고려된다. 모든 경우에서 종속접속사가 부문장의 핵어로서 나타난다.

Ich warte, dass er kommt. (나는 그가 오는 것을 기다린다)

이 문장은 문장 Ich warte + E_{prp} 안으로 Er kommt.를 종속시킨 결과이다. 따라서 다음 첫 번째 구조를 갖는 문장이 다음 두 번째 구조를 갖는 문장 안으로 내포/종속되면, 특히 E_{prp}의 위치에서 내포/종속되면,

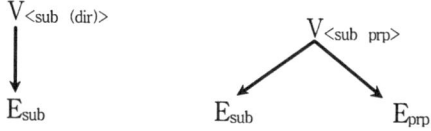

전체구조는 다음과 같이 나타난다.

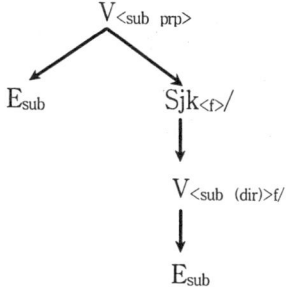

결합가 지표와 범주 지표에서 f는 "정동사"를 의미한다.

문장 Kommt er?가 문장 Ich weiß nicht + E_{akk} 안에 있는 E_{akk} 위치에
종속되면 위와 아주 동일한 구조가 나타난다. 다음 두 개의 개별구조로
부터

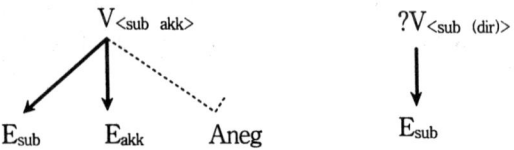

다음과 같은 전체구조가 나타난다.

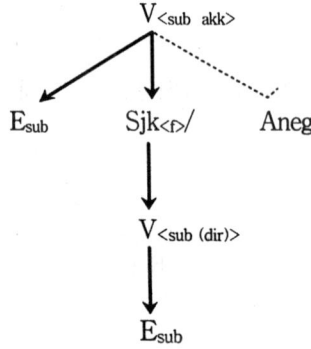

만일 부문장에 대한 상관사(Korrelat)가 실현되면(Ich weiß *es* nicht,
ob er kommt.) 상관사와 종속접속사가 상위문 동사의 의존소로서 나타
난다. 그러나 종속접속사만이 하위문 동사를 지배하므로 종속접속사가
부문장의 핵어가 된다.

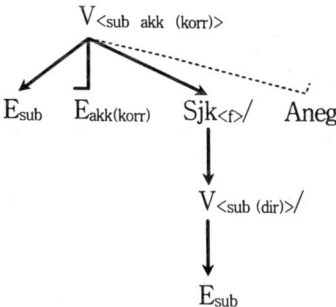

상관사가 의무적인지 수의적인지에 따라 해당 기호가 → 혹은 ⌐로 그의 지배소(Regens)와 연결된다. 상관사가 가능한 경우에는 언제나 상위문 동사의 결합가가 이에 맞추어 보충된다.

해당 보충어가 문장류의 실현을 허용한다는 사실이 동사 보충어문의 내포를 위한 전제이다. 이 말은 동사 보충어가 대상뿐만 아니라 사태도 표현할 수 있다는 것을 의미하기도 한다.

동사 첨가어에 대한 확장문은 수식적인 의미나 상황적인 의미 혹은 평가적인 의미를 갖는 부문장들이다.

수식(modifikativ) 첨가어문은 비교문으로 나타난다. 이들은 항상 뒤에 위치한다.

> Sie schaute noch einmal zu Regina ins Zimmer, wie sie es Abend
> für Abend zu tun pflegte. (그녀는 저녁마다 하곤 했던 것처럼 다시
> 한 번 레기나의 방 쪽으로 쳐다봤다)

다음과 같은 부분적으로 명시적인 수형도가 이 문장에 상응한다.

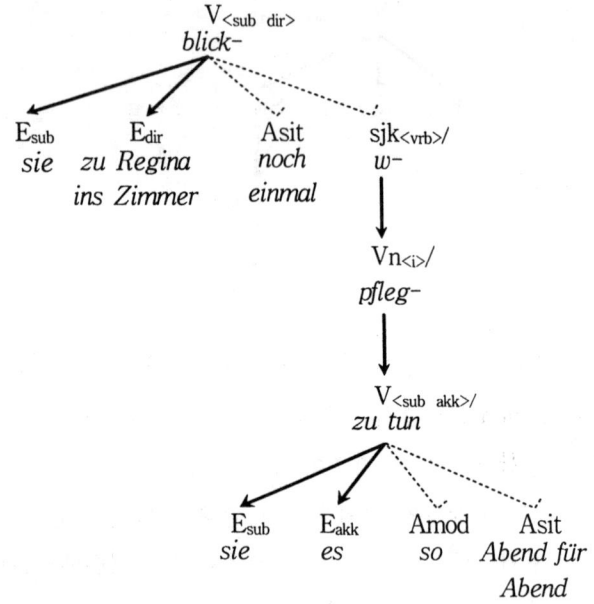

여기서 sjk는 "종속요소"(subjunktives Element)를 의미한다.

여기서 sjk에 종속하는 전체 구성체(wie sie es Abend für Abend zu tun pflegte)가 수식 첨가어(Amod)의 기능을 한다.

보다시피 부문장 유도어인 wie는 종속요소(w-를 통해 형태소로 된다)와 부문장 안에 있는 수식 첨가어(so를 통해 형태소로 된다)로 분할된다. 추가적으로 하나의 표층변형이 요구된다.

w + so ⇒ wie

이것은 첨가어문이 흔히 상위문에서 그들의 기능에 상응하는 한 가지 요소(여기서는 Amod)를 포함하고 있다는 것을 암시한다.

상황(situativ) 첨가어문이 가장 빈번한 첨가어문이다. 더욱이 이들은

연구에서 고려된 거의 유일한 첨가어문이다. 다음 시간문은 아래의 구조
기술을 갖는다.

Als der Regen kam, machten sie die Boote fertig.
(비가 왔을 때 그들은 보트를 완성했다)

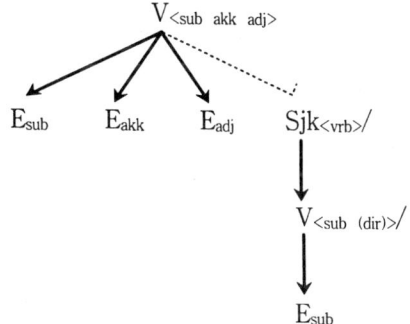

이러한 문장들은 많은 경우에서 상위문에 Asit에 대한 하나의 상관사
를 가지고 있다(비교: Als der Regen kam, *da* machten sie die Boote
fertig.). 이러한 상관사는 $Asit_{korr}$ 혹은 $Atemp_{korr}$로서 표시된다. 상관사는
추상적인 형태로 부문장과 동일한 "상황"(Umstand)을 표현한다.

　하지만 부문장의 종속접속사 als가 '어느 특정한 시점'이라는 추상적
인 정보를 제공한다는 사실이 더 중요한 것처럼 보인다.

　　부문장도 역시 (시간적인) 상황 첨가어를 내포하고 있는 하나의 기술
　　을 생각해 볼 수 있다. 그런 경우에도 종속접속사는 종속요소 sjk와
　　Asit로 분할될 수 있는데, 이들은 표층변형을 통해서 비로소 종속접
　　속사 als에 융합된다. 물론 우리는 이들을 형태소로 만들 경우에 상당
　　한 어려움에 직면하게 될 것이다. 그 때문에 여기서는 그와 같은 기
　　술은 배제된다.

다른 상황문에서도 동일한 것이 적용된다. 다음 양보문은 아래의 구조 기술을 갖는다.

Obwohl es kalt war, trug er keinen Mantel.
(날씨가 추웠음에도 불구하고 그는 외투를 입지 않았다)

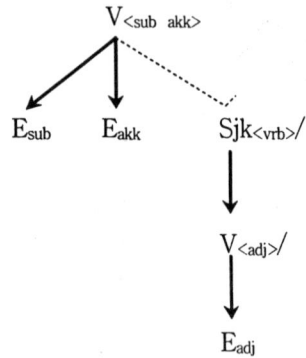

여기서도 상위문에서 하나의 상관사(dennoch 등)가 삽입될 수 있을 것이다. 여기서도 역시 생각해 볼 수 있는, 종속접속사를 (부문장의) 양보 첨가어와 순수한 종속요소로 분할할 수 있다는 점에 대해서는 논의하지 않겠다.

다음 예문에서처럼 종속접속사가 없는 상황문은 정동사를 첫 번째 위치에 두도록 야기하지만, 표층에서는 어떤 다른 흔적도 남기지 않는 하나의 공-종속접속사(Null-Subjunktor)(∅를 통해 형태소로 됨)를 내포하고 있다.

Kommt sie nicht, so ist alles umsonst gewesen.
(그녀가 오지 않는다면 모든 일이 허사가 되었을 것이다)

War es auch kalt, so trug er dennoch keinen Mantel.
(날씨가 추웠음에도 불구하고 그는 외투를 입지 않았다)
Er wird gewiss unterschreiben, hat er sich doch nachhaltiger als
alle für diesen Plan eingesetzt. (그가 이 계획을 위해 모든 사람들보
다 더 지속적으로 전력을 다했기 때문에 그는 확실히 서명할 것이다)

다음과 같은 제한적인 상황문은 soweit, sofern과 같은 종속접속사를
통해서나 was(...betrifft) 등과 같은 종속요소에 의해 유도된다. 그밖에는
이들이 다른 상황문과 구별되지 않는다.

Soweit es die Kinder betrifft, sind wir abgesichert.
(아이들에 관한 한 우리는 안전하다)

평가(existimatorisch) 첨가어문은 본질적으로 "연속적인 첨가어문"으
로 나타나며 아래에서 논의된다("동사에 대한 관계문"을 참조할 것).
다음과 같은 유형의 확정 부문장과 일반적인 부문장은 임의의 보충어,
많은 첨가어 및 몇몇 부가어에 대한 실현으로서 나타난다.

(Sie wissen sehr genau,) was an diesem Vertrag nicht in Ordnung ist.
(이 계약서에서 무엇이 잘못되어 있는지 당신은 아주 정확히 알고 있다)
Wem er vertraut(, hilft er auch.)
(그는 자기가 신뢰하는 사람은 누구나 또한 도와준다)
(Wir haben eine Unterkunft,) wo ihr damals eure Hochzeit gefeiert
habt. (우리는 너희들이 그 당시 너희 결혼식 파티를 열었던 곳에 숙
소가 있다)
Wes Brot ich ess'(, des Lied ich sing').
(신세를 진 사람의 편을 들게 마련이다)

여기서는 종속이 의문요소 Frw의 도움으로 이루어지는데, 이 의문요소는 다른 종속요소처럼 상위문 동사에 종속하고 다시금 부문장 동사를 지배한다. 따라서 다음 문장에 대해서는 아래의 수형도가 적용된다.

Wem er vertraut, hilft er auch.
(그는 자기가 신뢰하는 사람은 누구나 또한 도와준다)

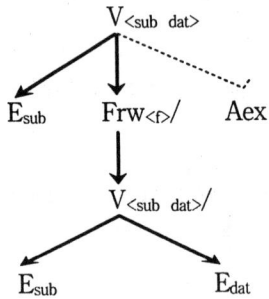

다음과 같은 부가어문은 외관상 위의 일반적인 부문장과 유사하다.

Wem er vertraut(, dem hilft er auch.)
(그는 자기가 신뢰하는 그 사람을 또한 도와준다)

이 문장은 부문장에 대한 하나의 관계요소 (dem)을 포함하고 있다는 점에서만 앞선 문장과 구별된다. 이것은 물론 명백히 다른 종류의 구조 수형도를 요구한다.

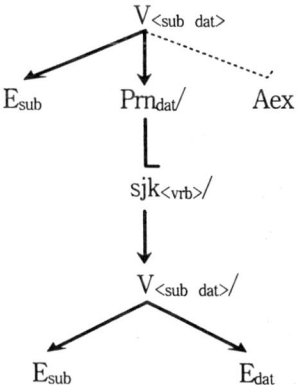

sjk는 "종속요소"를 의미한다.

이러한 기술은 예컨대 Tesnière가 모든 관계대명사를 위해 시도한 부문장 유도어의 분할을 전제로 한다. 실제로 관계문 유도어가 이중 기능적(bifunktional)이라는 사실은 일찍부터 확인되었다. 즉 관계문 유도어가 한편으로는 종속적인 기능을 갖고, 다른 한편으로는 부문장 안에 있는 통사성분이다. 비록 부문장 wem er vertraut가 이 책에서 대표되는 견해로는 관계문이 아닐지라도(이 부문장은 관계요소가 될 뿐만 아니라 또한 의문대명사 wem에 의해서도 유도된다), 이 부문장은 관계문과 광범위한 구조적인 일치를 보여줌으로써 동일한 방식으로 기술될 수 있다. 따라서 요소 wem은 그 자체로서 항상 결합가 <vrb>를 갖는 (즉 "문장"을 지배하는) 종속요소 sjk와 수형도에서 총괄적으로 E_{dat}로 표시되는 대명사적 잔여요소로 분할된다. 만일 우리가 형태소로 바꾸려면 sjk 대신에 w-를 삽입하고, E_{dat} 대신에 dem을 삽입할 수 있다. 그런 다음에 또 하나의 표층변형이 요구된다.

w + dem ⇒ wem

그 후에 연결구조로부터 유도될 수 있는 어순규칙이 유도요소 wem을 부문장의 문두에 위치하도록 규정한다.

확정 부문장과 일반적인 부문장은 상위문에서 보충어 기능을 갖는다. 다시 말해 이들은 각각 상위문 동사의 한 특정한 보충어를 나타낸다. 전체 11개 동사 보충어 모두에 대해 하나의 확정적 실현 내지는 일반적인 실현이 가능하다는 사실은 이미 언급되었다. 이 두 가지 부문장 유형에 대해 부문장 유도요소가 전체로서의 부문장이 상위문에서 수행하는 기능과 동일한 통사기능을 수행한다는 규칙이 추가적으로 적용된다. 즉 부문장이 앞선 예문에서처럼(Wem er vertraut, hilft er auch.) 상위문 동사에 대한 3격 보충어로서 기능한다면, 유도요소 wem은 동시에 하위문 동사에 대한 3격 보충어가 된다. 만일 부문장이 형용사 보충어라면 그 유도요소는 다시 형용사 보충어가 된다.

Er benimmt sich, *wie sich früher auch sein Bruder benommen hat.*
(그는 이전에 자기 형이 행동했던 것처럼 행동한다)

이러한 규칙에 대한 예외는 단지 주어, 4격 보충어 및 동사 보충어에서만 나타난다.

Was du vorhast, sollte noch nicht publik werden.
(네가 계획하고 있는 것이 아직 공개되어서는 안 된다)

위 문장에서는 주어문의 유도어가 4격 보충어로서 기능을 한다.

Was mir lieb ist, werde ich nie verraten.
(내가 좋아하는 것을 나는 결코 누설하지 않을 것이다)

위 문장에서는 4격 문장의 유도어가 주어로서 기능을 한다.

　　Er fragte sich erneut, was er sich schon früher gefragt hatte.
　　(그는 자기가 이미 이전에 무엇을 자문했었던가 하고 다시 자문했다)

동사 보충어문의 유도어는 말로 표현된 동사 보충어로서는 실현될 수 없다. 여기서는 이 유도어가 대용어 was로서 나타난다.

명사에 대한 관계문은 연구에서 비교적 상세히 논의되었다. 관계문의 유도어인 관계대명사는 확정 부문장과 일반적인 부문장에서 이중 기능을 하는 것으로 파악될 수 있으며, 하나의 종속요소 sjk(형태소적인 대응물 없이)와 부문장에서 하나의 문장성분 기능을 보유하는 지시대명사(der 따위)로 분할될 수 있다. 따라서 다음 명사적인 표현에 상응하는 형태소화 된 수형도는 아래와 같다.

　　der Mann, der Birnen verkauft (배를 파는 남자)

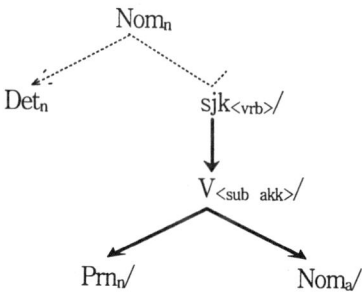

우리는 한정사 der가 이미 언급한 것에 대한 의미에서(4.3장 참조) 첨가어, 특히 명사에 대한 의무적인 첨가어(obligatorische Angabe)로 파악된다는 사실에 유의해야 할 것이다. 관계문의 주어는 지시대명사 der로

간주된다.

종속요소의 하위범주화는 관계문을 위해 유도어 sjkr를 제시할 수 있을 것이다. 이 말은 우리가 관계대명사로부터 한 가지 중요한 어순현상을 유도할 수 있다는 사실을 초래할 것이다. 즉 관계문은 일반적으로 그 관계어(Bezugswort=선행사) 뒤에 위치하지만, 예컨대 상황 첨가어문과 다른 많은 첨가어문은 위치가 아주 자유롭다. 즉 이들은 서술문의 전장, 중장 또는 후장에 나타날 수 있다. 관계문도 세 가지 모든 장에서 나타날 수 있지만 그 관계어에 엄격히 종속한다. 물론 이 말은 관계문이 항상 그 관계어와 동일한 장에 위치해야 한다는 것으로 이해되어서는 안 된다. 이에 대한 규칙은 다음과 같다.

관계어가 전장에 위치하면 관계문은 전장 혹은 후장에 위치하게 된다.

Der Mann, der Birnen verkauft, ist wieder da gewesen.
(배를 파는 그 남자가 다시 거기에 있었다)
Der Mann ist wieder da gewesen, der Birnen verkauft,
(배를 파는 그 남자가 다시 거기에 있었다)

관계어가 중장에 위치하면 관계문은 중장 혹은 후장에 위치하게 된다.

Heute früh ist der Mann, der Birnen verkauft, wieder da gewesen.
(오늘 아침에 배를 파는 그 남자가 다시 거기에 있었다)
Heute früh ist der Mann wieder da gewesen, der Birnen verkauft.
(오늘 아침에 배를 파는 그 남자가 다시 거기에 있었다)

관계어가 후장에 위치하면 관계문 역시 후장에 위치하게 된다.

(?)Heute früh sind bei uns gewesen die Frau und der Mann, die

Birnen verkaufen.
(오늘 아침에 배를 파는 그 부부가 우리 집에 있었다)

이 경우에 일반적으로 관계문이 그 관계어와 밀접히 연결되는 경향을 보인다. 즉 먼거리 위치(Distanzstellung)는 공식적인 언어에서보다는 오히려 격의 없는 일상어에서 나타난다.

유도적인 관계대명사는 관계문에서 임의의 통사기능을 가질 수 있다. 이들은 관계어의 통사적 기능에 의해 결코 영향을 받지 않는다. 이러한 사실은 다음 문장을 통해 인식할 수 있는데, 이 문장에서는 관계어가 상위문 동사의 4격 보충어로서 기능하고, 관계대명사는 부문장 동사의 전치사 보충어 안에 있는 부가어이다.

Den Mann, auf *dessen* Buch wir schon so lange warten, habe ich gestern Abend kennen gelernt. (나는 우리가 그의 책을 이미 그토록 오랜 동안 기다리던 그 남자를 어제 저녁에 알게 되었다)

이 문장에 해당하는 수형도는 다음 쪽에 제시된다.

동사에 대한 관계문은 여러 문법에서 대개 "계속적인 관계문"(weiter-führender Relativsatz)이라고 일컬어진다. 이 용어가 이러한 부문장의 내용을 부각시키는 점에서는 적절하다. 이들 관계문은 대부분의 다른 부문장들과는 달리 상위문에서 이미 표현된 부분적인 생각을 실현시키는 것이 아니라, 즉 이들은 상위문 요소들을 규정하고 설명하는 것이 아니라, 실제로 상위문으로부터 당장 추론할 수는 없는 새로운 사태를 가져온다.

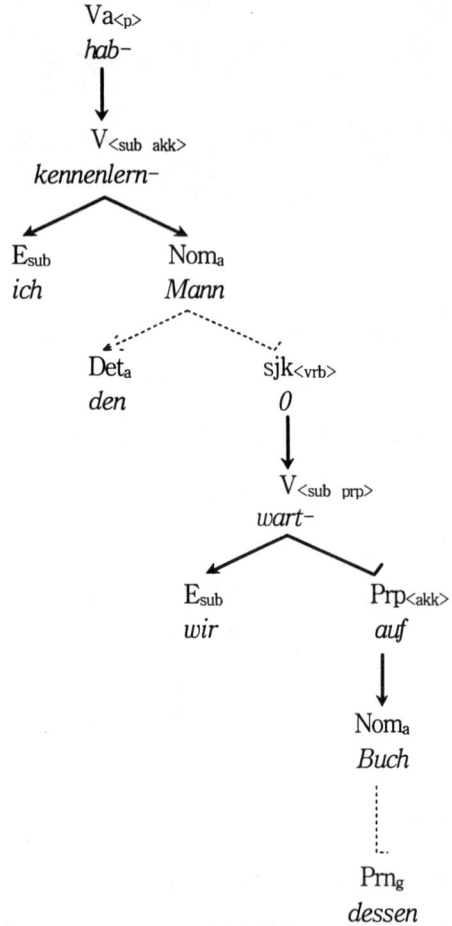

Regina trank schnell, *was ungewöhnlich war.*
(레기나는 술을 빨리 마셨는데 그것은 보기 드문 일이었다)

그러나 이 용어가 형태와 통사기능에 대한 아무런 관계도 인식시키지 못한다는 점에서는 혼란스럽다. 이것이 실제로 관계문인가 하는 질문이 이미 유도어와 관련하여 제기될 수 있다. 즉 관계문의 유도어가 대체로 d-단어들인 반면에, 이것은 의문대명사, 즉 w-단어이다. 물론 그 관계적인 특성이 일반적으로 의문시되지 않으면서 w-단어로 유도되는 부문장도 있다.

Alles, was Spaß macht, ist heute erlaubt.
(즐거움을 주는 모든 것이 오늘날 허용되어 있다)

우리는 관계문을 그 유도어가 상위문의 관계요소와 지시체가 동일한 부문장으로 정의한다. 즉 관계대명사와 관계요소는 동일한 "사물" (Sache)을 표현한다. 어떤 관계요소가 없다면 관계문이라고 말 할 수도 없다. 이러한 정의는 특히 유도어의 형태가 규정되어 있지 않아서 (der/die/das에 대한) "대체형태"(Ersatzform) welch-를 갖는 부문장도 관계문으로 간주할 수 있다는 장점을 지니고 있다.

이로써 관계문이 동사에 대한 첨가어문에 속할 수 있는가 하는 문제만 해결되면 된다. 앞 예문에서 유도어 was는 모든 점에서 하나의 명백한 관계를 가지고 있다. 즉 was는 전체 상위문의 내용을 다시 수용한다. 다시 말해서 was는 추상적인 형태로 Regina trank schnell.을 통해 표현되는 사태를 지시한다. 따라서 부문장 was ungewöhnlich war는 전적으로 관계문으로 간주될 수 있다. 관계요소가 항상 하나의 개별단어가 되어야 한다는 것은 확정되지 않았다.

관계문은 동시에 상위문 동사에 대한 첨가어문이다. 왜냐하면 이러한 부문장 연결을 허용하지 않는 동사는 없기 때문이다. 그러면 다음 문장은 아래와 같은 구조기술을 얻는다.

Regina trank schnell, was ungewöhnlich war.

(레기나는 술을 빨리 마셨는데 그것은 보기 드문 일이었다)

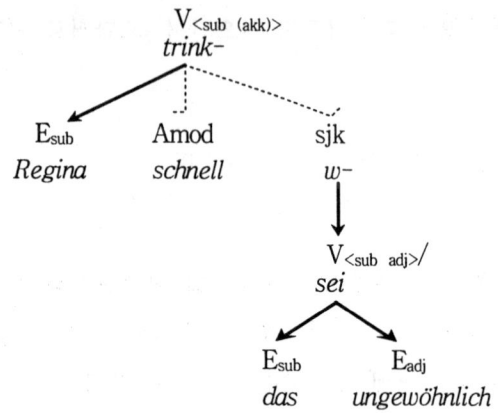

동사에 대한 이러한 관계문은 대체로 상위문 뒤에 위치한다. 특별한 경우에는 이들이 상위문 앞에 올 수도 있다. 그러면 이들 관계문은 적출될 수 있으며 특별한 문장기호 - 콤마 대신에 쌍점(=콜론) 혹은 횡선(=하이픈) - 를 통해 상위문과 분리된다. 상위문은 하나의 고유한 전장요소를 지시한다.

Was ungewöhnlich war: Regina trank schneller als er.

(그것은 보기 드문 일이었다: 레기나는 그보다 술을 빨리 마셨다)

그밖에 "계속적인" 특성을 갖는 명사에 대한 관계문도 있다.

Regina leerte das Glas, das sie sofort wieder füllte.

(레기나가 잔을 비우고 그 잔을 즉시 다시 채웠다)

이러한 부문장은 (명사에 대한) 여타의 관계문과 어떠한 구조적인 차이도 보이지 않는다.

종속에 대한 이와 같은 간단한 기술은 완전성과는 거리가 멀다. 그러나 이러한 기술은 방법론적인 많은 암시를 주기 때문에 이 기술방법을 여기서는 자세히 언급하지 않은 다른 복합문으로 전이할 수 있을 것이다.

개별 부문장에 대한 사항은 5.2장, 5.5장, 5.8장을 참조할 것.

5.11.3. 부문장에서의 어순관계

여기서는 복합문(=문장결합)에서 부문장의 위치와 부문장 내에서의 특별한 위치현상에 대해 간단히 살펴보기로 하자.

복합문에서 부문장의 위치에서는 보충어문, 첨가어문 및 부가어문이 구별되어야 한다.

보충어문(Ergänzungssatz)(전통적으로 일부에서 "목적어문"으로 표현됨)이 중장에서는 결코 나타나지 않으며 대개 후장에서 나타나는데, 드문 경우에는 전장에서도 나타난다.

Ein Reporter hatte wissen wollen, *wann sie wegegangen war.*
(한 기자는 그녀가 언제 떠났는지를 알고자 했다)
Ob das stimmte, war schwer auszumachen.
(그것이 맞는지는 결정하기가 어려웠다)

중장 위치는 산발적으로만 나타나며 대개 부자연스럽게 작용한다.

Es muss, *was wahr ist*, doch nicht gleich ausgeplaudert werden.
(무엇이 참인지 즉시 누설할 필요는 없다)

이에 비해 첨가어문(Angabesatz)은 세 가지 모든 위치장에서 나타날 수 있다.

Als der Regen kam, haben sie die Boote fertig gemacht.
Sie haben, als der Regen kam, die Boote fertig gemacht.
Sie haben die Boote fertig gemacht, als der Regen kam.
(비가 왔을 때 그들은 보트를 완성했다)

이 경우 중장에 있는 첨가어문이 다른 두 장에 위치할 때보다는 덜 강하게 강조된다.

부가어문(Attributsatz)은 대체로 그 관계어 뒤에 위치한다.

Dies ist ein Herbsttag, wie ich keinen sah.
(이날은 내가 이전에 보지 못했던 그러한 가을날이다)

이미 관계문에서 언급한 바와 같이, 이들 부가어문은 그 관계어와 동일한 장에 올 수 있다. 하지만 관계어가 전장이나 혹은 중장에 오는 경우에는 부가어문이 후장에 놓일 수도 있다.

Die Frage, ob sie auch kommt, muss vorläufig offen bleiben.
Die Frage muss vorläufig offen bleiben, ob sie auch kommt.
(그녀도 오는가 하는 문제는 임시 미해결인 채로 남겨두어야 한다)

Wir haben die Frage, ob das Personal reduziert werden muss, noch nicht diskutiert.
Wir haben die Frage noch nicht diskutiert, ob das Personal reduziert werden muss.

(우리는 인원이 감축되어야 하는가 하는 문제를 아직 논의하지 않았다)

이와 동일한 위치규칙이 부정사 구조에서도 적용된다. 보충어 기능을 하는 부정사 구조에 대한 예문은 다음과 같다.

Diese Verbrecher zur Räson zu bringen ist ein riskantes Unterfangen.
Es ist ein riskantes Unterfangen, *diese Verbrecher zur Räson zu bringen.*
(이 범죄자들을 이성 있는 행동으로 타이르는 것은 위험한 모험이다)

첨가어로서의 부정사 구조:

Um die Dose zu öffnen, ziehen Sie die Lasche ruckartig hoch.
Ziehen Sie, *um die Dose zu öffnen*, die Lasche ruckartig hoch.
Ziehen Sie die Lasche ruckartig hoch, *um die Dose zu öffnen.*
(깡통을 열기 위해서는 덮개를 위로 홱 끌어당겨라)

부가어로서의 부정사 구조:

Der Plan, *die Rebellen auszuhungern*, ist schief gegangen.
(?)Der Plan ist schief gegangen, *die Rebellen auszuhungern.*
(폭도들을 굶겨서 항복시키려는 계획은 뜻대로 안 되었다)

Man hat uns die Aufgabe, *mit den Eltern zu reden*, erst gestern übertragen.
Man hat uns die Aufgabe erst gestern übertragen, *mit den Eltern zu reden.* (사람들은 우리에게 부모님과 이야기할 과제를 어제서야 비로소 맡겼다)

부문장 내에서는 전장(여기서는 종속요소 앞의 장)이 채워지지 않고 정동사가 여타의 동사요소들 다음에 온다는 사실이 서술문 순서와의 주된 차이점으로 간주되어야 한다.

Er hat gestern den Bogen überspannt. (그는 어제 도가 지나쳤다)
⇒ weil er gestern den Bogen überspannt hat

단지 특정한 조건하에서만(4.2장 참조) 정동사가 이러한 "문미 위치"(Endstellung)에서 다시 왼쪽으로 이동한다.

weil er gestern den Bogen *hat* überspannen wollen
(그는 어제 도가 지나치려고 했기 때문에)

부문장에서 점유된 전장은 단지 감정적으로 표현된 구어체에서만 나타나며 아마 지역적으로도 제한적으로 적용된다.

einmal noch wenn du reinkommst, (다시 한 번 네가 들어오는 경우에)
+den wenn ich treffe

종속접속사(Subjunktor) obwohl과 weil 뒤에서는 물론 구어체의 일상어에서 흔히 정동사의 서술문 위치도 역시 나타난다. 더욱이 종속접속사 다음에 발화휴지가 꼭 삽입될 필요는 없다.

obwohl er *hat* gestern den Bogen überspannt,
(비록 그는 어제 도가 지나쳤지만)
weil er *hat* gestern den Bogen überspannt,
(그는 어제 도가 지나쳤기 때문에)

물론 이러한 위치는 부문장이 뒤에 위치하고 그리고 부문장이 "효력이 없는 반대이유"나 "원인규명"으로 작용하기보다는 상위문 사건의 추가적인 설명으로 작용하는 경우에만 허용된다. 이러한 점에서 이들 문장에서도 역시 정동사의 두 번째 위치와 마지막 위치 사이에는 분명한 차이가 있다. 따라서 이러한 언어용법으로부터 obwohl과 weil이 대등접속사(Konjunktor)의 부류로 넘어가려고 한다는 결론을 유도해서는 안 된다. 또한 이러한 사실로부터 종속과 중첩(=병렬) 간의 차이가 현대어에서 점차 사라지고 있다는 추측을 유도해서는 더욱 안 된다.

그밖에 지배동사의 "문미 위치"는 부정사 구조에서도 적용된다.

Die Wildschäden einzudämmen war seine nächste Aufgabe.
(야생동물의 피해를 억제하는 것이 그의 다음 임무였다)
Seine nächste Aufgabe war (es), die Wildschäden *einzudämmen*.
(그의 다음 임무는 야생동물의 피해를 억제하는 것이었다)

만일 우리가 언급한 특성들을 무시한다면 부문장과 부정사 구조에서도 서술문에서와 동일한 위치 규칙이 적용된다.

6. 텍스트

6.1. 텍스트와 텍스트 언어학

이 장에서는 앞선 장들에서보다는 더욱 직접적으로 언어학의 본래의
대상이 문제된다. 즉 언어학의 모든 길은 텍스트로 통한다. 물론 이 때
많은 오류와 곤경이 있다. 그러나 이들이 우리의 인식을 철저하게 촉진
했을지 모르지만 이들은 시급히 분명한 경고표지판을 갖춰야 할 것이다.

텍스트란 의미 있게 배열되고 의사소통적 기능을 갖는 그 자체 종결
된 발화(Äußerung)의 연속체이다. 이 때 발화의 수는 무제한으로 변할
수 있다. 그래서 우리는 하나의 장편소설 전체를 하나의 텍스트로 간주
한다. 하지만 거주지역의 대문에 붙어 있는 (개 그림과 함께) Hier
wache ich(여기서 내가 지키고 있음)라는 푯말도 하나의 텍스트이다. 텍
스트의 범위에 대한 문제와 부분텍스트의 자립성에 대한 문제는 당분간
미해결인 채로 남겨두지 않을 수 없다.

의사소통은 언어의 중요한 기능이다. 인간은 텍스트로 상호 의사소통
한다. 대부분의 텍스트는 복잡한 언어적인 구성물이다. 통사론(Syntax)
은 1.3장에서 요소들의 결합관계를 연구하는 문법의 일부로 간주되었다.
이 때 상위의 경계는 의식적으로 명명되지 않았다. 즉 이제는 단어, 구
및 문장의 통사론에 텍스트 통사론(Textsyntax)이 첨가된다. 물론 이 텍
스트 통사론을 유일하게 요구되는 통사론 혹은 유일하게 합법적인 통사
론으로 오해해서는 안 된다. 이는 서양의 가장 위대한 국가 정치적인 업
적인 로마제국의 지속과 존속을 오직 그 국가이념으로만 설명하고자 하

며, 이 때 수 천년 동안 전무후문한 로마의 도로체계 기능을 간과하는
것과 같다. 즉 이는 로마의 도로들은 상당한 기술적인 능력 없이는, 특히
원형천장의 기술 없이는 건설될 수 없었을 것이며, 산과 계곡을 지나 로
마 시로 통할 수 없었을 것이라는 사실을 간과하는 것과 같을 것이다.
언어학에서 문장까지의 보다 작은 단위들의 통사론은 원형천장 기술과
비교할 수 있는 기능을 갖고 있다. 즉 이 통사론은 텍스트의 설명을 위
한 도구로서 사용된다. 만일 우리가 문장, 문장성분, 구 및 단어를 다룰
줄 모른다면, 텍스트에 대하여 어떠한 적절한 진술도 할 수 없을 것이다.
언어학자로서 다음 문장의 단어 unvergleichlich를 부사로 간주하는 사
람은 그가 직업적인 전문능력이 부족하다는 것을 증명한다.

　　　Sie hat das *unvergleichlich* geschildert.
　　　(그녀는 그것을 비교가 안 될 정도로 잘 묘사했다)

　　다시금 언어학자로서 - 텍스트 언어학자로서 - 다음 두 문장에서 동일
하게 "전치사 보충어" 부류를 설정하는 사람은 자신의 전문적인 일을 이
해할지 모르지만 그것을 다만 불충분하고 부적절하게 사용할 뿐이다(이
에 대해 자세한 것은 5.4장 참조할 것).

　　　Kappus wohnt *in Kairo*. (카푸스는 카이로에 산다)
　　　Kapus hat sich *in Wilhelm* getäuscht.
　　　(카푸스는 빌헬름을 착각했다/잘못 평가했다)

　　만일 우리가 텍스트의 부분들에 대해 알지 못한다면 텍스트 언어학
을 추구할 수 없을 것이다. 텍스트 언어학자로서 텍스트 요소의 생성을
위해 요구되는 방법에 대해서도 알아야 할 것이다. 이 책의 2장에서 5장
까지는 7장과 마찬가지로 보다 작은 요소들의 속성과 결합가능성을 기

술하려는 목적으로 사용된다. 앞으로는 어떠한 텍스트 관련 문법도 이러한 기술을 포기할 수 없을 것이다.

그럼에도 불구하고 통사론이 텍스트에 대해 그 전체 범위의 십분의 일만을 부여하기 때문에, 따라서 텍스트 통사론이 부록의 역할 이상은 하는 것 같지 않기 때문에, 텍스트를 이 책처럼 높이 평가하는 통사론은 완전히 불균형적으로 구성되어 있지 않은가 하는 의문을 제기할 수도 있다. 부분들의 범위는 - 필자의 확신에 따르면 - 전체 통사론에서 차지하는 비중과 상당히 일치한다는 인상이 생겨난다. 이 책의 편성은 또한 이전의 판들에서처럼 더 이상 불충분한 연구상태로 그 책임을 돌릴 수는 없다. 그 동안에 텍스트 언어학에 대한 유익하고 자세한 연구물들이 출간되었다. 그들 가운데 많은 것들이 독일어와 관련이 있다. 일년 전부터 "독일어 텍스트 문법"이 존재한다. 필자는 수많은 학문적인 강의에서 반입했던 이 모든 책들을 이용하였다. 그러나 이 책들 가운데 어떤 것도 필자로 하여금 텍스트 통사론이 다만 보다 작은 부분들의 통사론에 대한 필수적인 보충이라는 - 통사론의 과제를 정당하게 평가하기 위해서는 텍스트 통사론이 보다 작은 부분들의 통사론을 통한 보충을 필요로 하는 것처럼 - 확신으로부터 벗어나게 할 수는 없었다.

6.2. 발화

언어적인 의사소통은 누군가가 상대방에 대해 어떤 **발화내용**(etwas Gemeintes)을 표현함으로써 이루어진다. 발화내용(Gemeintes)은 특정한 발화내용(=명제, Proposition)과 특정한 발화의도(=발화수반 행위/언표내

적 행위, Illokution)로 구성된다. 이러한 의사소통 행위는 여러 발화행위
(=화행, Sprechakt)로 분류된다. 모든 발화행위는 명제와 발화수반 행위
에 따라 특징 지워져야 한다. 즉 이러한 요구에 대한 삭제는 의사소통을
침해한다. 발화행위가 아니라 문장으로 의사소통을 한다고 하는 일반적
으로 알려진 견해는 이미 다음의 예를 통해 반박될 수 있다.

Hans bleibt hier. (한스가 여기에 머무른다)

이러한 발화행위는 비록 그것이 항상 동사문으로 남아 있더라도 억양
과 구두법에 따라 통지, 요구, 협박, 경고, 제안, 질문(Hans bleibt hier?)
및 많은 다른 것을 나타낼 수 있기 때문이다. 교사들이 집착하며 또 비
난받는 견해는 의사소통이 결코 문장으로만 이루어지는 것이 아니라, 다
음 예시 텍스트에서처럼 정동사가 없는 발화로써도 이루어질 수 있다는
사실을 통해 계속 반박된다.

Rauchen unerwünscht (흡연은 원치 않음)
Hochspannung! Lebensgefahr! (고압! 생명의 위험!)
Vorsicht bissiger Hund (사나운 개 조심)
Bitte nicht berühren (만지지 마십시오)
Keine Selbstbedienung (셀프서비스가 아님)

혹은 다음 종류의 대답에서도 마찬가지이다

(Kommen Sie morgen?) – Vielleicht.
(내일 오시렵니까? – 아마도)
(Wo sind wir jetzt?) – In Darmstadt.
(우리는 지금 어디에 있습니까? – 다름슈타트에 있습니다)

　모든 이런 발화들은 주어진 문맥에서 완전하며 이들을 동사문으로 대체하는 것은 자주 놀람과 경우에 따라서는 의사소통의 혼란을 초래할 것이다. 이러한 사실로부터 문장을 통해서는 발화를 정의할 수 없다는 사실이 분명해진다.

　발화행위는 유형화될 수 있다. 우리는 대부분의 발화행위 유형이 모든 인간 사회에 공통적이라는 사실, 즉 우리는 세계 도처에서 통지하고, 감사하고, 요구하고, 질문하며, 인사할 수 있다는 사실을 인정해도 좋다. 그러므로 발화행위는 보편적인 언어단위들이다. 개별 언어에서 발화행위는 물론 상이하게 실현된다. 발화행위에 대한 이러한 개별 언어적인 표현이 여기서 발화(Äußerung)로 간주된다. 따라서 특정한 언어로 형성된 텍스트가 발화들로 분류된다. 발화는 다른 언어단위들처럼 표현과 내용에 따라 기술될 수 있다. 표현면에서 이들은 발화수반적인 표현요소와 문장 혹은 문장 등가어로 구성되며, 내용면에서는 발화수반적인 내용요소와 명제로 구성된다. 발화수반적인 요소는 발화행위를 기술하는 동사를 포함하고 있는 상위문(Obersatz)을 통해 명확히 할 수 있으며, 때로는 이러한 상위문이 언어실행에서 나타나기도 한다. 그래서 우리는 다음 첫 번째 문장의 요구 특성을 다음 두 번째 형식화를 통해서 분명히 표현할 수 있다.

> Du bleibst nicht hier! (너 여기에 머무르지 마라!)
> Ich erwarte (verlange) von dir, dass du nicht hier bleibst.
> (나는 네가 여기에 머무르지 않기를 너한테서 기대/요구한다)

　이러한 발화수반적 상위문에는 다음과 같은 사정이 있다. 즉 상위문의 동사가 1인칭 현재로 오면 우리는 행위를 기술함으로써 동시에 행위를 수행해야 한다. 방금 인용된 문장을 말하는 사람은 여기에 머무르는 것이 (화자에 의해) 요구되는 것을 말할 뿐만 아니라, 동시에 상응하는 행동을 요구한다. 인칭과 동사 I이 변하는 경우에는 이것이 적용되지 않는다. 다음 첫 번째의 복합적인 발화는 두 번째 발화와 마찬가지로 요구가 아니라 단순한 통지(요구행위에 대한)이다.

> Ich erwartete von dir, dass du nicht hier bleibst.
> (나는 네가 여기에 머무르지 않기를 너한테서 기대했다)
> Hanna erwartet von dir, dass du nicht hier bleibst.
> (한나는 네가 여기에 머무르지 않기를 너한테서 기대한다)

발화행위를 기술하는 1인칭 현재의 동사를 수행적으로 사용된 동사, 상위문에서 수행적으로 사용된 동사가 있는 발화를 수행적 발화(performative Äußerung)라고 일컫는다. 다음 문장이 수행적 발화에 대한 가장 인상적이고 잘 알려진 예들 가운데 하나이다.

> Ich taufe dich auf den Namen N. N.
> (나는 너를 N.의 이름에 따라 N.이라고 명명한다)

정상적인 조건을 전제로 한다면 세례가 실제로 행해지지 않고서는 이 문장이 발화될 수 없다. 수행적인 발화는 일반적으로 전체 의미가 특별한 변화 없이 언제든지 첨가어 hiermit(이것으로써)가 그 발화에 부가될 수 있다는 사실에서 인식될 수 있다.

언어학에서, 특히 외국어 교재에서도 큰 혼란을 야기했으며 현재도 야기하고 있는 문장(Satz)과 발화(Äußerung)의 비 구분은 본질적으로 다음에 그 원인이 있다. 즉 문어적인 텍스트에서는 문장과 발화가 광범위하게 일치한다. 문장은 실제로 발화행위 유형을 분명하게 해주는 확실한 수단이다. 그래서 서술문은 특히 전달을 위한 표현형태이고 명령문은 일반적으로 요구로 이해되어야 할 것이다. 하지만 독일어에서는 개별적인 발화수반 행위가 항상 분명한 표현형태를 지니고 있는 것은 아니다. 다음의 발화는 상승하는 억양("의문문 억양")이나 의문부호에 의해 질문으로 나타난다.

Hans bleibt hier? (한스가 여기에 머무르고 있니?)

하지만 적용되는 억양규칙이 항상 엄격히 준수되는 것도 아니며, 더욱이 이로 인해 가끔 의사소통이 방해를 받는 것도 아니다. 그래서 Hans bleibt hier.라는 문장에 대해서는 적절하게 말할 수 있지만, 이를 통해서 그 발화행위 유형에 대해서도 명확성이 존재하리라고 믿는 것은 잘못일 것이다.

발화행위가 상대방을 무조건 전제로 하는지 아닌지에 따라 발화행위를 구분할 수 있다. 우리는 첫 번째 경우를 상대방 지향적(partner-orientiert)인 발화행위, 두 번째 경우를 화자 지향적(sprecherorientiert)인 발화행위라고 일컫는다. 상대방 지향적인 발화행위는 다시 상대방의 의식(지식, 입장, 의견 등)을 변화시키는 발화행위, 사람 사이에서 나타나는 긴장을 "조정하는" 발화행위, 대화 참여자(몇몇 경우에는 비 참여자 역시)를 특정한 태도에 고정시키려는 발화행위로 하위 분류할 수 있다. 계속적으로 엄밀히 규정해보면 우리는 다음과 같은 발화행위의 유형론(Typologie der Sprechakte)에 도달하게 된다(다음 쪽을 참조할 것).

개별 유형들은 다음과 같이 간단히 설명될 수 있다.

의식을 변화시키는(bewusstseinsändernd) 발화행위는 근본적으로 광의의 모든 전달이다. 이들 중에서 협의의 전달(=통지/통보, Mitteilung)이 가장 빈번하고 문어체에서 거의 유일하게 나타나는 발화행위이다.

의식을 변화시키는	조정하는	상대방 지향적 태도를 규정하는				화자 지향적
		화자의	상대방의	화자 및 상대방의	임의의 사람의	
협의의 전달 동의 거부: 　◦반박 　◦반대 　◦정정 강화 일반화 주석 제한 동의구문 접촉신호 (청자)	감사 사과 취소 시인 축하 조의	약속¹ 통고 (화자행위)	요구 전권위임 충고 비난 모욕 경고 질문: 　◦결정의문문 　◦보충의문문 　◦택일의문문 　◦반문 　◦재질문 　◦접촉신호 　(화자)	제공 협박 접촉제한: 　◦인사 　◦호칭 　◦소개 　◦주소 　◦발신인	소원 제안 통고(다른 사람의 행위)	욕설 놀람 체념 안도

문어체의 독일어에서는 이들의 다양한 표현형태들 중에서 서술문이 주류를 이룬다.

> Ein Tief über der Biskaya wird in den Abendstunden die Pfalz erreichen und im Laufe der Nacht auch in Hessen für Abkühlung sorgen. (비스카야 상공의 저기압대가 저녁시간에는 팔츠지방에 도달할 것이며 밤이 지나면서 헤센 지방에도 기온 저하를 야기할 것이다)
> Sie leben noch nicht energiebewusst genug.
> (그들은 아직도 충분히 에너지를 절약하면서 살지는 않는다)
> Uta ist gekommen. (우타가 왔다)

전달이 문맥과 상황에 의해 강하게 뒷받침되면 될수록 전달은 더욱 단순형태의 경향을 보인다.

> Da drüben. (저 건너편에)
> Damen. (여성들이)
> Kaum. (거의 그렇지 않다)

동의(Zustimmung)는 가끔 특징적인 문장형태로 나타나지만 대체로 상투적이다.

> Ich bin völlig Ihrer Meinung. (나는 전적으로 당신 의견과 같다)
> Ja./Freilich./Selbstverständlich. (예/물론/그렇고 말고요)

거부(Ablehnung)는 상대방 발화의 발화수반 행위를 반박할 수 있다.

> Das ist doch kein Angebot. (그것은 팔려고 내놓은 물건이 아니다)
> Soll das etwa eine Frage sein? (그게 질문이 될 수 있습니까?)

상대방 발화의 명제에 대한 반대(Widerspruch)는 더욱 빈번하다.

> Nein (, keineswegs). (아니오, 결코 그렇지 않소)
> Ich sehe das ganz anders. (나는 그것을 아주 다르게 봅니다)
> Ich finde, dass er unrecht hat. (나는 그가 옳지 않다고 생각합니다)

반대의 보다 약한 형태는 앞의 발화를 전체로서가 아니라 부분적으로만 거부하는 정정(Korrektur)이다.

> Ich kann nicht ganz zustimmen. (나는 전적으로 동의할 수는 없습니다)
> Genau genommen war es so: ... (정확히 말하자면 그건 이러했습니다...)
> ... oder besser gesagt ... (... 혹은 더 좋게 말하자면 ...)

강화(Intensivierung)는 앞에서 제시된 사태를 다시 끌어내어 이것을 유사하지만 좀더 높은 단계의 사태와 대립시킨다.

> Paula kann so fesselnd erzählen. – Und Henning erst!
> (파울라는 사람의 마음을 아주 사로잡으면서 이야기를 할 수 있다 –
> 헨닝은 한층 더 잘 할 수 있어!)

불변화사 erst 이외에 강조적인 대등접속사 ja도 강화를 표현할 수 있다.

eine lebhafte, ja übernervöse Frau
(활달하고 아주 지나치게 과민한 여자)

일반화(Generalisierung)는 사태를 보다 일반적인 틀 속으로 넣는다.

Norbert hat uns die Druckerei vermittelt. Er ist überhaupt sehr hilfsbereit. (노르베르트가 우리에게 인쇄소를 소개해 주었다. 그는 대체로 매우 협조적이다)
Du kannst von ihm nichts anderes erwarten. Männer sind eben so. (너는 그에게서 다른 아무 것도 기대할 수 없다. 남자들이란 어차피 그런 거야)

주석(Kommentierung)은 본질적으로 언제나 앞 발화와 관련이 있다.

Ich finde sehr interessant, was Sie sagen.
(나는 당신이 말하는 것을 매우 재미있다고 생각한다)
(Konrad kann das Phänomen erklären.) Er ist nämlich Geologe.
(콘라트는 그 현상을 설명할 수 있다. 즉 그는 지질학자이다)

제한(Einschränkung)에서도 동일한 것이 적용된다.

(Er hat sich wieder danebenbenommen.) Wenigstens ist er früh gegangen. (그는 다시 어울리지 않게 행동했다. 어쨌든 그는 일찍 갔다)
(Sie hat die Entscheidung lange hinausgezörgert.) Aber immerhin hat sie doch noch unterschrieben. (그녀는 그 결정을 오랜 동안 늦추었다. 그러나 결국 그녀는 서명했다)

동의구문/의역(Paraphrase)은 대개 이해를 촉진시키기 위해 명제를 변형된 형식으로 반복한다.

Ich will damit sagen, dass noch keine Entscheidung gefallen ist.
(이로써 나는 아직 어떤 결정도 내려지지 않았음을 말하고자 한다)
(Katja will dem Leser den Einstieg erleichtern), das heißt: Sie will die Einleitung neu schreiben. (카트야는 독자에게 문제 접근방법을 쉽게 하고자 한다. 다시 말해서 그녀는 서론을 새로 쓰고자 한다)

접촉신호(Kontaktsignal)는 일반적으로 이해를 확실히 하는 데 도움을 준다. 청자가 이러한 신호를 표현하는 한 그는 이로써 단지 자신의 지속적인 관심만을 표현한다. 이러한 "역보고"(Rückmeldung)는 아주 상투적이다.

So?/Ach ja?/Tatsächlich? (그래?/아 그래?/정말이니?)
Was Sie nicht sagen! (거 무슨 말씀이오!)

조정 발화행위(Ausgleichsakt)는 비록 간접적인 방식이긴 하지만 방해받지 않는 의사소통을 위해서는 특히 중요하다. 이 발화행위는 상대방의 태도를 통해 나타난 긴장을 다시 풀어준다. 이러한 종류의 발화행위는 상당히 문화 특수적이기 때문에 외국어 수업에서 흥미롭다.
화자는 자신에게 이로운 상대방의 태도를 감사(Dank)를 통해 인정한다. 잘 사용되지 않으며 다소 강조적인 문장과 더불어 상투어(Formel)가 우세하다.

Danke./Vielen Dank./Recht vielen herzlichen Dank. usw.
(고마워/고맙습니다/매우 감사합니다) 등등
Wir danken Ihnen sehr für Ihren Besuch und für Ihre freundlichen Worte.

(우리는 당신의 방문과 당신의 친절한 말씀에 대해 매우 감사합니다)

화자는 사과(Entschuldigung)를 통해서 규범에 어긋나거나 여하튼 잘
못된 자신의 태도에 대해 유감을 표명한다.

Entschuldigung./Verzeihung. (죄송합니다/용서하십시오)
Verzeihen Sie bitte./Entschuldigen Sie vielmals. usw.
(용서해 주십시오/매우 죄송합니다)

취소(Aufhebung)는 독일어 문화권과 관련이 있는 감사 혹은 사과에
대한 반응이다.

Bitte. (천만에)
Bitte, bitte, keine Ursache. (아니요, 천만의 말씀을/별 말씀을)

문장형태의 취소행위는 상대적으로 드물다.
예고된 상대방의 태도는 시인(Billigung)을 통해서 동의하는 것으로
인식된다. 시인의 행위는 대개 상투적이다.

Bitte./Ja bitte./Bitte sehr. 등등
(예! 그러세요)

우리는 상대방에게 유리한 사건, 대개 기념일에 대한 동감을 축하
(Gratulation)를 통해 표현한다.

Herzlichen Glückwunsch zum Geburtstag/zum Namenstag/zur
Beförderung. (생일을/주보(主保) 성인의 생일/승진을 진심으로 축하
합니다)
Wir gratulieren Ihnen sehr herzlich zu dieser gelungenen

Ausstellung. (이 성공적인 전시회에 대해 진심으로 축하드립니다)

축하에 대한 부정적인 반대의 말은 물론 초상에 국한된 **조의** (Kondolation)이다. 화자는 상대방에게 조의를 통해서 자신의 동감을 표현한다.

Mein herzliches Beileid. (심심한 조의를 표합니다)
Wir trauern mit Ihnen. u.a. (당신께 애도를 표합니다. 등등)

태도를 규정하는(Verhalten festlegend) 발화행위는 계속해서 하위분류 되어야 한다. 화자 자신의 태도를 규정하는 발화행위는 좀처럼 드물다.

이들 발화행위 중에서 약속(Versprechen)이 첫 번째 자리를 차지하는데, 약속은 거의 문장형태로만 나타나며 화자가 (대개) 상대방에게 유리한 태도에 대해 책임을 진다.

Ich verspreche Ihnen einen neuen Bildschirm für Anfang nächster Woche. (나는 다음 주 초에 당신께 새로운 TV 수상기를 약속합니다)
Die Schuhe sind übermorgen fertig. (구두는 모레 완성될 것이다)

기타 화자행위의 **통고**(Ankündigung) 역시 대개 문장형태로 나타난다.

Nächsten Herbst bin ich in Santiago de Compostela.
(내년 가을에 나는 산티아고 드 콤포스텔라에 있을 것이다)
Ich sehe das morgen durch. (나는 그것을 내일 두루 살펴보겠다)

상대방의 태도(Verhalten des Partners)를 규정하는 발화행위는 모두 광의의 요구/요청(Aufforderung)이다. 이들은 세분되어야 한다.

우선 협의의 요구를 언급할 수 있다. 이들의 표현형태는 정중함의 정도에 따라서 변화한다. 의문문이 가장 빈번하며 흔히 접속법 II나 화법동사로 나타난다.

> Würden Sie bitte mal mit anfassen? (좀 도와주시겠습니까?)
> Können Sie mir vielleicht mal helfen?
> (혹시 저를 좀 도와주실 수 있습니까?)

명령문은 많은 문법들이 생각하는 것보다 훨씬 드물다. 명령문은 공손하지 않은 것으로 간주되지만 불변화사를 통해 완화될 수 있다.

> Kommen Sie mit. (같이 갑시다)
> Wollen Sie vielleicht mal mitkommen. (혹시 같이 가시렵니까?)

직설법적인 서술문은 대개, 특히 수동문에서 무뚝뚝하게 작용한다.

> Sie kommen mit. (같이 갑시다)
> Du wirst da nicht hingehen. (너는 가지 말아라)
> Jetzt wird geschlafen. (지금 자거라)

정동사가 없는 짧은 발화는 결코 우호적으로 작용하지 않는다. 몇몇 표현은 군사적인 영역에 국한되어 사용된다.

> Hier unterschreiben. (여기 서명하시오)
> Alle mal herhören. (모두 잘 들어봐요)
> Stillgestanden! (차려!)
> Raus! (꺼져/나가!)

전권 위임(Autorisierung)을 통해서 상대방에게 사회적인 맥락에서의 고정된 역할이 할당된다.

> Ich ernenne Sie hiermit zum Leiter dieser Ableitung.
> (이것으로써 나는 당신을 이 부서의 장으로 임명합니다)
> Sie haben das Wort. (당신이 발언권이 있습니다)
> Ich eröffne die Sitzung. (나는 회의를 개회합니다)
> Damit darf ich die Versammlung schließen.
> (이것으로써 나는 회의를 폐회합니다)

세례식, 결혼식, 보고 등에서도 전권 위임이 이루어진다.
충고(Ratschlag)는 상대방을 자신에게 유리한 태도로 이끌려고 한다. 이러한 태도가 상대방에게 도움이 되지 않으면 그것은 "잘못된 충고"이다. 표현형태는 협의의 요청/요구와 유사하게 변화한다.

> Sie könnten es ja mal mit diesem Gerät versuchen.
> (당신은 그것을 이 도구로써 한 번 시도할 수 있을 것입니다)
> Folgen Sie meinem Rat. (내 충고를 따르십시오)
> Wenn Sie Ärger haben, reden Sie mit uns.
> (당신이 화나는 일이 있으면 우리와 얘기합시다)
> Sie fahren damit nicht schlecht. (운전 좀 잘 하세요)
> Keine Angst vor großen Tieren. (큰 동물들에 대해 무서워 말 것)

비난(Vorwurf)을 통해서 상대방의 태도가 부인된다. 비난을 통해 상대방을 다른 추후의 태도로 고정시키려고 한다.

> Ich mache Ihnen den Vorwurf, die Gefahr nicht zeitig erkannt zu haben. (나는 당신이 위험을 제때에 인식하지 못한 것을 비난한다)
> Das ist miserable Arbeit. (그것은 보잘것없는 일이다)

So ein Schund! (저속한 작품(것)!)

모욕(Beschimpfung)은 근본적으로 비난의 특수한 형태이다. 우리가 상대방을 부정적인 방법으로 특징 지움으로써 상대방을 특정한 태도로 유도할 수 있다.

Du bist ein rechter Tolpatsch. (너는 아주 미숙한 사람이다)
Du Tolpatsch. (미숙한 사람 같으니라구)
Sie sind mir ein feiner Kollege. (역설적)
(당신은 나에게 좋은 동료야)

경고(Warnung)는 제재를 예고함으로써 상대방이 특정한 행동을 하지 못하도록 한다(그러나 제재는 화자에 의해 선언되지는 않는다 - 협박과 비교).

Ich muss Sie warnen, Ihre Hühner noch einmal in meinen Garten zu lassen. (나의 정원에 다시 한 번 당신의 닭들을 내버려두는 것에 대해 당신께 경고하지 않을 수 없다)
Wenn du nicht aufpasst, erwischen sie dich noch.
(만일 네가 주의하지 않는다면 그들이 너를 체포할 것이다)
Du solltest nicht so viel trinken.
(너는 그렇게 많이 술을 마셔서는 안 된다)
Gefährliche Kurve (위험한 커브)
Hier wache ich (여기서 내가 지키고 있음)

질문(Frage)은 그 다양한 기능들 때문에 하위분류 되어야 한다.
결정 의문문(Entscheidungsfrage)은 전체로서의 사태를 주제로 하며 특별한 의문사가 없다. 대답은 ja, nein 혹은 그 등가어이다.

Lieben Sie Brahms? – Ja/Nein/Ein bisschen/Ich weiß nicht so recht.
(브람스를 좋아하세요? – 예/아니오/약간/잘 알지는 못합니다)
Du hast wirklich akzeptiert? – Ja – warum nicht?
(너 분명히 수용했니? – 그래, 왜 수용 안 하겠어?)

보충 의문문(Sachfrage)은 항상 사태의 한 성분만을 주제로 한다. 보충 의문문은 항상 하나의 의문사를 포함한다(대개 의문사로 시작된다). 대답은 보통 질문 받은 성분만을 명명한다.

Wann kommst du? – In einem Jahr oder so.
(너 언제 오니? – 일년쯤 후에)
Wen meinen Sie? – Den Kleinen ganz links im Bild.
(당신은 누구를 말하는 겁니까? – 그림 제일 왼쪽에 있는 작은 사람)
Warum hast du nichts gesagt? – Weil ich ihn nicht verstanden
habe. (너는 왜 아무 말도 하지 않았니? – 내가 그의 말을 이해하지
못했기 때문이야)

택일 의문문(Alternativfrage)은 결정 의문문과 보충 의문문의 혼합으로 이해될 수 있다. 택일 의문문은 oder로 연결되는 두 개의 결정 의문문으로 구성된다. 즉 택일 의문문은 두 가지 택일적인 사태를 주제로 하지만 보충 의문문처럼 하나의 특수한 대답을 요구한다.

Gehen wir ins Kino oder fahren wir nach Paris? – Lieber fahren
wir nach Paris. (우리 극장에 갈까요 아니면 파리로 갈까요? – 차라
리 파리로 갑시다)
Wollt ihr Brot oder Kuchen? – Brot.
(너희들 빵을 원하니 아니면 케이크를 원하니? – 빵)

재질문(Rückfrage)은 앞의 상대방 발화가 올바르게 이해되었다는 것을 보장해야 한다. 재질문의 가장 빈번한 형태는 다음과 같다.

(Wie) bitte? (네, 뭐라고요?)

그러나 종종 앞 발화 혹은 앞 발화의 일부가 변화된 형태로 반복된다.

(Der Zug hat Verspätung.) – Der Zug hat Verspätung?
(기차가 연착한다. – 기차가 연착한다고?)
(Ballimann wartet draußen.) – Wer wartet draußen?
(발리만이 밖에서 기다린다. – 누가 밖에서 기다린다고?)
(Bitte warten Sie hier.) – Ich soll hier warten?
(여기서 기다려 주세요. – 내가 여기서 기다려야 한다고요?)

반문(Gegenfrage)은 재질문의 특수형태이다. 즉 반문은 앞 질문에 대한 반응으로서 사용된다.

(Haben Sie noch etwas Zeit?) – Ob ich noch Zeit habe?
(당신 아직 시간이 좀 있습니까? – 내가 아직 시간이 있느냐고요?)
(Wer schreit da so?) – Wer so schreit?
(누가 저기서 그렇게 고함칩니까? – 누가 그렇게 고함치느냐고요?)

반문은 오직 간접 의문문의 형태로만 나타난다.
화자의 접촉신호(Kontaktsignal)는 상대방의 주의를 목표로 삼는다.

Nicht wahr?/Nicht?/Klar? (그렇지 않아요?/아니에요?/분명하지요?)
Verstehen Sie mich? (제 말을 이해하시겠습니까?)
Hören Sie (noch)? (전화에서) (제 말 듣고 계시죠?)

화자와 상대방의 태도를 규정하는 발화행위는 다음과 같다.

제공(Angebot)을 통해 화자는 상대방에게 둘 모두에게 이득이 되는 태도를 권장한다. 형태는 다양하다.

Ich kann Ihnen diesen Wagen zu einem Sonderpreis anbieten.
(나는 당신께 이 차를 특별가로 제공할 수 있습니다)
Bei Abnahme von midestens 100 Stück 5 Prozent Rabatt.
(적어도 100개를 구입할 경우 5퍼센트 할인됨)
Greifen Sie zu, Sie werden es nicht bereuen!
(사 가세요/많이 드세요, 후회하지 않으실 겁니다!)

협박(Drohung)은 제재가 경우에 따라 화자 자신에 의해 선언된다는 점에서만 경고(Warnung)와 구별된다.

Wenn Ihre Hühner noch einmal in meinen Garten kommen, lasse ich den Hund los. (당신 닭들이 다시 한 번 내 정원에 온다면 나는 개를 풀어놓겠다)
Sag das nicht noch einmal – sonst ...
(그것을 다시는 말하지 말아라 – 그렇지 않으면 ...)

이러한 맥락에서 접촉을 시작하는 행위나 혹은 접촉을 종결하는 행위가 중요하다.

구어에서는 이 두 가지 기능을 위한 인사(Gruß)가 있다.

Guten Tag/Guten Morgen/Guten Abend (안녕하세요)
Grüß Gott (남부 독일어) (안녕하세요)

Gute Nacht (안녕/잘 자)
Auf Wiedersehen/Tschüs(s)/Tschau/Ade (안녕/잘 가)

문어에서는 일반적으로 작별인사만 있다.

Mit vorzüglicher Hochachtung/Mit freundlichen Grüßen/Mit herzlichen Grüßen u.a. (존경하는 마음으로/정다운 인사를 전하며/진심의 인사를 전하며 등등)

인사, 특히 구어체의 인사는 강한 지역적인 특색이 있다. 이들은 상대방 간의 관계에 따라서도 다르다.

호칭(Anrede)은 인간관계의 촉진에 사용되며 일반적으로 의무적이 아니다. 이들은 거의 모든 임의의 텍스트에서 나타난다.

편지에서 도입하는 호칭은 상대방과의 관계에 따라 다르다.

Sehr geehrter Herr Pietz (공식적, 중립적)
(매우 존경하는 피츠 씨에게)
Sehr verehrter Herr Pietz (공식적, 고위층의 상대방에게)
(매우 존경하는 피츠 씨에게)
Lieber Herr Pietz (개인적, 잘 아는 사이에서) (친애하는 피츠 씨)
Lieber Adolf (개인적, 친한 사이에서) (사랑하는 아돌프)

이름의 자리에 여전히 칭호(Titel)가 명명된다.

Sehr geehrter Herr Professor usw.
(매우 존경하는 교수님께 등등)

구어체의 독일어에서 인사가 호칭과 함께 사용되면 더욱 우호적인 느낌을 준다.

Guten Tag, Herr Pietz (안녕하세요, 피츠 씨)
Tag, Adolf (안녕, 아돌프)

Grüß Gott, Marlene (안녕, 마를레네)

텍스트 내에서는 삽입된 호칭이 상대방에 대한 접촉을 보장/강화한다.

Darf ich Ihnen das erklären, Herr Pietz.
(피츠 씨, 내가 당신께 그것을 설명해도 될까요)
Du musst das verstehen, Susanne.
(수잔네, 너는 그것을 이해해야만 해)
Wir sind Ihnen, Herr Präsident, sehr dankbar für Ihre Zusage.
(회장님, 우리는 당신의 승락에 대해 매우 감사합니다)

구어체에서는 호칭이 본질적으로 텍스트 끝에 정해져 있다.

Auf Wiedersehen, Herr Eissele. (아이셀레 씨, 또 만납시다)
Tschüs(s), Marina. (마리나, 안녕)

소개(Vorstellung)를 통해 화자는 (대개 대화의 시작에서, 드물게는 문어적인 의사소통에서) 신원이 확인된다.

Mein Name ist Müller. (제 이름은 뮐러입니다)
Ich heiße Patrick Senfter. (저는 파트릭 젠프터라고 합니다)

주소(Adresse)와 발신인(Absender)은 단지 문어에서만 그리고 거의 편지에서만 나타난다. 이들의 형식은 규약을 통해 규정되어 있다.
임의의 사람의 태도를 규정하는 발화행위는 다음과 같다.
소원(Wunsch)은 원칙적으로 미래의 사태에 관련된다. 화자와 관련된 소원은 대개 문장형태를 취한다.

Ich wünsche mir einen Rasenmäher. (나는 잔디 깎는 기계를 원한다)

Ich hätte gerne noch ein Glas. (나는 한 잔 더 원합니다)

상대방과 관련된 소원은 대개 단순형태로 나타나지만 문장형태로 나타날 수도 있다.

Alles Gute! (행운을!)
Schöne Ferien. (방학 잘 보내라)

Ich wünsche Ihnen rasche und vollständige Genesung.
(저는 당신의 빠르고 완전한 쾌유를 빕니다)

제안(Vorschlag)은 상대방을 사주하여 자신에게 불리하지 않는 태도를 취하도록 유도하고자 한다. 제안은 대개 문장형태를 취한다.

Wir könnten mal wieder miteinander essen gehen.
(우리는 다시 한 번 함께 식사하러 갈 수 있을 겁니다)
Vielleicht solltest du dich erst mal hinlegen.
(아마 너는 누워 있어야만 할 것이다)
Noch einen Campari? (캄파리 한 잔 더 하시렵니까?)

통고(Ankündigung)가 화자의 행위가 아니라 다른 관점의 사건에 관련되는 경우에도 이 통고는 마찬가지로 미래에 대한 다른 사람들의 태도를 규정한다.

Heute macht sie Maultaschen. (그녀가 오늘 슈바벤 만두를 만든다)
Es soll ein Gewitter geben. (뇌우가 있을 거라고 한다)
Die Ferien beginnen in Hessen am 17. Juli.
(헤센주에서는 방학이 7월 17일에 시작된다)

상대방 지향적인 발화행위는 많지만 화자 **지향적**(sprecherorientiert)인 발화행위의 유형은 단지 소수만 존재한다. 이 유형들은 드물기 때문에 문법기술에서 거의 언급되지 않는다. 하지만 이들도 상당히 중요하기 때문에 여기서 간단히 소개하기로 한다. 그러나 이들의 경우에 완전성과 엄격한 체계성을 기대해서는 안 될 것이다.

이러한 발화행위들 중에서 가장 중요한 것이 욕설(Schimpfen)이다. 이것은 많은 다른 언어에서보다는 독일어에서 덜 형성되어 있다. 욕설은 실제로 상대방을 필요로 하지 않는다(이 점이 모욕(Beschimpfen)과 다르다). 욕설은 부정적인 감정의 해소에 사용된다. 주로 문장이 나타나지만 동사 없는 발화가 욕설의 전형적인 형태이다.

> Da haben wir die Bescherung! (큰일 났군!)
> Nichts verdienen, aber immer meckern!
> (돈벌이는 하지 않고 항상 불평이야!)
> Mist. (제기랄/잡것!)
> Scheiße. (이런 젠장/지랄 같은 것!)

수많은 가능한 욕설행위는 핵심에서 항상 부정적인 의미를 갖는 표현들을 사용한다.

놀람(Überraschung)은 단순한 표현가능성만을 사용한다.

> Was du nicht sagst! (그 무슨 말씀이요!)
> Nein - so etwas! (아니 - 그럴 수가!)
> Und das am Heiligen Abend! (이럴 수가!)

체념(Resignation)의 행위에서도 동일한 것이 적용된다.

> Ich hab das schon erwartet. (나는 그것을 이미 기대했어)

Es ist doch immer das Gleiche. (늘 마찬가지야)
Kinder sind eben so. (애들은 다 그래)
Na ja. (그래 좋아)

안도(Erleichterung)는 흔히 감탄사 및 감탄사와 유사한 표현으로 표현되며, 드물게는 문장으로도 표현된다.

Gott sei Dank! (다행이야!)
Endlich! (결국!)
Immerhin. (아무튼)
Na dann ist ja alles gut. (그렇다면 모든 게 잘 될 거야)

모두가 특정한 사태를 지향하는 지금까지 언급한 발화행위 이외에도 **협의의 텍스트 관련 발화행위**(textbezogener Sprechakt)들이 존재한다. 이들의 기능은 텍스트에 윤곽을 부여하거나 혹은 텍스트 관계를 확실하게 하는 데 그 본질이 있다. 구조 형성적인 발화행위와 반복적인 발화행위를 구별할 수 있다.

구조 형성적인(strukturierend) 발화행위는 본질적으로 사태 지향적인 발화행위와 동일한 방법으로 유형화될 수 있다. 접촉제한 행위, 조정 행위 및 접촉신호가 우선적으로 구조 형성적인 기능을 가지고 있다. 그러나 그밖의 발화행위도 이를테면 대화에서 소원, 전달 및 질문은 구조화될 수 있다.

Darf ich auch mal etwas dazu sagen?
(나도 그것에 대해 말 좀 해도 될까요?)
Hier möchte ich meinen Exkurs beenden.
(여기서 나는 나의 부설(付設)을 끝내고 싶다)

Haben Sie mich bis hierher verstanden?
(당신은 여기까지 제 말을 이해했습니까?)

반복적인(wiederholend) 발화행위는 확인질문(재질문과 반문)에 대한
전형적인 대답이다.

(Sie kaufen immer nur das Billigste. – Was sagst du?) – Dass sie
immer nur das Billigste kaufen. (그들은 늘 가장 값싼 것만을 산
다 – 뭐라고요? – 그들은 늘 가장 값싼 것만을 산다고)
(Welche ist die Tüchtigste? – Welche die Tüchtigste ist?) – Ja,
welche die Tüchtigst ist. (어떤 것이 가장 쓸만합니까? – 가장 쓸만
한 것이 어떤 것이냐고요? – 예, 어떤 것이 가장 쓸만하냐고요)

예문이 보여주듯이 반복적인 발화행위는 대개 부문장 형태를 취하고
있다.

이 책에서 제시한 발화행위의 분류는 완전성은 물론 궁극성도 주장할
수가 없다. 이러한 분류는 학문적인 논의에서 제시되는 하나의 제안으로
이해되어야 할 것이다. 발화행위에 대한 연구는 – Austin의 사후에야 학
계에 알려졌던 그의 하버드대학에서의 강의 이후로 – 40년이 지난 지금
도 여전히 불확실성과 가설에 매우 사로잡혀 있다. 인간이 어떻게 의사
소통을 하는지, 인간들 사이의 의사소통의 도구로서 간주되어야 하는 단
위들이 어떻게 만들어져 있는지에 대해 우리는 여전히 아는 것이 별로
없다. 발화행위와 그들 유형에 대한 지금까지 축적된 지식을 한데 모아
서 다양한 기능과 현상들을 개괄적인 관점에 따라 분류하려고 시도하였
다. 이런 점에서 이러한 분류는 부분적으로 전통을 강하게 고수하면서,
발화행위를 별로 반영하지 않고 몇몇 발화행위에만 국한된 다른 도식화
들과 비교하여 그 진가를 인정받을 수 있을 것이다.

발화행위의 유형을 정확하게 규정하는 것은 물론 결코 간단하지 않다. 이에 대한 주된 이유는 "순수한" 발화행위가 결코 한 번만 일어나는 것이 아니라 오히려 혼합유형이 일반적이라는 사실이다. 특히 원래 가장 빈번한 발화행위인 전달은 거의 모든 발화에 포함되어 있다.

계속되는 텍스트가 분절될 수 있는 경우에는 언제나 발화의 구분 (Abgrenzung)에 대한 문제가 나타난다. 발화가 어디에서 끝나며 새로운 발화가 어디에서 시작하는가? 한 가지 기준이 쉽게 적용될 수 있다. 즉 발화행위 유형(Sprechakttyp)이 변하는 곳에서 새로운 발화가 시작된다. 그러나 이러한 기준은 다수의 경우에서, 특히 몇 가지 예외를 제외하고 한 유형 - 전달 - 의 발화행위들로 구성되는 거의 모든 문어 텍스트에서는 아무런 도움을 주지 못한다.

전통문법은 여기서 단지 피상적인 도움만을 준다. 그래서 가끔 발화에 대한 정의의 보조수단으로 제공되는 주어-술어-결합(Subjekt-Prädikat -Kombination)은 기껏해야 문장을 다른 문장과 구분할 수는 있지만, 발화들을 상호 구분할 수는 없는 순수한 문장 통사적인 기준이다. Georg von der Gabelentz와 Hermann Paul 이후로 학문적인 논의에서 중요한 역할을 하고 있는 "심리적 주어"와 "심리적 술어"로 피해 가는 것도 계속 나아갈 수는 없을 것이다. 왜냐하면 두 개념이 불충분하게 정의되어 있어서 간주관적(間主觀的)으로 거의 통제할 수 없기 때문이다.

그 대신에 테마-레마-구분(Thema-Rhema-Gliederung)이 (개별적인) 발화의 정의를 위해 참조될 수 있다. 사실 테마와 레마가 무엇이고, 우리가 이 둘을 어떻게 구분해야 하며 그리고 발화가 오직 이 둘로만 구성되어 있는지(tertium non datur=Das Dritte wird nicht gegeben.(역자주) 세 번째는 존재하지 않는다)에 대해서는 언어학자들마다 의견이 분분하다. 추가적인 혼란은 특히 앵글로색슨 언어학에서 사용되는 이와 경쟁관

계에 있는 개념 쌍 "화제"(topic)와 "논평"(comment)(후자는 "초점"(focus)
이라고도 함) 때문에 생겨난다. 그러나 이 개념 쌍은 부분적으로 달리
정의되어 있으며, 특히 "화제화"(Topikalisierung)를 통해서 어순현상을
통찰하기 어려운 방법으로 발화구조와 혼합하고 있다. 프라그 학파 자체가
결코 책임이 없는 것은 아니지만, 테마-레마의 이분법을 사용하지 않고서
는 전혀 이해할 수 없는 "기능적 문장관점"(funktionale Satzperspektive)
의 중심적인 범주를 통해서 많은 심각한 오해의 원인을 제공하였다. 그
래서 누구(문장)를 질책하지만 사실은 다른 사람(발화)을 뜻하는 일이
일어난다.

그럼에도 불구하고 만일 테마와 레마가 적절하게 정의된다면 이들은
정의를 위해서 그리고 또한 개별 발화의 구분을 위해서도 도움이 될 수
있다. 이러한 의미에서 이 책에서는 다음의 발화모형(Äußerungsmodell)
이 제안된다. 즉 모든 발화는 근본적으로 두 가지 부분으로 구성된다. 한
부분은 정보가 전달되어야 하는 단지 내용적인 틀만을 구분 짓는다. 다
른 부분은 화자에게 아주 중요하며 그 때문에 비로소 화자가 발화하는
이러한 정보를 포함한다. 처음에 언급된 부분은 발화의 테마(주제,
Thema)라 일컫고 다른 부분은 발화의 레마(평언, Rhema)라 일컫는다.

대부분의 경우에 발화의 이 두 부분은 그들의 위치를 보고서도 추론
할 수 있다. 즉 테마는 보통 레마 앞에 위치한다. 이러한 사실은 예컨대
테마와 레마가 수직선으로 분리되어 있는 다음 발화에서 적용된다.

In der Mensa | gibt es heute Gemüseeintopf.
(학생식당에는 오늘 야채 냄비요리가 있다)
Heute ich | und morgen du. (오늘은 내가 그리고 내일은 네가)
Wenn alle Brünnlein fließen, | so muss man trinken.
(모든 샘이 흐른다면 우리는 마시지 않을 수 없다)

하지만 이러한 직선적인 분리는 의무적인 것이 아니다. 임의의 요소들이 그들의 위치와 관계없이 레마로 표시될 수 있다. 표시수단 가운데 하나가 억양(Intonation)이다.

> *In der Mensa* | gibt es heute Gemüseeintopf (und nicht in der "Goldenen Gans"). (*학생식당에*는 오늘 야채 냄비요리가 있지만 "황금거위"에는 없다)

다른 표시수단은 이례적인 위치이다.

> *Abgesetzt* | wurd' ich. (Schiller, Die Piccolomini)
> (나는 *파면* 당했다)

몇 가지 성급한 일반화에 대해 주의해야 한다. 예를 들어 - 너무나 자주 주장되는 바와 같이 - 테마를 "알려진 것"(Bekanntes)으로 정의하고, 레마를 "알려지지 않은 것"(Unbekanntes) 혹은 "새로운 것"(Neues)으로 정의하는 일은 허용될 수 없을 것이다. 특히 관사 선택에서 추론할 수 있는 바와 같이 대부분의 경우에서 위의 사실이 적용된다.

> Der Postbote brachte | ein Paket. (우체부가 소포 하나를 가져왔다)
> Hanna und Hans haben | zwei Kinder.
> (한나와 한스는 두 아이가 있다)
> Die beiden Kinder sind | ungewöhnlich lebhaft.
> (그 두 아이는 아주 활달하다)

하지만 테마도 새로운 것을 포함할 수 있고 레마도 이미 알려진 것을 포함할 수 있다는 사실이 다양하게 관찰될 수 있다. 이를테면 소설의 시작이 다음과 같을 수도 있다.

An einem kalten Morgen im März kam | der Hansl ins Dorf.
(3월 어느 추운 날 아침에 그 한슬이 마을로 왔다)

테마와 레마는 여기서 (그리고 일반적으로) 음조 사용과 다른 표현수
단을 보고 추론할 수 있다.

테마와 레마는 항상 직선적으로 명확하게 서로 구분될 수 있다 - 테마
는 좌측에, 레마는 우측에 혹은 그 반대로 - 는 사실도 역시 널리 퍼져있
는 과오이다. 다음 예문에서와 같이 동사 복합체가 여러 성분으로 구성
되어 있는 경우 동사의 배열에서 이미 여러 문제가 종종 발생한다.

Regina hätte auf die Entscheidung des Pfarrers warten sollen.
(레기나는 마땅히 목사의 결정을 기다려야만 했었는데)

대개 정동사, 흔히 동사 복합체 전체가 테마에 속한다(마지막 예문
에서는 아마도 des Pfarrers만이 레마이지만, 경우에 따라서는 die
Entscheidung des Pfarrers가 레마가 될 수도 있다). 하지만 레마적인
동사/동사 복합체도 나타난다.

Ich hab das ja immerhin | studiert. (아무튼 나는 그것을 공부했다)
Er | kann doch schwimmen! (그는 수영할 수 있어!)

끝으로 "보충 의문문"에서는 각각 질문 받은 것 - 개체 혹은 상황 - 이
레마를 형성한다는 종종 제기되는 견해 역시 의심스럽다. 이러한 견해가
다음의 발화에서는 들어맞을지 모른다.

Wohin geht ihr? (너희들은 어디로 가느냐?)
Wie sollte man dieser Person helfen können?
(우리가 이 사람을 어떻게 도와야 하는가?)
Warum bringst du immer alles durcheinander?
(왜 너는 늘 모든 것을 뒤죽박죽으로 만드는가?)

하지만 이러한 견해는 재질문(Rückfrage)이 문제되는 경우에만 자동적으로 적용된다. 이에 반해 의문사는 보충 의문문에서 흔히 테마적이다. 왜냐하면 질문의 방향이 기대될 수 있으며 따라서 틀 정보에 속하기 때문이다. 그러면 다른 요소들이 레마를 형성한다. 다음 예문에서 레마의 핵은 어차피 선형성(Linearität)을 고수할 수 없기 때문에 이태릭체로 강조되어 있다.

Warum *brüllt* er denn so? (왜 그가 그렇게 소리지르느냐?)
Wen *meint* sie eigentlich? (그녀는 도대체 누구를 말하는 거니?)
Wann hätten sie *hier sein* sollen? (그들이 언제 여기 있어야만 했느냐?)

보다시피 이들 발화에서는 바로 동사적인 요소들이 레마의 속성을 가지고 있다. 이것은 분명 모든 경우에서 적용되는 것은 아니지만 상당한 부분의 질문에서 적용된다.

모든 경우에서 테마와 레마는 물론 다르게 나누어질 수도 있다. 발화의 정확한 분할은 문맥과 강조 메카니즘의 면밀한 분석을 통해서 비로소 나타난다. 이러한 분석이 이루어지지 않거나 피상적으로 수행되는 곳에서는 종종 중대한 오해가 발생한다. 그럼에도 불구하고 생동감 있는 대화에서는 테마와 레마의 올바른 분리가 대개 확실히 작동한다는 것, 즉 청자가 화자의 의도를 재구성할 수 있다는 것은 언어적인 의사소통을 보장하기 위해서는 아주 복잡한 조작들이 필수적이라는 사실에 대한 또 다른 하나의 증거에 지나지 않는다.

어쨌든 우리는 모든 발화에 대해 테마-레마의 구분을 시도할 수 있다. 두 가지 요소 이외에 수의적으로 세 번째 - 부정적인 혹은 평가적인 - 요소가 존재하는지에 대해 다양한 논의가 있었지만 지금까지 이에 대한 합의에는 도달하지 못했다.

그러면 테마와 레마를 소유하고 있는 것은 그 자체 종결된 개별적인 발화라고 간주해도 좋을 것이다. 그러나 두 개의 해당 성분으로 전혀 분리될 수는 없지만 어쨌든 하나의 정보중심을 포함하고 있는 다음과 같은 발화도 존재하기 때문에 레마를 포함하고 있는 것은 발화라고 정의할 수 있다.

Es regnet. (비가 온다)
Ruhe! (조용히 해!)
Nun? (자 그래서?)

원칙적으로 이러한 정의를 바탕으로 하여 개별적인 발화를 서로 구분할 수 있다. 이미 레마가 항상 분명하게 확인될 수는 없으며, 때로는 테마와 레마를 아무런 문제없이 서로 구분할 수 없기 때문에 개별적인 경우에서 여러 문제점이 나타날 수도 있다. 그밖에 테마-레마의 구분을 상이한 층위(Ebene)에서 시도하려는 제안이 있었다. 이것이 전혀 무의미하지는 않다는 사실을 신문 표제어에 대한 보다 자세한 관찰이 보여준다.

Ozonloch in der Stratosphäre - zuviel Ozon im Odenwald: wie passt das zusammen? (성층권에서의 오존층 구멍 - 오덴발트에 너무 많은 오존 - 그것이 어떻게 조화를 이루는가?)

만일 우리가 정보틀과 정보중심에 따라 구분도식을 설정한다면 실제로 다양하게 구분될 수 있다. 최상위 층위는 다음과 같다.

Ozonloch in der Stratosphäre – zuviel Ozon im Odenwald | wie passt das zusammen?

차상위 층위는 다음과 같다.

Ozonloch in der Stratosphäre | zuviel Ozon im Odenwald

그리고 이번에는 분명히 비선형적으로 구분된다.

wie ... das | passt ... zusammen

첫 번째 두 단위는 계속해서 구분될 수 있다.

Ozonloch | in der Stratosphäre
zuviel Ozon | im Odenwald

그리고 최소 단위들에서도 "테마"와 "레마"를 인식할 수 있는데 이것은 물론 역순(레마 - 테마)으로 된다.

Ozon | loch
zuviel | Ozon
Oden | wald

상이한 층위에서 테마-레마의 원칙을 인정하는 것은 전적으로 정당한 것처럼 보인다. 그러면 개별적인 발화들의 상호 구분을 위해서 의사소통의 단위가 문제되는 곳에서만 테마-레마 구분이 삽입될 수 있다. 이러한 단위들이 언제 투입될 수 있는지는 어쨌든 표현들의 통사구조로부터는 추론할 수가 없다. 다음 표현은 위에서 인용한 신문 표제어에서는 다만 테마의 한 부분일 뿐이다.

  Ozonloch in der Stratosphäre (성층권에서의 오존층 구멍)

  하지만 다음과 같은 대화단편에서는 이 표현이 독립적인 발화로서 테마와 레마로 분할된다. 여기서는 의사소통적인 독립성이 - 발화로서 - 발화행위 유형의 교체로부터 생겨난다.

  Unsere Gesundheit ist tausendfältig bedroht.
  (우리의 건강은 수없이 위협받고 있다)
  Können Sie mir wenigstens *ein* Beispiel nennen?
  (당신은 나한테 최소한 한 가지 예를 말할 수 있습니까?)
  Ozonloch in der Stratosphäre. (성층권에서의 오존층 구멍)

  역시 (두 번째) 프라그 학파에서 유래하는 "기능적 문장관점"(funktionale Satzperspektive) 혹은 "전달관점"(Mitteilungsperspektive)의 개념은 어떤 면에서 테마-레마 이분법과 대립된다. 이 견해에 따르면 한 발화의 부분들은 일반적으로 좌에서 우로 증가하는 의사소통적인 비중을 갖는다. 발화구조의 이러한 등급적인 견해에 대한 가장 중요한 대표자들 중의 한 사람이 프라그 학파의 독어독문학자인 Eduard Beneš이다. 그 동안에 테마-레마 구분과 기능적 문장관점을 조화시키려는 고무적인 발상들이 있었다.
  발화는 언어적인 의사소통의 요소들이다. 그러나 발화가 성공(gelingen)

하는 경우에 비로소 의사소통의 목적에 도달할 수 있다. 발화행위가 성
공하려면 충족되어야 하는 모두 여덟 가지 조건(Bedingung)들이 있다.

1. 기본조건(Grundbedingung): 정상적인 의사소통의 상황이 존재해야
   한다. 이러한 상황이 존재하지 않는 곳에서는 - 이를테면 전화교신에
   서의 기술적인 장애, 발음장애, 청각장애, 지워지거나 혹은 읽기 어려
   운 필체의 경우에 - 발화행위의 성공이 의문시된다.

2. 명제조건(Propositionsbedingung): 발화행위의 명제는 인식할 수 있어
   야 한다. 다시 말해 청자는 화자가 무엇(was)을 말하고자 하는지를
   인식해야(인식할 수 있어야) 한다. 예컨대 화자가 한 가지 소원을 말
   하면 미래의 (원하는) 사태가 명확해야 한다.

3. 전제조건(Voraussetzungsbedingung): 상대방의 인간적이고 사회적인
   특징과 이들의 상호관계가 발화행위의 실현에 방해가 되어서는 안 된
   다. 질문 받은 자가 질문된 사태도 알고 있는 경우에만 질문이 성공
   할 수 있다. 화자가 청자에 대해 지시를 내릴 권한이 있는 경우에만
   명령이 성공할 수 있고, 상대방의 태도가 통용되는 규범에 저촉한 경
   우에만 비난이 성공할 수 있으며(화자와 상대방이 이것을 알고 있다),
   화자가 위협받는 제재를 선언할 수도 있는 경우에만 협박이 성공할
   수 있다.

4. 진지성조건(Aufrichtigkeitsbedingung): 화자는 자기가 말하는 것과
   그리고 그것을 말하는 방법을 진지하게 생각해야 한다. 즉 충고는 상
   대방이 실제로 상대방의 안녕을 염두에 두고 있는 경우에만 성공할
   수 있다.

5. 발화행위 특수조건(sprechaktspezifische Bedingung): 개개의 발화행위 유형은 인식될 수 있어야만 한다. 예를 들어 다음 발화가 전달, 경고 혹은 비난으로 이해될 수 있는지는 적절한 언어적 혹은 몸짓의 수단을 통해 분명히 해야 한다.

    Er hat es nicht gelesen. (그는 그것을 읽지 않았다)

6. 이해조건(Verstehensbedingung): 청자가 두 번째, 네 번째 그리고 다섯 번째 조건이 충족된 것으로 인정한다. 그런 다음에야 우리는 청자가 화자를 실제로 이해했다는 사실에서 출발해도 좋다.

7. 수용조건(Akzeptationsbedingung): 청자가 발화행위의 유형을 정당한 것으로 인정한다. 즉 청자는 전달이 의미 있고, 질문이 적절하며, 요구가 무리가 없고, 비난이 이유가 있다는 사실에서 출발한다. 다른 경우에는 청자가 발화행위를 반박할 수 있다.

8. 성공조건(Erfolgsbedingung): 화자의 의도가 실제로 실현된다. 즉 전달의 경우에는 청자의 지식이 실제로 증가하며 요구의 경우에는 목표로 한 사태가 실제로 실현된다. 이 여덟 번째 조건은 물론 앞에서 말한 일곱 가지 조건과는 다른 상태를 갖고 있다. 이 조건은 전체적으로 성공적인 의사소통을 위해서는 중요하지만, 개개의 발화행위는 처음의 일곱 가지 조건이 충족된 경우에는 이미 성공한 것으로 간주해도 좋다.

일반적으로 발화행위의 조건들이 충족되면 실제적인 의사소통이 보장된다. 바로 이러한 관점에서 발화행위 이론(화행이론, Sprechakttheorie)은 본질적으로 문장의 형식적이며 경우에 따라서는 의미적인 조화도 만족해야만 했던 전통적인 문법을 넘어선다.

6.3. 텍스트 연결

6.3.1. 개관

발화는 텍스트와 어떻게 연결되는가?

발화의 연속체가 하나의 텍스트를 형성한다는 사실을 우리는 무엇을 보고 인식하는가?

텍스트는 언제 연결적인가?

이러한 질문에 대한 대답은 본질적으로 두 가지 "텍스트화 수단", 즉 연결어(Konnektor)와 수사학적 수단(rhetorische Mittel)으로 소급된다.

6.3.2. 연결어

연결어가 훨씬 더 중요한 텍스트화 수단이다. 지시 요소, 텍스트 구성어, 분류 신호 그리고 몇 가지 다른 표현형태가 구별될 수 있다.

• 지시 요소(Verweiselement)

대부분의 언어적인 표현은 대상("개체") 혹은 사태와 관계한다. 이러한 관계로부터 그들의 본질적인 의미가 유도될 수 있다.

개체 내지 사태는 "현실", 즉 언어외적인 세계, 보다 정확히 말해서 우리가 현실에 대해 갖고 있는 상, 즉 "현실모형"(Wirklichkeitsmodell) 안에 있거나 아니면 다른 텍스트 요소 안에 있다. 우리는 첫 번째 경우를 직접 지시, 두 번째 경우를 간접 지시라고 말한다.

대체로 간접 지시만이 텍스트 연결 기능을 갖고 있다. 자립 의소적 (autosem) - "독자 의미적" - 단어들에 바탕을 두고 있는 **직접 지시** (direkte Referenz)는 언어로부터 외부로 향해 지시하므로 대체로 어떠한 텍스트 관계도 만들지 못한다. 하지만 다음 예가 보여줄 수 있듯이 예외가 존재한다. 우리는 다음의 발화 순서를 일반적으로 의미 있는 텍스트로는 파악할 수 없을 것이다.

> Schlunken kosten fünfzehn Mark das Stück, und in zehn Minuten spricht der Bundeskanzler. (쉴룬켄은 개당 15마르크이다. 그리고 10분 후에 연방수상이 말할 것이다)

왜냐하면 이 두 발화는 의미적인 공통점을 별로 갖고 있지 않아서 독자/청자가 어떠한 관계도 인식할 수 없기 때문이다. 즉 단지 15마르크하는 대상이 결코 독일 수상의 공적인 담화문을 위한 동기가 될 수는 없다. 하지만 발화 순서가 다음과 같다면 전적으로 하나의 관계를 생각해볼 수 있을 것이다.

> Schlunken kosten fünfzehn Millionen das Stück, und in zehn Minuten spricht der Bundeskanzler. (쉴룬켄은 개당 1500만 마르크이다. 그리고 10분 후에 연방수상이 말할 것이다)

이를테면 'Schlunken'은 연방의회에서 많은 논의를 불러일으킨 군수품일 수 있을 것이다. 따라서 연방수상의 공식적인 입장표명이 불가피하게 되었을 것이다. 여기서 'Schlunken'과 'Bundeskanzler'가 중요한 의미자질을 공유함으로써(예컨대 '정치적·군사적') 텍스트 연결이 보장되어 있다. 이러한 순환적인 의미자질 - Greimas는 이것을 "동위원소성"

(Isotopie)이라고 말한다 - 의 존재가 직접지시에서 텍스트 연결성을 위한 기본조건이다. 거의 모든 단어들이 다의적이기 때문에, 즉 다중 지시(multiple Referenz)를 취하기 때문에 동위원소성이 다양하게 가능하다. 이를테면 Gang(복도, 걸음걸이, (기아의) 단)은, 첫째 건물 내에서 길게 늘어진 공간이며, 둘째 발로 움직이는 특정한 방법이며, 셋째 모터와 차대(車臺) 간의 힘 전이의 형태이다. 동위원소성의 원리가 의미의 다양성으로부터 인접한 요소들에서도 발견될 수 있는 자질이나 자질다발을 선택하여 단어들을 명료하게 하며 이들을 텍스트로 연결시킨다.

하지만 관례적인 의미에서의 지시형태는 이질 의소적(heterosem) 지시형태, 즉 다른 요소들의 의미에 바탕을 둔 단어들이다. 이들은 다른 단어들의 의미를 자기 자신에게로 전이시키기 때문에 우리는 이들을 또한 "지시적"(phorisch) 단어라고도 일컬을 수 있다. 이들은 모두 간접 지시(indirekte Referenz)를 취한다. 즉 이들은 직접 다른 텍스트 요소를 지시함으로써 간접적으로 언어 외적인 "현실"의 대상을 지시한다. 이들이 텍스트에서 좌측으로/선행적으로 지시하는 경우 우리는 이들을 선행 지시어(anaphorisches Wort) 혹은 대용어(Anapher)라고 칭하고, 이들이 우측으로/후행적으로 지시하는 경우 이들을 후행 지시어(kataphorisches Wort, Katapher)라고 칭한다.

지시적 요소로서는 무엇보다도 대명사, 한정사 그리고 부사가 나타난다.

> Wer ist diese Frau? Ich habe *sie* nie gesehen.
> (이 부인이 누구냐? 나는 그녀를 결코 본 일이 없다)
> Wo ich hingehöre? Ich weiß *es* nicht.
> (내가 어디서 소속하느냐? 나는 그것을 모르겠다)
> Er ist ein Schwabe. *Seine* Aussprache verrät ihn.

(그는 슈바벤 사람이다. 그의 발음이 그것을 말해준다)

Der Pfarrer war ohnmächtig geworden. *Der* Amtsbruder vom Unteren See las die Messe. (목사가 기절했다. 운테렌 호수의 그의 동료가 미사를 집전했다)

Er ward von einer Prinzessin beleckt. *Da* war die Liebe in ihm erweckt. (Rigelnatz) (그는 공주로부터 애무를 받았다. 그때 그의 마음속에 있는 사랑이 소생하였다)

지시의 예외 형태는 생략(Ellipse)이다. 어떤 (원래 내용이 빈약한) 지시 요소 그 자체가 잉여적인 경우에 한해서 그 지시적 기능이 문맥을 통해 보장되어 있는 경우에는 생략이 가능하다.

Wird sie unterschreiben? – (Das) weiß ich nicht.
(그녀가 서명할까? – 나는 (그것을) 모르겠다)
Hanna hat auf die Stelle verzichtet. – (Sie) wird schon wissen, warum. (한나는 그 일자리를 포기했다 – (그녀는) 이유를 이미 알고 있을 것이다)

생략은 일반적으로 선행 지시적 - 좌측 지시적 - 기능을 갖고 있다. 생략이 일반적으로 의사소통을 별로 방해하지 않는다는 사실은 보통 대명사와 한정사가 없는 전보의 언어에서 인식할 수 있다.

• 텍스트 구성어(Textorganisator)

여기서는 대체로 하나의 전 텍스트 혹은 후 텍스트를 요구하는 - 물론 (지시형태와는 반대로) 그들의 지시를 토대로 하지는 않는 - 단어들과 그리고 여러 단어들로 구성된 표현들이 문제된다. 이들의 텍스트 연결적 (textkonnektiv)인 기능이 필연적으로 대화 차례(Gesprächsschritt)(6.4장 참조)를 뛰어넘는 것은 아니다.

텍스트 구성어는 대등접속사와 그리고 다른 불변화사들이다. 우리는 좌측 연결적인 텍스트 구성어, 우측 연결적인 텍스트 구성어 그리고 양쪽 연결적인 텍스트 구성어를 구별할 수 있다. 이들의 텍스트 연결적인 기능을 aber, allerdings, eigentlich, immerhin, schon과 같은 단어들을 통해서 설명해보자.

• aber

aber는 대등접속사이면서 또한 어조 불변화사로서 반대의 의미를 지니고 있다. aber는 전 텍스트를 요구하므로 좌측 연결적이다.

> Mir gefällt der Wagen. *Aber* was soll er kosten?
> (그 차가 내 마음에 든다. 하지만 그 차의 값이 얼마나 될까?)
> Damit hast du recht. Was hat das *aber* mit unserem Problem zu tun?
> (그건 네가 옳다. 하지만 그것이 우리 문제와 무슨 관계가 있느냐?)

• allerdings

allerdings은 양태 불변화사로서 긍정적인 의미를 지니며 좌측 연결적이다.

> Hat Susanne das wirklich gesagt? – *Allerdings.*
> (수잔네가 정말로 그것을 말했니? – 물론이지)
> Sie wollen doch nicht etwa hinfahren? – *Allerdings* will ich das.
> (당신은 아마 가지 않으시려나 보죠? – 물론 난 가기를 원해요)

allerdings는 편성 불변화사로서 제한적인 의미를 지니며 역시 좌측 연결적이다.

Der Motor ist noch gut. *Allerdings* braucht er unverhältnismäßig
viel Benzin. (엔진이 아직은 괜찮다. 하지만 그 엔진은 비교할 수 없
을 정도로 많은 벤진을 필요로 한다)

• eigentlich

질문에서 eigentlich는 대개 어조 불변화사를 연상시키는 의미를 지니
고 있다. 즉 eigentlich는 발화수반 행위를 부드럽게 해주는 작용을 한다.
이러한 기능에서 이 단어는 강조되지 않으며 우측 연결적이다.

　Was willst du *eigentlich* wissen? – Die Wahrheit.
　(도대체 너는 무엇을 알고자 하니? – 진실)

다른 경우에는 형용사 eigentlich가 편성 불변화사처럼 행동한다. 그러
면 eigentlich는 주요논점("우리가 그것을 올바르게 고찰하는 경우")을
지시하며 흔히 강조되고 대개 좌측 연결적이다.

　Er will weiterprozessieren. – *Eigentlich* hat er ja recht.
　(그는 계속 소송을 제기하고자 한다 – 사실은 그가 옳다)

• immerhin

immerhin은 어떤 기대가 우선 좌절되고 그로 인해 최소 한도로 축소된
기대가 다시 커지는 것을 나타낸다(Harald Weydt는 이러한 효과를 점프
대의 그림을 가지고 적절하게 설명하였다). 따라서 immerhin은 양보적인
의미와 단정적인 의미를 동시에 지니고 있다. 이 단어는 최소한 좌측 연
결적이지만 때로는 양측 연결적이다.

　Ich hatte schreckliches Pech. *Immerhin* hat die gegnerische

Versicherung den Sachschaden bezahlt. Aber dazu war sie ja ohnehin verpflichtet. (나는 지독히 재수가 없었다. 그렇지만 상대 보험회사가 물적 손해를 지불했다. 그러나 보험회사가 어차피 그것에 대해 책임이 있었다)

• schon

schon은 어조 불변화사로서 부분적으로는 양보적인 의미를 지니고 있으며 우측 연결적이다.

Das kann *schon* sein. Aber wollen Sie nicht lieber noch einmal rückfragen? (그것은 정말 그럴 수도 있을 것이다. 그러나 당신은 차라리 다시 한 번 질문하고자 원하지 않습니까?)

요구에서 어조 불변화사 schon은 합의를 구하며 그리고 발화수반 행위를 강화하는 의미를 지니며 (약하게) 좌측 연결적이다.

Die Rechtslage ist eindeutig. Nun stimm dem Vergleich *schon* zu! (법적 상황은 명백하다. 이제는 제발 그 비교에 동의하시오)

schon은 등급 불변화사로서 '기대 이상'(mehr als erwartet)이라는 의미를 지니며 약하게 좌측 연결적이다.

Wir haben den zweiten Entwurf geprüft. Die Ausführung ist *schon* viel besser als beim letzten Mal. (우리는 두 번째 초안을 검토했다. 그 실행은 참으로 지난번보다 훨씬 좋았다)

schon은 편성 불변화사로서 '기대보다 일찍'(früher als erwartet)이라는 의미를 지니며 역시 약하게 좌측 연결적이다.

Sie hatte nur einen Augenblick weggesehen, und *schon* ging der Lärm wieder los. (그녀가 삼시동안만 시선을 돌렸지만 소음은 이미 다시 시작되었다)

• 분류 신호(Gliederungssignal)

여기서는 대화 차례/순서(Gesprächsschritt)를 구분하거나 혹은 전체 텍스트에서 그들의 위치를 표시하는 단어, 단어군 그리고 문장이 문제된다. 즉 분류 신호는 원칙적으로 대화 차례를 뛰어 넘는다. 우리는 개시 신호, 종결 신호 그리고 위치 표지를 구별한다.

개시 신호(Eröffnungssignal)는 텍스트 혹은 텍스트 부분의 시작을 나타낸다. 문어에서, 특히 편지에서 개시 신호가 강하게 규범화 되어 있다. 예를 들어 상용서신에서는 대개 발신인(Absender) - 수신인(Adressat) - 발신지(Ausgangsort) - 날짜(Datum) - 용건(Betreff) - 참조(Bezug) - 호칭(Anrede) - 도입(Einleitung)의 순서로 이어진다.

Oppenheimer Weinbau Weinvertrieb GmbH
Inh. Patrick Großklaus

Frau Katrin Singer
Rheinallee 37
53173 Bonn

Oppenheim, 7.7.1994

Betr.: Weine aus biologischem Anbau
Bez.: Ihre Bestellung vom 1.7.1994

Sehr geehrte Frau Singer,
heute dürfen wir Ihnen mitteilen, dass eine Sendung mit insgesamt 120
Flaschen...
(존경하는 징어 부인,
모두 120병이 들어 있는 발송물이 ... 오늘 우리는 당신께 통보합니다)

구어에서는 인사 - 호칭 - 도입형식의 배열순서가 적용된다.

Grüß Gott Jockel! Hast du dich gut erholt?
(안녕 요켈! 휴양 잘 했니?)

종결 신호(Schlusssignal)는 텍스트의 종결을 나타낸다. 종결형식과
인사가 일반적이다. 독일어 문어의 특정한 경우에서는 발신지와 날짜 그
리고 항상 발신인이 추가된다. 그 반면에 독일어 구어에서는 종결형식과
인사 다음에 다만 (수의적으로) 호칭만이 뒤따른다.

Damit dürften alle Ihre Beanstandungen als unberechtigt erwiesen sein.
Hochberger
1. Vorsitzender
(이로써 당신의 모든 이의가 부당한 것으로 판명되었을지 모른다.
호흐베르거. 제1의장)

War schön, dich mal wieder zu sehen.
Tschüs, Muckel.
(너를 다시 만나서 기뻤어. 안녕 무켈)

위치 표지(Positionsmarkierung)는 텍스트 내부에서, 주로 논증의 연
결부에서 발견된다. 이들은 의사소통 과정의 상태를 명시한다. 우리는
전접속, 후접속 그리고 반작용 신호를 구별한다.

전접속(Vorschaltung)은 새로운 논증의 갈래를 도입하거나 혹은 통지한다.

Dazu muss aber gesagt werden...
(그러나 그 문제에 대해 언급되어야 한다...)
Darf ich auch mal was dazu sagen?
(나도 그 문제에 대해 말 좀 해도 됩니까?)

후접속(Nachschaltung)은 논증의 갈래를 끝내야 한다.

Weitere Nachforschungen erübrigen sich wohl.
(다른 연구는 아마도 필요 없을 것이다)
Damit bin ich meiner Rechenschaftspflicht nachgekommen.
(이로써 나는 나의 해명의 의무를 이행했다)
Soweit die Darlegungen des Prüfers. (여기까지는 심사자의 설명임)
Das war's dann wohl. (그렇다면 그것은 아마 그랬을 것이다)

반작용 신호(Reaktionssignal)(=청자 신호, Hörersignal)는 실제로 구어에서만 나타난다.

Ja./Sicher./Klar./Klaro./Freilich./Ganz meine Meinung./Na ja...
(예/확실히/명백히/분명히/물론이지/나도 바로 그 생각이야/그래...)

• 연쇄(Verkettung)

발화의 직접적인 병렬도 역시 텍스트 연결적인 작용을 한다. 이것은 많은 경우에서 아주 자명한 것처럼 보이기 때문에 더 이상 눈에 띄지 않는다. 다음과 같은 두 가지 자립적인 발화는 아주 약한 동위원소성만이 존재하기 때문에 우선 직선적인 연결을 토대로 해서만 연결적인 것으로 인식될 수 있다.

> Nasse Schneeflocken trieben die Straße herunter, Sylvia wandte den Kopf. (젖은 눈송이들이 거리 위에 내려앉았다. 실비아는 머리를 돌렸다)

이러한 인식은 특수한 시간관련 추가정보(이를테면 부사를 통해서나 혹은 정동사의 형태를 통해서도)가 이러한 순서를 변경하거나, 상대화하거나 혹은 강조하지 않는 한, "현실"에서의 사태 순서가 텍스트에서의 순서와 일치한다는 가정에 분명히 바탕을 두고 있다. 물론 추가적으로 모든 시간적인 순서가 결과적, 원인적, 목적적 및 다른 관계를 통해서 중첩될 수도 있다. 사태의 덜 특수화된 연결은 어쨌든 종종 발화의 연결을 통해서만 제시된다.

• 전제(Präsupposition)
전제는 언어적으로 형식화 되지는 않았지만 필연적으로 언급된 내용으로부터 생겨나는, 모든 대화 참여자에게 적용되는 지식기반(Wissens-basis) 안에 놓여 있다.
다음 발화로부터 리디아가 이전에는 다른 교통수단을 이용해서도 이동했다는 사실이 전제될 수 있다.

> Lydia fährt nur noch mit dem Fahrrad.
> (리디아는 이제 자전거만 타고 다닌다)

다음 발화로부터 - 어느 정도의 개연성을 가지고 - 아래와 같은 여러 가지 사실들이 전제될 수 있다.

Dieter hat der Doktor nichts genützt.
(박사학위가 디터에게 아무런 도움도 주지 못했다)

1. 디터가 과거 특정한 시점에 고교졸업 자격시험에 합격했다는 사실
2. 디터가 학업을 완전히 마쳤다는 사실
3. 디터가 박사시험을 치렀다는 사실
4. 디터가 어떤 일자리를 얻으려고 지원했다는 사실
5. 이러한 지원이 성공하지 못했다는 사실

중요한 것은 이 발화가 부정되지 않는 경우(Dieter hat der Doktor etwas genützt. 박사학위가 디터에게 약간의 도움을 주었다)에도 이러한 가정이 타당성을 갖는다는 사실을 우리가 어떻게 쉽게 확정할 수 있는가 하는 것이다. 이것이 전제의 본질적인 특징이다. 즉 전제는 전제가 유발된 발화의 진리치(Wahrheitswert)와 상관없이 적용된다.

전제는 좀더 밀접하게 발화에서 발화로 이어지며, 텍스트 위로 던져져서 이를 통해서 텍스트를 연결시키는 불투명한 망(Netz)과 같은 것을 형성한다. 전제는 공통적인 사전지식을 형성하기 때문에 내용적으로 부진한 발화를 허용한다. 모든 유도할 수 있는 전제들을 준비해 갖고 있는 자만이 오해와 이해의 장애에서 보호받는다. 다른 이들은 개별 상황은 이해할지 모르지만 그들에게는 통일적인 끈(Band)이 없다. 전제는 발화를 텍스트로 연결시키는 불투명한 접합제(Kitt)이다.

6.3.3. 수사학적 수단

다음에서는 수사학적 수단이 일상적인 의미보다는 좀더 넓은 의미로 파악된다. 이 개념은 수사학적 어법 이외에 발화전략 및 (이미 6.2장에서

기술된 동의구문과 정정 이외에) 주제전개도 포함한다.

수사학적 어법(rhetorische Figur) 중에서는 텍스트 연결을 위해서 특히 대구법(對句法, Parallelismus)이 중요하다. 대구법은 흔히 광고에서 발견된다.

> Service, den wir uns etwas kosten lassen – Service, den Sie sich leisten sollten. (우리가 큰돈을 지출해야 하는 서비스 – 당신이 구입해야 하는 서비스)
> Keiner beobachtet. Keiner hört zu. Keiner empfiehlt.(Wir wünschen gute Wertpapiergeschäfte.) (아무도 관찰하지 않는다. 아무도 귀 기울이지 않는다. 아무도 추천하지 않는다. (우리는 좋은 유가증권 거래를 원한다.))

운율형태(Reimform)도 병렬적 어법에 속한다.

> Nach Kaffee und Kuchen jedenfalls
> empfiehlt sich etwas Bullrich Salz.
> (커피와 케이크 다음에는 어쨌든 약간의 불리히 소금이 좋다)

두운법(Alliteration, Stabreim)도 역시 광고에서 인기가 있다.

> Das Leben ist zu kurz, um Kompromisse zu schließen.
> (인생은 타협하기엔 너무 짧다)
> Bitte ein Bit. (양자 택일하세요)

두운법은 또한 책 제목에서도 나타난다.

> Männer Mächte Monopole (남자들 권력 독점)
> Das Kartell der Kassierer (회계원들의 기업 연합)

Nieten in Nadelstreifen (줄무늬 속의 리벳)

교차적 배열법(Chiasmus: 상호 겹쳐지는 대립구조)도 종종 텍스트 연결적인 작용을 한다.

ABC-Reklame ist der Spezialist für Spezialaufgaben der Werbung. Werbung für die Wirschaft betreibt am besten ABC-Reklame. (ABC-광고가 광고의 특수과제를 위한 전문가이다. 경제를 위한 광고가 ABC-광고를 가장 잘 추진한다)

액어법(軛語法, Zeugma)은 상이한 결합방법을 취하는 동일한 표현형태에 근거한다.

Sie sollten keine Zeit verlieren. Sonst verlieren Sie die Prämie. (당신은 시간을 허비해서는 안 된다. 그렇지 않으면 당신은 상여금을 놓칠 것이다)

중단(Aposiopese)은 내용적으로 가장 중요한 발화부분을 비워둠으로써 텍스트 연결적인 작용을 할 수 있다. 다음과 같은 표제어는 후속 텍스트를 읽도록 자극할 것이다.

Wenn fünf mal wieder gerade ist (만일 다섯 번 다시 짝수라면)

반복(Wiederholung), 절정(Klimax), 중복어법(Pleonasmus)과 같은 다른 수사학적 어법은 특히 발화의 내부에서 나타나기 때문에 결코 텍스트 연결적인 작용을 할 수가 없다.

발화 전술(Redetaktik)은 상대방과 관련된, 대개 영향력 행사를 고려한 언어적 표현형태이다. 광고 텍스트, 선거 참여 촉구, 종교적인 내용의 글 그리고 다른 많은 것들이 이러한 맥락에 속한다. 혼합형태가 일반적인 규칙이지만 중요한 발화 전술은 쉽게 골라내어 기술할 수 있다.

"흑백 전술"(Schwarz-Weiß-Taktik)은 섬세한 뉘앙스의 차이를 무시하고 사태의 관계를 소수의 중요한 대립으로 축소시킴으로써 사태를 양극화하고 자세한 대립을 없애며 단순화한다. 그리하여 상대방에게 단순하고 쉽게 통찰할 수 있는 현실이 암시된다. 이러한 전술의 목표는 숙고, 신중한 검토 그리고 논증적인 태도가 배제되고 신속한 결정이 내려지는 것이다.

우리는 비판적인 논쟁을 무시한 채 여론형성이 추구되는 곳에서 흑백 전술과 조우한다. (상업적이고 정치적인) 광고가 흑백 전술을 이용한다는 사실은 놀라운 일이 아니다.

> SYX Coupé. Unbegrenzte Emotion. (SYX 쿠페. 무한한 감정)
> Bommy dream. Immer seiner Zeit voraus.
> (보미의 꿈. 언제나 그의 시대를 앞서 가는)
> Nur Fliegen ist schöner. (날아가는 것만이 더 아름답다)
> Freiheit statt Sozialismus. (사회주의 대신에 자유를)

화자가 상대방의 동료, 동지 그리고 고통을 함께 하는 친구임을 사칭하여 그의 동의를 얻어 내려는 목적으로 화자는 "환심사기 전술"(Anbiederungstaktik)을 통해 상대방을 독차지하려고 시도한다.

> Ich verstehe Sie gut. (나는 당신을 잘 이해한다)
> Ich spreche hier für alle vom Durchgangsverkehr genervten
> Bürgerinnen und Bürger. (나는 여기서 통행차량 때문에 신경이 거
> 슬린 모든 시민들의 편에 서서 말한다)

Wir sind uns da völlig einig.
(우리는 그 문제에서 전적으로 의견이 일치한다)
Davon redet ja keiner mehr.
(그것에 관해 아무도 더 이상 말하지 않는다)

"잠입 전술"(Einschleichtaktik)은 환심사기 전술과 유사하게 우리가 상대방의 언어적인 표현방식을 받아들임으로써 상대방이 동의하도록 자극한다. 이것은 특히 나이 든 사람이 젊은 세대의 어법을 사용할 경우에 명료해진다.

Drei supergeile Scheiben! (세 개의 아주 멋진 원반)
Das ist doch mega-out! (그것은 아주 구식이야)

잠입 전술의 다른 형태는 존재하는 문제들을 대수롭지 않은 일로 왜곡하고, 바라는 결정을 자연스럽거나 혹은 자명한 것으로 주장함으로써 그 결정에 대해 동의를 구하는 데 있다.

Irgendwann kommen Sie doch zu uns. Warum eigentlich nicht gleich? (당신은 언젠가 우리에게 올 것입니다. 도대체 왜 당장 오지 않죠?)
Es ist Ihr Vorteil. Versuchen Sie's mal.
(그것이 당신의 장점이오. 한 번 시도해 보세요)
Diesen Sekt trinkt man nicht. Man erlebt ihn.
(우리는 이 샴페인을 마시지 않는다. 우리는 이 샴페인을 몸소 체험한다)

"문헌가 전술"(Philologentaktik)은 합리적인 주장을 "권위" 있는 예증으로 대체하여 비판적인 논쟁을 회피한다. 이러한 방식을 통해서도 여론이 조작된다.

Das kann man ja schon bei Augustin lesen.
(우리는 그것을 이미 아우구스틴한테서 읽을 수 있다)
Im "König David Bericht" ist das, wie Sie wissen, ganz anders dargestellt. (당신도 아시다시피 "다윗왕의 보고"에서는 그것이 아주 다르게 묘사되어 있다)
Sie haben doch Gundolf gelesen? (당신은 군돌프를 읽어봤습니까?)
Marx hat das sehr richtig beschrieben.
(마르크스는 그것을 아주 정확하게 기술했다)

제안된 의견을 권위 있는 발화를 통해 "호위"하는 한, 문헌가 전술은 틀림없이 - 그리고 문헌학에서뿐만 아니라 - 그 정당성을 가지고 있다. 하지만 이 전술은 규명을 위한 대체로서 작용하는 한 모든 정당성을 상실한다.

"이성적인 발화 전술"(Taktik des vernünftigen Redens)은 가장 부정적으로 정의될 수 있다. 즉 이 전술은 앞서 기술한 발화 전술들의 어떤 결점도 포함하지 않는다. 이 전술은 주장을 규명함으로써 주장을 간주관적(間主觀的, intersubjektiv)으로 통제할 수 있게 한다. 이 전술은 잠재의식적으로 여론을 형성하려는 모든 시도를 포기한다. 이 전술은 우리가 본래 "객관적으로"(sachlich) 서로 대화해야 하는 방식이다.

텍스트 연결에 대한 하나의 가장 중요한 수사학적 수단은 프라그 학파인 Daneš에 의해 방향이 제시된 주제 전개(thematische Progression)이다. 주제 전개는 테마-레마-구분(Thema-Rhema-Gliederung: 주제-평언-구분)에 바탕을 두고 있으며, 특히 연속적인 발화의 테마-레마-구조가 기술가능한 관계 안에 놓여 있다는 사실에 근거한다. 우리는 주제 전개를 다음과 같이 구별할 수 있다.

단순 선형식 전개(einfache lineare Progression): (전 문장의 레마가 후 문장의 테마로 나타난다)

Ich höre, du hast *Regine* gesucht. *Die* war gestern bei mir.
(나는 네가 레기네를 찾았다고 들었다. 그녀는 어제 내 집에 있었다)

주제 관통식 전개(Progression mit durchlaufendem Thema): 전 발화와 후 발화가 동일한 테마를 갖는다)

Fabian muss in Schwierigkeiten sein. Er kommt unpünktlich zur Arbeit. Er wird jeden Tag mürrischer. Er sieht angegriffen aus.
(파비안이 어려움에 빠져있음에 틀림없다. 그는 정시에 일터에 오지 않는다. 그는 하루하루 점점 더 투덜거린다. 그는 피로해 보인다)

주제 유도식 전개(Progression mit abgeleitetem Thema): 후 발화의 테마가 전 발화의 테마로부터 유도될 수 있다)

Sheila hat nichts mehr von sich hören lassen. Ihr Mann erzählte mir, dass sie meine Sendungen bekommen habe. Sicher machen ihr Kinder und Beruf viel Arbeit. Ihr Verhalten ist trotzdem schwer verständlich. (샤일라는 더 이상 아무런 소식도 전하지 않았다. 그녀가 나의 발송물을 받았다고 그녀 남편이 나에게 말했다. 분명 아이들과 직업이 그녀에게 많은 부담을 주고 있음에 틀림없다. 그럼에도 불구하고 그녀의 태도는 이해하기 힘들다)

주제 분열식 전개(Entwicklung eines gespalteten Themas): 후 발화의 테마와 전 발화의 테마 간의 관계는 부분집합과 상위집합 간의 관계와 같다.

Neuere Linguisten interpretieren die Tempora ganz unterschiedlich. Einige sehen, wie die traditionelle Grammatik, die zeitbezogenen Informationen als dominant an, andere bewerten demgegenüber Kategorien wie Aspekt, Modalität und Ähnliches höher.
(현대 언어학자들은 시제를 아주 다르게 해석한다. 몇몇 언어학자들은 전통문법처럼 시간관련 정보를 지배적인 것으로 간주하지만, 그에 비해 다른 언어학자들은 상, 양태 따위와 같은 범주들을 더 높이 평가한다)

주제 비약식 전개(Progression mit thematischem Sprung): 여기서는 내용적인 중간 성분(이 성분은 문맥에서 추론될 수 있어야만 한다)이 비어 있다.

Ich bin froh, wenn uns dieser Mensch nicht mehr aufsucht. Magda hat alle Rechtfertigungsversuche aufgegeben. (이 사람이 더 이상 우리를 방문하지 않을 때 나는 기쁘다. 마그다는 모든 변명의 시도를 포기했다)

여기서는 왜 '이 사람'이 미움을 샀는지, 경우에 따라서는 마그다가 '이 사람'을 어떻게 변명하려고 시도했는지를 설명해주는 중심부가 없다.

6.4. 텍스트 구성

6.4.1. 개관

모든 텍스트에는 하나의 일반적인 구조가 부여될 수 있다. 이 경우 다음과 같이 구분될 수 있다.

- 주단계, 부분단계 및 단면
- 구조 형성적인 발화행위와 분류 신호
- 대화 차례와 대화 연속

6.4.2. 주단계, 부분 단계 및 단면

모든 텍스트는 원칙적으로 세 가지 주단계(Hauptphase), 즉 개시 (Eröffnung), 중간(Mitte) 그리고 종결(Schluss)로 구성된다. 개시와 종 결은 수의적이며 많은 텍스트 종류에서는 이들이 없다. 하지만 중간 단 계가 없는 텍스트는 없다.

개시와 종결은 각각의 텍스트 종류에 따라 강하게 표준화 되어 있다. 몇 가지 개시 형식과 종결 형식은 분류 신호에서 논의되었다. 예컨대 사 신에서의 개시는 장소, 날짜, 인사, 호칭 및 도입형식으로 구성된다.

Mariapfarr, 27. Juli 1994
Hallo Muckel,
wir leben hier in einem ganz tollen Bauernhof...
(1994년 7월 27일 마리아파르에서,
안녕 무켈,
우리는 여기 아주 멋진 농가에서 지내고 있다)

하지만 모든 이러한 요소들은 수의적이다. 서신 상대방과의 관계가 밀 접하면 할수록 이들 요소는 더욱 자주 생략될 수 있다.

부분 단계(Teilphase)는 무엇보다도 중간 부분에서 나타난다. 예를 들 어 학문적인 기술에서 중간 단계는 연구 토론, 자료 정리, 자료 분석 그리고 결론으로 나뉘어진다. 사고 보고서에서는 부분 단계가 사건의 진행에 따라서 배열될 것이다. 최종 부분 단계는 책임문제에 대한 언급이 될 수 있을 것이다.

단면(Abschnitt)은 개별 발화 층위의 상부에 있는 텍스트 구조 형성적인 최소단위이다. 예컨대 학술 논문에서 연구 토론은 고대 문헌과 현대 문헌에 따라 분류될 수 있으며, 여기서 다시 전통적, 생성적, 기능적, 의존적 그리고 다른 발상에 따라 분류될 수 있다.

전반적으로 텍스트 구성(Textaufbau)에 관한 연구는 아직도 초보 단계에 머물러 있다. 우리는 사례 연구, 개요 및 진부한 초안을 거의 벗어나지 못하고 있다. 여기서는 직업 상담소에서의 대화에 대한 중간단계의 구조가 개략적으로 예시될 수 있다.

부분 단계	단면
준비:	피상담인의 기초 지식
	피상담인의 희망 직업
	피상담인의 적성
정보:	직업 전망
	선택 가능성
결과:	요약
	상담자의 추천

6.4.3. 구조 형성적인 발화행위와 분류 신호

구조 형성적인 발화행위(strukturierender Sprechakt)에 관해서는 이미 6.2장에서 간단히 언급되었다. 이 발화행위는 언어외적인 사태에 관계하는 것이 아니라, 전체 텍스트에 구조를 부여하기 위해서 언어외적인 사태를 확인하고, 기능적으로 규정하며 또한 자격을 부여하기도 하는 대화 장소, 텍스트 장소에 관계한다. 주제적인 발화행위와 구조 형성적인 발화행위 간의 차이는 다음의 연속체에서 인식될 수 있다.

> Wann ist Ina gekommen? (주제적 발화행위)
> (이나는 언제 왔느냐?)
> Warum fragst du mich das? (구조 형성적 발화행위)
> (너는 그것을 왜 나에게 묻니?)

두 번째 발화행위는 "현실"에 대한 언어적인 추론에서의 어떤 차례(Schritt, turn)도 아니다. 이 발화행위는 단지 현실 추론과정에서의 행동(Vorgehen)만을 밝히려고 한다. 구조 형성적인 발화행위는 흔히 (항상 그런 것은 아니지만) 원래의 대화목표로 가는 과정에서 길을 우회하거나 지체하도록 유발한다.

구어체 텍스트에서는 문어체 텍스트에서보다는 구조 형성적인 발화행위의 몫이 더 크다. 하지만 일반적으로 구조 형성적인 발화행위는 감정의 정도와도 관련이 있는 것처럼 보인다. 즉 분노의 물결이 높이 치솟는 곳에서는 언제나 다시 구조 형성적인 발화행위를 통한 의사소통의 보장이 요구된다.

구조 형성적인 발화행위의 몇 가지 중요한 종류가 다음에서 제시된다.

역보고(Rückmeldung, 청자의 접촉 신호)는 내용적으로 새로운 것을 가져오지는 않지만 의사소통을 안정시킨다. Ja./Mhm./So so?/Ach was? 와 같은 접촉 신호 이외에 문장완성(Satzvollendung)이 전형적이다.

A. Ich sollte mir das wahrscheinlich... (나는 아마 그것을 ... 해야한다)

B. ...gleich aufschreiben! (즉시 기록하다)

해명을 위한 부탁(Wie bitte? 뭐라고요. Wie sagten Sie soeben? 당신 방금 뭐라고 말했죠)과 화자 A가 말한 것을 재구성하는 것도 역보고에 속한다.

현재 발언권이 없는 대화 상대방의 차례 요구(Schrittforderung). 이를 위해서는 단순한 중단(B가 A의 말 중간에 끼어 듦)과 그리고 또한 Moment, darf ich mal... (잠깐, 제가 좀 ...) 등과 같은 형식도 있으며, 이 것이 경우에 따라서는 상대방의 직접적인 호칭과도 관련이 있다.

차례 요구에 대한 긍정적인 반작용으로서의 차례 양도(Schrittüber-gabe). 화자가 말하기를 중단하고, 목소리가 가라앉으며, 화자의 발화가 문법적으로 올바르게 종결되는 경우에는 조정 없이 차례 양도가 일어날 수 있다. 화자가 다른 사람에게 말하도록 요구하고 기대에 차서 쳐다보면 화자 조정적(sprechergesteuert)이 되며, 화자교체를 주도하는 대화의 리더가 있다면 리더 조정적(leitergesteuert)이다. 구조 형성적인 발화행위는 무엇보다도 화자 조정적 양도나 혹은 리더 조정적 양도에서 작동한다.

Darf ich mal die Frage stellen, ob...?
(제가 ...인지 아닌지를 질문해도 되겠습니까?)
Stimmen Sie dem zu? (당신은 그것에 동의하십니까?)

Das Wort hat die Abgeordnete N.
(국회의원 N.씨가 발언권이 있습니다)
Dürfen wir Herrn L. um seine Meinung bitten?
(우리가 L.씨한테 그의 견해를 물어도 될까요?)

Bitteschön, Frau Kutz! (괜찮아요, 쿠츠 부인!)

보다시피 모든 전권위임 발화행위(Autorisierungsakt)는 구조 형성적인 발화행위에 속한다.

차례 요구에 대한 부정적인 반작용으로서의 **차례 거부**(Schrittverwei-gerung). 차례 거부는 흔히 단순히 (아주 빠르거나 큰 소리의) 계속대화의 형태를 지니고 있다. 이를테면 특히 다소간의 공개적인 토론에서 거부하는 발화행위는 다음과 같다.

Darf ich mal ausreden? (제가 말을 끝내도 될까요?)
Ich wollte das noch gerne zu Ende bringen.
(나는 그것을 기꺼이 끝내고자 했다)
Hören Sie sich doch bitte erst mal an, was ich sagen will!
(내가 무엇을 말하고자 하는 지를 제발 잘 들어보십시오!)
Ich glaube, ich hab immer noch das Wort.
(내가 아직 발언권이 있다고 생각합니다)

발화 주석(Redekommentierung)의 경우에는 보통 화자가 앞서 말한 이의 발화의 명제 혹은 발화수반 행위에 대해 자기 입장을 표명한다.

(Diesmal haben die andern gewonnen. -) Das finde ich bedauerlich.
(이번에는 다른 사람들이 이겼다 - 나는 그것을 유감스럽게 생각한다)
(Man sollte solche Leute ausweisen. -) Weißt du überhaupt, was du da sagst? (우리는 그런 사람들을 추방해야 한다 - 네가 지금 무슨 말을 하고 있는지 너는 도대체 알고나 있니?)

우리는 우리 자신의 발화도 논평할 수 있다.

Sie hat das Haus verkauft, und das war nun wirklich das
Dümmste, was sie in ihrer Situation tun konnte.
(그녀가 집을 팔았다. 그것은 실제로 그녀의 상황에서 그녀가 할 수
있었던 가장 어리석은 짓이었다)
Dieser Weißbart hat alles noch schlimmer gemacht – aber das hätte
ich wohl nicht sagen sollen.
(이 흰 수염을 가진 사람이 모든 일을 더욱 악화시켰다 – 하지만 나는
그것을 말하지 말았어야만 했는데)

분류 신호(Gliederungssignal)는 거의 예외 없이 구조 형성적인 발화
행위에 속한다(경우에 따라서는 분류 신호가 구조 형성적인 발화행위의
일부이다). 분류 신호는 6.3장에서 자세히 언급되었기 때문에 여기서는
세 가지 다른 예로 충분할 것이다.

Ich darf Punkt 1 der Tagesordnung aufrufen. (개시 신호)
(나는 의사일정의 주제1을 고시하는 바입니다)
Mehr kann dazu wohl nicht gesagt werden. (후 접속)
(더 이상 그것에 대해 말할 수 없을 것이다)
Ich wünsche Ihnen noch einen angenehmen Abend. (종결 신호)
(나는 당신이 유쾌한 저녁시간을 보내시길 바랍니다)

6.4.4. 대화 차례와 대화 연속체

여러 명의 참여자가 있는 텍스트 - 주로 구어 텍스트 - 는 특히 눈에
띄는 방법으로 화자 교체를 통해 그 구조를 얻는다. 그러므로 이런 텍스
트는 한 화자에 의해 연관적으로 발화되는 단면들로 분류될 수 있다. 이
러한 텍스트 단면을 우리는 대화 차례/순서(Gesprächsschritt, 영어로는
"turn")라고 일컫는다. 대화는 바뀌는 화자의 대화 차례의 연속체로 구

성된다. 물론 문어 텍스트는 대화가 삽입되지 않는 한 대개 하나의 대화
차례로 구성된다.

텍스트를 대화 차례로 단순히 분류하는 것은 그것이 비록 많은 이점
은 가져올지 모르지만 필연적으로 표면적인 것에 부착되어 있다. 왜냐하
면 이러한 분류는 대화 차례의 내부 구조를 고려하지 않을 뿐만 아니라
연속적인 차례들 간의 관계도 고려하지 않기 때문이다. 대화 연속체
(Gesprächssequenz)라는 개념이 연속적인 차례들 간의 관계를 고려한
다. 대화 연속체는 두 연속적인 대화 차례를 포괄하는데, 그 중 첫 번째
대화 연속체는 두 번째 대화 연속체를 위한 조건으로 간주되어야 한다.
질문과 대답이 대화 연속체에 대한 하나의 전형적인 형태를 형성한다.

> Wo kann ich bitte Friederike finden? - Sie gehen diesen Gang bis
> zum Ende, dann links durch eine Glastür, dort ist es der dritte
> Raum, der gegenüber der Palme. (나는 어디서 프리데리케를 찾을
> 수 있을까요? - 이 복도를 끝까지 가세요. 그런 다음 왼쪽으로 유리문
> 을 지나면 야자수 나무 맞은 편에 세 번째 방이 있습니다)

대체로 인사 형식도 대화 연속체로서 발화된다.

> Guten Morgen! Gisela!(안녕, 기젤라) - Morgen Uli. (안녕, 울리)
> Auf Wiedersehen, Muckel. - Tschüs, Uta. (잘 가, 무켈 - 안녕, 우타)

그러나 대화 연속체는 상대방이 앞 발화의 발화수반 행위에 반응할
때에도 형성된다.

> Gute Nacht, Adlerwirt! - Aber wollt ihr denn wirklich schon gehen?
> (잘 자, 아들러비르트! - 너희들 정말 벌써 가려고 하니?)

대화 연속체는 일반적으로 엄격히 규범화 되어 있다. 개별적인 발화행위와 유사하게 대화 연속체는 대화 참여자들이 상대방 발화를 올바르게 이해하고 그리고 그들이 자신들에게 속하는 역할이나 혹은 부여된 역할을 실제로 수용하는 경우에만 성공한다. 이러한 협동능력(Kooperations-fähigkeit)과 협동준비의 중요성은 실패한 대화 연속체에서 인식할 수 있다. 만일 창구 직원이 다음의 요구에 대해 아래와 같이 답한다면 우리는 이것을 성공한 대화 연속체라고 말할 수 없을 것이다.

Einmal Bensheim – Bonn und zurück.
(벤스하임에서 본까지 왕복표 한 장 주세요)

Nein, am Sonntag verkehrt kein Bus nach Mörlenbach.
(아니오, 일요일에는 메를렌바흐로 가는 버스가 없습니다)

왜냐하면 분명 주제의 층위에서 한 가지 오해가 있었기 때문이다. 즉 창구 직원이 질문을 이해하지 못했다. "관계 층위"(Beziehungsebene)에서의 장해는 좀 드물지만, 그 결과는 끔찍할 수 있다. 예컨대 승객이 기차 식당 칸에서 다음과 같이 주문하는데 점원이 아래와 같이 대답한다면, 대화 연속체는 - 적어도 - 각각의 사회적 역할이 상이하게 정의되었기 때문에 깨지고 말 것이다.

Einmal Nürnberger Würstchen mit Kartoffeln.
(감자를 곁들인 뉘른베르거 소세지 하나 주세요)

Jetzt wollen alle was zu essen! Wie finden Sie das?
(지금 모두가 먹을 것을 원합니다! 당신은 그것을 어떻게 생각하십니까?)

즉 승객은 서비스를 받을 권리가 있다고 믿었고 상대방은 이 권리를 부당한 요구로 받아들였다.

끝으로 행위 층위(Handlungsebene)에서의 장해도 역시 대화 연속체를 좌절시킬 수 있다. 이러한 장해는 앞 발화의 발화수반 행위가 올바르게 파악되지 않았다는 사실에 근거한다. 자동차 정기검사와 관련하여 기술자와 운전수 간의 짧은 대화가 하나의 예로 사용될 수 있다.

Bitte Blinker einschalten! – Weiß ich nicht mehr, ist schon zu lange her, tut mir leid. (깜박이를 켜주세요 – 모르겠는데요. 켜본지 벌써 너무 오래되어서. 미안합니다)

6.5. 텍스트 재현

6.5.1. 기본 사항

원래 하나의 독립적인 텍스트가 반복되는 경우 – 이 때 그 텍스트는 대개 동시에 다른 텍스트 안에 삽입된다 – 우리는 이것을 텍스트 재현(Textwiedergabe)이라고 말한다. 이러한 과정이 다른 말로 "발화 재현"(Redewiedergabe)이라고도 표현된다. 이것은 변화된 표현수단을 갖는 반복으로서 이해될 수 있는 발화주석에 어느 정도 근접한다. 그러나 발화주석은 언제나 동일한 텍스트 층위에서 일어나지만 텍스트 재현은 대개 적어도 두 가지 텍스트 층위와 관계가 있다.

재현된 텍스트가 다른 텍스트에 내포되는 경우 우리는 내포되는 텍스트를 하위 텍스트(Untertext), 내포하는 텍스트를 상위 텍스트(Obertext)

라고 일컫는다.

텍스트 재현은 직접 혹은 간접적인 방법으로 이루어질 수 있다. 두 방식간의 차이는 원래의 텍스트가 변하지 않고 재현되는지 혹은 몇 가지 기술 가능한 변형을 통해 재현되는지에 달려 있다.

텍스트 재현과 결합된 모든 현상들은 텍스트 구조의 틀 내에서만 적절하게 기술될 수 있다. 왜냐하면 원칙적으로 발화 내지는 발화 연속체 그리고 이들의 결합이 문제되며, 이 때 대개 문장경계도 넘어서기 때문이다.

6.5.2. 직접적인 텍스트 재현 ("직접 화법")

일차 텍스트가 아무런 변화 없이 하위 텍스트로서 상위 텍스트에 삽입되는 경우 우리는 이것을 직접적인 텍스트 재현이라고 말한다. 그러면 이러한 재현은 우선 상위 텍스트에 있는 요소들을 통해 표시된다. 상위문에서는 말하기 동사(Verba dicendi)가 가장 빈번하다. 문어에서는 하위 텍스트가 대개 인용부호로 표시되며 구두법에 의해 - 선치한 상위문에서는 콜론, 그밖에는 콤마 - 상위문과 분리된다.

> Harmut erklärte: "So haben wir uns das nicht vorgestellt."
> "So", erklärte Hartmut, "haben wir uns das nicht vorgestellt."
> "So haben wir uns das nicht vorgestellt", erklärte Hartmut.
> ("우리는 그것을 상상도 하지 못했다"라고 하르트무트가 설명했다)

그밖에 상위문에서는 몇 가지 재현 형식이 있는데 먼저 도입을 위한 예는 다음과 같다.

Wir veröffentlichen das Dokument nachfolgend im Wortlaut.
(우리는 그 서류를 원문 그대로 잇달아 출판한다)
Das Märchen vom wunderbaren Spazierstock aber geht so:...
(놀라운 산책용 지팡이에 관한 동화는 이렇게 시작된다...)

이들 다음에 보통 새로운 단락을 갖지만 다른 도식적인 표시 없이 하위 텍스트가 온다.

하위 텍스트의 끝은 다시 시작하는 상위 텍스트에서 해당 형식을 통해서 사용될 수 있다.

Soweit die Darlegungen des Dr. Marcuse.
(여기까지는 마르쿠제 박사의 설명임)

하지만 흔히 하위 텍스트에 있는 종결형식, 이를테면 유언장이나 구매계약서의 공증, 편지 끝의 인사와 발신인 등에 의해서도 경계가 설정된다. 동화 형식 Und wenn sie nicht gestorben sind, so leben sie noch heute.(그들이 죽지 않았다면 그들은 오늘날에도 여전히 살아 있을 것이다)는 원래 상위 텍스트 형식이지만 - 작가가 자기 이야기에서 벗어나서 스스로 의사소통 과정에 끼어 든다 - 이 형식은 오늘날 대부분의 수용자들에 의해 동화의 불가결한 요소로 이해되며 따라서 하위 텍스트 요소로 이해된다.

구어체의 독일어에서는 내포의 시작이 대체로 상위 텍스트에 있는 말하기 동사에 의해 표현된다.

Und der sagt noch zu mir: Jetzt geh ich einen trinken.
(그가 나에게 나 지금 술 한 잔 마시러 간다고 말한다)

내포의 종결이 구어에서는 대개 표시되지 않지만, 경우에 따라서는 말하기 동사 따위에 의해 표시된다.

...Das hat er zu mir gesagt. (그가 그것을 나에게 말했다)

구어에서 전형적인 것은 말하기 동사의 중복적인 반복이다.

Und die sagt tatsächlich: Du brauchst nicht wiederkommen, sagt die zu mir. (그녀가 실제로 말한다: 너는 다시 올 필요가 없다고 그녀가 나에게 말한다)

특히 반복을 피하기 위해서 강력한 감정적인 연설에서도 상위문의 말하기 동사가 생략될 수 있다.

Und der Rektor: "Das meinen Sie aber nicht im Ernst?"
(총장님이 "당신 그것을 진심으로 말하는 것 아니지요"라고 말한다)

하나의 텍스트가 직접 내포되었다는 사실이 다른 측면에서 보장되어 있는 한, 우리는 종종 상위 텍스트 안에 있는 행위동사로 만족한다.

Unvermittelt stand sie auf. "Damit ihr euch aussprechen könnt."
(그녀가 즉시 일어나서 "너희들이 자신의 의견을 말할 수 있도록 하기 위해"라고 말했다)

이러한 상위 텍스트는 앞에 오거나 혹은 뒤에 올 수도 있다. 물론 이들이 말하기 동사를 포함하고 있지 않는 한, 이들은 복합문에서 후위문(Hintersatz)으로 나타나서는 안 된다. 따라서 다음 문장은 허용되지 않는다.

"Wir sind nicht ganz zufrieden mit dem Weihnachtsgeschäft", sorgte sich der Vorsitzende der Werbegemeinschaft um die Jahresbilanzen. ("우리는 성탄절 장사에 대해 아주 만족하지는 않는다"라고 광고 공동체의 회장이 연도 대차대조표를 염려했다)

우리는 이러한 형식을 지방신문이나 지역신문에서 점점 더 많이 발견할 수 있다. 여기서는 비록 뒤에 오지만 분명히 주제적인 상위문에 너무 많은 정보가 포함되기 때문에 이러한 형식은 규칙에 어긋날 것이다.

6.5.3. 간접적인 텍스트 재현 ("간접 화법")

직접적인 텍스트 재현과는 달리 여기서는 재현된 텍스트의 모든 문장들이 고유한 텍스트 재현 표지어(Wiedergabemarkant)를 포함해야 한다.

...Er *sei* zu alt für solche Hopsereien und *setze* sich deshalb lieber für eine Weile an seinen Tisch. (그는 껑충껑충 뛰며 돌아다니기에는 나이가 너무 많아서 차라리 잠시 동안 자기 테이블에 앉아 있다)

부가적으로 상위 텍스트 역시 하나의 재현 표지어 - 이를테면 말하기 동사 - 를 포함할 수 있다.

Sie *meinte*, damit *sei* ja wohl alles gesagt.
(그녀는 이로써 아마도 모든 것이 언급되었으리라고 생각했다)

하지만 다음 문장에서처럼 이러한 상위문 동사가 유일한 재현 표지어이면, 이 동사의 내포기능은 단지 그 통사적 격지배까지만 미치므로 직접 종속하는 문장성분에만 관계한다.

Sie behauptet, dass damit jetzt endgültig Schluss ist.
(그녀는 그 일이 이제 최종적으로 결판이 났다고 주장한다)

다음 문장의 마지막 텍스트 부분 sie geht jetzt nach Hause(그녀는 지금 집으로 간다)는 당장 내포된 것으로 간주되어서는 안 된다.

Sie behauptet, dass damit jetzt endgültig Schluss ist, und sie geht jetzt nach Hause. (그녀는 그 일이 이제 최종적으로 결판이 났다고 주장하고, 그리고 지금 집으로 간다)

만일 우리가 이것을 분명히 하려면 하나의 추가적인 재현 표지어, 예컨대 또 다른 하나의 상위문 동사를 도입하든지, 아니면 마지막 텍스트 부분이 상위문 텍스트에 속한다는 사실이 명시되어야 한다.

Sie behauptet, dass damit jetzt endgültig Schluss ist, und erklärt, sie geht jetzt nach Hause. (그녀는 그 일이 이제 최종적으로 결판이 났다고 주장하고, 그리고 지금 집으로 간다고 선언한다)

Sie behauptet, dass damit jetzt endgültig Schluss ist. Sie nimmt ihren Mantel und geht nach Hause. (그녀는 그 일이 이제 최종적으로 결판이 났다고 주장한다. 그녀는 자신의 외투를 입고 집으로 간다)

독일어에는 간접적인 텍스트 재현을 위한 여러 가지 표지어가 있다. 가장 중요하고 아주 명백한 표지어가 접속법 I(Konjunktiv I)이다. 통상적인 경우 접속법 I은 간접적으로 재현되는 텍스트의 모든 정동사를 표지한다.

Sie erklärt, dass damit jetzt endgültig Schluss *sei*, die Firma *stehe* vor dem Bankrott, und sie *denke* nicht daran, ihr bisschen Vermö-

gen in ein Fass ohne Boden zu werfen. (그녀는 그 일이 이제 **최종**
적으로 결판이 났으며, 회사가 파산 직전이고, 그리고 밑 **빠진** 독에
자신의 얼마 안 되는 재산을 투자할 생각이 없다고 선언한다)

이에 상응하는 일차 텍스트는 다음과 같다.

Damit *ist* jetzt endgültig Schluss, die Firma *steht* vor dem
Bankrott, und ich *denke* nicht daran... (그 일이 이제 최종적으로 결
판이 났으며, 회사는 파산 직전이고, 그리고 나는 ...할 생각이 없다)

접속법 I은 간접적인 텍스트 재현의 표지를 위해 아주 충분하다. 우리
는 이러한 사실을 일간지의 통신사 제공 기사에서 쉽게 확인할 수 있다.
이러한 기사에서는 간접적인 재현이 보통 상위 텍스트의 말하기 동사에
의해 유도되지만, 재현 표지어로서 오직 접속법만을 포함하고 있는 가끔
단(段) 길이 만하게 재현되는 문장들이 나란히 배열된다. 그리고 상위문
에 표지어가 전혀 없는 곳에서도 재현의 특성은 접속법을 통해 명백히
보장된다.

Der Bürgermeister wies den Vorwurf empört zurück. Er habe nie
eine Zusage gegeben, dass die Stadt die Publikationskosten über-
nehme. (시장은 시(市)가 출판비용을 떠맡는 것에 대해 그가 결코 동
의하지 않았다는 비난을 화를 내며 반박했다)

여기서는 접속법 I만이 두 번째 문장이 시장의 재현된 발화라는 사실
을 분명히 해준다.

접속법 I이 특히 "간접 화법"의 표지어로서 감소하고 있다고 종종 말
한다. 방금 기술한 접속법 I의 성능을 고려한다면 이 말은 놀랄만한

일임에 틀림없다. 이러한 가정은 현재의 언어사용에 대한 관찰을 통해서도 증명되지 않는다. 접속법 I이 일상적인 구어에서 실제로 드물게 나타나는 것은 대부분의 독일어 방언(알레만어를 제외하고)과 그들을 토대로 한 지역적인 일상어도 접속법 I의 형태를 더 이상 사용하지 않는 사실과 관련이 있을지도 모른다. 하지만 이러한 경우에도 상당히 규칙적으로 접속법 II가 대체기능을 한다(Er hätte nie eine Zusage gegeben... 그는 결코 승낙하지 않았다). 그리고 문어에서는 어차피 접속법의 감소에 대해 말할 수 없다. 이런 주장을 하는 사람은 일간지를 언어학적인 관심을 가지고 읽지 않았을지도 모른다.

접속법 대신에 (그리고 부분적으로는 접속법과 더불어) 간접적인 텍스트 재현의 표지어로서 기능을 할 수 있는, 주로 평가적인 의미를 갖는 특정한 첨가어(Angabe)가 있다.

Laut dpa (독일 통신사(dpa)에 따르면)
Angeblich (소위/자칭)
Dem neuesten Gerücht zufolge ist Elisabeth wieder geschieden.
(가장 최근의 소문에 따르면 엘리자베트가 다시 이혼했다)
Wie meine Nachbarin erzählte, (내 이웃여자가 이야기한 바와 같이)
Wenn ich recht gehört habe, (내가 올바로 들었다면)

상위문(잔여성분)으로서의 es heißt(-라는 소문이다) 역시 재현 표지어이다(물론 직접적인 재현과 간접적인 재현을 위한).

Es heißt, sie will sich dort bewerben.
Es heißt, sie wolle sich dort bewerben.
(그녀가 거기에 지원하려 한다는 소문이 있다)

물론 이러한 표현들 모두가 명백한 재현 표지어는 아니다. 왜냐하면 이들은 일차적으로 사태(명제)를 지시하지만, 발화는 지시하지 않거나 혹은 우발적으로만 지시하기 때문이다.

텍스트 재현을 표지하기 위해 제한적으로만 사용할 수 있는 또 다른 수단은 화법동사 sollen과 wollen이다. 물론 이들이 "화자 관련적"(또한 "평가적" 혹은 "인식론적")으로 사용되는 경우에 한해서이다. 이 때 sollen은 (대개 언급되지 않은) 제3자의 일차적인 발화를 지시한다.

Sie soll seit letzten Montag hier sein.
(그녀가 지난 월요일부터 여기에 머무르고 있다는 소문이다)

이 문장은 "그녀가 지난 월요일부터 여기에 머무르고 있다고 누군가가 (그녀 자신은 아님) 말했다"라는 의미이다. 이에 반해 화법동사 wollen은 주격의 일차적인 발화를 지시한다.

Sie will den Vertrag nie gesehen haben.
(그녀는 그 계약서를 결코 본 일이 없다고 주장한다)

이 문장은 "그녀는 그 계약서를 결코 보지 않았다고 주장한다"라는 의미이다.

간접적인 텍스트 재현에서 내포된 텍스트는 참여한 개체 혹은 상황에 대한 지시(Referenz)에서 추가적으로 규칙적인 변화를 겪는다. 개체 지향적인 지시(größenorientierte Referenz)에서의 변화는 "인칭" 범주에 관계한다. 이를테면 대화상황에 따라서 상위 텍스트와 하위 텍스트의 인칭자질이 일치하거나 혹은 일치하지 않는다. 즉 임의적인 상황과 이에 따라 임의적인 인칭변화가 가능하다. 예컨대 Egon이 Anna에게 다음과 같이 말한다.

Ich bin gleich bei dir. (내가 금방 너에게 가겠다)

그러면 이 발화는 간접적인 재현의 경우 상위 텍스트에서 적용되는 인칭 상황에 따라, 즉 누가 누구에게 말하는가에 따라 다음의 형태를 가질 수 있다.

ich sei gleich bei dir.
ich sei gleich bei ihr.
du seiest gleich bei mir.
du seiest gleich bei ihr.
er sei gleich bei mir.
er sei gleich bei dir.
er sei gleich bei ihr.

상황 지시(situative Referenz)에서의 변화는 하위 텍스트 화자의 장소 및 관점과 비교하여 상위 텍스트 화자의 장소 및 관점에 따른다. 그래서 다음 첫 문장의 일차 텍스트는 그 아래 두 문장과 같이 간접적으로 재현될 수 있다.

Sie wird auch hier sein. (그녀도 여기에 올 것이다)

sie werde auch *hier* sein.
sie werde auch *dort* sein.

개별적인 발화행위 유형(Sprechakttyp)의 간접적인 재현도 엄격한 규칙에 따른다. 대체로 발화행위를 기술하는 상위 텍스트 동사가 이것을 명확히 해준다.

Sie erklärte, eine dürftigere Darbietung *sei* selten zu sehen.

(그녀는 이보다 더 보잘것없는 공연은 보기 드물 것이라고 선언했다)
Sie verlangte, dass die Vorstellung wiederholt *werde*.
(그녀는 그 공연이 반복되기를 요구했다)
Sie drohte, den Hundebesitzer anzuzeigen.
(그녀는 개 주인을 고발하겠다고 위협했다)
Sie schlug vor, den gesamten Text noch einmal durchzugehen.
(그녀는 전체 텍스트를 다시 한 번 검토할 것을 제안했다)

이 때 상위 텍스트 안에 있는 단 하나의 이러한 동사가 간접적으로 재현된 여러 발화들에 적용될 수 있다. 이 동사의 적용범위는 원칙적으로 후행하는 이러한 동사에 의해서만 제한 받는다.

상위 텍스트 동사들과 그리고 상위 텍스트 안에 있는 동등한 표현들 이외에 간접적으로 내포된 발화를 위한 발화행위 지시어(Sprechakt-indikator)가 있다. 비 특수적인 상위 텍스트 동사에서는(sagen과 같은) 화법동사 sollen과 mögen이 본래의 요구를 표지할 수 있다.

Sie sagte, er solle/möge unterschreiben.
(그녀는 그가 서명해야 한다고/서명하기를 바란다고 말했다)

간접적으로 재현된 결정의문문은 대체로 하나의 명백한 상위 텍스트 표현을 요구한다. 내포문은 추가적으로 예외 없이 ob을 통해 유도된다.

Es wurde die Frage laut, ob sie es denn schon *wisse*.
(그녀가 도대체 그것을 이미 알고 있는가 하는 의문이 제기되었다)

호칭 발화행위(Anredeakt)는 간접적인 재현에서 탈락한다. 물론 내포된 문장에서는 흔히 일차적인 호칭의 반영이 발견된다. 그래서 다음 첫 문장과 같은 발화 연속체가 간접적으로 재현되면 그 아래와 같다.

Komm, Muckel! (와라, 무켈!)

Uta forderte Muckel auf zu kommen.
(우타는 무켈이 오도록 요구했다)
Uta verlangte, dass Muckel *komme*.
(우타는 무켈이 오는 것을 요구했다)
Uta verlangte, Muckel *solle* kommen.
(우타는 무켈이 와야한다고 요구했다)

  대부분의 어조 불변화사(Abtönungspartikel)가 간접적인 재현에서
는 탈락한다고 가끔 제기되는 견해는 쉽게 반박될 수 있다. 간접 화법에
나타날 수 없는 그러한 불변화사는 존재하지 않는다. 다음을 비교해 보
자.

Kommen Sie ruhig rein! (조용히 들어가세요)
⇒ Sie sagte, er möge ruhig reinkommen.
(그녀는 그가 조용히 들어가기를 바란다고 말했다)

Haben Sie endlich Zeit gefunden? (당신 드디어 시간을 냈습니까?)
⇒ Man fragte ihn, ob er endlich Zeit gefunden habe.
(우리는 그가 결국 시간을 냈는지를 그에게 물었다)

Männer sind eben so. (남자들이란 어차피 그런 거지)
⇒ Sie stellte kühl fest, Männer seien eben so.
(그녀는 남자들이란 어차피 그렇다고 냉정하게 규정했다)

6.6. 텍스트 유형

텍스트는 개별적인 텍스트의 예들을 특정한 **텍스트 유형**(Textsorte) 으로 분류하도록 허용해 주는 몇 가지 반복적인 자질들에 따라 특징 지 워질 수 있다. 그러한 분류는 소위 문체적인 자질을 토대로 텍스트를 특 정한 시기, 특정한 저자 혹은 저자의 특정한 창작단계에 할당하려는 문 예학적인 연습에서 선구자를 갖고 있다. 한 가지 다른 유사한 예는 이를 테면 텍스트 비교를 통해 협박장이 어떤 혐의자에게 전가되고, 자백편지 가 특정한 활동단체에 전가되는 법 언어학(forensische Linguistik)에서 발견될 수 있다. 이 분야는 많은 기만이 난무하여 그로 인해 잘못된 희 망을 불러일으킨 영역이다. 왜냐하면 "언어학적 지문날인"은 실제로 얻 어질 수 없으며 기껏해야 범죄자와 혐의자의 비 동일성만이 명백히 확 인될 수 있기 때문이다. 아무튼 이러한 예들은 텍스트 유형 언어학 (Textsortenlinguistik)이 아주 흥미 있는 적용측면을 가지고 있다는 사 실을 보여준다.

이 경우 특정한 "외적인", 즉 비언어적인 사실(Gegebenheit)이 이러한 사실에서 생겨난 텍스트 안에 반영되었다는 전제가 형성되는데, 이것이 텍스트 유형 언어학의 토대가 된다.

오늘날 우리는 맨 먼저 개별적인 텍스트에 그들의 도장을 찍는 사회 적인 관계를 생각하곤 한다. 특수한 사회적인 집단화, 의사소통 행위에 참여한 사람들 상호간의 관계, 그밖에 의사소통의 주제와 목표 따위가 중요한 역할을 한다. 결국 대화 상대방의 실제적인 사회적 지위보다는 언어적인 형식부여에 대한 그들의 입장이 더 중요하며, 대화 상대방의 신분이 아니라 그들이 맡았던 역할이 더 중요하다는 사실은 이미 일찍

부터 강조되었다. 이러한 역할은 부분적으로는 발화 상황(Redekon-
stellation) 개념과 그 성분들의 도움으로 파악될 수 있다.

이 때 구어와 문어를 구별해야 한다. 문어 텍스트는 일차적으로 독백
이다(소설문학이나 연극에서의 대화와 같은 특수 형식들은 파생된 것으
로 간주할 수 있다). 그리고 사신과 같은 소수의 형식을 제외하고 문어
텍스트는 대중적인 의사소통에 포함시킬 수 있다. 이것은 이미 외적인
사실에 대한 어떤 통일성을 전제로 한다. 반면에 주로 대화로 구성되어
있는 구어 텍스트에서는 발화 상황이 본질적으로 더욱 가변적인 것으로
간주되어야 한다. 따라서 발화 상황은 텍스트 유형 분류에 더 큰 영향을
미칠 것이다.

화자/필자의 의사소통적인 의도(Absicht) 역시 형식부여에서 결정적
인 역할을 한다. 이러한 의도는 텍스트 목표에서 파악될 수 있으며, 이
목표는 다시 포괄적 목표(Globalziel)와 수정적 목표로 구분될 수 있다.
포괄적 목표는 발화행위 유형과 몇 가지 공통점을 보여주지만 아주 개
략적인 체계(Raster)를 나타낸다.

Peter Kern(1968)(1969년에 출판됨)은 Bühler의 의사소통 삼각모형을
토대로 하나의 텍스트 유형 분류를 제안했다. 그는 기술되는 사태(보고,
기술 등)가 중심에 오는지, 혹은 수신자(정보, 호소 등)가 중심에 오는지,
혹은 필자의 주관(성찰 등)이 중심에 오는지에 따라서 일차적으로 세 가
지로 분류한다. 하위분류는 다수의 텍스트 유형들을 산출하며, 이들의
경계선은 전통적인 문학 장르와는 아주 반대로 뻗어 있다.

독일어 연구소(Institut für deutsche Sprache)의 프라이부르크 연구소
는 본질적으로 발화 상황에 바탕을 두고 있는 구어용 텍스트 유형학
(Textsortentypik)을 개발했다. 다음과 같은 발화 상황의 자질들이 구별
된다.

1. 화자의 수
2. 시간지시 (동시에 진행되는 사건, 과거의 사건, 미래의 사건 혹은
   시간을 초월한 사건이 언급된다)
3. 상황교차의 정도
4. 대화 상대방의 계급 (같은 계급, 하위 계급 혹은 특권 계급)
5. 화자의 준비성의 정도
6. 화자 교체의 수 (단지 대략적으로만 규정할 수 있는)
7. 주제 확정 (주제를 미리 규정하거나 혹은 규정하지 않음)
8. 주제 취급의 양태성 (서술적, 논증적 혹은 연상적)
9. 홍보 정도

이러한 자질들은 한 텍스트의 언어적인 완성에 대해 각각 다른 밀접한 관계에 놓여 있다. 그래서 예컨대 시간지시 자질은 "시제"(Tempus)의 선택에 직접적인 영향을 갖는다는 사실을 예언할 수 있다. 하지만 주제 취급의 양태성을 토대로 하여 이러한 진단이 당장 형식화될 수는 없다.

우리는 텍스트의 가장 중요한 포괄적 목표(Globalziel)로서 다음을 구별할 수 있다.

정보전달 (예: 뉴스 보도, 서면에 의한 상품판매)
동기유발 (예: 도움 요청, 근무 지침)
설득 (예: 토론, 신문 사설)
가르침 (예: 강의, 노래책)
인간관계 촉진 (예: 인사, 사신)
강조 철회 (예: 비난, 서정시)

그 소속 유형에 따른 텍스트의 기술은 합목적적으로 제시된 자질들을 이용한다. 따라서 이러한 기술은 먼저 포괄적 목표를 언급하고, 그 다

음에 매개체(Medium)를 명명하며, 끝으로 발화 상황에 관심을 기울이게
된다. 그러므로 한 텍스트 유형은 이를테면 다음과 같이 기술될 수 있을
것이다.

> 포괄적 목표: 정보전달
> 매개체: 서면
> 발화 상황:
>> 소외되고 아주 수동적인 수용자를 갖는 독백 텍스트
>> 과거 사건 혹은 (드물게) 미래 사건에 대한 보고
>> 기술적인 주제 취급
>> 공적인 텍스트

이러한 기술은 일간지에서 나타나는 다음과 같은 통신사 제공 기사에
적합하다.

• 군인들에 대한 수사 종결

본(dpa). 국민에 대한 선동과 상해로 인한 독일 연방 군인들에 대한 고발이 있은
두 달 후 검찰은 수사를 종결했다.

지크부루크의 버스 승객들이 고발했다. 그들은 다수의 군인들이 유태인과 외국
인을 적대시하는 슬로건을 마구 외쳐댔다고 진술했다.

한 승객이 심하게 구타당했다고도 한다.

본의 검찰은 금요일 심문에서 어떤 승객도 그 슬로건을 군인들 중의 한 사람에
게 결부시킬 수 없었다고 한다. 구타당한 승객도 고발을 포기했다고 한다.

텍스트 형성에서 사회적인 특징들, 특히 상대방의 소속집단을 고려하
는 것이 중요하다는 것을 우리는 오래 전부터 알고 있다. 수공업자들 간
의 대화는 학생들 간의 대화와 다르게 진행되곤 한다. 노동자들은 관청

공무원들과의 대화에서 종종 말하는 것이 습관처럼 되어버린 직장인들보다는 더 큰 어려움을 가지고 있다. 국가관청과 자치단체가 시민들에게 전달하고자 하는 텍스트 유형들 - 즉 법과 규정, 또한 특별 지시, 지도원리, 안내서 따위 - 을 정의할 경우에 이러한 난점을 아주 진지하게 받아들여야 할 것이다. 시민들의 복지를 위해 설치되고 결국 시민들에 의해 지불되는 이러한 기관들은 자신을 전달할 줄 알아야 한다. 즉 많은 비난을 받고 그리고 비난받는 것이 너무나 당연한 "관청 독일어"(Behörden-deutsch)는 당장 과거로 돌려야 한다.

7. 층위 중립적인 과정

7.0 개관

2장, 4장, 5장 및 6장에서는 각각 어떤 특정한 생산물 층위 - 형태소, 단어, 어군 및 문장 - 와 연관된 현상들이 기술되었다. 서론과 3장만이 보다 일반적인 개념들을 다루었다. 이제 끝으로 그 활동이 지금까지 기술된 생성 메커니즘을 각각 여러 계층에서 변화시킬 수 있는 과정들을 가능케 해주는 몇 가지 규칙체계를 논의해야 하겠다. 이것은 전체적으로 과정으로서 파악되는 부정(Negation), 병렬(Koordination) 그리고 동격/협동(Kooperation)에 적용된다. 이러한 "보충적인" 규칙 유도 과정들 이외에 특정한 복합체에서 의무적으로 개입하는 일치(Kongruenz)가 특수한 역할을 한다.

7.1. 일치

우리는 여기서 "일치"(Kongruenz)를 통합적인 관계를 반영하는 표현 영역에서의 일치(Übereinstimmung)를 위한 규칙으로 이해한다. 의미적인 일치 규칙은 이러한 일치 개념에 포함되지 않는다.

일치는 이러한 규칙들의 작용에서 추론할 수 있다. 보다 단순하게 기술하기 위해서 이러한 결과들은 이 책에서 다양하게 - 이를테면 격 자질로서 - 의존 수형도에 수용되었다. 그러나 그것이 독자들로 하여금 일치

를 통사적으로 상관적인 것에 그에 상응하는 "외적인" 표지를 부여하는
과정으로 이해하는 데 방해해서는 안 될 것이다.

> 상응하는 광의의 일치 개념은 결합가 관계도 포함할 수 있을 것이다
> (동일한 범주 지표가 결합가 지표에 대립해야 한다). 그럼에도 불구하
> 고 우리는 일치 개념을 전통문법에서도 다루었던 몇 가지 굴절소적인
> 현상에 한정한다. 우리가 이 정의를 진지하게 받아들인다면 물론 일
> 치현상은 여기서 기술된 것보다 훨씬 빈번하며 다양하다.

어형변화 하는 모든 언어에는 일치 규칙이 있다. 하지만 일치 규칙은
개별 언어적으로 특수하게 규정되어 있으므로 많은 대조기술을 위해 중
요하다.
　대부분의 경우에는 일치 규칙이 의무적으로 적용되어야 한다.
　명사구, 대명사구 그리고 문장에는 일치가 있다.

• 명사구를 위한 일치 규칙
　명사구를 위한 일치 규칙에서는 세 가지 관점에서 일치가 있다.
1. 격의 일치는 명사 핵어와 명사 앞에 오는 한정사, 형용사 그리고 가변
　명사(Nomen varians) 간에 의무적으로 적용된다.

> aus *diesem* Grunde (이러한 이유에서)
> aus *gutem* Hause (좋은 집안 출신의)
> *Herrn* Walsers (발저 씨의)

2. 한정사의 특정한 하위부류가 특수한 형용사 어형변화를 요구한다는
　점에서 한정사와 형용사 간에 일치가 의무적으로 적용된다(자세한 것
　은 4.4장 참조). 그러므로 여기서 일치는 개개 격이 아니라 전체 어형

변화 계열소에 관련된다.

der neue Gast (그 새로운 손님)
ein neuer Gast (한 새로운 손님)
(als) neuer Gast (새로운 손님(으로서))

aus dem jungen Wein (그 오래되지 않은 포도주에서)
aus einem jungen Wein (한 오래되지 않은 포도주에서)
aus jungem Wein (오래되지 않은 포도주에서)

3. 명사 핵어와 핵어의 명사적인 동격 간에도 일반적으로 격의 일치가
적용된다(자세한 것은 6.4장 참조).

auf der Rupertsalm, einem früheren Bergbauernhof, ...
(예전의 산지농부의 집이던 루페르트살름에서)

• 대명사구를 위한 일치 규칙
여기서는 두 가지 관점에서 일치가 문제된다.

1. 격과 수에서의 일치는 상대 대명사와 부가적인 명사구(이 명사구에서
는 부가적으로 명사 핵어가 삭제될 수 있다) 간에 의무적으로 적용된
다.

ich vergesslicher Mensch (건망증이 있는 나)
euch undankbaren Kindern (너희들 배은망덕한 아이들에게)
du Tapfere (용감한 여자인 너)

2. 몇몇 부정대명사와 이들의 형용사적 부가어 간에 몇 가지 격에서의

일치가 일반적으로 적용된다. 그러나 대명사적 핵어가 굴절할 수 없
거나 혹은 이러한 부가에서 핵어의 굴절자질을 상실하기 때문에 이러
한 일치는 표층에서 더 이상 추론할 수 없다.

> mit jemand Bekanntem (누군가 아는 사람과 함께)
> mit nichts anderem (다른 아무 것도 안 가지고)

• 문장을 위한 일치 규칙

모두 다섯 가지 경우에서의 일치가 고려될 수 있다.

1. 인칭과 수에서의 일치는 주어와 정동사 간에 의무적으로 적용된다.

> Ich hoffe das. (난 그걸 바란다)
> Hoffst du das? (너 그것을 바라니?)
> Sie hoffen das. (그들은 그것을 바란다)

중첩된 주어에 대한 특수규칙이 여기서 아주 자세히 논의될 수는 없
다. 하지만 중첩된 주어가 "인칭"(Person) 범주와 관련하여 구별되는 경
우에 대해서는 언급할 수 있다. 즉 1인칭이 2인칭을 지배하고 2인칭이 3
인칭을 지배한다(전이관계가 적용되기 때문에 1인칭은 3인칭도 지배한
다).

> Ich und du müssen nacharbeiten. (나와 너는 뒤에 보충해야 한다)
> Ihr und die anderen Besucher habt es gehört.
> (너희들과 다른 방문객들이 그것을 들었다)

2. 인칭과 수에서의 일치는 주어와 재귀대명사에 대해서 의무적으로 적
용된다.

Ich habe mich in dir getäuscht. (나는 너를 잘못 평가했다)
Wir haben uns in dir getäuscht. (우리는 너를 잘못 평가했다)
Ihr habt euch nicht getäuscht. (너희들은 착각하지 않았다)

주어의 중첩(Häufung)에 대해서는 수많은 특수규칙이 있다.

3. 격의 일치는 동일한 문장의 4격 보충어와 명사 보충어 간에 의무적으로 적용된다.

Wie kannst du mich einen vaterlandslosen Gesellen nennen?
(너는 어떻게 나를 매국적인 놈이라고 부를 수 있니?)

4. 격의 일치는 명사/명사구와 그 수식어(Adjunkt) 간에 일반적으로 적용된다.

Ich habe ihm als früherem Kriegsgefangenen das alles geglaubt.
(나는 옛날에 전쟁 포로였던 그에게서 그 모든 것을 믿었다)
Hanna hatte ihn als offenen Menschen schätzen gelernt.
(한나는 그를 솔직한 사람으로 높이 평가하였다)
Von ihr als erfahrener Referentin erhofften wir weitere Aufschlüsse.
(숙달된 발표자인 그녀에게서 우리는 다른 설명을 바랬다)

특히 이러한 규칙의 일탈이 의사소통을 방해하지 않는 경우에는 동격에서와 유사하게 이 규칙의 일탈이 나타난다.

Von ihr als erfahrene Referentin erhofften wir weitere Aufschlüsse.
(숙달된 발표자인 그녀에게서 우리는 다른 설명을 바랬다)

이에 반해 다음 문장은 화자(제3자가 아니라)가 이전에 전쟁포로 상태에 있었을 경우에만 허용될 수 있을 것이다.

> Ich habe ihm als früherer Kriegsgefangener das alles geglaubt.
> (옛날에 전쟁 포로였던 나는 그에게서 그 모든 것을 믿었다)

5. 한편 소유 한정사와 대명사 간의 일치와 다른 한편 "소유자"와 "소유
   물"에 대한 명칭들 간의 일치는, 소유대명사와 소유자가 인칭, 성(명
   시되는 경우) 및 수에서 일치해야 하고, 소유대명사와 소유물이 성,
   격 및 수에서 일치해야 한다는 점에서 의무적으로 적용된다.

> meine Mütze (나의 모자)　　　 meine Kleider (나의 옷들)
> deiner Mütze (너의 모자에)　　 meinen Kleidern (나의 옷들에 대해)
> seiner Mütze (그의 모자에)　　 ihren Kleidern (그들의 옷들에 대해)
> unsere Kleidung (우리들의 옷)　eure Kleider (너희들의 옷들)

7.2. 부정

모든 언어와 모든 언어적인 층위에서는 무엇을 부정할 수 있는(in
Abrede stellen, negieren) 가능성이 존재한다. 이 경우 언제나 수의적인
규칙이 문제된다. 즉 어떤 것도 반드시 부정적으로 표현될 필요는 없으
며, 모든 것이 긍정적으로 표현될 수도 있다.

다음과 같은 종류의 부정(Negation)이 구별되어야 한다.

1. 우리가 한 개체에서 어떤 속성이나 상태를 부인(absprechen)하고자
   하는 경우 단어(Wort)는 부정될 수 있다. 이것은 무엇보다도 조어의

수단을 통해 일어난다.

Zustimmung (동의): Nichtzustimmung (비 동의)
Geduld (인내심): Ungeduld (성급함)
Konformismus (추종주의): Nonkonformismus (비 추종주의)
gemütlich (기분 좋은): ungemütlich (기분 나쁜)
direkt (직접적인): indirekt (간접적인)
sozial (사회적인): asozial (반 사회적인)
bleihaltig (납 함유의): bleifrei (납 성분이 없는)
respektvoll (공손한): respektlos (불경한)

2. 어군(Wortgruppe)의 영역에서도 부인으로서의 부정이 가능하다. 그러면 이것은 대개 전치사 ohne의 도움으로 일어난다.

die Frau ohne Schatten (그림자 없는 여인)
ein Mann ohne Mantel (외투를 입지 않은 어떤 남자)

그러나 어군의 틀 속에서는 대체로 속성이 부인되는 게 아니라 개별적인 개체나 혹은 규정어가 상위집합에서 제외된다. 제외(Ausnehmen)를 위해서는 무엇보다도 부정어 nicht, 그 대체물(keineswegs 등), 부정적인 한정사와 대명사(kein, keiner)가 사용된다.

중요한 것은 제외의 경우 전체로서의 사태가 부인되지는 않는다는 것이다. 즉 문장은 원칙적으로 계속 유효하다. 문장의 한 부분만이 부정된다. 그래서 우리는 이것을 "부분부정"(Teilnegation) 혹은 "특수부정"(Sondernegation)이라고도 말한다.

Ihr habt nicht den Pirol, sondern die Drossel gehört.
(너희들은 그 꾀꼬리 소리가 아니라 그 개똥지빠귀 소리를 들었다)

Nicht gestern ist der Unfall passiert.
(그 사고가 일어난 때는 어제가 아니었다)
Der Wein war nicht zu kalt. (그 포도주는 너무 차갑지는 않았다)

부정 요소들이 제외되는 경우 보통 kein이나 혹은 그 대명사적 대응
어 중의 하나(niemand, nichts 등)가 사용된다.

Wir haben keinen Pirol gehört.
(우리는 어떤 꾀꼬리 소리도 듣지 못했다)
Nichts von alledem trifft zu.
(이 모든 것들 중에서 어떤 것도 옳지 않다)

이러한 부정 요소들의 용법에 대한 자세한 사항은 다음 3항을 참조하
기 바람.

문장의 한 부분이 부정되어야 하는지 혹은 전체 문장이 부정되어야
하는지가 언제나(특히 nicht에 의해 부정될 경우) 당장 분명한 것은 아
니다. 여기서 명확성을 유지하기 위하여 추가적인 수단이 사용된다. 즉
sondern-구성을 통해서 언제나 부분부정만이 존재한다는 것을 확실히
할 수 있다.

Wir haben keinen Pirol gehört, sondern eine Drossel.
(우리는 꾀꼬리 소리를 들은 게 아니라 개똥지빠귀 소리를 들었다)
Der Unfall ist nicht gestern, sondern vorgestern passiert.
(그 사고는 어제가 아니라 그저께 일어났다)

부정어와 함께 부정된 요소의 전장위치(Vorfeldstellung)도 역시 부분
부정을 명백히 할 수 있다.

Nicht den Pirol haben wir heute Nacht gehört.
(우리가 오늘밤에 들은 것은 그 꾀꼬리 소리가 아니었다)

결국 억양(Intonation)도 역시 도움이 될 수 있다. 강세 하에 있는 부정되는 요소가 단독으로 전장에 오는 경우 중장에 있는 부정어는 이 요소에만 관련될 수 있다.

Den Piról haben wir heute Nacht nicht gehört.
(우리가 오늘밤에 들은 것은 그 꾀꼬리 소리가 아니었다)

이 경우 Pirol은 단독으로 부정어의 영역 안에 있는 강조된 주제로서 나타난다.

3. 문장의 영역에서도 역시 어떤 속성 혹은 행동방식의 부인이 가능하다.

Annette ist nicht sehr entgegenkommend.
(안네테는 매우 친절하지는 않다)

다음과 같은 문장도 역시 문장 층위에서의 제외(부정과 똑같이)로서 이해될 수 있다.

Der Wein war nicht zu kalt.
(그 포도주가 너무 차갑지는 않았다)

하지만 문장에서 전형적인 것은 동시에 그 반대가 주장되는 한 사태에 대한 부정(Verneinung)이다. 부정어는 지금까지 기술된 경우들에서처럼 nicht, kein 그리고 각각 이들에 상응하는 대응물이다.

Ich kann das nicht begreifen. (나는 그것을 이해할 수가 없다)

Die Stadt sollte den Unteren See nicht weiter verkleinern.

(그 도시는 운테른 호수를 더 이상 축소해서는 안 될 것이다)

Wir akzeptieren die Umgebungsstraße durch das Tulpenfeld nicht.

(우리는 튤립 밭을 가로지르는 순환도로를 수용하지 않는다)

Die Mitgliederversammlung wird diesem Vorschlag keinesfalls zustimmen.

(회원들의 집회는 이 제안에 결코 동의하지 않을 것이다)

Sie hat mit niemandem darüber geredet.

(그녀는 어느 누구와도 그것에 대해 말하지 않았다)

 nicht와 kein의 역할 분담은 상당히 엄격히 규정되어 있다. 어떤 비확
정 요소도 포함하지 않는 문장(그리고 문장류의 구성체)은 nicht에 의
해 부정된다.

Das ist nicht mein Mantel. (그것은 내 외투가 아니다)

Ich habe diese Geschichte nicht gekannt.

(나는 이 이야기를 알지 못했다)

Ihr haben wir das Buch nicht geschickt.

(우리는 그 책을 그녀에게 보내지 않았다)

Er hat seinen Artikel nicht abgeliefert.

(그는 자신의 논문을 교부하지 않았다)

 적어도 하나의 비확정 요소를 포함하고 있는 문장(그리고 문장류의
구성체)은 그 비확정 요소가 부정적인 대응물로 대체됨으로써 부정된다.

Sie hat sich ein/kein Klavier gekauft.

(그녀는 피아노 하나를 샀다/어떤 피아노도 사지 않았다)

Zum Frühstück isst er Müsli/kein Müsli.

(아침 식사 때 그는 뮈슬리를 먹는다/먹지 않는다)

Man kann das irgendwo/nirgends kaufen.
(우리는 그것을 어딘가에서 살 수 있다/아무 곳에서도 살 수 없다)
Ich habe davon einmal/nie gehört.
(나는 그것에 관해 한 번 들었다/결코 듣지 못했다)

비확정 한정사 all-에서는 부분 부정과 전체 부정이 구별되어야 한다.

Wir konnten nicht alle gestohlenen Fahrräder sicherstellen.
(우리는 훔친 자전거 모두를 압류할 수는 없었다)
Wir konnten keine gestohlenen Fahrräder sicherstellen.
(우리는 훔친 자전거 그 어떤 것도 압류할 수가 없었다)

4. 텍스트 영역에서는 앞 텍스트에 관련되는 두 종류의 부정이 있다.
반대(Widerspruch)를 통해 앞 발화의 내용이 부적절한 것으로 표현
된다. 부정어는 nein과 그리고 수많은 등가어이다.

Hanna ist auch dabei. – Nein. (한나도 출석했다 – 아니오)
Seh ich dich morgen Abend? – Nein.
(내가 너를 내일 저녁에 볼 수 있니? – 아니)
Sind Sie jetzt zufrieden? – Keineswegs.
(당신은 지금 만족하십니까? – 결코 만족하지 않습니다)
Eine ganz hervorragende Laudatio. – Ich kann das gar nicht finden.
(아주 훌륭한 축사입니다. – 나는 전혀 그렇게 생각할 수 없습니다)

반박(Zurückweisung)을 통해 앞 발화의 내용이 아니라 발화 의도(발
화수반 행위, 6.2장 참조)가 정당하지 않은 것으로 표현된다. 우리는 원
칙적으로 모든 발화행위를 반박할 수 있다.

요구:

(Sie warten hier außen.) – Sie haben mir nichts zu befehlen.

(당신 여기 밖에서 기다리세요 – 당신은 나에게 어떤 것도 명령할 수 없소)

전달:

(Was für ein altkluges Kind!) – Aber das kann man doch nicht sagen!

(이 얼마나 조숙한 아이냐 – 하지만 우리는 결코 그렇게 말할 수 없다)

협박:

(Ich würde an Ihrer Stelle den Mund halten.) – Wollen Sie mir etwa drohen? (내가 당신 입장이라면 입을 다물겠다 – 당신 나를 협박하려고 하십니까)

소개:

(Mein Name ist Berger.) – Aber wir kennen uns doch schon längst!

(내 이름은 베르거입니다 – 우리는 이미 오래 전부터 서로 알고 있지 않소)

7.3. 중첩

우리는 "중첩"(Häufung)을 기능이 동일한 일등급 요소들의 병렬 (Nebeneinandervorkommen)로 이해한다.

우리는 지배소에 직접 종속하는 요소들을 일등급이라고 일컫는다. 다음 두 문장에서 지배소 stiehlt와 비교하여 Hans, Grete, Birnen은 일등급의 요소들이다.

Hans stiehlt Birnen. (한스가 배를 훔친다)
Grete stiehlt Birnen. (그레테가 배를 훔친다)

이들 문장은 각각 다음과 같은 수형도를 갖는다.

Hans와 Birnen, Grete와 Birnen은 각각 병렬적으로 나타난다. 이 요소들은 물론 기능적으로 동일하지 않다. 즉 Hans와 Grete는 주어로서 기능하고 Birnen은 4격 보충어로서 기능한다. 순수한 일등급 요소들이 병렬적으로 나타나는 곳에서 우리는 그 요소들이 축적되었다(kumuliert)고 말한다. 즉 한 문장 안에 있는 문장성분들 - 보충어와 첨가어 - 과 명사의 모든 부가어는 언제나 축적되어 있다. 그밖에 어떤 지배소도 가지고 있지 않지만 하나의 공통적인 지배소를 가질 수 있는 병렬적으로 나타나는 요소들의 경우에도 우리는 축적(Kumulation)이라고 말한다. 그래서 우리는 다음 문장에서 요소들 heute, wegen Krankheit, keine Sprechstunde를 병원문의 문패 위에 붙어 있는 간결한 정보로서, 즉 축적되어 있다고 이해할 수 있다. 왜냐하면 이 요소들은 다음 문장에서 지배소 abgehalten에 대한 일등급 요소로서 나타날 수 있기 때문이다. 이 문장은 다음과 같은 구조를 갖는다.

Heute kann wegen Krankheit keine Sprechstunde abgehalten werden. (오늘은 병 때문에 어떤 진찰시간도 가질 수 없습니다)

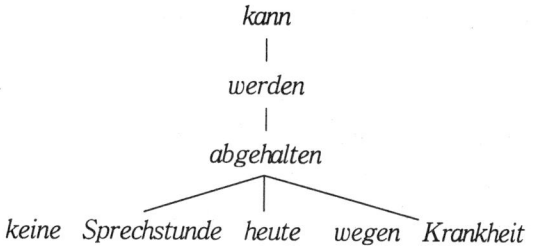

　중첩은 축적의 특별한 경우이다. 축적된 요소들이 그 기능이 동일한 경우에만, 즉 통사적 성분들이 동일 부류에 속하는 경우에만 중첩이 존재한다. 예컨대 일등급의 두 요소가 동일하게 문장을 지배하는 동사에 대해 주어역할을 하면 이들은 중첩되어 있다. 다음 문장에서 Hans와 Grete는 중첩되어 있다.

　　Hans und Grete stehlen Birnen. (한스와 그레테가 배를 훔친다)

　중첩이 다른 문법기술에서는 대등접속(Konjunktion), 병렬(Koordination), 병렬(Reihung) 등으로 일컬어진다.

　개별적으로는 매우 다양하지만 몇 가지 일반적인 구조규칙들이 중첩에서 적용된다. 우선 접속사가 있는 중첩과 접속사가 없는 중첩을 구별할 수 있다.

　무접속사 연결(Asyndese)에서는 중첩된 요소들 간에 아무런 연결수단이 없다.

　　rüstige alte (Leute) (정정한 노인네들)
　　morgen gegen Mittag (내일 정오 경에)

　접속사 연결(Syndese)의 수많은 형태들 가운데 가장 흔한 것은 대등접속사 연결(konjunktionale Syndese)이다. 이 연결은 중첩된 요소들을 여러 가지 단어들 - 대체로 대등접속사이지만 꼭 그런 것만은 아니다 - 을 통해 연결시킨다.

　　für oder gegen mich (나를 찬성하든지 혹은 반대하든지)
　　Hinz und Kunz (어중이 떠중이)
　　getragen, ja feierlich (의식적이며 또한 장엄하게)

klug, folglich angepasst (현명하게, 따라서 순응하여)

그밖에 요소들이 콤마를 통해서만 연결되어 있는 콤마 연결(Kommasyndese)이 있다.

geschwätzige, ermüdende Typen
(수다스럽고 피곤하게 하는 유형들)
Der Pfarrer winkte, Thomas huschte in die Sakristei.
(신부가 눈짓했으며, 토마스는 제의실(祭衣室)로 재빨리 사라졌다)

중첩된 요소들이 und로 연결될 수 있다는 것은 콤마 연결에 대한 개략적인 규칙으로 간주된다. 이 말은 중첩된 요소들이 의미적으로 동일한 등급이 되어야 한다는 조건과 등가이다. 따라서 다음 예는 틀린 것이다.

*alter, burgundischer Rotwein (오래된 부르군드산의 적포도주)
*ein wertvoller, klassizistischer Schrank (값비싼 의고주의적인 장)

그 반면에 다음 예는 올바르다.

zielbewusste, gescheite, besonnene Frauen
(목표의식이 투철하고 영리하며 신중한 여자들)

대등접속사 연결과 콤마 연결을 결합한 혼합적 연결(Mischsyndese)이 흔하다(이에 대한 몇 가지 예를 위에서 참조바람).

Am ersten, dritten und siebten Tage
(첫 번째, 세 번째 그리고 일곱 번째 날에)

많은 중첩된 요소들이 오는 경우에 맨 나중 두 요소만을 종속접속사로 연결하고 나머지 요소는 콤마로 연결하는 경향이 지배적이다. 그러나 이에 대한 일탈도 드물지 않다.

> junge und alte, gescheite und einfältige Personen
> (젊은이와 늙은이, 영리한 사람들과 단순한 사람들)

일반적으로 표현이 다른 요소들은 중첩된다. 보통 콤마 연결을 갖는 동형 요소들의 중첩은 한 표현의 강력한 감정적인 표지를 전제로 한다.

> das weite, weite Land (넓고 넓은 나라)
> bunte, bunte Blumen (화려하고 화려한 꽃들)
> viele, viele Leute (많고 많은 사람들)
> Lang, lang ist's her. (지금으로부터 오래되고 오래된 일이었다)
> Verstand, Verstand wünsch ich euch.
> (오성, 오성을 나는 너희들에게 바란다)
> Leute, Leute wie Sand am Meer. (바닷가의 모래와 같은 인산인해)

많은 한정사들이 상이한 지시를 하는 경우에만, 즉 해당 명사가 상이한 개체를 표현하는 경우에만 이들은 확인하는 요소로서(4.3장 참조) 중첩될 수 있다. 보통 이러한 발화는 보조적인 몸짓을 수반한다.

> der, der und der Mitarbeiter (저 직원, 저 직원 그리고 저 직원)

전반적으로 동형 요소들의 중첩에 대해서는 아직 충분히 연구되지 않은 강한 제약들이 있다.

중첩에 대한 도식적 기술(graphische Darstellung)은 모든 문법에서 여러 가지 문제점을 나타낸다. 생성문법은 두 중첩된 요소를 갖는 한 문

장을 일반적으로 이 요소들 중에서 각각 하나를 갖는 두 문장에서 유도
해낸다. 이 때 여러 가지 변형(삭제변형, 대치변형)이 삽입된다.

　Hans stiehlt Birnen. (한스가 배를 훔친다)
　Grete stiehlt Birnen. (그레테가 배를 훔친다)
　———————
　Hans und Grete stehlen Birnen. (한스와 그레테가 배를 훔친다)

　언어학이 단지 문장에만 관계하는 것이 아니라는 사실을 제외하고는,
이러한 방식은 아주 형식적이며 더욱이 구체적인 언어생성 과정에 거의
부합하지 않을 것이다(이것은 모든 중첩에서 다수의 문장들이 중첩된
요소를 갖는 하나의 새로운 문장으로 통합되어야 한다는 것을 의미할
것이다). Tesnière의 "결합"(Junktion)은 다음 "도식"(Stemma)이 보여주
는 바와 같이 병렬(Nebenordnung)에 대한 순수하지만 학문적으로 거의
믿을 수 없는 견해를 반영하고 있다.

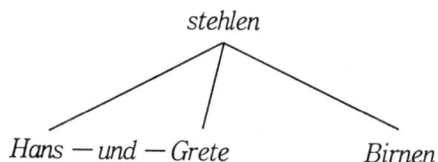

　계층적인 기술체계에서 이러한 수평적인 중첩선은 결코 수용될 수 없
다. 적어도 선의 방향 - 수직선의 경우와는 달리 - 이 충분히 정의되어 있
지 않으며, 따라서 수직선에 대한 수평선의 관계가 불명확하다.
　엄격히 의존적인 체계에서는 중첩도 역시 의존적으로 기술될 수 있어
야 한다.
　예전에 필자는 다음과 같은 방법으로 여기에 도달하려고 시도했다. 의

존체계에서 대부분의 표현들이 - 부정어와 몇몇 평가적인 표현들은 예외
이다 - 중첩되어 나타날 수 있다는 관찰에서 출발하여 우리는 다음 형태
의 일반적인 의존규칙을 형식화 할 수 있다.

A ——————— B ——————⌐B′

이 규칙은 임의의 지배소가 특정한 의존소 B뿐만 아니라 B와 함께 요
소 B′도 지배할 수 있다는 것을 말한다. 이 때 B와 B′는 동일한 통사적
성분부류(예컨대 3격 보충어 혹은 시간 첨가어)에 속한다. 추가적으로
두 중첩된 요소에 하나의 종속접속사가 나타날 수도 있으면 그리고 흔
히 나타나기도 한다.

다음과 같은 보다 명시적이며 정확한 규칙이나 혹은 도식이 이것을
보여준다.

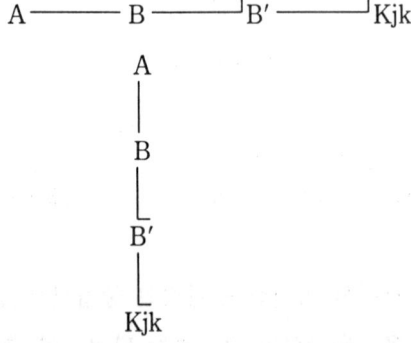

이러한 기술이 반 직관적(kontraintuitiv)이라는 사실은 물론 우리가
언어학적인(언어적이 아닌!) 직관의 존재와 속성에 대해 보다 자세히 알
고 있지 못하는 하나의 약한 논증이 될 수도 있을 것이다.

그럼에도 불구하고 동시성만으로는 충분하지 않으며, 병렬적으로 나

타나는 요소들이 경우에 따라서는 어쨌든 중첩된 것으로 증명되어야 하기 때문에, 우리는 **병렬 표지어**(Koordinationsmarkant)를 도입하기로 한다. 병렬 표지어란 연결적인 중첩의 수단, 즉 콤마와 대등접속사 이외에 일부는 쌍을 이루어 사용되고 또 일부는 개별적으로 사용되는 여러 품사들에서 나온 몇몇 다른 불변화사, 즉 bald ... bald, zwar ... aber, folglich, wenngleich 따위를 말한다. 그러면 우선 아주 일반적으로 다음 규칙이 적용된다.

$$A \text{———————} B/K$$

이로써 병렬 표지어가 임의의 요소의 자리에 나타날 수 있는데, 이 표지어의 기능은 기능이 동일한 일등급의 요소들을 연결하는 것이다. 이제 병렬 표지어가 "올바른" 요소들을 연결하는 것을 보장하기 위해서 지배소의 격지배 속성의 일부가 병렬 표지어에 "상속되어야" 한다. 결합가가 존재하는 한 이것은 문제가 없다. 그러면 다음 규칙이 적용된다.

$$A_{\langle i,j,k \rangle} \text{———————} B/K_{\langle i \rangle}$$

비 특수적인 격지배(즉 종속적인 첨가어에 관련되는)의 수많은 가능성도 충족시키기 위해서 우리는 여기서 또한 격지배 지표 「i,j,k」를 도입한다. 이 지표는 특수한 종속뿐만 아니라 비 특수적인 종속에도 적용된다. 그러면 형식은 다음과 같다.

$$A \ulcorner i,j,k \urcorner \text{———————} B/K \ulcorner i \urcorner$$

우리는 이러한 격지배 지표를 지금까지 도입하지 않았으며 앞으로도

이 지표를 중첩의 외부에서는 사용하지 않을 것이다. 이에 대한 이유
는 경제적인 이유에서이다. 즉 거의 모든 요소들이 무한히 많은 첨가
어를 지배할 수 있기 때문에 격지배 지표는 큰 범위를 가질 것이며
이로 인해 기술은 아주 전망하기 어려울 것이다.

그러면 다음 문장은 아래와 같은 도식으로 기술될 수 있다.

Hans und Grete stehlen Birnen.

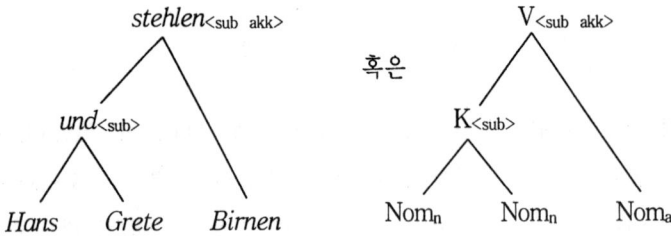

중첩의 형태들을 개별적으로 살펴보면 우선 텍스트의 틀 안에 있는
중첩과 다른 영역 안에 있는 중첩을 구별할 수 있다.

텍스트 층위 하부에 있는 중첩은 단어들 내부에서 그리고 구와 문장
안에서 발견된다.

조어(Wortbildung)의 틀 내에서는 전철과 합성어의 성분들이 중첩될
수 있다. 이러한 중첩은 접속사 있는 연결로만 나타난다.

ein- und abfahren (차를 몰고 진입하고 그리고 진출하다)
bald vor-, bald nachgehen (때로는 빨리 가고 때로는 늦게 간다)
gleich- oder verschiedenartig (동일하거나 또는 다양한)
Vorder- und Hinterlengenberg (앞 쪽 렌겐베르크와 뒷 쪽 렌겐베르크)
Kinder- und Hausmärchen (아동 동화와 가정 동화)

명사적 복합어에서 기본단어의 중첩은 드물다.

Ersatzfahrzeuge und -personal (대체 차량과 대체 인원)

구에서 특성화 기능을 갖는 부가어는 대개 접속사 있는 연결로서 거의 무제한적으로 중첩될 수 있다.

sehr, sehr traurig (아주 아주 슬픈)
genau oder (doch) annähernd zwanzig
(정확히 20개이거나 혹은 대략 20개의)
zerlesene und trotzdem kostbare Bücher
(다 헤어지긴 했지만 그래도 값비싼 책들)
Utas und Ulis Erben (우타의 상속자들과 울리의 상속자들)
meine oder deine Meinung (나의 의견 혹은 너의 의견)
sowohl öffentliche als auch private Gebäude
(공공 건물 뿐만 아니라 개인 건물도 역시)
Bereitschaft zum Einlenken bzw. zum Verhandeln
(결렬시키거나 혹은 협상할 준비 태세)

동일한 하위부류의 명사 부가어는 명사구의 두 장으로 분배될 수도 있다. 그러면 무접속사 연결만이 나타난다.

eine faszinierende Frau mit unkonventionellen Ansichten
(비 전통적인 의견을 가진 매력적인 여자)

수식어도 중첩될 수 있다.

Sie kam froh und unbeschwert aus Magdeburg zurück.
(그녀는 즐거이 그리고 걱정 없이 막데부르크에서 돌아왔다)

　확인하는 기능을 갖는 명사 부가어(한정사, 이에 대해서는 4.3장 참조)는 지배명사가 다수의 상이한 개체를 표현하는 경우에 중첩된다. 즉 다음 두 예는 구별된다.

> der alte und neue Landrat (동일한 사람) (전임 군수이자 신임 군수)
> der alte und der neue Landrat (두 사람) (전임 군수와 신임 군수)

모든 경우에서 다음 두 번째 예는 옳지 않다.

> die Stellung des Subjekts im Deutschen und im Polnischen
> (독일어와 폴란드어에서 주어의 위치)
> *die Stellung des Subjekts im Deutschen und Polnischen

　왜냐하면 독일어이면서 동시에 폴란드어인 언어는 존재하지 않기 때문이다(어쨌든 여기서는 언어를 말하는 것이 아니다). 그리고 널리 사용되는 다음 호칭은 비록 언어사용을 통해 점차 인정됨에도 불구하고 사실은 옳지 않다.

> meine Damen und Herren (신사숙녀 여러분)

　우리는 중첩된 부가어를 강조하기 위하여 이것을 추가(nachtragen)할 수도 있다. 그러면 병렬 표지어로서는 und zwar, aber 및 소수의 다른 표지어가 사용된다.

> ein Brief, und zwar ein anonymer
> (편지 한 통, 더욱이 익명의 편지 한 통)
> zwei Bier, aber gut gekühlte
> (맥주 두 병, 그러나 아주 차게 한 맥주 두 병)

부가적 형용사의 무접속사 중첩은 일반적으로 이러한 형용사들이 의미적으로 동일한 등급이 아니며, 따라서 단계적인 특성화가 존재하는 경우에만 가능하다.

köstliche schwäbische Spezialitäten (맛있는 슈바벤 지방의 특별요리)

여기서는 '맛있으면서' 동시에 '슈바벤 지방의 특별요리'를 의미하는 것이 아니라, 우리는 '맛있는' 것으로 간주될 수 있는 '슈바벤 지방의 특별요리'라는 부분집합을 생각해야 한다(별로 추천하고 싶지 않은 '슈바벤 지방의 특별요리'라는 부분집합을 생각하는 것이 아니라). 대체로 의미적으로 동일한 등급의 특성화에서는 접속사를 통해 중첩될 수 있다는 개략적인 규칙이 적용된다. 그래서 우리는 다음 두 구를 구별한다.

der dritte anonyme Brief (세 번째의 익명의 편지)
(연속적인 익명의 편지에서 세 번째 편지를 말함)
der dritte, anonyme Brief (익명의 세 번째 편지)
(연속적인 편지에서 세 번째 편지는 익명이지만 처음의 두 편지는 익명이 아님)

물론 이러한 차이가 항상 엄격하게 유지되는 것은 아니다. 다음 구에서는 두 형용사가 의미적으로 동일한 등급임에도 불구하고 대개 콤마를 삽입하지 않는다.

der dumme kleine Peter (멍청하고 어린 페터)

문장의 틀 내에서 대부분의 첨가어와 격 표현이 아닌 보충어(즉 E_{sit}, E_{dir}, E_{exp}, E_{nom}, E_{adj})는 서술적(prädizierend)인 기능을 갖고 있다. 이들 중에서 기능이 동일한 성분들은 접속사 연결을 통해 무제한적으로 중첩될 수 있다.

> Wir haben ihn gestern und vorgestern gesehen.
> (우리는 그를 어제와 그저께 만나 보았다)
> Annette lebt mal in Oppenheim, mal in Kanada.
> (안네테는 때로는 오펜하임에서 살고 때로는 카나다에서 산다)
> Sie müssen den Rand fingerbreit, d.h. etwa 2cm breit machen.
> (당신은 가장자리를 손가락 너비 정도, 즉 대략 2센티 정도 넓혀야 한다)

평가 첨가어는 대체로 접속사 연결 없이 중첩된다. 왜냐하면 이들은 대부분의 경우 단계적으로 서술하기 때문이다.

> Die Autorin ist ja leider nicht zu einer Kürzung bereit.
> (그 저자는 정말 유감스럽게도 줄일 준비가 되어 있지 않다)

문장류의 구성체는 그것이 특성화 기능이든 혹은 기술기능이든 간에 단순 요소와 동일한 방법으로 접속사 연결을 통해 중첩될 수 있다.

> Ich bin gekommen, um zu helfen und zu raten.
> (나는 돕고 조언하기 위해 왔다)
> Ich lese das Manuskript, weil es interessant ist und der Verfasser
> sich große Mühe gegeben hat. (나는 그 원고가 재미있고 그리고 저
> 자가 많은 수고를 했기 때문에 그것을 읽고 있다)

텍스트의 틀 내에서는 무엇보다도 문장이 중첩될 수 있다. 이 경우 접속사 연결만이 문제된다. 물론 그럴 경우에도 특정한 전제조건들이 충족되어 있어야만 한다. 만일 우리가 이러한 전제조건을 고수하지 않는다면 대부분의 텍스트는 단순히 문장들의 중첩으로 구성될 것이다. 따라서 여

기서 한 발화의 경계 내에서만 문장들의 중첩에 관해서 말해도 좋다는
사실이 확정된다. 이것은 다음을 의미한다.

- 청취된 문장들이 (구어에서) 하나의 통일적인 음조곡선을 통해 한
  정되어 있거나, 혹은 (문어에서) 하나의 종결하는 발화기호에 의해
  구분되어 있어야 한다.
- 발화행위 유형의 교체는 중첩을 방해한다.
- 화자 교체도 중첩을 방해한다.

중첩된 문장을 위한 예들은 다음과 같다.

Der Abend war langweilig, (und) wir verabschiedeten uns früh.
(그날 저녁은 지루했다. (그리고) 우리는 일찍 헤어졌다)
Ist dir nicht gut, oder hast du dich über irgendwas geärgert?
(너 기분이 좋지 않니, 아니면 너 무언가에 대해 화가 났니?)
Geh hinaus und kehr die Straße. (밖으로 나가서 길을 쓸어라)

우리가 다음 연속체의 첫 번째 문장을 협박으로 - 두 번째 문장은 어
차피 협박이다 - 이해한다면 이 연속체는 문장 중첩(Satzhäufung)으로
간주될 수 있다.

Sei jetzt still, oder du fliegst raus.
(지금 조용히 해라. 그렇지 않으면 밖으로 나가거라)

이에 반해 다음 연속체는 중첩이 아니다. 왜냐하면 분명히 여러 가지
문장유형(요구 내지는 질문)이 있기 때문이다.

Komm doch - oder willst du nass werden?
(들어 와라 - 아니면 너 비를 맞으려고 하니?)

중첩에서도 중요한 역할을 하는 독일어에서의 콤마삽입에 대한 규칙은 통사적으로 상당히 명확하다. 이러한 규정의 "취약한 부분들" 중의 하나가 und나 oder로 연결되어 있는 문장들에 적용된다. 일반적으로 여기서 (문장의 완전성을 전제로 한다면) 콤마가 삽입되어야 한다. 그러나 이어지는 문장들이 아주 짧으면 콤마를 삽입할 필요가 없다.

　　Du gehst ins Haus und ich kehre die Straße.
　　(너는 집으로 들어가고 그리고 나는 길을 쓴다)

하지만 연결된 문장들이 불완전하다면 - 즉 일반적인 견해에 따라서 주어나 정동사가 이들 문장에 없다면 - 언급된 대등접속사 앞에 콤마가 오지 않는다.

　　Du gehst und kehrst die Straße. (너는 가서 그리고 길을 쓴다)
　　Du spülst das Geschirr oder gehst zur Post.
　　(너는 그릇을 씻거나 혹은 우체국에 간다)

이들은 위에서 기술한 규정에 아주 잘 어울린다. 왜냐하면 두 경우에서 각각 두 번째 구성체 - 잠재적인 자립성을 보여주지 않으므로 - 는 문장이 아니기 때문이다.

7.4. 동격

현대문법에서도 아직 통용되는 전통적인 견해에 따르면 다음 두 문장 안에는 'Schneidermeister'(숙련 재단사)라는 표현을 통해서 하나의 동격

(Apposition)이 존재한다.

Schneidermeister Franz Wurzel wurde Bürgermeister.
Franz Wurzel, Schneidermeister, wurde Bürgermeister.
(숙련 재단사인 프란츠 부르첼이 시장이 되었다)

첫 번째 예에서는 "밀접한" 동격(engere Apposition)이 문제되고, 두 번째 예에서는 "느슨한" 동격(lockere Apposition)이 문제된다. 공통적인 용어 "동격"은 명사 'Schneidermeister'의 두 번 출현이 본질적인 공통점을 보여주기를 요구한다. 이제 두 경우에서 일종의 부가어가 존재한다는 것과 표현 'Schneidermeister'가 두 번 모두 관련표현 'Franz Wurzel'에 대한 상위집합을 나타낸다는 것은 부인할 수 없다('Franz Wurzel war/ist Schneidermeister' 프란츠 부르첼은 숙련 재단사였다/이다). 그러나 보다 자세히 관찰해 보면 차이점이 아주 많다는 사실을 알 수 있다.

1. 문제의 표현 'Schneidermeister'가 첫 번째 경우에는 핵어 앞에 놓여 있지만, 두 번째 경우에는 핵어 뒤에 놓여 있다.
2. 이 표현이 첫 번째 경우에는 억양을 통해 명사구 안에 완전히 통합되어 있지만, 두 번째 경우에는 발화휴지를 통해 단절되며 고유한 음조곡선 하에 놓인다. 이 표현이 독일어 문어에서는 두 번째 경우에(첫 번째 경우에는 그렇지 않지만) 콤마에 의해 분리된다.
3. 이 표현이 첫 번째 경우에는 보통 강조되지 않은 부가어로 파악될 수 있지만, 두 번째 경우에는 독립적인 (삽입된) 발화로서 하나의 중요한 추가적인 설명을 제공한다.
4. 이 표현이 첫 번째 경우에는 그렇지 않지만, 두 번째 경우에는 화자 현존적인 추가어로서 이용될 수 있다.

네 번째 자질은 설명을 필요로 한다. 위에서 언급한 두 문장 안에 있는 그와 같은 순수한 사태 기술에서는 화자가 추가적으로 특정한 표현을 통해 자기 자신의 의견을 개진할 수 있다. 즉 화자는 소위 자신의 의사소통적인 "현존"(Präsenz)을 암시한다. 만일 우리가 '숙련 제단사 프란츠 부르첼'이 시장으로 선출되기를 오랫동안 기다려 왔는데 화자가 안심하게도 그가 시장으로 선출되었다는 사실을 표현하려면, 동일한 방법으로 다음과 같이 말할 수 있다.

> Schneidermeister Franz Wurzel wurde *endlich* Bürgermeister.
> Franz Wurzel, Schneidermeister, wurde *endlich* Bürgermeister.
> (숙련 재단사인 프란츠 부르첼이 결국 시장이 되었다)

그러나 선출된 시장이 다만 우연히 '숙련 제단사'였으며, 특히 그것에 적합한 형용사 'zufällig'(우연히)를 가지고 표현하고자 한다면, 이것은 두 번째 경우에서만 가능하다.

> Franz Wurzel, zufällig Schneidermeister, wurde Bürgermeister.
> (프란츠 부르첼은 우연히 숙련 재단사였는데, 그가 시장이 되었다)

형식화 *der zufällige Schneidermeister Wurzel(우연한 숙련 제단사 부르첼)은 비문법적이 될 것이다.

그리하여 네 개의 상이한 자질이 두 개의 일치하는 자질에 대립된다. 이러한 사실이 두 가지 상이한 문법범주를 설정하는 것을 정당화시킨다. 우리는 다음에서 두 번째 종류의 표현들(뒤에 오며 그리고 콤마에 의해 분리된)만을 동격으로 간주하고, 첫 번째 문장에서 언급된 명사와 같은 부가어를 "불변 명사"(Nomen invarians)라고 명명한다. 왜냐하면 이 명사가 사격(斜格, obliquer Kasus)에서는 변화하지 않기 때문이다.

Schneidermeister Wurzel habe ich nur dreimal gesehen. (4격)
(나는 숙련 재단사인 부르첼을 단지 세 번만 보았다)
Ich habe Schneidermeister Franz Wurzels Vater noch gekannt.(2격)
(나는 숙련 재단사인 프란츠 부르첼의 아버지를 아직도 알아보았다)
Schneidermeister Wurzel wurde damals übel mitgespielt. (3격)
(숙련 재단사인 부르첼은 그 당시 아주 나쁜 대우를 받았다)

대체로 (후치한) 동격은 격에서 그 핵어와 일치한다고 말할 수 있다.
그러나 이러한 규칙에는 많은 예외가 있다. 동격이 "영격"(Nullkasus)인
1격으로 나타나는 경우가 흔히 있다.

Das Anwesen Franz Wurzels, Schneidermeister in Michelbach,
steht noch. (미헬바흐의 숙련 재단사인 프란츠 부르첼의 토지가 아직
도 남아 있다)

2격의 핵어에 대한 3격의 동격이 오늘날에는 점점 더 많이 발견된다.

Das Anwesen Franz Wurzels, einem angesehenen Schneidermeister, ...
(훌륭한 숙련 재단사인 프란츠 부르첼의 토지...)

이것이 표준으로 간주되어서는 안 된다. 하지만 동격의 격 일치에 관
한 고대의 문법규칙 - 구시대의 독일식 용어로는 "동격의 후치 첨부어"
라고 불렸다 - 은 분명 더 이상 유지될 수 없다.
　명사구, 대명사구 그리고 상황구에서 동격이 존재한다.
　동격의 표현형태는 명사/명사구, 질적 요소와 상황적 요소들이다.

• 명사구에서의 동격
　명사적 동격(nominale Apposition)이 가장 흔하다. 이 동격이 지금까

지 가장 상세히 다루어졌다. 많은 문법학자들은 명사적 동격을 동격의
유일한 형태로 간주한다.

위에서 기술된 예외에도 불구하고 표준어에서는 여전히 명사적 동격
이 그 핵어와 격에서 일치한다는 규칙이 적용된다.

(Das ist) Jobst aus Katmandu, ein bemerkenswerter Mensch.
(이 사람이 중요한 인물인 카트만두 출신의 욥스트이다)
(Ich treffe heute Abend) Jobst aus Katmandu, einen bemerkens-
werten Menschen. (나는 오늘 저녁에 중요한 인물인 카트만두 출신
의 욥스트를 만난다)

der Betriebsleiter, ein aufgeweckter Mann, ...
(경영 책임자인 한 영리한 사람이 ...)
des Betriebsleiters, eines aufgeweckten Mannes, ...
(경영 책임자인 한 영리한 사람의 ...)

meine Schwägerin, eine tatkräftige Person, ...
(활동적인 사람인 내 처제가 ...)
meiner Schwägerin, einer tatkräftigen Person, ...
(활동적인 사람인 내 처제의)

질적인 동격(qualitative Apposition)도 흔히 나타난다. 하지만 이 동격
이 오로지 형용사/형용사구로만 나타나는 것은 아니다.

diese Hütte, abgelegen und kaum zugänglich, ...
(거의 접근할 수 없는 외딴 이 오두막)
ein Mädchen, ekstatisch die Arme in die Höhe stoßend, ...
(열광적으로 두 팔을 위로 쳐드는 한 소녀)
Katharina, im Rausch jugendlicher Begeisterung, ...

(젊음의 열광 속에 도취되어 있는 카타리나)
Gerhard, redselig und nicht mehr ganz nüchtern, ...
(말이 많고 약간 취해 있는 게르하르트)

질적인 동격에서 형용사가 있는 경우 그 형용사는 대부분 굴절하지
않는다. 따라서 여기서는 일반적으로 일치에 대한 아무런 문제점도 발생
하지 않는다.

상황적 동격(situative Apposition)은 부사/부사구와 전치사구로 실현
된다. 이들은 광의의 "상황", 즉 장소적, 시간적, 원인적 상황을 나타낸
다.

der Fußweg, längs des Waldrandes, ...
(숲 가장자리를 따라서 나 있는 인도)
diese Pfalzwanderung, vor zweieinhalb Jahren, ...
(2년 반 전의 이 팔츠지방의 도보여행)
meine Enthaltung, aus verschiedenen Gründen, ...
(여러 가지 이유로 인한 나의 기권)

상황적 동격에서 특히 분명한 것은 이들이 일상적인 부가어들로 대
체된다는 점이다. 이러한 모든 경우에서 다음도 물론 가능하다.

der Fußweg längs des Waldrandes, ...
diese Pfalzwanderung vor zweieinhalb Jahren, ...
meine Enthaltung aus verschiedenen Gründen, ...

이들의 경우에는 상황적 부가어가 명사구에 완전히 통합되었다. 동격
으로서의 상황적 부가어는 아주 독립적이며 소위 외부로부터 유입되어
단지 부분적으로만 통합되었다. 콤마, 발화휴지 및 음조가 이것을 말해

준다.

· 대명사구에서의 동격

이러한 종류의 동격은 지금까지 대부분의 문법학자들에 의해 간과되었다. 이러한 동격이 모든 대명사에서 나타나는 것은 아니지만 대부분의 대명사에서 나타난다. 원칙적으로 이 동격은 명사구에서의 동격과 동일한 표현형태를 갖지만 평균적으로 볼 때 더 광범위하다는 것이 눈에 띈다.

여기서도 명사적 동격이 가장 흔하다.

> ich, Claudius, Kaiser und Gott, ... (황제이며 신인 나 클라우디우스)
> du, mein bester Freund, ... (나의 가장 좋은 친구인 너)
> Sie, meine engsten Mitarbeiter aus den siebziger Jahren, ...
> (70년대 나의 가장 가까운 동료들인 당신들)
> von ihr, einer Linguistin von Rang und Namen, ...
> (유명한 언어학자인 그녀로부터)
> für sie, Expertin für karzinogene Pflanzenschutzmittel, ...
> (발암성 농약 전문가인 그녀를 위해서)
> mit dem, einem erfolgsbesessenen Fußballfunktionär, ...
> (성공에 사로잡혀 있는 축구 임원인 그와 함께)
> deiner, Minister auf Abruf, ... (소환당한 너의 장관)
> keine, Sozialistin oder Ökofrau, ...
> (사회주의자도 혹은 생태학자도 아닌 어떤 여자)
> irgendeine, Botschafterin oder Journalistin, ...
> (대사 혹은 언론인인 어떤 여자)

이러한 동격에서는 격 일치가 의무적이다.

질적인 동격도 역시 명사구에서와 동일한 표현형태를 갖는다.

wir, von den Eurokraten vergessen oder bewusst ins Aus getrieben, ...
(유럽공동체 관료로부터 잊혀졌거나 혹은 의식적으로 장외로 쫓겨난
우리들)
sie, voll Zorn über scheinheilige Provinzpolitiker, ...
(위선적인 지방정치인들에 대해 잔뜩 화가 난 그들)
der, nur noch an Agrarfabriken denkend, ...
(아직도 농업 공장만을 생각하고 있는 그 사람)
eure, im Grunde auch nicht besser dran als wir, ...
(근본적으로도 우리보다 더 행복하지는 않은 너희들)
irgendjemand, mit dem Niedergang nicht einverstanden, ...
(몰락에 동의하지 않고 있는 그 누군가)

상황적 동격은 좀 드물게 나타난다.

wir, in jener heillosen Zeit, ...
(그 구제할 길 없는 시대에 살고 있는 우리들)
ihn, in Katmandu, ... (카트만두에 있는 그를)
denen, in der Vorstadt, ... (교외에 있는 그들에게)

오로지 상황구의 형태로만, 즉 부사 혹은 전치사구의 형태로만 나타나
는 상황구 내에서의 동격이 있다.

drüben, in der Altstadt, ... (저 건너편 구 도시에서)
auf dem Münsterplatz, beim Beethoven-Denkmal
(뮌스터 광장의 베토벤 동상 옆에서)
damals, in den wilden Sechzigern, ...
(그 당시 격동의 60년대에...)

부가어의 특수한 종류로서의 동격의 의미는 우선 동격을 동의구문으
로써 설명할 수 있는 가능성으로부터 추론할 수 있다. 이러한 동의구문

에서는 규칙적으로 동사 'sein + 술어보충어' 혹은 동사 'meinen mit'가 사용된다.

> Sie, Expertin für karzinogene Pflanzenschutzmittel, ...
> ≅ Sie ist eine Expertin für karzinogene Pflanzenschutzmittel.
> (그녀는 발암성 농약에 대한 전문가이다)
> drüben, in der Altstadt, ...
> ≅ Mit "drüben" meine ich "in der Altstadt".
> (내가 말하는 "저 건너편"이란 말은 "구 도시에서"를 의미한다)

이러한 종류의 서술어(Prädikation)가 중요하다. 즉 분명히 동격을 통해서 무엇인가가 서술된다. 이로써 핵어에 의해 지칭된 개체에 대한 어떤 서술이 이루어진다. 이 서술기능을 통해서 동격(Apposition)이 단지 특징만을 묘사하고 자질만을 부여하는, 그러나 이것을 명제(Aussage)의 형태로 표현하지 않고 기껏해야 "은폐된" 서술어가 이 일을 수행할 수 있는 거의 모든 다른 부가어(Attribut)와 구별된다.

하지만 삽입구(Parenthese)와 그리고 관계문 중에서 비 제한적인 관계문(5.9장 참조)도 역시 관련개체를 서술할 수 있다. 다음을 비교해 보자.

> Sie, Expertin für karzinogene Pflanzenschutzmittel, legt morgen ihr Gutachten vor. (발암성 농약에 대한 전문가인 그녀는 내일 자신의 감정서를 제출한다)

> Sie – übrigens ist sie Expertin für karzinogene Pflanzenschutzmittel – legt morgen ihr Gutachten vor. (그녀는 – 더욱이 그녀는 발암성 농약에 대한 전문가인데 – 내일 자신의 감정서를 제출한다)

> Sie, die ja Expertin für karzinogene Pflanzenschutzmittel ist, legt morgen ihr Gutachten vor. (발암성 농약에 대한 전문가인 그녀는 내

일 자신의 감정서를 제출한다)

이 세 가지 구조들 간의 차이는 다음과 같이 기술될 수 있다. 즉 관계문은 비제한적임에도 불구하고 통사적 및 억양상 전체구조에 가장 강력하게 연결되어 있으므로 최소의 독립성을 보여준다. 다른 한편으로는 삽입구가 어떤 관점에서도 연결되어 있지 않고 절대적인 독립성을 보여주므로 상위문에 직접 삽입된 하나의 독립적인 발화이다. 이 둘 사이에는 연결 자질과 독립 자질을 보여주는 동격이, 즉 통사적 연결의 몇 가지 자질들, 특히 (의무적이 아닌) 격 일치를 보여주는 원래 독립적인 하나의 발화가 놓여 있다.

동격과 비제한적 관계문은 몇몇 다른 요소들과 더불어 명사구, 대명사구 그리고 상황구 안에 있는 핵어의 "단지 정보를 제공하는" 부가어에 속한다. 이들은 모든 경우에서 첨가어이다. 이들은 명사구(그리고 해당 다른 구에서)의 후장에서 우측 외부에 위치하며, 핵어와 그 위성을 통해 형성된 의미복합체에 대한 "가장 외부"의 최종 연산자(Operator)로서 나타난다. 명사구에 대한 의미구조는 다음과 같은 술어 논리적 공식으로 기술될 수 있다.

'NomP' | 'Atr$_{info}$'('NomA$_{1-n}$'('Nuk'('NomEK')

여기서 동격과 비제한적 관계문은 'Atr$_{info}$'로서 기타 첨가어(NomA$_{1-n}$으로 표시되는)들의 집합으로부터 분리되어 있다.

참고문헌

　다음의 참고문헌은 이 책의 일곱 장의 순서에 따라서 심화학습을 위한 참고용으로 제시된다. 여기서 완전한 목록을 제시할 수는 없었으며 이러한 선정은 항상 주관적인 특징을 보이기 마련이다. 하지만 필자는 다음 사항에 유의하였다.

1. 제기된 문제점에 대한 중요한 참고문헌을 제시한다.
2. 경쟁관계에 있는 기술도 고려한다.
3. 1장의 참고문헌에서는 가능한 한 현대 독일어에 대한 모든 학문적인 문법책을 제시한다.
4. 교수법을 목적으로 하는 책(개론서 등)도 언급한다.

　일반적으로 "참고문헌"은 단행본을 포함한다. 논문은 이들이 아주 중요하며 그 내용이 그 동안 기본 학술서적에 포함되지 않은 경우에만 수용되었다. 제1장의 참고문헌에서 언급된 독일어 문법책과 전체적인 기술은 후속 장들에 대한 참고문헌에서는 다시 언급되지 않는다.
　또 다른 참고를 원하는 사람들에게 다음 참고서적을 소개한다. 필자가 보기에 특히 추천할 만한 서적은 다음과 같다.

ALTHAUS, Hans Peter et. al. (Hrsg.): Lexikon der Germanistischen Linguistik, Tübingen ²1980 (1973).

BUSSMANN, Hadumod: Lexikon der Sprachwissenschaft, Stuttgart ²1990 (1983).

EISENBERG, Peter; GUSOVIUS, Alexander: Bibliographie zur deutschen Grammatik 1965-1986 (=Studien zur deutschen Grammatik, Bd 26), Tübingen ²1988 (1985).

LEWANDOWSKI, Theodor: Linguistisches Wörterbuch, 3 Bände, Heidelberg, Wiesbaden ⁶1994(1973).

SCHUMACHER, Helmut: Valenzbibliographie. Unter Mitarbeit von Aloys M. Hagspihl, Mannheim ²1988 (1987).

Teil 1. Einführung: Zur Theorie und zur Methode

ABRAHAM, Werner (Hrsg.): Kasustheorie (=Schwerpunkte Linguistik und Kommunikationswissenschaft, Bd. 2), Frankfurt a.M. ²1977 (1971).

ABRAHAM, Werner; BINNICK, Robert (Hrsg.): Generative Semantik (=Linguistische Forschungen, Bd. 11), Wiesbaden ²1979 (1972).

ADMONI, W.G.: Der deutsche Sprachbau, München ⁴1982 (Leningrad 1960).

ADMONI, W.G.: Grundlagen der Grammatiktheorie, Heidelberg 1971.

ÁGEL, Vilmos; HESSKY, Regina (Hrsg.): Offene Fragen - offene Antworten in der Sprachgermanistik (=Reihe Germanistische Linguistik, Bd. 128), Tübingen 1992.

AMMANN, Hermann: Die menschliche Rede. Sprachphilosophische Untersuchungen, 2 Teile, Darmstadt ²1962 (1925 bzw. 1928).

AMMON, Ulrich: Dialekt und Einheitssprache in ihrer sozialen Verflechtung (=Pragmatik, Bd. 3), Weinheim 1973.

ANTAL, Laszlo (Hrsg.): Aspekte der Semantik. Zu ihrer Theorie und Geschichte 1662-1970, Frankfurt a.M. 1972.

BACH, Emmon: An Introduction to Transformational Grammars, New York etc. 1964.

BACH, Emmon; HARMS, Robert T. (Hrsg.): Universals in Linguistic Theory, London etc. 1972.

BALDEGGER, M. et al.: Kontaktschwelle Deutsch als Fremdsprache, Berlin etc. 1981.

BARTSCH, Renate; VENNEMANN, Theo: Semantic Structures. A study in the relation between semantics and syntax (=Athenäum Skripten Linguistik, Bd. 9), Frankfurt a.M. 1972.

BAUM, Richard: Dependenzgrammatik. Tesnières Modell der Sprachbeschreibung in wissenschaftsgeschichtlicher und kritischer Sicht (=Beihefte zur Zeitschrift für romanische Philologie, Bd. 151), Tübingen 1976.

BAUMGÄRTNER, Klaus: Konstituenz und Dependenz. Zur Integration der beiden grammatischen Prinzipien, in: STEGER; Hugo (Hrsg.): 1970, S. 52-77.

BAUMGÄRTNER, Klaus; STEGER, Hugo (Hrsg.): Funkkolleg Sprache, 1971 (mehrere spätere Bearbeitungen, teilweise unter anderem Titel).

BECHERT, Johannes et al.: Einführung in die generative Transformationsgrammatik (=Linguistische Reihe, Bd. 2), München ^{2}1971 (1970).

BLOOMFIELD, Leonard: Language, London 1961, 1964 (New York 1933).

BOCHENSKI, J.M.: Grundriß der Logistik, Paderborn ^{4}1973 (frz. Original, 1. Aufl., 1949).

BREKLE, Herbert E.: Semantik. Eine Einführung in die sprachwissenschaftliche Bedeutungslehre, München ^{2}1974 (1972).

BRINKER, Klaus: Konstituentenstrukturgrammatik und operationale Satzgliedanalyse. Methodenkritische Untersuchungen zur Syntax des einfachen Satzes im Deutschen, Frankfurt a.M. 1972.

BRINKMANN, Hennig: Die deutsche Sprache. Gestalt und Leistung, Düsseldorf ^{2}1971 (1962).

BÜHLER, Karl: Sprachtheorie. Die Darstellungsfunktion der Sprache, Stuttgart ^{3}1982 (1934).

BÜNTING, Karl-Dieter: Einführung in die Linguistik, Frankfurt a.M. ^{14}1993 (1971).

BÜNTING, Karl-Dieter; BERGENHOLTZ, Henning: Einführung in die Syntax. Grundbegriffe zum Lesen einer Grammatik, Frankfurt a.M. ^{2}1989 (1979).

CHAFE, Wallace: Bedeutung und Sprachstruktur, Berlin 1976 (engl. Original 1970).

CHOMSKY, Noam: Aspekte der Syntax-Theorie, Frankfurt a.M. 1969 (engl. Original 1965).

CHOMSKY, Noam: Lectures on Government and Binding, Dordrecht ^{4}1986 (1981).

CLÉMENT, Danièle; THÜMMEL, Wolf: Grundzüge einer Syntax der deutschen Standardsprache, Frankfurt a.M. 1975.

COSERIU, Eugenio: Einführung in die Allgemeine Sprachwissenschaft, Tübingen ^{2}1992 (1988).

CRESSWELL, Max: Logics and Languages, London 1973.

DAL, Ingerid: Kurze deutsche Syntax auf historischer Grundlage (=Sammlung kurzer Grammatiken germanischer Dialekte, Ergänzungsreihe, Bd. 7), Tübingen ^{3}1966 (1951).

DROSDOWSKI, Günther et al.: Duden Grammatik der deutschen Gegenwartssprache (=Der Duden in 10 Bänden, Bd. 4), Mannheim etc. [4]1984 (1959).

DUDEN GRAMMATIK s. DROSDOWSKI, GREBE.

EICHLER, Wolfgang; BÜNTING, Karl-Dieter: Deutsche Grammatik. Form, Leistung und Gebrauch der Gegenwartssprache, Frankfurt a.M. [4]1989 (1976).

EISENBERG, Peter: Grundriß der deutschen Grammatik, Stuttgart [3]1994 (1986).

ELST, Gaston van der: Verbsemantik. Zur Theorie und Praxis einer Analyse auf Grund von semantischen und syntaktischen Gebrauchsregeln, dargestellt am Beispiel der Aufforderungsverben des Deutschen (=Beihefte zur Zeitschrift für Dialektologie und Linguistik, Bd. 41), Wiesbaden 1982.

ELST, Gaston van der et al.: Syntaktische Analyse (=Erlanger Studien, Bd. 60), Erlangen [2]1985 (1985).

ENGEL, Ulrich: Deutsche Grammatik, Heidelberg [2]1991 (1988).

ENGELEN, Bernhard: Untersuchungen zu Satzbauplan und Wortfeld in der geschriebenen deutschen Sprache der Gegenwart (=Heutiges Deutsch I,3), 2 Bände, München 1975.

ENGELEN, Bernhard: Einführung in die Syntax der deutschen Sprache, 2 Bände, Baltmannsweiler 1984 bzw. 1986.

ERBEN, Johannes: Deutsche Grammatik. Ein Abriß, München [12]1980 (1959).

ERBEN, Johannes: Deutsche Syntax. Eine Einführung, Bern etc. 1984.

EROMS, Hans-Werner: Eine reine Dependenzgrammatik für das Deutsche, in: Deutsche Sprache 13, 1985, S. 306-326.

FANSELOW, Gisbert; FELIX, Sascha: Sprachtheorie. Eine Einführung in die Generative Grammatik, 2 Bäde, Tübingen [3]1993 (1987).

FEUILLET, Jack: Grammaire structurale de l'allemand, Bern etc. 1993.

FILLMORE, Charles C.: Plädoyer für Kasus, in: ABRAHAM, Werner (Hrsg.): Kasustheorie, S. 1-118 (engl. Original in BACH/HARMS (Hrsg.) 1968, S 1-88.

FLÄMIG, Walter: Grammatik des Deutschen. Einführung in Struktur- und Wirkungszusammenhänge. Erarbeitet auf der theoretischen Grundlage der "Grundzüge einer deutschen Grammatik", Berlin 1991.

FLEISCHER, Wolfgang et al. (Hrsg.): Kleine Enzyklopädie Deutsche Sprache, Leipzig ^{2}1983.

FOURQUET, Jean: Grammaire de l'allemand, Paris 1952.

FOURQUET, Jean: Prolegomena zu einer deutschen Grammatik (=Sprache der Gegenwart, Bd. 7), Düsseldorf ^{3}1971 (1970).

FUNKKOLLEG SPRACHE s. BAUMGÄRTNER, STEGER (Hrsg.).

GLINZ, Hans: Geschichte und Kritik der Lehre von den Satzgliedern in der deutschen Grammatik, Bern 1947.

GLINZ, Hans: Die innere Fom des Deutschen. Eine neue deutsche Grammatik, Bern, München ^{6}1973 (1952).

GLINZ, Hans: Der deutsche Satz. Wortarten und Satzglieder wissenschaftlich gefaßt und dichterisch gedeutet, Düsseldorf ^{7}1972 (1957).

GLINZ, Hans: Linguistische Grundbegriffe und Methodenüberblick (=Studienbücher zur Linguistik und Literaturwissenschaft, Bd. 1), Bad Homburg v.d.H. ^{5}1974 (1970).

GLINZ, Hans: Deutsche Grammatik I, II (=Studienbücher zur Linguistik und Literaturwissenschaft, Bd. 2 bzw. 3), Wiesbaden ^{3}1975 (1970) bzw. ^{2}1975 (1971).

GLINZ, Hans: Textanalyse und Verstehenstheorie I, II (=Studienbücher zur Linguistik und Literaturwissenschaft, Bd. 5 bzw 6), Frankfurt a.M. 1973 bzw. 1977.

GÖTZE, Lutz; HESS-LÜTTICH, Ernest W. B.: Knaurs Grammatik der deutschen Sprache. Sprachsystem und Sprachgebrauch, München 1989.

GREBE, Paul et al.: Duden Grammatik (=Der große Duden in 10 Bänden, Bd. 4), Mannheim etc. ^{3}1973 (1. Aufl. 1959, 2. Aufl. 1966).

GREWENDORF, Günther: Aspekte der deutschen Syntax. Eine Rektions-Bindungs-Analyse (=Studien zur deutschen Grammatik, Bd. 33), Tübingen 1988.

GREWENDORF, Günther et al.: Sprachliches Wissen. Eine Einfiihrung in moderne Theorien der grammatischen Beschreibung, Frankfurt a.M. ^{3}1989 (1987).

GRIESBACH, Heinz: Neue deutsche Grammatik, Berlin etc. 1986.

HAIDER, Hubert: Deutsche Syntax - generativ. Vorstudien zur Theorie einer projektiven Grammatik (=Tübinger Beiträge zur Linguistik, Bd. 325),

Tübingen 1993.

HAPP, Heinz: Grundfragen einer Dependenzgrammatik des Lateinischen, Göttingen, Zürich 1976.

HARRIS, Zellig S.: Structural Linguistics, Chicago, London ^{9}1974 (1951).

HARTMANN, Peter: Die Sprache als Form, 's-Gravenhage 1959.

HEGER, Klaus: Monem, Wort, Satz und Text (=Konzepte der Sprach- und Literatur-wissenschaft, Bd. 8), Tübingen 1976.

HEIDOLPH, Karl Erich et al.: Grundzüge einer deutschen Grammatik, Berlin ^{2}1984 (1981).

HELBIG, Gerhard: Probleme der deutschen Grammatik fur Ausländer, Leipzig 1976.

HELBIG, Gerhard: Valenz - Satzglieder - semantische Kasus - Satzmodelle, Leipzig 1982.

HELBIG, Gerhard: Studien zur deutschen Syntax, 2 Bände, Leipzig 1983 bzw. 1984.

HELBIG, Gerhard; BUSCHA, Joachim: Deutsche Grammatik. Ein Handbuch für den Ausländerunterricht, München ^{13}1991 (1970).

HERINGER, Hans Jürgen: Theorie der deutschen Syntax (=Linguistische Reihe, Bd.1), München ^{2}1973 (1970).

HERINGER, Hans Jürgen: Wort für Wort. Interpretation und Grammatik, Stuttgart 1978.

HERINGER, Hans Jürgen: Wege zum verstehenden Lesen. Lesegrammatik für Deutsch als Fremdsprache, Ismaning 1987.

HERINGER, Hans Jürgen: Lesen lehren lernen. Eine rezeptive Grammatik des Deutschen, Tübingen 1988.

HERINGER, Hans Jürgen et al.: Einführung in die Praktische Semantik, Heidelberg 1977.

HERINGER, Hans Jürgen et al.; Syntax. Fragen - Lösungen - Alternativen, München 1980.

HJELMSLEV, Louis: Prolegomena zu einer Sprachtheorie (=Linguistische Reihe, Bd.9), München 1974 (engl. 1963).

HJELMSLEV, Louis: Die Sprache. Eine Einführung, Darmstadt 1968 (dän. 1963).

HOCKETT, Charles F.: A Course in Modern Linguistics, Toronto ^{14}1969 (1958).

HOBERG, Rudolf; HOBERG, Ursula: Der kleine Duden "Deutsche Grammatik", Mannheim etc. 1988.

HUNDSNURSCHER, Franz: Neuere Methoden der Semantik. Eine Einführung anhand deutscher Beispiele (=Germanistische Arbeitshefte, Bd. 2), Tübingen [2]1971 (1970).

IMMLER, Manfred: Generative Syntax - Generative Semantik. Darstellung und Kritik, München 1974.

JACOBS, Joachim: Kontra Valenz (=Fokus, Bd. 12), Trier 1994.

JACOBS, Roderick A.; ROSENBAUM, Peter S.: Transformationelle Grammatik der englischen Sprache. Ein Lehr- und Arbeitsbuch, München 1973 (engl. 1968).

JUNG, Walter: Grammatik der deutschen Sprache. Neuausgabe, bearbeitet von Günter Starke, Leipzig [10]1990 (1953).

KARS, Jürgen; HÄUSSERMANN, Ulrich: Grundgrammatik Deutsch, Frankfurt a.M. etc. 1988.

KAUFMANN, Gerhard: Grammatik der deutschen Grundwortarten (=Schriften der Wissenschaftlichen Arbeitsstelle des Goethe-Instituts, Bd. 1), München 1967.

KIEFER, Ferenc (Hrsg.): Semantik und generative Grammatik (=Linguistische Forschungen, Bd. 1), 2 Bände, Frankfurt a.M. 1972.

KOCH, Walter A. (Hrsg.): Perspektiven der Linguistik, 2 Bände, Stuttgart 1973 bzw. 1974.

KONTAKTSCHWELLE s. BALDEGGER.

KUNZE, Jürgen: Abhängigkeitsgrammatik (=Studia Grammatica, Bd. 12), Berlin 1975.

KUTSCHERA, Franz von; BREITKOPF, Alfred: Einführung in die moderne Logik, Freiburg, München [5]1985 (1971).

LANGACKER, Ronald: Foundations of Cognitive Grammar, Stanford 1987.

LAKOFF, George: Linguistik und natürliche Logik (=Schwerpunkte Linguistik und Kommunikationswissenschaft, Bd. 6), Frankfurt a.M. 1971.

LATOUR, Bernd: Mittelstufen-Grammatik für Deutsch als Fremdsprache, Ismaning

1988.

LEECH, Geoffrey: Semantics, Harmondsworth [2]1981 (1974).

LEISI, Ernst: Der Wortinhalt. Seine Struktur im Deutschen und Englischen, Heidelberg [5]1975 (1953).

LYONS, John: Einführung in die moderne Linguistik, München [7]1989 (1971) (engl. 1968).

LYONS, John: Semantik I, II, München 1980 bzw. 1983 (engl. 1977).

MARTINET, André: Grundzüge der allgemeinen Sprachwissenschaft, übers. von Anna Fuchs unter Mitarbeit von Hans-Heinrich Lieb, Stuttgart [5]1971 (1963) (frz. Original 1960).

MEL'ČUK, Igor A.: Dependency Syntax: Theory and Practice, New York 1988.

MONTAGUE, Richard: Formal Philosophy. Selected Papers, hrsg. v. Richmond Thomason, New Haven, London 1974.

MOSER, Hugo (Hrsg.): Das Ringen um eine neue deutsche Grammatik. Aufsätze aus drei Jahrzehnten (1929-59) (=Wege der Forschung, Bd. 25), Darmstadt [3]1973 (1962).

MOSER, Hugo et al. (Hrsg.): Gesprochene Sprache. Jahrbuch 1972 des Instituts für deutsche Sprache (=Sprache der Gegenwart, Bd. 26), Düsseldorf 1974.

MOSKALSKAJA, O.I.: Grammatik der deutschen Gegenwartssprache, Moskau [2]1975.

NIEDER, Lorenz: Lernergrammatik für Deutsch als Fremdsprache, Ismaning 1987.

OEHRLE, Richard et al. (Hrsg.): Categorial Grammars and Natural Language Structures (=Studies in Linguistics and Philosophy, Bd. 32), Dordrecht etc. 1988.

PAUL, Hermann: Deutsche Grammatik, 4 Bände, Halle (Saale) [6]1959 (Bd. 1, 2) bzw. [5]1959 (Bd. 3, 4).

PAUL, Hermann: Prinzipien der Sprachgeschichte, Tübingen [9]1975 (Darmstadt 1960 = unv. Nachdruck der 5. Auflage v. 1920).

PLEINES, Jochen (Hrsg.): Beiträge zum Stand der Kasustheorie (=Tübinger Beiträge zur Linguistik, Bd. 13), Tübingen 1981.

POLENZ, Peter von: Deutsche Satzsemantik. Grundbegriffe des Zwischen-den-Zeilen-Lesens (=Sammlung Göschen, Bd. 2226), Berlin, New York [2]1988

(1985).

RALL, Marlene; ENGEL, Ulrich; RALL, Dieter: DVG für DaF. Dependenz-Verb-Grammatik für Deutsch als Fremdsprache, Heidelberg ^{2}1985 (1977).

REGULA, Moritz: Kurzgefaßte erklärende Satzkunde des Neuhochdeutschen, Bern, München 1968.

SAUSSURE, Ferdinand de: Grundfragen der allgemeinen Sprachwissenschaft, Berlin ^{2}1967 (1931) (frz. Original Lausanne, Paris 1916).

SAVIN, Emilia: Mică gramatică a limbii germane/Kleine Grammatik der deutschen Sprache, Bukarest 1985.

SCHANEN, François; CONFAIS, Jean-Paul: Grammaire de l'allemand Formes et fonctions, Paris 1986.

SCHMIDT, Franz: Logik der Syntax, Berlin ^{4}1962 (1959).

SCHMIDT, Wilhelm: Grundfragen der deutschen Grammatik, Eine Einführung in die funktionale Sprachlehre, Berlin ^{5}1977 (1965).

SCHUBERT, Klaus: Metataxis. Contrastive dependency syntax for machine translation (=Distributed Language Translation, Bd. 2), Dordrecht 1987.

SCHULZ, Dora; GRIESBACH, Heinz: Grammatik der deutschen Sprache, München ^{11}1986 (1960).

SEUREN, Peter A.M. (Hrsg.): Generative Semantik: Semantische Syntax, Düsseldorf 1973.

SEYFERT, Gernot: Zur Theorie der Verbgrammatik (=Tübinger Beiträge zur Linguistik, Bd. 73), Tübingen ^{2}1979 (1976).

SOMMERFELDT, Karl-Ernst et al.: Einführung in die Grammatik und Orthographie der deutschen Gegenwartssprache, Leipzig 1981.

SOMMERFELDT, Karl-Ernst; STARKE, Günter: Einführung in die Grammatik der deutschen Gegenwartssprache, Tübingen ^{2}1992 (1988).

STAROSTA, Stanley: The Case for Lexicase, An Outline of Lexicase Grammatical Theory, London, New York 1988.

STECHOW, Arnim von; STERNEFELD, Wolfgang: Bausteine syntaktischen Wissens. Ein Lehrbuch der generativen Grammatik, Opladen 1988.

STECHOW, Arnim von; WUNDERLICH, Dieter (Hrsg.): Semantics/Semantik. Ein internationales Handbuch der zeitgenössischen Forschung, Berlin, New York 1991.

STEGER, Hugo (Hrsg.): Vorschläge für eine strukturale Grammatik des Deutschen, Darmstadt 1970.

STEINBERG, Danny D.; JAKOBOVITS, Leon A. (Hrsg.): Semantics. An Interdisciplinary Reader in Philosophy, Linguistics and Psychology, Cambridge 1971.

TARVAINEN, Kalevi: Einführung in die Dependenzgrammatik (=Reihe Germanistische Linguistik, Bd. 35), Tübingen 1981.

TESNIÈRE, Lucien: Éléments de syntaxe structurale, Paris 1959 (dt. als "Grundzüge der strukturalen Syntax", hrsg. und übers. von Ulrich Engel, Stuttgart 1980).

ULLMANN, Stephen: Grundzüge der Semantik, 1967 (engl. 1957).

VATER, Heinz: Dänische Subjekt- und Objektsätze. Ein Beitrag zur generativen Dependenzgrammatik (=Linguistische Arbeiten, Bd. 3) Tübingen 1973.

VENNEMANN, Theo; JACOBS, Joachim: Sprache und Grammatik. Grundprobleme der linguistischen Sprachbeschreibung (=Erträge der Forschung, Bd. 176), Darmstadt 1982.

WEBER, Heinz J.: Dependenzgrammatik, Ein Arbeitsbuch, Tübingen 1992.

WEINREICH, Uriel: Erkundungen zur Theorie der Semantik (=Konzepte der Sprach- und Literaturwissenschaft, Bd. 4), Tübingen 1970.

WEINRICH, Harald: Textgrammatik der deutschen Sprache. Unter Mitarbeit von Maria Thurmair u.a., Mannheim etc. 1993.

WEISGERBER, Leo: Grundzüge der inhaltbezogenen Grammatik, Düsseldorf [3]1963.

WEISGERBER, Leo: Die vier Stufen in der Erforschung der Sprachen, Düsseldorf 1963.

WELKE, Klaus M: Einführung in die Valenz- und Kasustheorie, Leipzig 1988.

WHORF, Benjamin Lee: Sprache Denken Wirklichkeit. Beiträge zur Metalinguistik und Sprachphilosophie, Reinbek 1963 (engl. Original 1956).

WIERZBICKA, Anna: Semantic Primitives, Frankfurt a.M. 1972.

WOTJAK, Gerd: Untersuchungen zur Struktur der Bedeutung, Berlin [2]1977 (1971).

WUNDERLICH, Dieter (Hrsg.): Probleme und Fortschritte der Transformations-
grammatik (=Linguistische Reihe, Bd. 8), München 1971.

WUNDERLICH, Dieter: Arbeitsbuch Semantik, Frankfurt a.M. ²1991 (1980).

ZEICHEN UND SYSTEM DER SPRACHE, III. Band, Berlin 1966.

ZEMB, Jean Marie: Les structures logiques de la proposition allemande, Paris 1968.

ZEMB, Jean Marie: Satz - Wort - Rede. Semantische Strukturen des deutschen Satzes,
Freiburg etc. 1972.

ZEMB, Jean Marie: Vergleichende Grammatik Französisch-Deutsch, 2 Bände,
Mannheim 1978 bzw. 1984.

ZERTIFIKAT DEUTSCH ALS FREMDSPRACHE, hrsg. v Deutschen Volkshoch-
schul-Verband und v. Goethe-Institut, Frankfurt/München ⁴1991 (1972).

Teil 2. Moneme

ABRAHAM, Werner (Hrsg.): Discourse Particles. Descriptive and theoretical
investigations on the logical, syntactic and pragmatic properties of
discourse particles in German, Amsterdam, Philadelphia 1991.

ADMONI, W.G.: Der deutsche Sprachbau, München ⁴1982 (1960).

AGRICOLA, Chr. u. E.: Wörter und Gegenwörter. Antonyme der deutschen Sprache,
Leipzig ⁶1987.

ALTMANN, Hans: Die Gradpartikeln im Deutschen. Untersuchungen zu ihrer Syntax,
Semantik und Pragmatik (=Linguistische Arbeiten, Bd. 33), Tübingen
1976.

ALTMANN, Hans: Gradpartikel-Probleme (=Studien zur deutschen Grammatik, Bd.
8), Tübingen 1978.

AUGST, Gerhard: Lexikon zur Wortbildung, Morphemstruktur, 3 Bände
(=Forschungsberichte des Instituts für deutsche Sprache, Bd. 24), Tübingen
1975.

BALLWEG, Joachim: Die Semantik der deutschen Tempusformen. Eine indirekte
Analyse im Rahmen einer temporal erweiterten Aussagelogik (=Sprache

der Gegenwart, Bd. 70), Düsseldorf 1988.

BARTSCH, Renate: Adverbialsemantik (=Linguistische Forschungen, Bd. 6), Frankfurt a.M. 1972.

BARZ, Irmhild: Nomination durch Wortbildung, Leipzig 1988.

BÄUERLE, Rainer: Temporale Deixis - temporale Frage. Zum propositionalen Gehalt deklarativer und interrogativer Sätze (=Ergebnisse und Methoden moderner Sprachwissenschaft, Bd. 5), Tübingen 1979.

BERGENHOLTZ, Henning; SCHAEDER, Burkhardt: Die Wortarten des Deutschen. Versuch einer syntaktisch orientierten Klassifikation, Stuttgart 1977.

BICKES, Gerhard: Das Adjektiv im Deutschen. Untersuchungen zu Syntax und Semantik einer Wortart, Frankfurt a.M etc. 1984.

BIERWISCH, Manfred: Grammatik des deutschen Verbs (=Studia Grammatica, Bd. 2), Berlin ^{9}1983 (1963).

BIERWISCH, Manfred; LANG, Ewald (Hrsg.): Grammatische und konzeptuelle Aspekte von Dimensionsadjektiven (=Studia grammatica, Bd. 26/27), Berlin 1987.

BOLINGER, Dwight: Degree words (=Janua linguarum, Ser. Maior, Bd. 53), Den Haag 1972.

BRAUNMÜLLER, Kurt: Referenz und Pronominalisierung. Zu den Deiktika und Proformen des Deutschen (=Linguistische Arbeiten, Bd. 46), Tübingen 1977.

BREKLE, Herbert Ernst: Generative Satzsemantik und transformationelle Syntax im System der englischen Nominalkomposition, München ^{2}1976 (1970).

BUSCHA, Joachim: Lexikon deutscher Konjunktionen, Leipzig 1989.

BZDEGA, Andrzej Ździsław: Das Adjektiv im Polnischen und Deutschen. Versuch einer Konfrontation, Wroclaw 1980.

COSERIU, Eugenio: Einführung in die strukturelle Betrachtung des Wortschatzes. Die lexematischen Strukturen (=Tübinger Beiträge zur Linguistik, Bd. 14), Tübingen ^{2}1973 (1970).

DAHL, Johannes: Die Abtönungspartikeln im Deutschen. Ausdrucksmittel für Sprechereinstellungen (=Deutsch im Kontrast, Bd. 7), Heidelberg 1988.

DEDERDING, Hans-Martin: Wortbildung, Syntax, Text. Nominalkomposita und entsprechende syntaktische Strukturen in deutschen Patent- und Auslegeschriften, Erlangen 1982.

DONHAUSER, Karin: Der Imperativ im Deutschen. Studien zur Syntax und Semantik des deutschen Modussystems (=Bayreuther Beiträge zur Sprachwissenschaft, Bd. 6), Hamburg 1986.

EHLICH, Konrad: Interjektionen (=Linguistische Arbeiten, Bd. III), Tübingen 1986.

EICHINGER, Ludwig M. (Hrsg.): Tendenzen verbaler Wortbildung in der deutschen Gegenwartssprache, Hamburg 1982.

ENGEL, Ulrich: Der Satz und seine Bausteine, in: ÁGEL, Vilmos; HESSKY, Regina (Hrsg.): Offene Fragen - offene Antworten in der Sprachgermanistik (=Reihe Germanistische Linguistik, Bd. 128), Tübingen 1992, S.53-76.

ERBEN, Johannes: Einführung in die deutsche Wortbildungslehre (=Grundlagen der Germanistik, Bd. 17), Berlin [3]1993 (1975).

FABRICIUS-HANSEN, Cathrine: Tempus fugit. Über die Interpretation temporaler Strukturen im Deutschen (=Sprache der Gegenwart, Bd. 64), Düsseldorf 1986.

FLEISCHER, Wolfgang: Wortbildung der deutschen Gegenwartssprache, Leipzig [5]1983 (1969).

FLEISCHER, Wolfgang: Phraseologie der deutschen Gegenwartssprache, Leipzig 1982.

FLEISCHER, Wolfgang; BARZ, Irmhild (unter Mitarbeit von Marianne Schröder): Wortbildung der deutschen Gegenwartssprache, Tübingen 1992.

GAUGER, Hans-Martin: Durchsichtige Wörter. Zur Theorie der Wortbildung, Heidelberg 1971.

GECKELER, Horst: Strukturelle Semantik und Wortfeldtheorie, München [3]1982 (1971).

GERLING, Martin; ORTHEN, Norbert: Deutsche Zustands- und Bewegungsverben. Eine Untersuchung zu ihrer semantischen Struktur und Valenz (=Studien zur deutschen Grammatik, Bd. II), Tübingen 1979.

GERSBACH, Bernhard; GRAF, Rainer: Wortbildung in gesprochener Sprache. Die

Substantiv-, Verb- und Adjektivzusammensetzungen und -ableitungen im "Häufigkeitswörterbuch gesprochener Sprache", 2 Bände (=Idiomatica, Bd. 12, 13), Tübingen 1984 bzw. 1985.

GLINZ, Hans: Der deutsche Satz. Wortarten und Satzglieder wissenschaftlich gefaßt und dichterisch gedeutet, Düsseldorf [7]1972 (1957).

GÖTZE, Lutz: Valenzstrukturen deutscher Verben und Adjektive. Eine didaktische Darstellung für das Fach Deutsch als Fremdsprache (=Heutiges Deutsch III, Bd. 3), München 1979.

GRÉCIANO, Gertrud: Signification et dénotation en allemand. La sémantique des expressions idiomatiques, Paris 1983.

GRÉCIANO, Gertrud (Hrsg.): Europhras 88. Phraséologie contrastive. Actes du Colloque International 12-16 mai 1988 (=Collection Recherches Germaniques Nr. 2), Strasbourg 1989.

GRIMM, Hans-Jürgen: Lexikon zum Artikelgebrauch, Leipzig 1987.

HAUSER-SUIDA, Ulrike; HOPPE, Gabriele: Die Vergangenheitstempora in der geschriebenen deutschen Sprache der Gegenwart. Untersuchungen an ausgewählten Texten (=Heutiges Deutsch I, Bd. 4), München, Düsseldorf 1972.

HELBIG, Agnes und Gerhard: Lexikon deutscher Modalwörter, Leipzig 1990.

HELBIG, Gerhard: Lexikon deutscher Partikeln, Leipzig 1988.

HENNE, Helmut: Semantik und Lexikographie. Untersuchungen zur lexikalischen Kodifikation der deutschen Sprache (=Studia Linguistica Germanica, Bd. 7), Berlin, New York 1972.

HENTSCHEL, Elke: Funktion und Geschichte deutscher Partikeln, *ja*, *doch*, *halt* und *eben* (=Reihe Germanistische Linguistik, Bd. 63), Tübingen 1986.

HENZEN, Walter: Deutsche Wortbildung, Tübingen [3]1965 (1947).

HESSKY, Regina: Phraseologie. Linguistische Grundfragen und kontrastives Modell Deutsch-Ungarisch (=Reihe Germanistische Linguistik, Bd. 77), Tübingen 1987.

HOBERG, Rudolf: Die Lehre vom sprachlichen Feld (=Sprache der Gegenwart, Bd. II), Düsseldorf 1970.

JACOBS, Joachim: Fokus und Skalen. Zur Syntax und Semantik der Gradpartikeln im Deutschen (=Linguistische Arbeiten, Bd. 138), Tübingen 1983.

JÄGER, Siegfried: Der Konjunktiv in der deutschen Sprache der Gegenwart. Untersuchungen an ausgewählten Texten (=Heutiges Deutsch I, Bd. 1), München, Düsseldorf 1971.

KATNY, Andrzej: Zu ausgewählten Aktionsarten im Polnischen und deren Entsprechungen im Deutschen, Rzeszów 1994.

KAUFMANN, Gerhard; Das konjunktivische Bedingungsgefüge im heutigen Deutsch (=Forschungsberichte des Instituts für deutsche Sprache, Bd. 12), Tübingen 1972.

KLAPPENBACH, Ruth: Studien zur modernen deutschen Lexikographie, Amsterdam 1980.

KÖNIG, Ekkehard: Adjectival Constructions in English and German, A Contrastive Analysis (=Wissenschaftliche Bibliothek, Bd. 13), Heidelberg 1971.

KOTSCHI, Thomas: Probleme der Beschreibung lexikalischer Strukturen. Untersuchungen am Beispiel des französischen Verbs (=Linguistische Arbeiten, Bd. 19), Tübingen 1974.

KOTZ, Werner: Übungen zu den Partikeln, Leipzig 1984.

KÜHNHOLD, Ingeburg; WELLMANN, Hans: Deutsche Wortbildung. Typen und Tendenzen in der Gegenwartssprache. 1. Hauptteil: Das Verb (=Sprache der Gegenwart, Bd. 29), Düsseldorf 1973.

KÜHNHOLD, Ingeburg et al.: Deutsche Wortbildung. Typen und Tendenzen in der Gegenwartssprache, 3. Hauptteil: Das Adjektiv (=Sprache der Gegenwart, Bd. 43), Düsseldorf 1978.

KUNSMANN, Peter: Verbale Gefüge, Transformationsgrammatische Untersuchungen im Deutschen und Englischen (=Linguistische Reihe, Bd. 14), München 1973.

KÜRSCHNER, Wilfried: Zur syntaktischen Beschreibung deutscher Nominal-komposita auf der Grundlage generativer Transformationsgrammatiken (=Linguistische Arbeiten, Bd. 18), Tübingen 1974.

LAFRENZ, Peter G.: Zu den semantischen Strukturen der Dimensionsadjektive in der deutschen Gegenwartssprache (=Göteborger Germanistische Forschungen, Bd. 24), Göteborg 1983.

LEECH, Geoffrey: Semantics, Harmondsworth [2]1981 (1974).

LEES, Robert B.: The Grammar of English Nominalizations, Bloomington [5]1968 (1960).

LEISI, Ernst; Der Wortinhalt. Seine Struktur im Deutschen und Englischen, Heidelberg [5]1975 (1953).

LIPKA, Leonhard; GÜNTHER, Hartmut (Hrsg.): Wortbildung (=Wege der Forschung, Bd. 564), Darmstadt 1981.

MARTINET, André et al. (Hrsg.): Linguistik. Ein Handbuch, Stuttgart 1973 (frz. 1969).

MIKIĆ, Pavao: Die Verben des Gebens. Untersuchungen zu ihrer Bedeutung und ihrer Valenz. Eine semanto-syntaktische Studie, Bonn 1980.

MOTSCH, Wolfgang: Syntax des deutschen Adjektivs (=Studia Grammatica, Bd. 3), Berlin [7]1973 (1965).

NAUMANN, Bernd: Einführung in die Wortbildungslehre des Deutschen (=Germanistische Arbeitshefte, Bd. 4), Tübingen 1986 (1972).

NEUMANN, Ingrid: Temporale Subjunktionen. Syntaktisch-semantische Beziehungen im heutigen Deutsch (=Forschungsberichte des Instituts für deutsche Sprache, Bd. 11), Mannheim 1972.

PLANK, Frans:. Morphologische (Ir-)Regularitäten : Aspekte der Wortstrukturtheorie (=Studien zur deutschen Grammatik, Bd. 13), Tübingen 1981.

ROTHKEGEL, Annely: Feste Syntagmen. Grundlagen, Strukturbeschreibungen und automatische Analyse (=Linguistische Arbeiten, Bd. 6), Tübingen 1973.

SCHIPPAN, Thea: Lexikologie der deutschen Gegenwartssprache, Tübingen [2]1992 (1984).

SCHMIDT, Wilhelm: Lexikalische und aktuelle Bedeutung. Ein Beitrag zur Theorie der Wortbedeutung, Berlin 1963.

SCHMIDT, Wilhelm: Grundfragen der deutschen Grammatik. Eine Einführung in die funktionale Sprachlehre, Berlin [5]1977 (1965).

SCHRÖDER. Jochen: Lexikon deutscher Präpositionen, Leipzig 1986.

SCHWEISTHAL, Klaus Günther: Präpositionen in der maschinellen Sprachbearbeitung (=Schriftenreihe zur kommunikativen Grammatik, Bd. I), Bonn 1971.

STACHOWIAK, Franz-Josef: Zur semantischen Struktur des subjektiven Lexikons, München 1979.

STELZER, Steffen (Hrsg.): Probleme des "Lexikons" in der Transformationsgrammatik (=Linguistische Forschungen, Bd. 10), Frankfurt a.M. 1972.

STEPANOWA, M.D.; FLEISCHER, Wolfgang: Grundzüge der deutschen Wortbildung. Leipzig 1985.

STEPANOWA, M.D.; HELBIG, Gerhard: Wortarten und das Problem der Valenz in der deutschen Gegenwartssprache, Leipzig ^{2}1981 (1978).

TOMAN, Jindrich: Wortsyntax. Eine Diskussion ausgewählter Probleme deutscher Wortbildung (=Linguistische Arbeiten, Bd. 137), Tübingen 1983.

STÖTZEL, Georg: Ausdrucksseite und Inhaltsseite der Sprache. Methodenkritische Studien am Beispiel der deutschen Reflexivverben (=Linguistische Reihe, Bd. 3), München 1970.

TAO, Kun: Syntaktische Untersuchungen zum Adjektivgebrauch in der deutschen Gegenwartssprache, am Material von literarischen Texten Heinrich Bölls (=Reihe Germanistische Linguistik, Bd. 116), Tübingen 1991.

THIM-MABREY, Christiane: Satzkonnektoren wie *allerdings, dennoch* und *übrigen.* Stellungsvarianten im deutschen Aussagesatz, Frankfurt a.M. etc. 1985.

THURMAIR, Maria: Modalpartikeln und ihre Kombinationen (=Linguistische Arbeiten, Bd. 223), Tübingen 1989.

TRIER, Jost. Der deutsche Wortschatz im Sinnbezirk des Verstandes. Die Geschichte eines sprachlichen Feldes, Heidelberg 1931.

ULLMER-EHRICH, Veronika: Zur Syntax und Semantik von Substantivierungen im Deutschen (=Monographien Linguistik und Kommunikationswissenschaft, Bd. 29), Kronberg 1977.

VARNHORN, Beate: Adjektive und Komparation. Studien zur Syntax, Semantik und Pragmatik adjektivischer Vergleichskonstrukte (=Studien zur deutschen Grammatik, Bd. 45), Tübingen 1993.

VATER, Heinz: Das System der Artikelformen im gegenwärtigen Deutsch, Tübingen ²1971(1967).

VATER, Heinz: Einführung in die Zeit-Linguistik (=Kölner Linguistische Arbeiten - Germanistik, Bd. 25), Hürth-Efferen ³1994 (1991).

VATER, Heinz: Einführung in die Raum-Linguistik (=Kölner Linguistische Arbeiten - Germanistik, Bd. 24), Hürth-Efferen ²1991 (1991).

WAHRIG, Gerhard: Anleitung zur grammatisch-semantischen Beschreibung lexikalischer Einheiten (=Linguistische Arbeiten, Bd. 8), Tübingen 1973.

WALTZING, Raymond: Existimatorische Angaben. Eine semantosyntaktische Unter-suchung bestimmter Elemente des deutschen Satzes und ihrer französischen Entsprechungen, Frankfurt a.M. etc. 1986.

WEISGERBER, Leo: Die vier Stufen in der Erforschung der Sprachen, Düsseldorf 1963.

WELLMANN, Hans: Deutsche Wortbildung. Typen und Tendenzen in der Gegen-wartssprache. 2. Hauptteil: Das Substantiv (=Sprache der Gegenwart, Bd. 32), Düsseldorf 1975.

WERNER, Otmar: Einführung in die strukturelle Beschreibung des Deutschen, Teil 1 (=Germanistische Arbeitshefte, Bd. 1), Tübingen 1970.

WEYDT, Harald (Hrsg.): Die Partikeln der deutschen Sprache, Berlin, New York 1979.

WEYDT, Harald et al.: Kleine deutsche Partikellehre. Ein Lehr- und Übungsbuch für Deutsch als Fremdsprache, Stuttgart 1983.

WEYDT, Harald (Hrsg.): Partikeln und Deutschunterricht. Abtönungspartikeln für Lerner des Deutschen, Heidelberg 1981.

WEYDT, Harald (Hrsg.): Partikeln und Interaktion (=Reihe Germanistische Linguistik, Bd. 44), Tübingen 1983.

WIEGAND, Herbert E.: Synchronische Onomasiologie und Semasiologie. Kombinierte Methoden zur Strukturierung der Lexik (=Germanistische Linguistik, Bd. 3), Marburg 1970.

WICHTER, Sigurd: Signifikantgleiche Zeichen. Untersuchungen zu den Problem-bereichen Polysemie, Homonymie und Vagheit auf der Basis eines kommunikativen Zeichenbegriffs am Beispiel deutscher Substantive, Adjektive und Verben (=Tübinger Beiträge zur Linguistik, Bd. 160), Tübingen 1988.

WILSS, Wolfram: Wortbildungstendenzen in der deutschen Gegenwartssprache (=Tübinger Beiträge zur Linguistik, Bd. 304), Tübingen 1986.

WOTJAK, Barbara: Verbale Phraseolexeme in System und Text (=Reihe Germanistische Linguistik, Bd. 125), Tübingen 1992.

WOTJAK, Gerd: Untersuchungen zur Struktur der Bedeutung, Berlin ^{2}1977 (1971).

WUNDERLICH, Dieter: Tempus und Zeitreferenz im Deutschen (=Linguistische Reihe, Bd. 5), München 1970.

ZIFONUN, Gisela: Zur Theorie der Wortbildung am Beispiel deutscher Präfixverben (=Linguistische Reihe, Bd. 13), München 1973.

Teil 3. Grundbegriffe des supraphonematischen Bereichs

ÁGEL, Vilmos: Überlegungen zur Theorie und Methode der historisch-synchronen Valenzsyntax und Valenzlexikographie. Mit einem Verbvalenzlexikon zu den "Denkwürdigkeiten der Helene Kottannerin (1439-1440)" (=Lexicographica, Series Maior, Bd. 25), Tübingen 1988.

ARBEITSGRUPPE MARBURG: Aspekte der Valenztheorie, in: Deutsche Sprache 1, 1973, S. 3-48.

BARTSCH, Renate: Adverbialsemantik. Die Konstitution logisch-semantischer Repräsentationen von Adverbialkonstruktionen (=Linguistische Forschungen, Bd. 6), Frankfurt a.M. 1972.

BAUMGÄRTNER, Klaus: Konstituenz und Dependenz. Zur Integration der beiden grammatischen Prinzipien, in: STEGER; Hugo (Hrsg.): 1970, S 52-77.

BONDZIO, Wilhelm: Das Wesen der Valenz und ihre Stellung im Rahmen der Satzstruktur, in: Wissenschaftliche Zeitschrift der Humboldt-Universität Berlin 18, 1969, S. 233-240.

BONDZIO, Wilhelm: Probleme eines valenzorientierten semantisch-syntaktischen

Sprachvergleichs, in: MRAZOVIĆ, Pavica et al. (Hrsg.): Valenzen im Kontrast, Heidelberg 1988, S. 62-68.

BUSSE, Winfried: Klasse - Transitivität - Valenz. Transitive Klassen des Verbs im Französischen, München 1974.

BUSSE, Winfried; DUBOST, Jean-Pierre: Französisches Verblexikon - Die Konstruktion der Verben im Französischen, Stuttgart 1977.

EMONS, Rudolf: Valenzen englischer Prädikatsverben (=Linguistische Arbeiten, Bd. 22), Tübingen 1974.

ENGEL, Ulrich: Morphologie und Syntax, in: Das Zertifikat Deutsch als Fremdsprache, Frankfurt a.M. und München ⁴1991 (1972), S. 257-312.

EROMS, Hans-Werner: Eine reine Dependenzgrarnrnatik für das Deutsche, in: Deutsche Sprache 13, 1985, S. 306-326.

FOURQUET, Jean: Prolegomena zu einer deutschen Grammatik (=Sprache der Gegenwart, Bd. 7), Düsseldorf ³1971 (1970).

GREULE, Albrecht: Valenz, Satz und Text. Syntaktische Untersuchungen zum Evangelienbuch Otfrids von Weißenburg auf der Grundlage des Codex Vondobonensis, München 1982.

HEGER, Klaus: Valenz, Diathese und Kasus, in: Zeitschrift für romanische Philologie 82, 1966, S 138-170.

HELBIG, Gerhard (Hrsg.): Beiträge zur Valenztheorie (=Janua Linguarum, Series Minor, Bd. 115), The Hague/Paris 1971.

HELBIG, Gerhard (Hrsg.): Beiträge zu Problemen der Satzglieder, Leipzig 1978.

HELBIG, Gerhard; SCHENKEL, Wolfgang: Wörterbuch zur Valenz und Distribution deutscher Verben, Leipzig ⁸1991 (1969).

JACOBS, Joachim: Kontra Valenz (=Fokus, Bd. 12), Trier 1994.

KORHONEN, Jarmo: Studien zu Dependenz, Valenz und Satzmodell, 2 Teile, Bern, Frankfurt a.M. 1977 bzw. 1978.

MARTINET, André: Grundzüge der allgemeinen Sprachwissenschaft, übers. von Anna Fuchs unter Mitarbeit von Hans-Heinrich Lieb, Stuttgart ⁵1971 (1963) (frz. Original 1960).

SCHUMACHER, Helmut (Hrsg.): Untersuchungen zur Verbvalenz (=Forschungsberichte des Instituts für deutsche Sprache, Bd. 30), Tübingen 1976.

SOMMERFELDT, Karl-Ernst; SCHREIBER, Herbert: Wörterbuch zur Valenz und Distribution deutscher Adjektive, Leipzig ²1977 (1974).

SOMMERFELDT, Karl-Ernst; SCHREIBER, Herbert: Wörterbuch zur Valenz und Distribution der Substantive, Leipzig ²1980 (1977).

STEINITZ, Renate: Adverbial-Syntax (=Studia Grammatica, Bd. 10), Berlin ²1971 (1969).

STORRER, Angelika: Verbvalenz. Theoretische und methodische Grundlagen ihrer Beschreibung in Grammatikographie und Lexikographie (=Reihe Germanistische Linguistik, Bd. 126), Tübingen 1992.

TARVAINEN, Kalevi: Einführung in die Dependenzgrammatik (=Reihe Germanistische Linguistik, Bd. 35), Tübingen 1981.

TESNIÈE, Lucien: Éléments de syntaxe structurale, Paris 1959 (dt. Stuttgart 1980),

WELKE, Klaus M.: Einführung in die Valenz- und Kasustheorie, Leipzig 1988.

Teil 4. Phrasen

BECHERT, Johannes et al: Einführung in die generative Transformationsgrammatik. Ein Lehrbuch (=Linguistische Reihe, Bd. 2, München ⁵1980 (1970).

BICKES, Gerhard: Das Adjektiv im Deutschen. Untersuchungen zu Syntax und Semantik einer Wortart. Frankfurt a.M. etc. 1984.

BIERWISCH, Manfred: Grammatik des deutschen Verbs (=Studia Grammatica, Bd II), Berlin ⁹1983 (1963).

BONDZIO, Wilhelm: Untersuchungen zum attributiven Genitiv und zur Nominalgruppe in der deutschen Sprache der Gegenwart, Berlin 1967.

BRINKER, Klaus: Das Passiv im heutigen Deutsch (=Heutiges Deutsch I, Bd. 2), Düsseldorf 1971.

BUSCHA, Joachim et al.: Modalverben, Leipzig ⁴1981 (1971).

CALBERT, Joseph P.; VATER, Heinz: Aspekte der Modalität (=Studien zur deutschen Grammatik, Bd. 1), Tübingen 1975.

CHOMSKY, Noam: Aspekte der Syntax-Theorie, Frankfurt a.M. 1969 (engl. Original 1965).

CHOMSKY, Noam: Remarks on Nominalizations, in: JACOBS, Roderick A.; ROSENBAUM, Peter S. (Hrsg.): Readings in English Transformational Grammar, Waltham, Mass, 1970, S. 184-221.

DROOP, Helmut Günter: Das präpositionale Attribut. Grammatische Darstellung und Korpusanalyse (=Forschungsberichte des Instituts für deutsche Sprache, Bd. 34), Tübingen 1977.

ENGEL, Ulrich: Zur dependenziellen Beschreibung von Nominalphrasen, in: Sprachsystem und Sprachgebrauch, Teil 1 (=Sprache der Gegenwart, Bd. 33), Düsseldorf 1974, S. 58-89.

ENGEL, Ulrich: Der Verbalkomplex im Deutschen, in: Kopenhagener Beiträge zur Germanistischen Linguistik, Sonderband 1, Kopenhagen 1980, S. 123-159.

FOLSOM, Marvin H.: The syntax of substantive and non-finite satellites to the finite verb in German, Paris 1966.

FOURQUET, Jean: Wortart, Phrase, spezifische Einheit, in: BACKES, Herbert (Hrsg.): Festschrift für Hans Eggers, Tübingen 1972, S 9-17.

GELHAUS, Hennann: Das Futur in ausgewählten Texten der geschriebenen deutschen Sprache der Gegenwart. Studien zum Tempussystem (=Heutiges Deutsch I, Bd. 5), München 1975.

GELHAUS, Hermann; LATZEL, Sigbert: Studien zum Tempusgebrauch im Deutschen (=Forschungsberichte des Instituts für deutsche Sprache, Bd. 15), Mannheim 1974.

GÖTZE, Lutz: Valenzstrukturen deutscher Verben und Adjektive. Eine didaktische Darstellung für das Fach Deutsch als Fremdsprache (=Heutiges Deutsch III, Bd. 3), München 1979.

HAUSER-SUIDA, Ulrike; HOPPE-BEUGEL, Gabriele: Die Vergangenheitstempora in der deutschen geschriebenen Sprache der Gegenwart. Untersuchungen an ausgewählten Texten (=Heutiges Deutsch I, Bd. 4), Düsseldorf 1972.

HÖHLE, Tilman: Lexikalistische Syntax: Die Aktiv-Passiv-Relation und andere

Infinitivkonstruktionen im Deutschen (=Linguistische Arbeiten, Bd. 67), Tübingen 1978.

IÄNTI, A.T.: Zum Reflexiv und Passiv im heutigen Deutsch. Eine syntaktische Untersuchung mit semantischen Ansätzen, Helsinki 1978.

LEES, Robert B: The grammar of English nominalizations, The Hague, Bloomington 1966.

MARTINET, André (Hrsg.): Linguistik. Ein Handbuch, Stuttgart 1973.

MOTSCH, Wolfgang: Syntax des deutschen Adjektivs (=Studia Grammatica, Bd. 3), Berlin [7]1973 (1965).

OOMEN, Ingelore: Determination bei generischen, definiten und indefiniten Beschreibungen im Deutschen (=Linguistische Arbeiten, Bd. 53), Tübingen 1977.

PAPE-MÜLLER, Sabine: Textfunktionen des Passivs. Untersuchungen zur Verwendung von grammatisch-lexikalischen Passivformen (=Reihe Germanistische Linguistik, Bd. 29), Tübingen 1980.

POPADIĆ, Hanna: Untersuchungen zur Frage der Nominalisierung des Verbalausdrucks im heutigen Zeitungsdeutsch (=Forschungsberichte des Instituts für deutsche Sprache, Bd. 9), Mannheim 1971.

PORZIG, Walter: Das Wunder der Sprache. Probleme, Methoden und Ergebnisse der modernen Sprachwissenschaft, Tübingen [9]1993 (1950).

RATH, Rainer: Die Partizipialgruppe in der deutschen Gegenwartssprache (=Sprache der Gegenwart, Bd. 12), Düsseldorf 1971.

RAYNAUD, Franziska: Les verbes de modalité en allemand contemporain, Univ. de Lille III, 1975.

REGULA, Moritz: Kurzgefaßte erklärende Satzkunde des Neuhochdeutschen, Bern, München 1968.

SCHÄUBLIN, Peter: Das adnominale Attribut in der deutschen Sprache der Gegenwart (=Studia Linguistica Germanica, Bd. 5), Berlin 1972.

SOMMERFELDT, Karl-Ernst; SCHREIBER, Herbert: Wörterbuch zur Valenz und Distribution deutscher Adjektive, Leipzig [2]1977 (1974).

SOMMERFELDT, Karl-Ernst; SCHREIBER, Herbert: Wörterbuch zur Valenz und

Distribution der Substantive, Leipzig ^{2}1980 (1977).

STEIN, Gabriele: Studies in the Function of the Passive (=Tübinger Beiträge zur Linguistik, Bd. 97), Tübingen 1979.

TEUBERT, Wolfgang: Valenz des Substantivs. Attributive Ergänzungen und Angaben (=Sprache der Gegenwart, Bd. 49), Düsseldorf 1979.

VATER, Heinz: Einführung in die Nominalphrasensyntax des Deutschen (=Kölner Linguistische Arbeiten, Bd. 10), Köln 1985.

VATER, Heinz (Hrsg.): Zur Syntax der Determinanten (=Studien zur deutschen Grammatik, Bd. 31), Tübingen 1986.

WEISGERBER, Leo: Die vier Stufen in der Erforschung der Sprachen, Düsseldorf 1963.

ZAMZAM, Laila: Die Substantivgruppe im Deutschen und Arabischen unter besonderer Berücksichtigung des Präpositionalattributs (Diss.), Erlangen 1988.

ZINT-DYHR, Ingeborg: Ergänzungssätze im heutigen Deutsch (=Ars Linguistica, Bd. 9), Tübingen 1981.

Teil 5. Sätze

ABRAHAM, Werner (Hrsg.): Erklärende Syntax des Deutschen (=Studien zur deutschen Grammatik, Bd. 25), Tübingen 1985.

ABRAHAM, Werner: Deutsche Syntax im Sprachvergleich (=Studien zur deutschen Grammatik, Bd. 41), Tübingen 1994.

ADMONI, W. G.: Die Entwicklungstendenzen des deutschen Satzbaus von heute (=Linguistische Reihe, Bd. 12), München 1973.

ADMONI, W.G.: Die Entwicklung des Satzbaus der deutschen Literatursprache im 19. und 20. Jahrhundert, Berlin 1987.

ALTMANN, Hans: Formen der "Herausstellung" im Deutschen. Rechtsversetzung, Linksversetzung, Freies Thema und verwandte Konstruktionen (=Linguistische Arbeiten, Bd. 106), Tübingen 1981.

ANDERSSON, Sven Gunnar; KVAM, Sigmund: Satzverschränkung im heutigen Deutsch. Eine syntaktische und funktionale Studie unter Berücksichtigung alternativer Konstruktionen (=Studien zur deutschen Grammatik, Bd. 24), Tübingen 1984.

ANTAL, Lászlo: Word order and syntactic position, in: Linguistics 8, 1964, S. 31- 42.

BARTSCH, Renate: Adverbialsemantik (=Linguistische Forschungen, Bd. 6), Frankfurt a.M. 1972.

BAUSEWEIN, Karin: Akkusativobjekt, Akkusativobjektsätze und Objektsprädikative im Deutschen (=Linguistische Arbeiten, Bd. 251), Tübingen.

BENEŠ, Eduard: Die Ausklammerung im Deutschen als grammatische Norm und als stilistischer Effekt, in: Muttersprache 78, 1968, S. 289-298.

BENEŠ, Eduard: Die Besetzung der ersten Position im deutschen Aussagesatz, in: MOSER, Hugo et al, (Hrsg.): Fragen der strukturellen Syntax und der kontrastiven Grammatik (=Sprache der Gegenwart, Bd. 17), Düsseldorf 1971, S. 160-182.

BOETTCHER, Wolfgang; SITTA, Horst: Deutsche Grammatik III. Zusammengesetzter Satz und äquivalente Strukturen (=Studienbücher zur Linguistik und Literaturwissenschaft, Bd. 4), Frankfurt a.M. 1972.

BOOST, Karl: Neue Untersuchungen zum Wesen und zur Struktur des deutschen Satzes, Berlin [5]1964 (1955).

BREINDL, Eva: Präpositionalobjekte und Präpositionalobjektsätze im Deutschen (=Linguistische Arbeiten, Bd. 220), Tübingen 1989.

DAL, Ingerid: Kurze deutsche Syntax auf historischer Grundlage, Tübingen [3]1966 (1951).

DRACH, Erich: Grundgedanken der deutschen Satzlehre, Darmstadt 1963 (=unv. Nachdruck der 3, Aufl. v. 1940) (1937).

DÜRSCHEID, Christa: Zur Vorfeldbesetzung in deutschen Verbzweit-Strukturen, Trier 1989.

DYHR, Mogens: Die Satzspaltung im Dänischen und Deutschen. Eine kontrastive Analyse (=Forschungsberichte des Instituts für deutsche Sprache, Bd. 40), Tübingen 1978.

EMONS, Rudolf: Valenzen englischer Prädikatsverben (=Linguistische Arbeiten, Bd. 22), Tübingen 1974.

ENGEL, Ulrich: Zur Beschreibung der Struktur deutscher Sätze, in: Duden-Beiträge, Bd. 37, Mannheim etc. 1969, S. 35-52.

ENGEL, Ulrich: Regeln zur Wortstellung, in: Forschungsberichte des Instituts für deutsche Sprache, Bd. 5, 1970, S 7-148.

ENGEL, Ulrich: Regeln zur "Satzgliedfolge". Zur Stellung der Elemente im einfachen Verbalsatz, in MOSER, Hugo et al. (Hrsg.): Linguistische Studien I (=Sprache der Gegenwart, Bd. 19), Düsseldorf 1972, S. 17-75.

ENGEL, Ulrich: Verbgrammatik und Wortstellung, in: Deutsche Sprache 1978, S. 97-109.

ENGEL, Ulrich: "Kommunikative" Grammatik?, in: Muttersprache 100, 1990, S. 99-115.

ENGEL, Ulrich; MIKIÆ, Pavao: Verbvalenz im Deutschen und im Serbokroatischen. Ein Vorschlag für kontrastive Beschreibungen, in: Verbalphrase und Verbvalenz. Deutsch-serbokroatische kontrastive Studien (=Deutsch im Kontrast, Bd. 2), Heidelberg 1983, S. 197-255.

ENGEL, Ulrich et al.: Valenzlexikon deutsch-rumanisch (=Deutsch im Kontrast, Bd. 3), Heidelberg 1983.

ENGEL, Ulrich; SCHUMACHER, Helmut: Kleines Valenzlexikon deutscher Verben (=Forschungsberichte des Instituts für deutsche Sprache, Bd. 31), Tübingen ^{2}1978 (1976).

ENGEL, Ulrich; TERTEL, R. K.: Kommunikative Grammatik Deutsch als Fremdsprache, München 1993.

ENGELEN, Bernhard: Untersuchungen zu Satzbauplan und Wortfeld in der geschriebenen deutschen Sprache der Gegenwart (=Heutiges Deutsch I, 3), 2 Bände, München 1975.

ENGELEN, Bernhard: Einführung in die Syntax der deutschen Sprache, 2 Bände, Baltmannsweiler 1984 bzw. 1986.

EROMS, Hans-Werner: Eine reine Dependenzgrammatik für das Deutsche, in: Deutsche Sprache 13, 1985, S. 306-326.

EROMS, Hans-Werner: Funktionale Satzperspektive (=Germanistische Arbeitshefte, Bd. 31), Tübingen 1986.

ETZENSPERGER, Jürg: Die Wortstellung der deutschen Gegenwartssprache als Forschungsobjekt. Mit einer kritisch referierenden Bibliographie (=Studia Linguistica Germanica, Bd. 15), Berlin, New York 1979.

FABRICIUS-HANSEN, Cathrine: Die Relevanz der Satzbaupläne für den Fremdsprachenunterricht, in: Jahrbuch Deutsch als Fremdsprache, Bd. 5, Heidelberg 1979, S. 156-174.

FINK, Stefan R.: Aspects of a Pedagogical Grammar based on Case Grammar and Valency Theory (=Linguistische Arbeiten, Bd. 54), Tübingen 1977.

FLÄMIG, Walter: Grundformen der Gliedfolge im deutschen Satz und ihre sprachlichen Funktionen, in: Beiträge zur Geschichte der deutschen Sprache und Literatur 86, Halle 1964, S. 309-349.

FOURQUET, Jean: Grammaire de la phrase allemande simple, Paris 1956.

FOURQUET, Jean: Prolegomena zu einer deutschen Grammatik (=Sprache der Gegenwart, Bd. 7), Düsseldorf [3]1971 (1970).

GERSTENKORN, Alfred: Das "Modal"-System im heutigen Deutsch (=Münchner Germanistische Beiträge, Bd. 16), München 1976.

GÖTZE, Lutz: Valenzstrukturen deutscher Verben und Adjektive. Eine didaktische Darstellung für das Fach Deutsch als Fremdsprache (=Heutiges Deutsch III, Bd. 3), München 1979.

GREWENDORF, Günther: Aspekte der deutschen Syntax (=Studien zur deutschen Grammatik, Bd. 33), Tübingen 1988.

HAFTKA, Brigitte: Reihenfolgebeziehungen im Satz (Topologie), in: HEIDOLPH, Karl Erich et al.: Grundzüge einer deutschen Grammatik, Berlin [2]1984 (1981), S. 702-764.

HARTUNG, Wolf Dietrich: Die zusammengesetzten Sätze des Deutschen (=Studia Grammatica, Bd. 4), Berlin [5]1971 (1964).

HEGER, Klaus: Monem, Wort, Satz und Text (=Konzepte der Sprach- und Literaturwissenschaft, Bd. 8), Tübingen 1976.

HELBIG, Gerhard (Hrsg.): Beiträge zur Valenztheorie (=Janua Linguarum, Series

Minor, Bd. 115), The Hague/Paris 1971.

HELBIG, Gerhard (Hrsg.): Beiträge zu Problemen der Satzglieder, Leipzig 1978.

HELBIG, Gerhard: Valenz - Satzglieder - semantische Kasus - Satzmodelle, Leipzig 1982.

HELBIG, Gerhard: Studien zur deutschen Syntax, 2 Bände, Leipzig 1983 bzw. 1984.

HELBIG, Gerhard: Probleme der Valenz- und Kasustheorie (=Konzepte der Sprach- und Literaturwissenschaft, Bd. 51), Tübingen 1992.

HELBIG, Gerhard; SCHENKEL, Wolfgang: Wörterbuch zur Valenz und Distribution deutscher Verben, Leipzig ⁷1983 (1969).

HERINGER, Hans Jürgen: Wort für Wort. Interpretation und Grammatik, Stuttgart 1978.

HOBERG, Ursula: Die Wortstellung in der geschriebenen deutschen Gegenwarts- sprache. Untersuchungen zur Elementenfolge im einfachen Verbalsatz (=Heutiges Deutsch I, Bd. 10), München 1981.

HOFFMANN, Ludger (Hrsg.): Deutsche Syntax, Berlin 1992.

HYVÄRINEN, Irma: Zu finnischen und deutschen verbabhängigen Infinitiven, Teil I: Theoretische Fundierung und Abgrenzung des Prädikats (=Werkstattreihe Deutsch als Fremdsprache, Bd. 25), Frankfurt a.M. etc 1989.

ICKLER, Irene: Kasusrahmen und Perspektive, in Deutsche Sprache 18, 1990, S. 1-37.

JÄRVENTAUSTA, Marja: Das Subjekt im Deutschen und Finnischen (=Werkstatt- reihe Deutsch als Fremdsprache, Bd. 30), Frankfurt a.M. etc 1991.

JØRGENSEN, Pete: German Grammar, Bd. 1-3, London 1959 bzw. 1963 bzw. 1966.

KEFER, Michel: Satzgliedstellung und Satzstruktur im Deutschen, Tübingen 1989.

KORHONEN, Jarmo: Studien zu Dependenz, Valenz und Satzmodell, 2 Teile, Bern, Frankfurt a.M. 1977 bzw. 1978.

LATOUR, Bernd: Verbvalenz. Eine Einführung in die dependenzielle Satzanalyse des Deutschen, München 1985.

LENERZ, Jürgen: Zur Abfolge nominaler Satzglieder im Deutschen (=Studien zur deutschen Grammatik, Bd. 5), Tübingen 1977.

LÖTSCHER, Andreas: Satzakzent und funktionale Satzperspektive (=Linguistische

Arbeiten, Bd. 127), Tübingen 1983.

MARX-MOYSE, Janine: Untersuchungen zur deutschen Satzsyntax. *Es* als vorweisendes Element eines Subjektsatzes (=Zeitschrift für Dialektologie und Linguistik, Beiheft 14), Wiesbaden 1983.

MAURER, Friedrich: Untersuchungen über die deutsche Verbstellung in ihrer geschichtlichen Entwicklung, Heidelberg 1926.

MRAZOVIČ, Pavica: Die Stellung der Satzelemente im Deutschen und im Serbokroatischen. Unter Mitarbeit von Ulrich Engel (=Deutsch im Kontrast, Bd. 1), Heidelberg 1982.

PORZIG, Walter: Das Wunder der Sprache: Probleme, Methoden und Ergebnisse der modernen Sprachwissenschaft, Tübingen [9]1993 (1950).

PÜTZ, Peter: Über die Syntax der Pronominalform *es* im modernen Deutsch (=Studien zur deutschen Grammatik, Bd. 3), Tübingen 1975.

RATH, Raine: Die Partizipialgruppe in der deutschen Gegenwartssprache (=Sprache der Gegenwart, Bd. 12), Düsseldorf 1971.

RAUH, Gisa: Tiefenkasus, thematische Relationen und Thetarollen (=Tübinger Beiträge zur Linguistik, Bd. 309), Tübingen 1988.

REGULA, Moritz: Grundlegung und Grundprobleme der Syntax (=Bibliothek der allgemeinen Sprachwissenschaft, Reihe II), Heidelberg 1951.

REIS, Marga: Wortstellung und Informationsstruktur, Tübingen 1993.

RIES, John: Was ist ein Satz? Beiträge zur Grundlegung der Syntax, Heft 3, 1931.

RIES, John: Was ist Syntax? Ein kritischer Versuch, Neudruck Darmstadt 1967.

SCHRÖDER, Peter: Wortstellung in der deutschen Standard-Sprache. Versuch einer empirischen Analyse zu topologischen Aspekten von Texten gesprochener Sprache, Mannheim 1984.

SCHUMACHER, Helmut (Hrsg.): Untersuchungen zur Verbvalenz (=Forschungsberichte des Instituts für deutsche Sprache, Bd. 30), Tübingen 1976.

SCHUMACHER, Helmut (Hrsg.): Verben in Feldern. Valenzwörterbuch zur Syntax und Semantik deutscher Verben (=Schriften des Instituts für deutsche Sprache, Bd. 1), Berlin 1986.

SITTA, Horst: Semanteme und Relationen. Zur Systematik der Inhaltsgefüge im

Deutschen, Frankfurt a.M. 1971.

STOLT, Birgit: Der prädikative Rahmen und die Reihung (=Moderna Språk, Language Monographs, Bd. 9), 1966.

SVANTESSON, Ulla: Die Ausklammerung Satzbautendenzen der deutschen Gegenwartssprache, Stockholm 1966 (hektographiert).

TARVAINEN, Kalevi: Dependenzielle Satzgliedsyntax des Deutschen. Mit sprachgeschichtlichen Erläuterungen (=Veröffentlichungen des Instituts für germanische Philologie der Universität Oulu, Bd. 3), Oulu 1979.

TESNIÈERE, Lucien: Éléments de syntaxe structurale, Paris 1959 (dt. Stuttgart 1980).

ULVESTAD, Bjarne; BERGENHOLTZ, Henning: *Es* als "Vorgreifer" eines Objektsatzes, in: Deutsche Sprache 7, 1979, S. 97-116.

VATER, Heinz: Dänische Subjekt- und Objektsätze. Ein Beitrag zur generativen Dependenzgrammatik (=Linguistische Arbeiten, Bd. 3), Tübingen 1973.

VATER, Heinz: Einführung in die Zeit-Linguistik (=Kölner Linguistische Arbeiten - Germanistik, Bd. 25), Hürth-Efferen [2]1991 (1991).

VATER, Heinz: Einführung in die Raum-Linguistik (=Kölner Linguistische Arbeiten - Germanistik, Bd. 24), Hürth-Efferen 1991.

VENNEMANN, Theo: Zur Theorie der Wortstellungsveränderung: Von SXV zu SVX über TVX, in: DINSER, G. (Hrsg.): Zur Theorie der Sprachveränderung, Kronberg 1974, S. 265-314.

WEGENER, Heide: Der Dativ im heutigen Deutsch (=Studien zur deutschen Grammatik, Bd. 28), Tübingen 1985.

WEISGERBER, Leo: Die vier Stufen in der Erforschung der Sprachen, Düsseldorf 1963.

WEISGERBER, Leo: Grundzüge der inhaltbezogenen Grammatik (=Von den Kräften der deutschen Sprache, Bd. 2.1), Düsseldorf [3]1963.

WINTER, Werner: Relative Häufigkeit syntaktischer Erscheinungen als Mittel zur Abgrenzung von Stilarten, in: Phonetica 7, 1961, S. 193-216.

WUNDERLICH, Dieter: Tempus und Zeitreferenz im Deutschen (=Linguistische Reihe, Bd. 5), München 1970.

ZEMAN, Jaromír: Untersuchungen zur Satzgliedstellung im Nebensatz in der deutschen Sprache der Gegenwart, Brno 1979.

ZEMB, Jean Marie: Satz, Wort, Rede. Semantische Strukturen des deutschen Satzes, Freiburg 1972.

ZERTIFIKAT DEUTSCH ALS FREMDSPRACHE, herausgegeben vom deutschen Volkshochschul-Verband und vom Goethe-Institut, Frankfurt a.M. und München [4]1991 (1972).

ZIMMERMANN, Heinz: Zu einer Typologie des spontanen Gesprächs. Syntaktische Studien zur baseldeutschen Umgangssprache (=Basler Studien zur deutschen Sprache und Literatur, Bd. 30), Bern 1965.

Teil 6. Text

AGRICOLA, Erhard: Textstruktur, Textanalyse, Informationskern, Leipzig 1979.

AUSTIN, J.L.: How to do things with words, Oxford 1962 (deutsch Stuttgart [2]1979 (1972)).

BAUSCH, Karl-Heinz et al.: Gesprochene Sprache. Bericht der Forschungsstelle Freiburg (=Forschungsberichte des Instituts für deutsche Sprache, Bd. 7), Tübingen [2]1975 (1973).

BAUSCH, Karl-Heinz et al.: Forschungen zur gesprochenen Sprache und Möglichkeiten ihrer Didaktisierung, München (Goethe-Institut) 1971.

BAUSINGER, Hermann: Dialekte - Sprachbarrieren - Sondersprachen, Bd. 2 zur Fernsehserie "Deutsch für Deutsche", Frankfurt a.M. 1972.

BEAUGRANDE, Robert-Alain de; DRESSLER, Wolfgang Ulrich: Einführung in die Textlinguistik (=Konzepte der Sprach- und Literaturwissenschaft, Bd. 28), Tübingen 1981.

BELLERT, Irena: Über eine Bedingung für die Kohärenz von Texten, in: KIEFER, F. (Hrsg.): Semantik und generative Grammatik, Frankfurt a.M. 1972, S. 1-31.

BRAUNMÜLLER, Kurt: Referenz und Pronominalisierung. Zu den Deiktika und Proformen des Deutschen (=Linguistische Arbeiten, Bd. 46), Tübingen

1977.

BREUER, Dieter: Einführung in die pragmatische Texttheorie, München 1974.

BRINKER, Klaus: Linguistische Textanalyse (=Grundlagen der Germanistik, Bd. 29), Berlin ³1992(1985).

BURGHARDT, Wolfgang; HÖLKER, Klaus (Hrsg.): Text Processing/Textverarbeitung. Papers in Text Analysis and Text Description/Beiträge zur Textanalyse und Textbeschreibung, Berlin, New York 1979.

COSERIU, Eugenio: Textlinguistik. Eine Einführung, Tübingen ³1994 (1980).

DANEŠ, František (Hrsg.): Papers on Functional Sentence Perspective (=Janua Linguarum, Series Minor, Bd. 147), Prag 1974.

DANEŠ, František; VIEHWEGER, Dieter (Hrsg.): Probleme der Textgrammatik, 2 Bände, (=Studia Grammatica, Bd. 11 bzw. 18), Berlin 1976 bzw. 1977.

DIJK, Teun A. van: Textwissenschaft. Eine interdisziplinäre Einführung, Tübingen 1980.

DRESSLER, Wolfgang: Einführung in die Textlinguistik (=Konzepte der Sprach- und Literaturwissenschaft, Bd. 13), Tübingen 1973 (1972).

DRESSLER, Wolfgang; SCHMIDT, Siegfried J.: Textlinguistik. Kommentierte Bibliographie, München 1973.

DRESSLER, Wolfgang (Hrsg.): Textlinguistik (=Wege der Forschung, Bd. 427), Darmstadt 1978.

ERMERT, Karl: Briefsorten. Untersuchungen zu Theorie und Empirie der Textklassifikation (=Reihe Germanistische Linguistik, Bd. 20), Tübingen 1979.

EROMS, Hans-Werner: Funktionale Satzperspektive (=Germanistische Arbeitshefte, Bd. 31), Tübingen 1986.

FLEISCHER, Wolfgang (Hrsg.): Textlinguistik und Stilistik. Beiträge zu Theorie und Methode (=Linguistische Studien, Reihe A, Nr. 164), Berlin 1987.

FRANCK, Dorothea: Grammatik und Konversation. Eine Studie zur kommunikativen Funktion einiger deutscher Modalpartikel, Königstein/Ts. 1976.

FRANCK, Dorothea; PETÖFL, János S. (Hrsg.): Präsuppositionen in Philosophie und Linguistik (=Linguistische Forschungen, Bd. 7), Frankfurt a.M. 1973.

FRIES, Udo: Textlinguistik, in: Linguistik und Didaktik 7, 1971, S. 219-234.

GLINZ, Hans: Grundbegriffe und Methoden inhaltbezogener Text- und Sprachanalyse, Düsseldorf 1965.

GLINZ, Hans: Textanalyse und Verstehenstheorie I, II (=Studienbücher zur Linguistik und Literaturwissenschaft, Bd. 5 bzw. 6), Frankfurt a.m. 1973 bzw. 1977.

GÖTTERT, Karl-Heinz: Einführung in die Rhetorik, München ^{2}1994 (1991).

GREWENDORF, Günther (Hrsg.): Sprechakttheorie und Semantik, Frankfurt a.m. 1979.

GÜLICH, Elisabeth: Makrosyntax der Gliederungssignale im gesprochenen Französisch (=Structura, Bd. 2), München 1970.

GÜLICH, Elisabeth; RAIBLE, Wolfgang (Hrsg.): Textsorten. Differenzierungs- kriterien aus linguistischer Sicht (=Athenäum Skripten Linguistik, Bd. 5), Frankfurt 1972.

GÜLICH, Elisabeth; RAIBLE, Wolfgang: Linguistische Textmodelle, München 1977.

GÜLICH, Elisabeth et al.: Linguistische Textanalyse. Überlegungen zur Gliederung von Texten (=Papiere zur Textlinguistik, Bd. 8), Hamburg 1974.

HARRIS, Zellig S.: Discourse Analysis, reprint, The Hague 1963.

HARTMANN, Peter: Text, Texte, Klassen von Texten, in: Bogawus 1, 1964, S. 15-25.

HARTMANN, Peter; RIESER, Hannes (Hrsg.): Angewandte Textlinguistik (=Papiere zur Textlinguistik, Bd. 2), Hamburg 1973.

HARWEG, Roland: Pronomina und Textkonstitution, München 1968.

HEINEMANN, Wolfgang; VIEHWEGER, Dieter: Textlinguistik. Eine Einführung (=Reihe Germanistische Linguistik, Bd. 115), Tübingen 1991.

HENNE, Helmut; REHBOCK, Helmut: Einführung in die Gesprächsanalyse (=Sammlung Göschen, Bd. 2212), Berlin, New York ^{2}1982 (1979).

HLAVSA, Zdenek; VIEHWEGER, Dieter (Hrsg.): Aspects of Text Organization, Prag 1985.

HUNDSNURSCHER, Franz; WEIGAND, Edda (Hrsg.): Dialoganalyse (=Linguistische Arbeiten, Bd. 176), Tübingen 1986.

ISENBERG, Horst: Überlegungen zur Texttheorie, Arbeitsstelle strukturelle

Grammatik, Bericht 2, Berlin 1970.

ISENBERG, Horst: Texttheorie und Gegenstand der Grammatik (=Linguistische Studien A, Bd. 11), Berlin 1974.

KALLMEYER, Werner et al.: Lektürekolleg zur Textlinguistik, Bd. 1: Einführung, Frankfurt a.M. ³1980 (1974), Bd. 2: Reader, Frankfurt a.M. 1974.

KALVERKÄMPER, Hartmut: Textlinguistik der Eigennamen, Stuttgart 1978..

KALVERKÄMPER, Hartmut: Der Bestand der Textlinguistik, in: Deutsche Sprache 9, 1981, S. 224-270 und 329-379.

KEGEL, Gerhard; SAILE, Günter: Analyseverfahren zur Textsemantik (=Linguistische Reihe, Bd. 22), München 1975.

KERN, Peter: Bemerkungen zum Problem der Textklassifikation, in: Forschungs- berichte des Instituts für deutsche Sprache, Bd. 3, Mannheim 1969, S. 3-23.

KIEFER, Ferenc (Hrsg.): Semantik und generative Grammatik (=Linguistische Forschungen, Bd. 1), 2 Bände, Frankfurt a.M. 1972.

KLEIN, Wolfgang (Hrsg.): Textlinguistik, Frankfurt 1972.

KLEIN, Wolfgang; LEVELT, Willem (Hrsg.): Crossing the Boundaries in Linguistics. Studies Presented to Manfred Bierwisch, Dordrecht 1981.

KOCH, Walter A. (Hrsg.): Strukturelle Textanalyse - Analyse du récit - Discourse Analysis, Hildesheim, New York 1972.

KÜRSCHNER, Wilfried; VOGT, Rüdiger (Hrsg.): Grammatik, Semantik, Textlinguistik. Akten des 19. Ling. Kolloquiums Vechta 1984, Bd. 1 (=Linguistische Arbeiten, Bd. 156), Tübingen 1985.

LEVINSON, Stephen C.: Pragmatics, Cambridge 1983.

LUX, Friedemann: Text, Situation, Textsorte (=Tübinger Beiträge zur Linguistik, Bd. 172), Tübingen 1981.

MACKELDEY, Roger: Alltagssprachliche Dialoge, Leipzig 1987.

MACKELDEY, Roger (Hrsg.): Textsorten/Textmuster in der Sprech- und Schrift- kommunikation. Festschrift für Wolfgang Heinemann, Leipzig 1990.

MOSER, Hugo et al. (Hrsg.): Gesprochene Sprache. Jahrbuch 1972 des Instituts für deutsche Sprache (=Sprache der Gegenwart, Bd. 26), Düsseldorf 1974.

MOTSCH, Wolfgang et al.: Zum Verhältnis von Satz und Text (=Sprache und

Pragmatik, Bd. 11), Lund 1989.

OOMEN, Ingelore: Determination bei generischen, definiten und indefiniten Beschreibungen im Deutschen (=Linguistische Arbeiten, Bd. 53), Tübingen 1977.

OOMEN, Ursula: Systemtheorie der Texte, in: Folia Linguistica 5, 1971, S. 12-34.

PERETTI, Paula: Die Rückfrage. Formen und Funktionen eines Sprechhandlungstyps im Deutschen und Spanischen anhand eines Corpus der gesprochenen Sprache (=Studien Deutsch, Bd. 17), München 1993.

PETÖFI, János S.; RIESER, Hannes: Studies in text grammar (=Foundations of Language, Bd. 19), Dordrecht, Boston 1973.

PLETT, Heinrich: Textwissenschaft und Textanalyse. Semiotik, Linguistik, Rhetorik, Heidelberg [2]1979 (1975).

RATH, Rainer: Kommunikationspraxis, Göttingen 1979.

RAUH, Gisa (Hrsg.): Essays on Deixis (=Tübinger Beiträge zur Linguistik, Bd. 188), Tübingen 1983.

RAUH, Gisa: Linguistische Beschreibung deiktischer Komplexität in narrativen Texten (=Tübinger Beiträge zur Linguistik, Bd. 106), Tübingen 1978.

RIESER, Hannes: Aspekte einer partiellen Texttheorie. Untersuchungen zur Textgrammatik mit "nicht-linear" festgelegter Basis, 2 Bände, Hamburg 1980.

ROTHKEGEL, Annely; SANDIG, Barbara (Hrsg.): Text - Textsorten - Semantik. Linguistische Modelle und maschinelle Verfahren, Hamburg 1984.

SANDIG, Barbara: Stilistik. Sprachpragmatische Grundlegung der Stilbeschreibung, Berlin, New York 1978.

SCHANK, Roger C.; ABELSON, Robert P.: Scripts, Plans, Goals and Understanding, Hillsdale 1977.

SCHERNER, Maximilian: Sprache als Text (=Reihe Germanistische Linguistik, Bd. 48), Tübingen 1984.

SCHLIEBEN-LANGE, Brigitte: Linguistische Pragmatik, Stuttgart [2]1979 (1975).

SCHLIEBEN-LANGE, Brigitte: Soziolinguistik. Eine Einführung, Stuttgart etc. 1991 (1973)

SCHMIDT, Siegfried J.: Texttheorie. Probleme einer Linguistik der sprachlichen

Kommunikation, München 1973.

SCHWARZ, Monika: Einführung in die Kognitive Linguistik, Tübingen 1992.

SEARLE, John R.: Speech Acts. An Essay in the Philosophy of Language, Cambridge 1969 (deutsch Frankfurt a.M. 1971).

SGALL, Petr et al.: Topic, Focus, and Generative Semantics, Kronberg/Ts. 1973.

SITTA, Horst; BRINKER, Klaus (Hrsg.): Studien zur Texttheorie und zur deutschen Grammatik. Festgabe für Hans Glinz zum 60. Geburtstag (=Sprache der Gegenwart, Bd. 30), Düsseldorf 1973.

SOWINSKI, Bernhard: Textlinguistik. Eine Einführung, Stuttgart 1983.

STEMPEL, Wolf-Dieter (Hrsg.): Beiträge zur Textlinguistik, München 1971.

STROHNER, Hans: Textverstehen. Kognitive und kommunikative Grundlagen der Sprachverarbeitung, Opladen 1990.

TEXTE GESPROCHENER DEUTSCHER STANDARDSPRACHE, erarbeitet im Institut für deutsche Sprache, Forschungsstelle Freiburg (=Heutiges Deutsch, Reihe II), 4 Bände, München (Düsseldorf) 1971 bzw. 1974 bzw. 1975 bzw. 1979.

THRANE, Torben: Referential-semantic analysis. Aspects of a theory of linguistic reference (=Cambridge Studies in Linguistics, Bd. 28), Cambridge 1980.

UNGEHEUER, Gerold: Sprache und Kommunikation, Hamburg 1972.

VAN DER AUWERA, Johan (Hrsg.): The Semantics of Determiners, London 1980.

VATER, Heinz: Einführung in die Referenzsemantik (=Kölner Linguistische Arbeiten, Bd. 11), Köln 1986.

VATER, Heinz: Einführung in die Textlinguistik. Struktur, Thema und Referenz in Texten, München 1992.

WATZLAWIK, Paul et al.: Pragmatics of Human Communication. A Study of Interactional Patterns, Pathologies, and Paradoxes, New York 1967.

WAWRZYNIAK, Ździslaw: Einführung in die Textwissenschaft. Untersuchungen zur Textbildung im Deutschen, Warschau 1980.

WEIGAND, Edda; HUNDSNURSCHER, Franz (Hrsg.): Dialoganalyse II (=Linguistische Arbeiten, Bd. 229/230), Tübingen 1989.

WEINRICH, Harald: Sprache in Texten, Stuttgart 1976.

WEINRICH, Harald: Textgrammatik der deutschen Sprache. Unter Mitarbeit von Maria Thurmair u.a., Mannheim etc. 1993.

WERLICH, Egon: Typologie der Texte, Heidelberg [2]1979 (1975).

WETTLER, Manfred: Sprache, Gedächtnis, Verstehen, Berlin, New York 1980.

WIESE, Richard: Psycholinguistische Aspekte der Sprachproduktion. Sprechverhalten und Verbalisierungsprozesse, Hamburg 1983.

WIMMER, Rainer: Referenzsemantik (=Reihe Germanistische Linguistik, Bd. 19), Tübingen 1979.

WUNDERLICH, Dieter (Hrsg.): Linguistische Pragmatik, Frankfurt a.M. 1972.

WUNDERLICH, Dieter: Studien zur Sprechakttheorie, Frankfurt a.M. [2]1978 (1976).

WYGOTSKI, Lew S.: Denken und Sprechen, Berlin 1964.

ZIMMERMANN, Klaus: Erkundungen zur Texttypologie mit einem Ausblick auf die Nutzung einer Texttypologie für eine Corpustheorie (=Forschungsberichte des Instituts für deutsche Sprache, Bd. 39), Tübingen 1978.

Teil 7. Schichtneutrale Prozesse

BÁTORI, István et al. (Hrsg.): Syntaktische und semantische Studien zur Koordination (=Studien zur deutschen Grammatik, Bd. 2), Tübingen 1975.

BRETTSCHNEIDER, Gunter: Koordination und syntaktische Komplexität. Zur Explikation eines linguistischen Begriffs (=Structura, Bd. 12), München 1978.

DIK, Simon C.: Coordination. Its Implications for the Theory of General Linguistics, Amsterdam 1968.

ENGEL, Ulrich: Die Apposition, in: ZIFONUN, Gisela (Hrsg.): Vor-Sätze zu einer neuen deutschen Grammatik (=Forschungsberichte des Instituts für deutsche Sprache, Bd. 63), Tübingen 1986, S. 184-205.

FAUCHER, Eugène: L'apposition en allemand moderne, in: Études de linguistique appliqué 7, 1970, S. 88-96.

FINDRENG, Ådne: Zur Kongruenz in Person und Numerus zwischen Subjekt und finitem Verb im modernen Deutsch (=Germanistische Schriftenreihe der norwegischen Universitäten und Hochschulen, Bd. 5), Oslo 1976.

HABERKORN, Didier: L'apposition en allemand moderne (Thèse de doctorat), Paris 1982.

HANKAMER, Jorge: Deletion in coordinate structures (=Outstanding Dissertation in Linguistics, Bd. 16), New York, London 1979.

HEINEMANN, Wolfgang: Negation und Negierung. Handlungstheoretische Aspekte einer linguistischen Kategorie, Leipzig 1983.

HELBIG, Gerhard; RICKEN, Helga: Die Negation, Leipzig 1973.

HESSE, Harald; KÜSTNER, Andreas: Syntax der koordinativen Verknüpfung (=Studia Grammatica, Bd. 24), Berlin 1985.

JACOBS, Joachim: Syntax und Semantik der Negation im Deutschen. Eine Untersuchung im Rahmen der Montague-Grammatik (=Münchener Studien zur theoretischen Linguistik, Bd. 2), München 1982.

KOHRT, Manfred: Koordinationsreduktion und Verbstellung in einer generativen Grammatik des Deutschen (=Linguistische Arbeiten, Bd. 41), Tübingen 1976.

KÖNIG, Ekkehard: Kumulative Komparative, in: STECHOW, Arnim von (Hrsg.): Beiträge zur Generativen Grammatik (=Schriften zur Linguistik, Bd. 3), Braunschweig 1971, S. 100-111.

KUNZE, Jürgen: Die Auslaßbarkeit von Satzteilen bei koordinativen Verbindungen im Deutschen (=Schriften zur Phonetik, Sprachwissenschaft und Kommunikationsforschung, Bd. 14), Berlin 1972.

KÜRSCHNER, Wilfried: Studien zur Negation im Deutschen (=Studien zur deutschen Grammatik, Bd. 12), Tübingen 1983.

LANG, Ewald: Semantik der koordinativen Verknüpfung (=Studia Grammatica, Bd. 14), Berlin 1977.

LEHFELDT, Werner: "Rektion", "Kongruenz", "Adjunktion": ein Beitrag zur Begriffsgeschichte, in: BAAK, J. J. van (Hrsg.): Signs of Friendship. To honour A.G.F. van Holk, slavist, linguist, semiotician. Liber amicorum presented on the occasion of his 60th birthday..., Amsterdam 1984, S. 203-223.

LÖBEL, Elisabeth: Apposition und Komposition in der Quantifizierung (=Linguistische Arbeiten, Bd. 166), Tübingen 1986.

MEYER-HERMANN, Reinhard; RIESER, Hannes (Hrsg.): Ellipsen und fragmentarische Ausdrücke (=Linguistische Arbeiten, Bd. 148), Tübingen 1985.

MOTSCH, Wolfgang: Untersuchungen zur Apposition im Deutschen, in: Syntaktische Studien (=Studia Grammatica, Bd. 5), Berlin 1965, S. 87-132.

OIRSOUW, Robert R. van: The Syntax of Coordination, London 1987.

ORTNER, Hanspeter: Die Ellipse. Ein Problem der Sprachtheorie und der Grammatikschreibung (=Reihe Germanistische Linguistik, Bd. 80), Tübingen 1987.

RAABE, Horst: Apposition. Untersuchungen zum Begriff und zur Struktur der Apposition im Französischen unter weiterer Berücksichtigung des Deutschen und Englischen (=Tübinger Beiträge zur Linguistik, Bd. 119), Tübingen 1979.

SCHÄUBLIN, Peter: Das adnominale Attribut in der deutschen Sprache der Gegenwart (=Studia Linguistica Germanica, Bd. 5), Berlin 1972.

SCHENK, A.: Nominale Appositionen mit besonderer Berücksichtigung des Französischen, Bochum 1976.

SCHINDLER, Wolfgang: Untersuchungen zur Grammatik appositionsverdächtiger Einheiten im Deutschen (=Linguistische Arbeiten, Bd. 246), Tübingen 1990.

SEILER, Hansjakob: Relativsatz, Attribut und Apposition, Wiesbaden 1960.

SENNEKAMP, Marita: Die Verwendungsmöglichkeiten von Negationszeichen in Dialogen (=Heutiges Deutsch I, Bd. 17), München 1979.

STICKEL, Gerhard: Untersuchungen zur Negation im heutigen Deutsch (=Schriften zur Linguistik, Bd. 1), Braunschweig 1970.

TESNIÈRE, Lucien: Éléments de syntaxe structurale, Paris 1959 (deutsch Stuttgart 1980).

THÜMMEL, Wolf: Vorüberlegungen zu einer Grammatik der Satzverknüpfungen. Koordination und Subordination in der generativen Transformationsgrammatik, Frankfurt a.M. 1979.

WEINRICH, Harald (Hrsg.): Positionen der Negativität, München 1975.

WELTE, Werner: Negationslinguistik. Ansätze zur Beschreibung und Erklärung von Aspekten der Negation im Englischen, München 1978.

Vermischtes

BLÜHDORN, Hardarik: Funktionale Zeichentheorie und deskriptive Linguistik. Ein Entwurf am Beispiel des Gegenwartsdeutschen (=Erlanger Studien, Bd. 100), Erlangen, Jena 1993.

ENGEL, Ulrich; TERTEL, Rozemaria K.: Kommunikative Grammatik Deutsch als Fremdsprache. Die Regeln der deutschen Gebrauchssprache in 30 allgemeinverständlichen Kapiteln - mit Texten und Aufgaben, München 1993.

RALL, Marlene et al.: DVG für DaF. Dependenz-Verb-Grammatik für Deutsch als Fremdsprache, Heidelberg [2]1985 (1977).

전문어와 약어

대부분의 표제어에 대해서는 그 특징만이 간단히 기술되어 있다. 보충하기 위해서는 또 다른 중요한 정보도 얻을 수 있는 이 책의 용어 위치를 참조하기 바란다. 용어가 들어 있는 위치에 대한 진술은 쪽 수가 아니라 장과 절에 대한 숫자의 결합으로 이루어진다.

으로서 치환에 의해 변경될 수 있음 5.10.7

Billigung 동의: 화행유형, 조정행위의 하위 유형 6.2

Dank 감사: 화행유형, 조정행위의 하위유형 6.2

Dativergänzung (E_{dat}) 3격(=여격) 보충어: 3 격의 동사 보충어 또는 그 대용어. 특 수한 형태로서는 이익의 3격/손해의 3격/소유의 3격이 있음 5.5

Dativus ethicus 관심/감정의 3격: 3격의 동 사 첨가어로서 감정적인 관심을 표현 함 5.5

Delokutiv 3인칭 2.2

Dependens 의존소: 의존관계에서 종속적인 개별 요소 3.1

Dependenz 의존: "방향지워진 상호공기"의 종속원칙에 따름 1.7

Dependenzast 의존가지: 분지가 없는 의존적 인 구성체 4.2

Derivant 파생소: 파생에서 사용되는 비자립 적인 형태소로서 주로 접두사와 접미 사 2.5

Derivation 파생어: 파생(유도)를 통한 조어 2.5

deskriptive Grammatik 기술문법: 언어현상 을 평가하지 않고 다만 기술만 하는 문법 1.2

deszendente Grammatik 하향문법: 언어를 보다 큰 ("높은") 단위로부터 작은 단 위로 기술해나가는 문법 1.3

Determinativ (Det) 한정사: 품사의 일종으 로서 명사에 종속하며 "작센의 2격" 과 결합할 수 없는 형태소 2.3.5

Determinativkompositum 한정 합성어: 합성

어로서 그 첫 번째 부분이 두 번째 부 분을 보다 자세히 규정함 2.5

diachronisch 통시적: 언어현상을 시간적인 관점에 따라 특징 짓는 원칙 1.1

Diagramm 도식: 언어관계를 2차원적인 도 식으로 기술하는 것 1.10

Diagramm, explizites 명시적 도식: 특수한 기호만을 포함하는 도식 1.10

Diagramm, monematisiertes 형태소 도식: 기호 이외에 구체적인 단어도 포함하 는 도식 1.10

Diagramm, pauschaliertes 총괄적 도식: 지 배소 이외에 총괄기호만을 포함하는 도식 1.10

diastratisch 계층적: 언어현상을 사회적 내지 는 문체적 관점에 따라 특징 짓는 원 칙 1.1

diatopisch 지리적: 언어현상을 장소적/지역 적 관점에 따라 특징 짓는 원칙 1.1

Direktivergänzung (E_{dir}) 방향 보충어: 방향 을 표현하는 동사 보충어 5.5

Distribution 분포: 한 요소의 규칙적인 환경

Drohung 협박/위협: 화행유형 6.2

E 보충어/보족어 3.4, 4.3, 5.5, 5.6

E_{adj} 형용사적 보충어 5.5

E_{akk} 4격(=대격) 보충어 5.5

E_{dat} 3격(=여격) 보충어 5.5

E_{dir} 방향 보충어 5.5

E_{exp} 확장 보충어 5.5

E_{gen} 2격(=속격) 보충어 5.5

E_{nom} 명사적 보충어 5.5

E_{prp} 전치사 보충어 5.5

E_{sit} 상황 보충어 5.5

E_{sub} 주격(=1격) 보충어 5.5

E_{vrb} 동사적 보충어 5.5

Generalisierung 일반화: 화행유형, 통지의 하위유형 6.2

Genitiv, possessiver 소유의 2격: 귀속관계를 표현하는 명사의 2격 부가어 4.3

Genitiv, sächsischer 작센의 2격: 명사 앞에 오는 2격 부가어 2.3.5

Genitivergänzung (E$_{gen}$) 2격(=속격) 보충어: 2격의 동사 보충어나 또는 그 대용어 5.5

Genitivus obiectivus 목적어적 2격: "기저" 문장에서 4격 보충어("4격 목적어") 로 나타나는 명사의 2격 부가어 4.3

Genitivus subiectivus 주어적 2격: "기저"문 장에서 주어로 나타나는 명사의 2격 부가어 4.3

Genus 성: 명사의 격자질로서 3가지 굴절소 범주(남성, 여성, 중성)가 있으며 대명 사, 한정사 및 형용사에서 등장함 2.2

Gesprächsschritt 대화 차례/대화 순서: 한 화 자의 연관적인 대화참여 6.4.4

Gesprächssequenz 대화 연속체: 여러 화자 들의 (보통 두 가지) 대화참여에 대한 규칙적인 연속체 6.4.4

Glied, syntaktisches 통사적 성분: 외부적 지 배소에 의해 정의된 어군으로서 보충 어와 첨가어로 구분할 수 있음 3.2

Gliederungssignal 분류 신호: 일종의 연결어 로서 텍스트를 분류하는 표현 6.3.2, 6.4.3

Gliedsatz 성분문장: 동사에 대한 보충어나 첨가어의 기능을 갖는 문장류의 구성 체 5.2

Globalziel 포괄적 목표: 텍스트 유형에 대한 언어외적인 조건 6.6

Gradpartikel (Grp) 등급 불변화사: 품사의 일종으로서 항상 대등접속사와 전장 요소 사이에 올 수 있는 불변화사 2.3.15

Gratulation 축하: 화행유형, 조정행위의 하 위유형 6.2

Grundfolge 기본 어순/순서: 요소들의 1차적 인 ("정상적인", 때로는 가장 자주 사 용되는) 어순으로서 여기서부터 다른 어순이 유도됨 4.2, 5.10.3, 5.10.4

Gruß 인사: 화행유형, 접촉을 제한하는 화행 의 하위유형 6.2

Häufung 중첩/병렬: 동일한 기능을 갖는 1등 급 요소들의 병렬관계 7.3

Hauptsatz 주문장: 사실적인 자립 문장 5.2

Hauptsatz, abhängiger 종속적 주문장: 구체 적인 경우에서 어떤 요소에 종속되어 있는 잠재적인 자립 문장 5.2

Hauptverb 주동사/본동사: 부동사도 아니고 기능동사도 아닌 동사 4.2

Hauptverbkomplex 주동사 복합체: 주동사와 그 위성으로 이루어지는 구성체 5.1

Herausstellung 적출(摘出): 강조하기 위해 어떤 표현을 전장 앞으로나 또는 후 장 뒤로 이동시키는 것 5.10.7

Hervorhebung 강조: 전장, 중장 및 후장에서 가능한 치환기능 5.10.7

Homograph 동형이의어: 문어에서 형태는 같으나 의미가 다른 언어 2.3.2

Homonym 동형동음이의어: 동형이의어와 동음이의어를 포괄적으로 말함 2.3.2

Homophon 동음이의어: 구어에서 발음은 같 으나 의미가 다른 언어 2.3.2

Identifikationsgrammatik 확인문법: 언어현 상을 어떻게 기술/분석/설명할 수 있 는가에 대해 기술하는 문법 1.4

Paradigma 계열소: 동일한 문맥에서 교환할 수 있는 (그러나 일반적으로 서로 결합할 수는 없는) 요소들의 집합 1.8

Paraphrase 동의구문/의역: 화행유형, 통지의 하위유형 6.2

Partikel 불변화사: 변화하지 않는 (굴절할 수 없는) 단어 2.3

Partizip I 분사 I: 동사 II로 구성되는 동사의 굴절소로서 '진행중'의 의미를 지님 2.2, 2.3.3

Partizip II 분사 II: 동사 II로 구성되는 동사의 굴절소로서 '종결된'의 의미를 지님 2.2, 2.3.3

Partizipverb 분사 동사: 다른 동사의 분사를 요구하는 부동사 4.2

Partnerpronomen 상대 대명사: 화자나 청자를 표현하는 대명사의 하위부류 (전통문법에서의 1인칭과 2인칭) 2.3.7

Passiv 수동: 조동사 werden, sein, gehören, bekommen과 주동사의 과거분사로 구성되는 복합동사의 하위체계, 반대는 능동 4.2

Passiv, neutrales 중립 수동: 전통문법의 "비인칭 수동" 4.2

Passiv, volles 완전 수동: 전통문법의 "인칭 수동" 4.2

Pauschsymbol 총괄 기호: 다성분으로 구성된 표현을 나타냄(구, 문장성분) 1.10

Perfekt 현재완료: 현재형의 정동사를 취하는 완료형

Perfektformen 현재완료형: 조동사 haben 또는 sein과 주동사의 분사 II를 취하는 동사 복합체 4.2

Performanz 언어수행: 언어능력의 사용 1.1

performativ 수행적: 화행을 기술하는 1인칭 현재 동사의 사용 6.2

Permutation 치환: 요소들의 (수평적인) 이동을 야기하는 변형 1.9, 42, 5.10.7

Person 인칭: 1인칭, 2인칭, 3인칭을 포괄하는 굴절소 범주로서 대명사와 동사에서 등장함 2.2

Pertinenzdativ 소유의 3격(여격): 명사의 부가어로서 종종 동사 보충어로 오해됨 5.5

Phase 단계/상: 단순형과 완료형을 포괄하는 동사적 범주 4.2

Phonik 음성부: 구조화된 어휘부 단위에 음가와 억양곡선을 할당하는 문법의 부문 1.9

phorisch 지시적: 간접적인 지시기능을 갖는 형태소의 기호, 단어는 선행 지시적 (anaphorisch) 또는 후행 지시적 (kataphorisch)이 될 수 있음 6.3.2

Phrase 구: 핵어의 품사를 토대로 정의된 어군 3.2

Plusquamperfekt 과거완료: 과거형의 정동사를 취하는 완료형

Position 위치: 언어단위를 연쇄("어순")적으로 배열하는 것 1.6, 4.2, 4.3, 4.4, 4.5, 5.10, 5.11.3

Positionsmarkierung 위치 표지: 일종의 분류 신호 6.3.2

Positiv 원급: "기본 단계"를 표현하는 형용사의 굴절소 2.2, 2.3.6

Possessivum 소유대명사: 대명사와 한정사의 하위부류로서 소유관계를 표현함 2.3.5, 2.3.7

Prädikatsnomen 술어 명사: 명사적 보충어와 형용사적 보충어에 대한 전통문법의 용어 5.4

의 관계

Regens 지배소: 의존관계에서의 상위 요소 3.1

Rektion 격지배: 다른 요소들을 지배하는 형태소의 특성 3.3

Relation, semantische 의미관계: "격역할" (Kasusrolle)로서 개체가 동사적 사건에 대한 관계를 기술하는 것 5.9

Relativsatz 관계문: 대체로 그 유도요소(관계대명사)가 이중기능을 행사하는 부가적인 부문장, 관계대명사는 종속문을 유도하는 동시에 부문장의 통사적 기능을 지님 5.11.2

Relativsatz, weiterführender 계속적인 관계문: 동사 관계문에 대한 전통문법의 용어 5.11.2

Resignation 체념: 화자 지향적 화행유형 6.2

Rhema 레마/평언: 발화에서 내용적으로 가장 중요한 부분 6.2

Rückfrage 재질문: 화행유형, 의문문의 하위유형으로서 화자의 확인에 사용됨 6.2

Rückmeldung 역보고: 구조 형성적인 화행유형 6.4.3

Sachfrage 보충의문문: 화행유형, 의문문의 하위유형 6.2

Satellit 위성: 의존관계에서 종속적 (대체로 복합적) 요소 3.1

Satz 문장: 핵어로서 정동사를 취하는 잠재적으로 독립적인 구성체 5.1

Satz, komplexer 복합문: 적어도 하나의 내포된 문장류의 구성체를 갖는 문장 5.2

Satzäquivalent (Squ) 문장 등가사: 하나의 문장으로 교환될 수 있는 불변화사 2.3.16

Satzart 문장종류: 문장의 표현형태로서 주문장에서는 서술문, 의문문, 명령문이 있고 부문장에서는 의미적으로 구분됨 5.2

Satzbauplan 구문안/문장설계: 추가적으로 의무적 보충어와 수의적 보충어가 구분되는 문장모형 5.7

Satzglied 문장성분: 동사의 위성 (보충어 또는 첨가어) 5.3

Satzmuster 문장모형/문형: 주동사와 그 보충어로 구성되는 도식 5.7

Satzrahmen 문장틀: 문장을 세 장으로 나누는 틀로서 서술문에서는 정동사와 다른 동사적 요소들로 구성되고, 종속문에서는 종속접속사와 전체 동사적 요소들로 구성됨 5.10.3

Satzrang 문장등급: 다른 구성체에 상위 배열되거나 또는 하위 배열되는 문장류 구성체의 특성 5.2

Satztyp 문장유형: 주문장 내지는 부문장 5.2

Schimpfen 욕설: 화자 지향적 화행유형 6.2

Schlusssignal 종결 신호: 일종의 분류 신호 6.3.2

Schreibzeichen 표기기호: 일반적으로 기술할 때만 사용되는 기호, 전통문법의 구두점(Satzzeichen)

Schrittforderung 차례 요구: 구조 형성적인 화행유형 6.4.3

Schrittübergabe 차례 양도: 구조 형성적인 화행유형 6.4.3

Schrittverweigerung 차례 거부: 구조 형성적인 화행유형 6.4.3

Schwerpunkt, semantischer 의미 중심점: 절대비교의 원급에 해당하는, 척도에서

한글색인

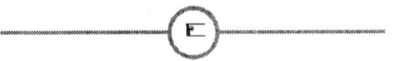

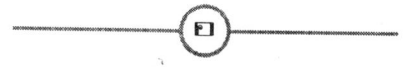

──────────〔ㅂ〕──────────

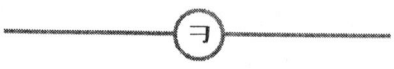
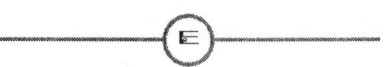

독문색인

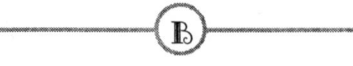

M

Matrixsatz 모문 235
Metasprache 상위언어 60
Mischsyndese 혼합적 연결 475
Mitteilung 전달/통지/통보 387, 239
Mitteilungsperspektive 전달관점 413
Mitteilungswert 전달가 315
Mittelfeld 중장 306
Modalitätsverb 양상동사 173
Modalverb 서법동사/화법동사 171, 172
modifikative Angabe 수식 첨가어 295
Modus 서법 100
Monem 형태소 28, 31, 77, 90
monematisiertes Diagramm 형태소 도식 72
Moneminventar 형태소 목록 249
Monemklasse 형태소부류 71
Morphem 형태소 28
Morphologie 형태론 131
Morphosyntax 형태통사론 33
multiple Referenz 다중 지시 418

N

Nachfeld 후장 199, 306, 328
Nachfeldbesetzung 후장 점유 330
Nachschaltung 후접속 425

Nachtrag 추가 346
natürliche Sprache 자연언어 20
Nebensatz 부문장 194, 232, 236, 352
Nebenverb 부동사 87, 172
Negation 부정 461, 466
Neubildung 신조어 139
neutrales Passiv 중립수동 185
Nomen invarians 불변 명사 488
Nomen 명사 102
Nomenangabe 명사 첨가어 189
Nomenergänzung 명사 보충어 192, 261
nominale Apposition 명사적 동격 489
Nominalergänzung 명사적 보충어 250, 268
Nominalphrase 명사구 107
normative Grammatik 규범문법 26
Normergänzung 규범 보충어 210
notwendig 필수적 158, 165
Nukleus 핵어 148, 151, 229
Nullkasus 영격 489
Numerus 수 82

O

Obersatz 상위문 234, 385
Obersatzrest 상위 잔여문 234
Obertext 상위 텍스트 443
Objekt 목적어 157, 244
Objektsprache 대상언어 60

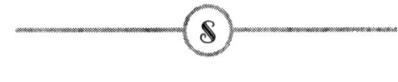

<역자 약력>
- 1948년 경남 합천 출생
- 서울대학교 사범대학 독어교육과 및 동 대학원
- 뮌헨대학 수학 및 괴테인스티투트 수료(Deutschlehrer-Diplom)
- 서울대학교 인문대학원(문학박사, 독어학 전공)
- 독일학술교류처(DAAD) 연구교수(베를린 훔볼트대학)
- 현재, 중앙대학교 외국어대학 교수
- 현재, 한국독어학회 회장

<저서 및 역서>
- 언어학 개론(역) : 한신문화사 1991. 2('독어학 개론'(1996)으로 개칭)
- 의존문법 개론(역) : 한신문화사 1991. 8
- 독일어 기능동사구 연구 : 중앙대학교 출판부 1994. 4
- 결합가이론과 격이론 : 중앙대학교 출판부 1996. 11
- 의존문법과 생성문법 : 한국문화사 1997. 2
- 실용 독일어 : 한국문화사 1999. 2
- 무역 독일어 : 한국문화사 1999. 2
- 독일어 동작상 연구(역) : 한국문화사 2000. 12
- 독일어 의존통사론(역) : 한국문화사 2001. 12

현대 독일어 통사론

▶▶▶

인쇄 • 2002년 5월 15일
발행 • 2002년 5월 20일

지은이 • 울리히 엥엘
옮긴이 • 이 점 출
발행인 • 김 진 수
발행처 • **한국문화사**
주소 • 서울특별시 성동구 성수1가 2동 13-156
전화 • 02)464-7708, 3409-4488
팩스 • 02)499-0846
e-mail : munhwasa@hanmail.net
Homepage : hankookmunhwasa.co.kr
등록번호 • 제2-1276호
등록일 • 1991년 11월 9일

▶▶▶

◆ 잘못된 책은 교환해 드립니다.

가격 22,000원

ISBN 89-7735-924-4 93750